Ein Vertriebs- und Führungsmodell für das deutsche Retail-Banking unter Berücksichtigung der Wettbewerbsstruktur

Inauguraldissertation zur Erlangung des akademischen Grades eines

Doktors der Wirtschaftswissenschaften des Fachbereichs

Wirtschaftswissenschaften der Universität Osnabrück

vorgelegt von Diplom-Kaufmann

Stefan Schlangen

Tag der mündlichen Prüfung: 3. Juni 2010

Dekan:	Prof. Dr. Bernd Meyer
Referent:	Prof. Dr. Thomas Witte
Korreferent:	Hon.-Prof. Dr. Hans-Wolf Sievert

Stefan Schlangen

Ein Vertriebs- und Führungsmodell für das deutsche Retail-Banking unter Berücksichtigung der Wettbewerbsstruktur

Verlag Dirk Koentopp

Schlangen, Stefan:
Ein Vertriebs- und Führungsmodell für das deutsche Retail-Banking
unter Berücksichtigung der Wettbewerbsstruktur
Osnabrück: Verlag Dirk Koentopp, 2010
ISBN 978-3-938342-24-4

ISBN 978-3-938342-24-4

Herstellung: Books on Demand GmbH

Printed in Germany

Danksagung

Die vorliegende Arbeit ist während meiner Tätigkeit als wissenschaftlicher Mitarbeiter am Institut für Informationsmanagement und Unternehmensführung (IMU) an der Universität Osnabrück entstanden.

Ich danke insbesondere meinem Doktorvater, Herrn Prof. Dr. THOMAS WITTE, der immer für kritische Diskussionen und Fragen zu Verfügung stand. Ohne seine Förderung wäre diese Arbeit nicht möglich gewesen. Des Weiteren bedanke ich mich bei Herrn Prof. Dr. HANS-WOLF SIEVERT, der mit Rat und Tat zur Seite stand und mich stets forderte und unterstützte. Er übernimmt freundlicherweise das Koreferat.

Weiterhin danke ich allen Kolleginnen und Kollegen am IMU. Hier insbesondere Frau JASMIN SAMIZADEH, Frau NADYA MILANOVA, Herrn Dr. ANDREAS KNADEN, Herrn NICOLAS MESETH, Herrn PATRICK KIRCHHOF, Herrn CHRISTIAN SCHULTEWOLTER, Herrn DANIEL PÖPPELMANN, Herrn FALK NEUBERT, Herrn ALBIN SONNECK, und außerdem Frau KATHARINA MEYER, Herrn Prof. Dr. INGMAR ICKEROTT und Herrn HANS MEYERING.

Ganz besonders möchte ich meinem Vater, meiner Familie und meiner Lebensgefährtin Frau Dr. JUDITH MEYERING danken, ohne deren Unterstützung und Hilfe das Entstehen dieser Arbeit nicht möglich gewesen wäre. Nur durch ihr Vertrauen konnte die Arbeit beendet werden.

OSNABRÜCK, IM JUNI 2010, STEFAN SCHLANGEN

INHALTSVERZEICHNIS

ABBILDUNGSVERZEICHNIS

TABELLENVERZEICHNIS

ABKÜRZUNGS- UND SYMBOLVERZEICHNIS

Abb.	Abbildung
AG	Aktiengesellschaft
Aufl.	Auflage
AWD	Allgemeiner Wirtschaftsdienst
BVR	Bundesverband der Deutschen Volksbanken
BMW	Bayrische Motoren Werke
Bzgl.	bezüglich
Bzw.	beziehungsweise
CIR	Cost-Income-Ratio
CLV	Customer Lifetime Value
CRM	Customer Relationship Management
d.h.	das heißt
DAB bank	Direkt Anlage Bank
DKB	Deutsche Kreditbank Berlin
DSGV	Deutscher Sparkassen und Giroverband
DVAG	Deutsche Vermögensberatung AG
€	Euro
Ebd.	Ebenda
Engl.	Englisch
Etc.	et cetera
Et al.	Et alii
EUR	Euro
f.	folgende
ff.	und folgende
ggf.	gegebenenfalls
GmbH	Gesellschaft mit beschränkter Haftung
HGB	Handelsgesetzbuch
Hrsg.	Herausgeber
Inkl.	inklusive
IT	Informationstechnologie
Jg.	Jahrgang
k.A.	keine Angabe
KWG	Kreditwirtschaftsgesetz

MbO	Management by Objectives
Nr.	Nummer
OLAP	Online Analytical Proceccing
o.S.	ohne Seite
o.V.	ohne Verfasser
p.a.	per annum
S.	Seite(n)
t	Zeit
u.a.	und andere
Vgl.	Vergleiche
VW	Volkswagen
www	World Wide Web
z.B.	zum Beispiel

1 Einleitung

1.1 Ausgangslage

Trotz des starken Wachstums der Retail-Banken in Deutschland steht die Branche weiter vor einer unsicheren Zukunft. Die in den letzten Jahren gestiegenen Gewinne sind hauptsächlich auf Kostensenkungsprogramme und geringere Kreditausfälle zurückzuführen. Ein organisches Wachstum der Retail-Banken hat nicht statt gefunden. Ein Umbruch der Branche durch weitere Konsolidierungen und Fusionen steht an.

Das Retail Banking[1] erlebt aktuell eine Renaissance. Seit Platzen der Investmentblase zum Anfang des neuen Jahrtausends ist das Privatkundengeschäft wieder in den Fokus der Banken gerückt, da es auch in wirtschaftlich schwierigen Zeiten und schlechten Börsenkursen stabile Erträge liefern kann. Um jedoch weiter im Markt zu bestehen müssen die Markteilnehmer ihre Ertragskraft erhöhen.[2] Die Potentiale der Kostensenkungen sind weitestgehend ausgeschöpft.[3]

Analysen und empirische Studie bestätigen, dass u.a. der Vertrieb ein Schwachpunkt des operativen Geschäfts der Retail-Banken ist. Im Vertrieb ist die Verkaufs- und Servicekultur der Mitarbeiter nur schwach ausgeprägt, die Trennung von Vertriebs- und Backoffice Aufgaben ist unzureichend und es findet aufgrund eines schwachen Vertriebscontrollings nur eine geringe Erfolgshonorierung und ein unzureichendes Reporting im Vertriebsprozess statt.[4]

Der wachsende Ertragsdruck zwingt die Banken den Markt standardisiert zu bearbeiten, um möglich viel Zeit für den Vertrieb und Verkauf aufwenden zu können.[5] Der Vertrieb und Verkauf von Finanzdienstleistungen muss

---

[1] Unter Retailbanking wird das standardisierte Bankgeschäft mit Privatkunden verstanden. Vgl. insbesondere hierzu Adrion, (1997), S.11 und Swoboda, (2001), S.167 und Kapitel 3 und 4 dieser Arbeit.

[2] Vgl. Schildbach, (2008), S.1

[3] Vgl. Müller, (2006), S.3ff. und Ackermann, (2006), S.57ff.

[4] Vgl. Tietmeyer/Rolfes, (2006) sowie Duderstadt, (2006), S.8ff.

[5] Vgl. Di Vanna, (2004), S.11ff. und McDonald/Keasey, (2002), S.20ff.

ähnlich einem Produktionsprozesses in der industriellen Fertigung durchgeführt werden. Das Vertriebscontrolling ist auf diesen Prozess auszurichten. Vor wenigen Jahren wurde in Banken -wenn überhaupt- ein quartalsweises Reporting durchgeführt. In Anbetracht der Ertragsschwäche müssen Führungskräfte heute regelmäßiger mit Kennzahlen zum Verkaufsprozess versorgt werden und das über alle Hierarchieebenen hinweg, um die Ergebnisse schnell analysieren zu können und eventuell Maßnahmen zu ergreifen.[6]
Ein kurzfristiges Reporting macht eine nahe und konsequente Führung notwendig, die gleichzeitig mit den Vertriebsprozessen abgestimmt ist. Die Gefahr besteht, dass sich das Topmanagement und die Führungskräfte in Banken mit der Planung der Zielvorgaben beschäftigen und diese an die unteren Hierarchieebenen ohne ein kritisches Hinterfragen kommuniziert werden. Die Führung motiviert nur über finanzielle Anreize. Motivation z.B. durch Coaching der Mitarbeiter ist im Führungsprozess nicht prinzipiell vorgesehen und geplant. Die Wahrscheinlichkeit, dass dieses Verhalten als Führungsansatz in Banken vorherrscht, ist groß.[7] Die Folge ist, dass die Mitarbeiter sich nicht mit dem Unternehmen identifizieren und unternehmerische Entscheidungen als Willkür wahrgenommen werden. Der Kunde muss folglich schnell und standardisiert beraten werden und der Mitarbeiter wird zu einer Größe degradiert, die es zu steuern gilt. Sinnvoller ist es, das Management als einen modernen und wertorientierten Führungsansatz zu verstehen, der die Mitarbeiter und Kunden als die Ertragsgenerierer versteht. Vertrieb, Kunde sowie Führung müssen aufeinander abgestimmt sein.[8]

1.2 Ziele und Aufbau der Arbeit

Das Ziel der Arbeit ist mit Hilfe der theoretischen Grundlagen aus dem Bereich Vertrieb und Führung ein Vertriebs- und Führungsmodell zu entwickeln, das auf die wettbewerbsrelevanten Faktoren abgestimmt ist. Das entwickelte Modell dient als Hypothesengrundlage, die mit Hilfe von Exper-

[6] Vgl. Zimmer/Brakensiek, (2006), S.298f.
[7] Vgl. Becker/Fallgatter, (2002), S.19
[8] Vgl. Zimmer/Brakensiek, (2006), S.300f.

teninterviews überprüft und verifiziert werden soll. Dieses standardisierte Vertriebs- und Führungsmodell kann im Filialbereich deutscher Retail-Banken für den Verkauf und die Beratung von Finanzdienstleistungsprodukten zum Einsatz kommen. Durch eine empirische Studie soll der Umsetzungsstand der Vertriebs- und Führungsmodelle untersucht werden. Ein weiteres Ziel ist die Darstellung und Beschreibung der Institute, die um die Privatkunden werben sowie die Analyse des Wettbewerbs, der zwischen den Marktteilnehmern herrscht.

Die Arbeit gliedert sich wie in Abbildung 1-1 dargestellt in drei Teile.

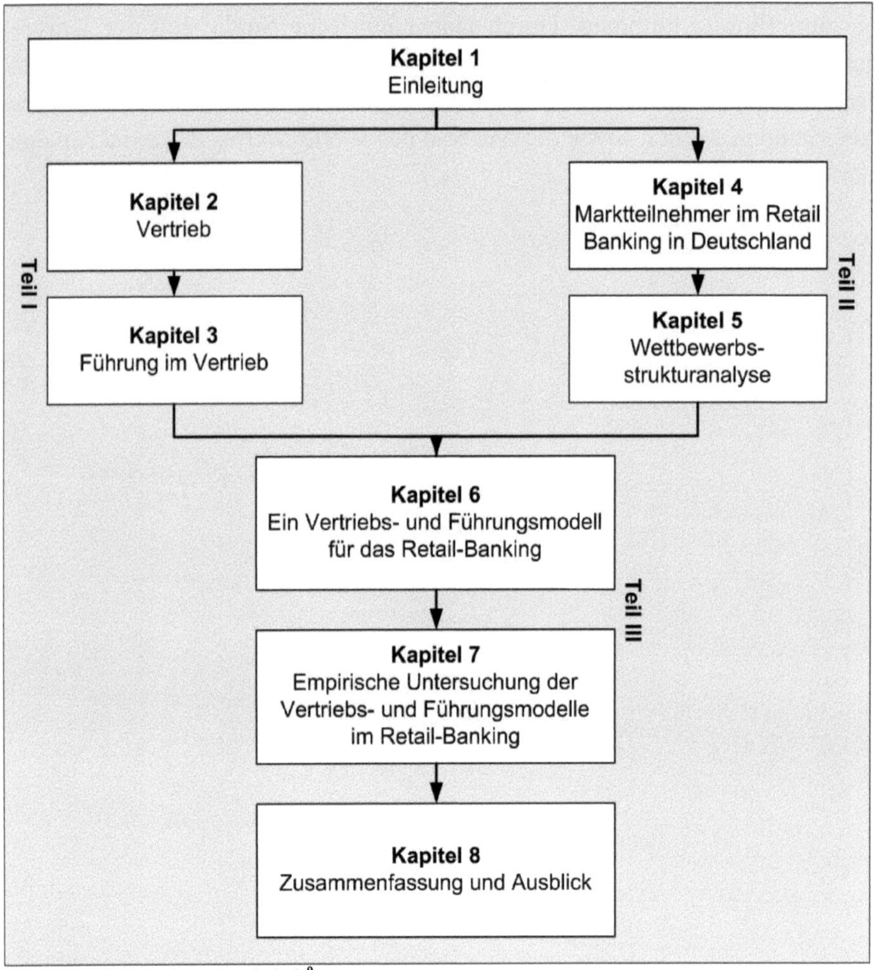

Abbildung 1-1: Aufbau der Arbeit[9]

Im ersten Teil werden zum einen die wissenschaftlichen Grundlagen für die Bereiche Vertrieb und Führung gelegt und analysiert und im zweiten Teil wird die deutsche Branche der Retail-Banken in den Kapitel 4 und 5 unter-

[9] Eigene Darstellung

sucht und analysiert. Da in der wissenschaftlichen Literatur ein dezidierter Überblick über die wesentlichen Kennzahlen der Retail-Institute fehlt, wird dieser in Kapitel 4 dargestellt. Der dritte Teil der Arbeit beginnt mit Kapitel 6 und stellt einen Lösungsansatz für eine verbesserte Vertriebsarbeit zur Verfügung. Im Folgenden werden der Wettbewerb innerhalb der Branche und der Umsetzungsstand sinnvoller Führungs- und Vertriebsmodelle durch eine empirische Studie untersucht sowie Verbesserungsmöglichkeiten aufgezeigt.
Das zweite Kapitel stellt die wesentlichen Elemente des Vertriebs dar und analysiert die wissenschaftliche Einordnung des Vertriebs. Dabei steht der Vertrieb im Sinne von Verkaufen und von Vertriebssteuerung im Vordergrund. Das dritte Kapitel beschreibt die Hintergründe zur Führung und bezieht besondere Herausforderungen der Führungsarbeit im Vertriebsumfeld mit ein, um die Nuancen dieser im Vertrieb zu erfassen und Denkanstöße für dieses Feld zu liefern.

Das vierte und fünfte Kapitel befassen sich mit den Finanzinstituten des deutschen Retail Banking Marktes. Dazu werden im vierten Kapitel die unterschiedlichen Marktteilnehmer vorgestellt und analysiert, um dann im fünften Kapitel die Branche anhand der Wettbewerbsstrukturanalyse von Porter zu untersuchen.

Gegenstand des sechsten Kapitels ist die Einführung und Vorstellung eines standardisierten Vertriebs- und Führungsmodells für Retail-Banken; es soll die Finanzinstitute unterstützen, Vertrieb und Führung sinnvoll zu gestalten und zu standardisieren. Das siebte Kapitel untersucht die vorher aufgestellten Thesen zum Wettbewerb und die Umsetzung der Vertriebs- und Führungsmodelle in der Praxis anhand einer empirischen Studie. Das achte Kapitel liefert eine Bewertung und Zusammenfassung der gewonnenen Erkenntnisse und endet mit einem Ausblick.

1.3 Methodik der Arbeit

Ein Ziel der Arbeit ist der Abgleich der Vertriebs- und Führungsmodelle mit der praktischen Umwelt durch eine empirische Studie. Die vor diesem Hintergrund eingeleitete empirische Studie verfolgt zwei Ziele. Zum einen sollen grundlegende Aussagen der Wissenschaft zum Wettbewerb innerhalb des Retail Bankings untersucht und gegebenenfalls korrigiert werden. Zweitens soll der Stand der Praxis im Hinblick auf die Anwendung von verknüpften Vertriebs- und Führungsmodellen abgefragt werden. Auf Basis der theoretischen und praktischen Erkenntnisse können dann Gestaltungsempfehlungen für die Branche und einzelne Marktsegmente entwickelt werden.

Die empirische Sozialforschung stellt diverse Methoden zur Verfügung.[10] Aus dieser Vielzahl wurde ein Vorgehen mittels persönlicher „face to face" Experteninterviews gewählt. Die empirische Studie ist motiviert durch die unzureichende Betrachtung der Vertriebs- und Führungsmodelle in der Wissenschaft. Der Studie folgt die Überprüfung in wie weit der Vertrieb standardisiert wird und die Vertriebs- und Führungsleistung professionalisiert abgefragt wird. Zusätzlich kann durch die Befragung eine externe Einschätzung des Wettbewerbs gewonnen werden. Die Befragung der Experten, die sich täglich mit den Vertriebs- und Führungsprozessen in Banken auseinandersetzen, liefert fundierte Informationen.

Durch das sehr spezielle Themengebiet und die spezialisierten Fragen ist zu erwarten, dass mit Hilfe der qualitativen Befragung bessere Ergebnisse erzielt werden können als lediglich einer quantitativen Befragung nachzugehen.[11]

In der empirischen Studie vollzieht sich eine vertiefende Auseinandersetzung mit den Sachverhalten Vertrieb, Führung und Wettbewerb im Retail Banking in Deutschland, um einen Einblick in die verschiedenen Vertriebs- und Führungsmodelle der Unternehmen zu bekommen.

[10] Vgl. z.B. Bortz/Döring, (2002), S.5ff. und Berekoven et al., (2001), S.26.
[11] Vgl. Bühner, (2004), S.45ff.

Die Studie wurde mit Hilfe eines halb-standardisierten und problemorientierten Interviews durchgeführt. Alle offenen und halbstrukturierten Befragungen, die im Rahmen qualitativer Verfahren durchgeführt werden, fallen unter den Begriff des problemzentrierten Interviews. Die Expertenbefragung orientiert sich an einem standardisierten Interviewleitfaden mit meist offener Fragestellung; dies ist eine gängige Form der Befragung.[12] Die Reihenfolge der Fragen ist vorgegeben und die Fragen sind vorformuliert, so dass die relevanten Sachverhalte befragt werden können.[13]

Durch die Befragung der Experten können die Gestaltungsvorschläge, die auf der Basis der theoretischen Modelle entwickelt wurden, mit den Sachverhalten in der Praxis in Beziehung gesetzt werden. Besondere Relevanz hat der Umsetzungsstand der Modelle in der Praxis, da diese großen Einfluss auf die zukünftige Ertragsfähigkeit der Unternehmen haben werden. Die Erkenntnisse aus der Befragung eignen sich außerordentlich gut für die Identifikation von Problemen und auch für die Entwicklung von praktischen Gestaltungsempfehlungen.[14]

Die Befragung wurde entsprechend der Thematik der vorliegenden Arbeit auf den deutschen Retail Banking Bereich ausgerichtet. Dazu wurden Gespräche mit Führungskräften aus dem Bank- und Finanzdienstleistungsvertrieb sowie mit Unternehmensberatungen geführt. Alle Gesprächspartner waren vertraut mit der Thematik und wurden vom Autor ausgewählt. Eine Zufallsauswahl fand nicht statt und widerspricht der Art des Experteninterviews.[15] Die Experten mussten die Kriterien erfüllen, im Bereich des Vertriebs von Finanzdienstleistungen tätig zu sein und zusätzlich einer Führungsaufgabe nachzugehen. Die Experten stammen zudem meist aus dem Bereich von Unternehmen mit starker Marktstellung.

Die persönlichen Interviews wurden in der Zeit von April 2008 bis Mai 2009 durchgeführt. Um die Teilnahme an der Befragung zu sichern, wurden die Gesprächspartner vorher via Telefon und im Folgenden schriftlich kon-

---

[12] Vgl. Bortz/Döring, (2002), S.315.
[13] Vgl. Vogel, (2005), S.76.
[14] Vgl. Mayring, (2002), S.70.
[15] Vgl. Berekoven et al., (2001), S.49.

taktiert, bevor das Experteninterview statt fand. Hier wurden im Vorfeld Informationen über das Ziel der Befragung und über den Autor an die Befragten übermittelt. Eine grobe Struktur des Interviews zwecks Vorbereitung wurde den Interviewten ebenfalls vorher zugesandt. Von den insgesamt 18 angesprochenen Unternehmen haben 16 an der Studie teilgenommen.

1.4 Fallbeispiele

Im Vordergrund der Untersuchung stehen die Tätigkeiten einer Führungskraft im Vertrieb von Finanzdienstleistungsprodukten sowie die Aktivitäten der Mitarbeiter, die Kunden im Bereich Finanzdienstleistungen beraten und Produkte verkaufen. Die folgenden Tabellen geben einen Überblick für eine typische Woche einer Führungskraft und eines Mitarbeiters. Diese Arbeit versucht die Aktivitäten beider durch eine wissenschaftliche Untermauerung und anhand praxisnaher Modelle zu organisieren und zu systematisieren.

<table>
<tr><th>Montag</th><th>Dienstag</th><th>Mittwoch</th><th>Donnerstag</th><th>Freitag</th></tr>
<tr><td>9-10 Uhr
Meeting
Führungskräfte
Filialen</td><td>9-11 Uhr
Verkäufer Meeting</td><td>9-11 Uhr
Besuch Vorgesetzer</td><td rowspan="2">8-12 Uhr
Filialleitersitzung</td><td>9-10 Uhr
Kundentermin</td></tr>
<tr><td>11- 12 Uhr
Gespräch mit
Filialmitarbeiter</td><td>11-12 Uhr
Kundentermin</td><td>11-14 Uhr
Besuch
Kreditabteilung</td><td>10-12 Uhr
Analyse
Vertriebsergebnisse</td></tr>
<tr><td>Mittag</td><td>Mittag</td><td>Mittag</td><td>Mittag</td><td>Mittag</td></tr>
<tr><td>15-17 Uhr
Kundentermin</td><td>16-17 Uhr
Bewerbergespräch
Servicebereich</td><td>16-18 Uhr
Schulung „Neue
Produkte“</td><td rowspan="2">16- 19 Uhr
Gemeinsames
Telefonieren mit
Mitarbeitern zur
Termin-
vereinbarung</td><td rowspan="2">14-16 Uhr
Analyse
Vertriebsergebnisse
mit Filialteam</td></tr>
<tr><td>17-18 Uhr
Kundenbesuch mit
Mitarbeiter</td><td>frei</td><td>18-19 Uhr
Kundenbesuch mit
Mitarbeiter</td></tr>
</table>

Abbildung 1-2: Typische Woche einer Führungskraft im Bereich Finanzdienstleistungen[16]

Die Wochenabläufe sollen den Einstieg in die Thematik vereinfachen. Ein typischer Wochenverlauf einer Führungskraft könnte wie in Abbildung 1-2

[16] Eigene Darstellung in Anlehnung an Herndl, (2005), S.9.

dargestellt aussehen.[17] Die Führungskraft hat die Vertriebsarbeit der Mitarbeiter zu koordinieren, die Vertriebsergebnisse zu analysieren, muss selbst durch einen Vorgesetzten geführt werden und betreut einige Kunden, die im Bereich Finanzdienstleistungen beraten werden.

Die dazu eng korrespondierende Woche des Mitarbeiters, der aber stärker Verkaufs- und Beratungstätigkeiten nachgeht, ist in der folgenden Abbildung 1-3 dargestellt. Im Mittelpunkt der Arbeit des Vertriebsmitarbeiters steht die Beratung von Kunden und der Verkauf von Finanzdienstleistungsprodukten. Im persönlichen Kontakt mit dem Kunden werden die Finanzdienstleistungsprodukte für den Kunden transparenter. Weitere zentrale Aufgaben sind die Telefonakquise, die Terminvereinbarung sowie die Weiterbildung. Die Vertriebsarbeit wird regelmäßig mit der Führungskraft besprochen.

Montag	**Dienstag**	**Mittwoch**	**Donnerstag**	**Freitag**
9-10 Uhr Kundentermin Privatkredit	9-11 Uhr Kundentermine Baufinazierung und Bausparen	9-11 Uhr Kundentermine Altersorsorge	9-11 Uhr Weiterbildung Produkt Bausparen	9-10 Uhr Kundentermin Neukunde
11- 12 Uhr Gespräch mit Filialleiter	11-12 Uhr Analyse eigener Kundenstamm	11-12:30 Uhr Kundentermin Anlage in Wertpapieren	11-12 Uhr leer	11-12 Uhr Analyse eigener Vertriebsergebnisse
Mittag	Mittag	Mittag	Mittag	Mittag
15-17 Uhr Kundentermin Baufinanzierung	16-17 Uhr Treffen Mitarbeiter Schulung Altersvorsorge	16-18 Uhr Kundentermin Absicherung Berufsunfähigkeit	15-19 Uhr Gemeinsames Telefonieren mit Mitarbeitern zur Termin-vereinbarung	14-16 Uhr Analyse Vertriebsergebnisse mit Filialteam
17-18 Uhr Kundenbesuch mit Filialleiter	17-18 Uhr Telefonieren zur Terminvereinbarung	18-19 Uhr Kundenbesuch mit Filialeiter		

Abbildung 1-3: Typische Woche eines beratenden Verkäufers im Bereich Finanzdienstleistungen[18]

Im Mittelpunkt der Arbeit der Führungskraft steht die Führung und Steuerung des Vertriebsteams. Der Mitarbeiter dagegen berät Kunden in verschiedenen Produktfeldern im Bereich Finanzdienstleistungen. Die Aufga-

[17] Ebd.

[18] Eigene Darstellung in Anlehnung an Herndl, (2005), S.9.

ben der Führungskraft und der Vertriebsmitarbeiter sind offensichtlich eng miteinander verzahnt. Diese Arbeit entwickelt Vorgehensmodelle für die Arbeit beider betroffenen Seiten und versucht diese sinnvoll miteinander zu verknüpfen. Dazu werden im Folgenden in einem ersten Schritt der Vertrieb und die Führung genauer betrachtet.[19]

[19] Vgl. Abschnitt 2 und 3.

TEIL I

FÜHRUNG IN DER UMGEBUNG VERTRIEB

2 Vertrieb

2.1 Vertrieb aus einer wissenschaftlichen Perspektive

2.1.1 Strategische Grundlagen des Vertriebs

Zum einen sind Strategien komplexe Maßnahmenbündel, die rational geplant werden müssen.[20] Dieser in der Fachliteratur verbreitete Aspekt zeigt, dass zur Zielerreichung mehrere Einzelmaßnahmen realisiert werden, die in Abhängigkeit voneinander gestaltet werden müssen. Die Maßnahmen gelten als strategisch, wenn sie wohlüberlegt entworfen werden, so dass sich ihre Wirkungen verstärken. Auf der anderen Seite wird die Strategie als ein Grundmuster im Strom von Entscheidungen und Handlungen definiert. Diese Perspektive baut auf Diskontinuitäten und dem schnellen Wandel der Umwelt auf.[21] Nach dieser Sichtweise müssen die Strategien anpassungsfähig und flexibel sein, da diese irreversibel und langfristig bindend sind.[22] Eine Strategie ist ein konsistentes Muster, welches sich durch Entscheidungen und Aktivitätsprozesse nach und nach herausbildet und verfestigt.[23]

Aufgrund der zunehmende Komplexität und Dynamik der Umwelt versteht sich das strategische Management als eine Weiterentwicklung der klassischen Unternehmensführung. Die Probleme und zukünftigen Entwicklungen werden dynamisch auf die Umweltveränderungen ausgerichtet, um strategische Wettbewerbsvorteile schaffen zu können.[24]

Es bleibt festzuhalten, dass in der Praxis die beiden Formen der Strategiebildung nicht zu trennen sind. So stellt *Kreikebaum* fest, dass Strategieände-

[20] Vgl. Macharzina, (2005), S.257f.
[21] Vgl. hierzu Mintzberg, (1988), S.11-24.
[22] Im Sinne von Nichtumkehrbarkeit.
[23] Vgl. Quinn, (1978), S.113.
[24] Vgl. Liebmann/Zentes, (2001), S.23.

rungsprozesse sowohl synoptisch[25] als auch inkrementell[26] erfolgen dürfen.[27] Diese These besagt, dass im strategischen Planungsprozess zunächst Top-Down Elemente, also vom Management vorgegeben, auftauchen, bevor der Planungsprozess mit Bottom-up Entscheidungen die Richtung wechselt.[28]

Die übergeordnete Zielsetzung[29] von Strategien und somit der Unternehmensführung ist die Bestandssicherung des Unternehmens und dessen langfristige Weiterentwicklung.[30] Die Auswahl und die Qualität der Steuerungsgrößen findet bei der Generierung und Umsetzung von Unternehmensstrategien besondere Bedeutung. Das liegt darin begründet, dass vergangenheitsbezogene Größen wie Unternehmenserfolg oder der aktuelle Cash Flow[31] nicht geeignet sind, um strategische Ziele[32] zu bewerten. Erheblich mehr Bedeutung haben zukunftsorientierte Größen wie Erfolgspotenziale.[33] Hier spiegelt sich das in der Zukunft maximal Erreichbare wieder.[34] Erfolgspotenziale können mit weiteren Hilfsgrößen wie z.B. Marktvolumen, Marktwachstum oder Marktanteile determiniert und konkretisiert werden. Im Vordergrund der Betrachtung steht deren Langfristigkeit. Kurzfristige Periodenerfolge haben weniger Bedeutung als strategische Steuerungsgrößen. Das Ziel von Strategien ist es folglich Handlungsanweisungen zu entwickeln, um Erfolgspotenziale auszuschöpfen und somit den langfristigen Unternehmensbestand zu sichern. Dabei ist es insbesondere vonnöten, dass

---

[25] Der Begriff „Synoptisch" spiegelt in diesem Zusammenhang die Strategien als rational geplantes Maßnahmenbündel wieder.

[26] Der Begriff „Inkrementell" hingegen meint die Strategie als Grundmuster im Strom von Entscheidungen.

[27] Vgl. Kreikebaum, (1989), S.121.

[28] Vgl. Kreikebaum/Suffel, (1981), S.170f.

[29] Zum Zielbegriff vgl. z.B. Rieper/Witte, (2001), S.31; Ziele determinieren den Planungsprozess. Durch die Vorgabe von Zielen entsteht ein Problembewusstsein für den Ist und Soll Zustand. Vgl. Wißmann, (2001), S.36.

[30] Vgl. Krech, (1998), S.20 und Fritz et al., (1988), S.567-586.

[31] In der Wirtschaftlichkeitsberechnung des Unternehmens bei der Kostenvergleichsrechnung der Einnahmeüberschuss pro Periode.

[32] Vgl. hierzu Kirsch, (1997), S.468f.

[33] Der Begriff Erfolgspotenziale bezeichnet die zukünftig mögliche Liquidität und den zukünftig erreichbaren Erfolg. Vgl. Hacker, (2007), S.25ff.. und (Link), 2000, S.20.

[34] Vgl. Gälweiler, (1986), S.133.

das Unternehmen selbst Entwicklungen auslöst, um Erfolgspotenziale zu erreichen.[35]

Insgesamt werden drei grundsätzliche Strategietypen unterschieden: Die Gesamtunternehmensstrategie, die Geschäftsbereichsstrategien und die Funktionsstrategien.[36] Im Mittelpunkt der weiteren Betrachtung steht die Gesamtunternehmensstrategie zum definitorischen Herleiten des strategischen Vertriebs mit seinen Elementen. Die Gesamtunternehmensstrategie betrifft zunächst die oberste Führungsebene des Gesamtunternehmens. Diese hat indirekten Einfluss auf die darunter liegenden Ebenen, die sich an der Gesamtunternehmensstrategie ausrichten müssen. Sie legt fest, welche Produkte auf welchen Märkten angeboten werden sollen.[37] Gewinn- und Wachstumsziele sowie grundlegende Handlungsprogramme, die zur Erreichung dieser Ziele notwendig sind, werden implizit festgelegt.

Die Vertriebsstrategie muss sich aus der Unternehmensstrategie herleiten. Die Vertriebsstrategie stellt die Basis für eine erfolgreiche Vertriebsumsetzung dar. Sie definiert Vertriebsziele, indem sie die Kunden- und Marktbearbeitungsstrategien, die Absatzkanäle, die Vertriebspartner und die Ressourcenverteilung definiert.[38]

Die Vertriebsstrategie hat sich an den Marktgegebenheiten zu orientieren. Sie muss dynamisch sein, um sich an die sich veränderten Marktgegebenheiten anpassen zu können. Sie stellt sicher, welche Vertriebsinstrumente Anwendung finden und gewährleistet damit einen einheitlichen Marktauftritt der Mitarbeiter. Die Mitarbeiter verpflichten sich, die Inhalte und Ziele im Tagesgeschäft umzusetzen.[39]

Diese strategischen Vertriebsziele betreffen z.B. die Marktziele, Lenkungs- und Kontrollziele sowie Erfolgsziele. Marktziele werden durch leistungs-

---

[35] Vgl. Macharzina/Wolf, (2005), S.264.
[36] Ebd., (2005), S.266.
[37] Vgl. Andrews, (1980), S.55.
[38] Vgl. Fry/Killing, (2000), S.62f.
[39] Für eine genauere Betrachtung des Planungsprozesses und der Kontrolle vgl. Horvath, (2002), S.170ff.; Peemöller, (1997), S.102ff. sowie für den Bankbereich Schierenbeck, (2003), S.531ff. und Eilenberger, (1997), S.553ff. und Welge/Al-Laham, (1999), S.96.

starke Absatzkanäle, Erreichbarkeit und Serviceniveaus gesetzt. Lenkungs- und Kontrollziele beziehen sich auf die Vertriebskanalkontrolle, die Marktinformation und auf die Kooperationen mit fremden Vertriebsorganen. Erfolgsziele spiegeln sich in avisierten Kostenreduktionen sowie Absatz- und Umsatzsteigerungen wider.[40]

Mit Hilfe der Vertriebsstrategie können konkrete operative Vertriebsziele entwickelt werden. Beispiele hierfür sind Kosten- und Umsatzziele, Produktabsatzziele, Margenniveaus und die Anzahl der Neukunden. Die Ziele können je Marktsegment und spezifischen Kundenkreis festgelegt werden.[41]

Die Vertriebsstrategie ist im Sinne der obigen Strategiedefinition ein rational geplantes, in sich stimmiges komplexes Maßnahmenbündel für den Absatz von Produkten und Dienstleistungen.[42] Sie wird von der Unternehmensführung festgelegt und soll zur Erreichung der grundsätzlichen Unternehmensziele beitragen. Die Vertriebsstrategie gibt Grundsatzentscheidungen vor, welche die prinzipielle Richtung des von dem Unternehmen eingeschlagen Weges bestimmen.[43] Sie definiert Vertriebsziele, Absatzkanäle, Kampagnen und Erfolgsziele.[44]

2.1.2 Abgrenzung Vertrieb

Zu den Grundfunktionen des Unternehmens gehören: Die Beschaffung der von ihm benötigten Güter, die Produktion von Gütern und der Absatz dieser Güter am Markt.[45] Durch den Vertrieb und den Verkauf der Produkte lässt sich ökonomische Ziele des Unternehmens verwirklichen: das Erzielen eines Gewinns und der Zufluss von monetären Mitteln.

---

[40] Vgl. Hoppen, (1999), S.105ff.
[41] Vgl. Siemons, (2005), S.47f.
[42] Vgl. Abschnitt 2.1.1.
[43] Vgl. Bartmann, (2005), S.9.
[44] Vgl. Hofbauer/Hellwig, (2005), S.61.
[45] Vgl. Preitz/Dahmen/Detering, (1998), S.23ff.

Eine klare Abgrenzung zwischen Marketing, Absatz und Vertrieb ist schwierig. Vertrieb wird als Synonym für die Begriffe Absatz und Verkauf verwendet. Vertrieb zielt auf Aspekte wie Verkauf, Warenverteilung, Steuerung sowie der Außendienstorganisation und Pflege der Beziehung eines Herstellers zum Handel und zum Endkunden. Schwerpunkte der Vertriebsdefinitionen sind im Bereich der Distributionspolitik zu finden. Unter der Distributionspolitik wird „das Ergebnis oder der Prozess der Festlegung der strategischen Dimensionen jener betrieblichen Aktivitäten verstanden, die dazu dienen, eine Leistung vom Ort ihrer Entstehung unter Überbrückung von Raum und Zeit an die Bedarfsträger heranzubringen. Die Distributionspolitik umfasst vor allem die Wahl der Absatzwege, die Gestaltung des Vertriebs sowie die Schaffung des Logistiksystems(...).“[46]

Der Zweck des Vertriebs ist es, Absatz zu erreichen und ihn zu bewältigen.[47] Der Vertrieb verteilt nicht nur die Waren, sondern erfüllt ebenso die Pflege der Kundenbeziehungen[48]: er ist die einheitliche Schnittstelle des Unternehmens zum Kunden.[49]

Der Vertrieb nimmt unterschiedliche Formen an und übt unterschiedliche Aufgaben aus.[50] Er kann innerhalb einer Filiale von statten gehen oder auch durch einen Außendienstmitarbeiter oder einen freien Handelsvertreter. Vertriebsnahe Bereich wie der Service, das World Wide Web als Verkaufsplattform und Contact Center[51] dienen dem Unternehmen um Vertriebskontakte aufzubauen.

Der Vertrieb ist zusätzlich prädestiniert, um Vorhersagen über Verkaufszahlen zu generieren. Aufgabe des Controllings ist es, die Unternehmensleitung

---

[46] Nieschlag et al. (2002), S. 1275.
[47] Vgl. Viswanathan/Olson, (1992), S46f.
[48] Vgl. Duderstadt, (2006), S.2.
[49] Vgl. Reichwald, (2000), S.3.
[50] Vgl. z.B. Homburg/Schäfer/Schneider, (2003), S.27f.
[51] Ein Contact Center kann der Kunde in der Regel per Telefon erreichen. Ist die einzige Möglichkeit um mit dem Unternehmen in Kontakt zu treten, so handelt es sich um ein Call Center. Charakteristisch an einem Contact Center ist, das es nur an einem oder wenigen zentralen Orten angesiedelt. Gleichzeitig werden Briefe, Emails und Faxe bearbeitet.

bei der Lösung des Koordinations- und Anpassungsproblems zu unterstützen.

Diese Arbeit versteht Vertrieb als Teil der Distributionspolitik, die über die physische Verteilung hinaus geht und Elemente des persönlichen Verkaufs mit einbezieht. Die Hauptaufgabe des Vertriebs ist es, Umsatz und Erträge zu generieren und diese zu sichern; ebenso beinhaltet er akquisitorische Elemente im Hinblick auf die Interaktion zwischen Anbieter und Nachfrager im persönlichen Verkauf.

Verkauf wird im Folgenden als die Grundfunktion des Vertriebs verstanden. Diese umfasst den Vorgang des Kaufvertragsabschlusses einschließlich der zuvor erfolgten Anbahnung in Form der Produktdarbietung, der Beratung und der Verhandlung. Der Verkauf kann persönlich oder unpersönlich vollzogen werden. Verkaufen impliziert im Gegensatz zum Verteilen, dass einem Nachfrager gleiche oder ähnliche Angebote am Markt vorliegen. Ein Verkäufer kann seine Dienstleistung oder sein Produkt durch eine bessere Nutzenerfüllung der Produkte und Dienstleistungen verkaufen, aber auch durch seinen persönlichen Einsatz im Verkauf.[52]

Ein für diese Arbeit treffenderes Vertriebsverständnis, dass den persönlichen Verkauf mit einbezieht, ist: „Der Vertrieb ist die Brücke zum Kunden und strebt nach der Eroberung und Sicherung von Märkten.“[53] *Belz* ergänzt diese Definition durch die Unterscheidung in direkten und indirekten Vertrieb. Im direkten Vertrieb werden die Vertriebsaufgaben von einer unternehmenseignen Organisation wahrgenommen. Im indirekten Vertrieb werden diese Aufgaben an unabhängige Vertretungen und Händler vergeben.[54]

Vertrieb kann aus Sicht des Controllings oder aus Sicht des Marketings betrachtet werden. Je nach Sichtweise ändert sich die Aufgabe des Vertriebs. Die Diskussion und Vorstellung der unterschiedlichen Definitionen haben gezeigt, dass die Betrachtung des Vertriebs im gesamtwirtschaftli-

---

[52] Vgl. Liebmann/Zentes, (2001), S.765ff.
[53] Winkelmann, (2005), S.16.
[54] Vgl. Belz, (1999), S.92f.

chen Gesamtzusammenhang nicht eindeutig definiert ist und eine detailliertere Untersuchung notwendig ist.

2.1.3 Vertrieb aus Sicht des Marketing

Der Unterordnung als Absatzorgan im Marketing verdankt der Vertrieb seine „stiefmütterliche Betrachtung im gesamtwirtschaftlichen Unternehmenskontext".[55] Die Marketinglehre hat den Vertrieb weitestgehend ignoriert.[56]

Die Marketinglehrbücher stellen kaum eigenständige Informationen zum Begriff Vertrieb zur Verfügung.[57] Meffert widmet dem Vertrieb kaum Beachtung.[58] Der Vertrieb wird im Großteil der Literatur nicht als autarker Teilbereich der Betriebswirtschaftslehre begriffen. Dabei gehört es zu den originären Aufgaben des Unternehmens, Produkte zu verkaufen. Vergleichbar wäre die Situation mit der Verbannung der eigenständigen wissenschaftlichen Betrachtung des Produktionsmanagements aus der Betriebswirtschaftslehre. Zu den natürlichen Aufgaben des Unternehmens gehört die Herstellung der zu verkaufenden Produkte. Ohne den Verkauf wird keine Wertschaffung durch das Unternehmen entwickelt.

Es lassen sich zwei Betrachtungsweisen erkennen. Die Theorie, mit dem Ausgangspunkt der traditionellen amerikanischen Sichtweise, siedelt den Verkauf im Bereich der marktorientierten Unternehmensführung an. Diese spaltet sich auf in Produkt-, Preis-, Distributions- und Kommunikationspolitik. Eine Ansiedlung des Vertriebs zur Distributions- oder zur Kommunikationspolitik wäre möglich. Der Vertrieb und der Verkauf erfahren keine eindeutige Zuordnung. Sie werden weder der Distributionspolitik noch der

---

[55] Winkelmann, (2005), S.5
[56] Vgl. hierzu, Sabel, (1999), S.169-180, Wittmann et. al., (1993), Ahlert, (1995), Sp.783-806 und Bruhn/Homburg, (2004), S.864-869
[57] Vgl. auch die Literaturauswertung von Pepels (2002), S.4ff.
[58] Vgl. Meffert, (2005), S.618ff.

Kommunikationspolitik zugeordnet, sondern befinden sich ausgehend von dieser theoretischen Betrachtung zwischen den Politiken.[59]

Der deutsche Ansatz unterscheidet klar zwischen Marketing und Vertrieb. Der Marketingleiter verantwortet die Bereiche Produkt- und Kommunikationspolitik für Marktforschung, Öffentlichkeitarbeit und Verkaufsförderung. Der Verkaufsleiter verantwortet die Bereiche Verkaufs- und Preispolitik. Dies umfasst das Key Account Management, den Service und die Vertriebswege. Dadurch wird das Marketing von der operativen Wertschöpfung des Vertriebs abgetrennt.[60] Das Marketing stellt für die Führungskräfte ein Leitbild dar. Dieses richtet die Unternehmensaktivitäten gemäß der strategischen Zielrichtung auf den Kunden aus.[61] Bei marktbezogenen betrieblichen Entscheidungen räumt das Marketing dem Vertrieb Priorität ein. Die Aufgaben und Funktionen, die das Marketing zu erfüllen hat, sind die Marktforschung, neue Käuferbedürfnisse aufdecken, neue Produkte und Innovationen anstoßen, Öffentlichkeitsarbeit, klassische Werbung und Direktmarketing, um das Leistungsangebot des Unternehmens in den Markt zu transportieren. Das Marketing unterstützt den Verkauf durch Verkaufsförderungsmaßnahmen und setzt die Marktstrategie durch entsprechende Markenführung und durch das Produktmanagement um.[62]

Noch weniger geklärt im Rahmen der wissenschaftlichen Vertriebsdiskussion ist die Einordnung des Verkaufs. Eine logische Schlussfolgerung wäre es den Verkauf im Rahmen der Distributionspolitik anzusiedeln. *Meffert und Bruhn* sehen jedoch die kommunikativen Elemente als die zentrale Aufgabe des Verkaufens und ordnen den persönlichen Verkauf der Kommunikationspolitik zu. Diese Einordnung verkennt jedoch die Perspektive, die Aufgabe, die Bedeutung und das Potenzial des persönlichen Verkaufs. Einerseits wird der Verkauf der Distributionspolitik zugeordnet, womit die Verkäufer zu reinen Verteilungshelfern degradiert werden. Andererseits mutiert

[59] Vgl. Dannenberg, (2001), S.17.
[60] Vgl. Winkelmann, (2005), S.4.
[61] Vgl. Abschnitt. 2.1.1.
[62] Vgl. Lutzky, (2007), S.47.

der persönliche Verkauf zu einem Element der Kommunikationspolitik, wenn Verkäufer und Kunde in Interaktion treten.[63]

Die Bedeutung und Komplexität des persönlichen Verkaufs wird verkannt.[64] Es ist offensichtlich, dass der persönliche Verkauf nicht nur Ausführer der Kommunikationspolitik ist. Dies hätte zur Folge, dass der Verkauf von der Existenz der Kommunikationspolitik abhängig ist. Aber der Umkehrschluss trifft zu: Ein persönlicher Verkauf ist auch ohne breite kommunikationspolitische Maßnahmen möglich. Eine Kommunikationspolitik ohne Verkauf hingegen ist obsolet. Im Rahmen der Distributionspolitik ist der persönliche Verkauf nicht nur Verteiler der Produkte, sondern ist das Bindeglied zwischen dem Unternehmen und Kunden, der die Werte und Strategie des Unternehmens direkt an den Kunden übermittelt.

Das Marketing ist abhängig vom Vertrieb und umgekehrt. Der Vertrieb braucht das Marketing, das die Produkte anpreist und anreichert, wodurch die Verkaufsarbeit effektiver gestaltet werden kann.

---

[63] Vgl. Winkelmann, (2005), S.18.
[64] Vgl. Belz/Kuster, (1997), S.112.

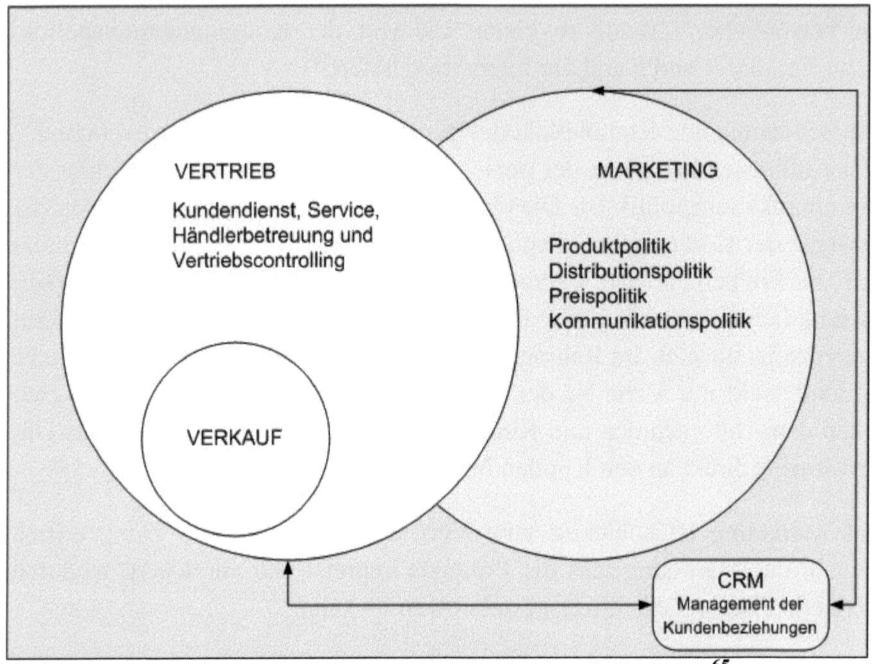

Abbildung 2-1: Zusammenhänge Marketing und Vertrieb[65]

Mit wachsender Unternehmensgröße ist die Unternehmung gezwungen, im Rahmen des Konkurrenzkampfes die Produkte durch ein Marketing zu differenzieren. Das Marketing umfasst die Produkt-, Distributions-, Preis- und Kommunikationspolitik.[66]

Das Marketing kann durch gezielte Maßnahmen und Kampagnen den Zusatznutzen der zu verkaufenden Produkte herauskristallisieren. Die Zusammenhänge zwischen Marketing und Vertrieb stellt die obige Abbildung 2-1 dar:

Abbildung 2-1 zeigt, dass das Marketing den Vertrieb unterstützen kann. Beide Abteilungen müssen im Rahmen der Gesamtorganisation verstehen, dass Marketing und Vertriebsaufgaben Hand in Hand gelöst werden müssen, um das typische Ressortdenken auszuschalten und Konfliktfelder zu

---

[65] In Anlehnung an Winkelmann, (2005), S.20.
[66] Vgl. hierzu im Detail, Meffert/Burmann/Kirchgeorg, (2008), S.397ff.

vermeiden. In der Organisation geben meist beide Abteilungen vor, das Kundenwissen allein auf ihrer Seite zu haben.[67]

Der Verkauf ist Bestandteil des Vertriebs. Marketing und Vertrieb sind gleichberechtigte Teilbereiche im Unternehmen, die die Ziele des Verkaufs unterstützen. Die Informationen der Teilbereiche können in einem CRM System zusammenfließen, so dass im Idealfall alle Daten pro Einzelkunde zur Verfügung stehen und gemanagt werden können. Der Zufluss der Daten ist durch die Pfeile in Abbildung 2-1 dargestellt.[68] Durch die Sammlung und das Management der Daten kann das CRM langfristig dem Vertrieb und dem Marketing verkaufsrelevante Kundeninformationen bereit stellen.[69]

2.1.4 Vertrieb aus Sicht des Controlling

Aufgrund der Beschaffenheit und des starken Praxisbezugs ist in der Literatur kein einheitlicher Begriff des Controllings zu finden. Die Führungsunterstützung und die Kontrolle gehen mit den zentralen Definitionen einher.[70]

Der Begriff Controlling umfasst in einer weiten Auslegung die ergebnisorientierte Ziel- und Maßnahmenplanung, die Steuerung der Geschäftstätigkeit auf die Gesamtunternehmensziele hin und die Kontrolle der umgesetzten Geschäftstätigkeit im Sinne der Unternehmensziele und -strategie. Die Aufgaben des Controlling umfassen dabei die Aufstellung, Koordinierung und Durchführung von Unternehmensplänen, den Abgleich mit der Planumsetzung, die Bewertung von Organisationsabläufen, Sicherung der Geschäftstätigkeit durch Kontrollen sowie die Erfassung der gesamtwirtschaftlichen Tendenzen und die Erfassung der Auswirkungen auf das Unternehmen. Die Aufgabe des Controllings geht über das „Kontrollieren“[71] hinaus.[72]

---

[67] Vgl. Dannenberg, (2001), S.76.
[68] Vgl. hierzu auch Abschnitt 2.3.
[69] Vgl. Winkelmann, (2005), S.20.
[70] Vgl. Weber, (2005), S.29.
[71] *Engl.: controlling* – das Kontrollieren
[72] Vgl. Jung, (2007), S.4f.

Lojewski unterscheidet den Planungs- und Kontrollkontext des Controllings und die Koordinationsfunktion im Hinblick auf die Informationsversorgung. In Anlehnung an diese Sichtweise wird Controlling als die „(...) systematische und koordinierte Bereitstellung von Planungs-, Steuerungs- und Kontrollinformationen zur Unterstützung unternehmerischer Entscheidungen" verstanden.[73]

Die Erweiterung beschränkt sich nicht auf die Kontrollaufgabe des Controllings, sondern bindet die Informationsversorgung mit ein, die die unternehmerischen Entscheidungen unterstützt. Das Controlling nimmt eine Koordinations- und Unterstützungsfunktion der Unternehmensführung an. Ein effizientes Controlling muss sich an den Umweltbedingungen und dem Unternehmenskontext ausrichten. Im Dienstleistungsbereich werden individuelle Leistungsangebote erstellt und es findet keine Vorratsproduktion statt.[74] Das Controlling muss im Vergleich zu anderen Produkten eine größere Kosten- und Erlöstransparenz schaffen, die Informationen schnell und flexibel zur Verfügung stellen und je nach Produkt sind spezielle Kosteninformationen zu erstellen. Die Konsequenz daraus ist, dass eine detaillierte Kosten- und Erlöserfassung notwendig ist, um eine Verbesserung der Kalkulationen und ein kurzfristiges und besonders aktuelles Berichtswesen zu schaffen.

Der Vertrieb ist als Bindeglied zwischen Kunden und Unternehmen besonders schwankenden Umweltbedingungen und Unternehmenskontexten ausgesetzt. Um die zielgerichtete Steuerung des Vertriebs eines Unternehmens sicherzustellen, ist die Implementierung eines Vertriebscontrollings notwendig.[75]

Nach *Köhler* kommt dem Vertriebscontrolling „die Koordination der Informationsversorgung für Managementaufgaben" zu.[76] Nach *Wielpütz* ist es die Aufgabe des Vertriebscontrollings, dass die „(...) Versorgung des Vertriebsmanagements mit entscheidungsvorbereitenden und unterstützenden Informationen über den koordinierten Einsatz von Planungs-, Steuerungs-

---

[73] Vgl. Lojewski, (1996), S.141.

[74] Vgl. Abschnitt 4.2.1.

[75] Vgl. z.B. Pufahl, (2004), S.56 und S.160ff.und Etrillard, (2004), S.11f.

[76] Vgl. Köhler, (2004), S.1804.

und Kontrollinstrumenten zum Zwecke der ertragsorientierten Ausrichtung des betrieblichen Funktionsbereiches „Vertrieb und Verkauf“ einerseits und der Optimierung distributionsbezogener Maßnahmen anderseits“[77] sichergestellt ist.

Hentschel definiert das Vertriebscontrolling als ein Subsystem der Führung, dass die Planung, Kontrolle und Informationsversorgung systembildend und systemkoppelnd zu koordinieren, sowie die Koordination des Gesamtsystems Unternehmung wie Controlling zu unterstützen hat.[78]

Die Definitionen zeigen, dass das Vertriebscontrolling die folgenden Aufgaben zu erfüllen hat[79]:

- Informationsbereitstellung
- Analyse
- Planung
- Kontrolle und
- Steuerung.

Es reicht nicht aus, den Begriff Controlling um Vertrieb zu erweitern. Die Aufgaben des Vertriebscontrollings sind die Koordination der Vertriebsplanung und –steuerung, die frühzeitige Aufdeckung von Planungslücken, die erfolgsbezogene Steuerung und Kontrolle, die Entwicklung permanenter Soll-Ist Vergleiche, die Durchführung von Sonderanalysen, die Aufdeckung von Vertriebsschwachstellen, die frühzeitige Bereitstellung und kompakte Aufbereitung von Informationen sowie der Aufbau und die ständige Weiterentwicklung eines konsistenten Berichtswesens im Vertrieb.[80]

Das strategische Vertriebscontrolling ist auf die Unternehmung und neue Umwelt- und Unternehmensentwicklungen ausgerichtet, während das operative bestehende Umweltbedingungen mit einbezieht. Die Zielgrößen der strategischen Ausprägung sind zukünftige Erfolgspotenziale zur langfristigen Existenzsicherung. Das operative Vertriebscontrolling hat die Erfolgs-

---

[77] Wielpütz (1994), S.190.
[78] Vgl. Hentschel, (2000), S.24.
[79] Vgl. Duderstadt, (2006), S.30.
[80] Vgl. Duderstadt, (2006), S.32.

erzielung und die Rentabilitäts- und Liquiditätsziele im Auge. Die operative Ebene hat Aufwand, Ertrag, Kosten und Leistungen im Fokus. Die Informationsbeschaffung des strategischen Vertriebscontrollings wird meist durch externe Quellen befriedigt[81], das operative greift auf interne Informationsbestände[82] zurück.[83]

Die rasanten Veränderungen im betrieblichen Umfeld verlangen dem Unternehmen ab, die Entscheidungsträger schnell mit Informationen zu versorgen, so dass diese sowohl kurzfristige als auch langfristige Entscheidungen im Sinne der Existenzsicherung treffen können.[84] „Daher ist es in strategischer wie auch in operativer Hinsicht die Aufgabe des Vertriebscontrollings, quantifizierbare Rationalität für eine marktorientierte Unternehmensführung sicherzustellen. Das Vertriebscontrolling verwendet dabei jedoch nicht nur das Planungs-, Kontroll- und Steuerungsinstrumentarium im klassischen Sinne, sondern darüber hinaus Instrumente, die Aussagen über „weiche Faktoren“[85], wie z.B. zukünftiges Käuferverhalten und Markttrends zulassen.“[86]

Diese Erweiterung des klassischen Controllings hilft bei der Bewältigung der Vertriebsaufgabe. Das Volumen- und Umsatzdenken tritt in den Hintergrund und wird durch eine zeitnahe Informationsversorgung ergänzt.

Im Sinne dieser Arbeit dient das Vertriebscontrolling der Planung von ergebnisbeeinflussenden Faktoren, welche die Grundlagen für zukünftige Entscheidungen darstellen. Der Informationsbedarf der Entscheidungsträger und Führungskräfte muss gedeckt werden. Die Informationsversorgung beinhaltet einen ständigen Abgleich der Zielwerte mit den Ist-Zuständen. Durch das Vertriebscontrolling wird die Voraussetzung für die Umsetzung der Unternehmensstrategie geschaffen. Genau dann kann eine ergebnisori-

[81] Z.B. Früherkennungssysteme, Stärken-Schwächen Analyse, Chancen Risiken Analyse, GAP Analyse und Balance Scorecard, vgl. hierzu Macharzina, (2005), S.302ff.
[82] Z.B. Deckungsbeitragsrechnungen, Kostenvergleiche und Break-Even Analysen, vgl. hierzu Pufahl, (2006).
[83] Vgl. Hoppen, (1999), S.11.
[84] Vgl. Wielpütz (1994), S.190.
[85] Vgl. Duderstadt, (2006), S.35f.
[86] Raus/Funk, (2008), S.227.

entierte Planung, Steuerung und Kontrolle auf Basis betriebs- und finanzwirtschaftlicher Informationen geschaffen werden.[87]

2.1.5 Vertriebspolitik als Ergänzung zum Marketing Mix

Die wissenschaftliche Literatur rechnet den Vertrieb der Distributionspolitik oder der Kommunikationspolitik zu, ohne den Vertrieb weiter differenziert zu betrachten.[88] Eine sinnvolle Lösung ist es, den Vertrieb als eine fünfte Politik anzusehen, die sich an die weiteren vier Politiken anschließt und auch einer separaten Planung und Betrachtung bedarf.

[87] Vgl. Abschnitt 2.1.1.

[88] Vgl. hierzu im Detail Meffert/Burmann/Kirchgeorg, (2008), S.397ff.

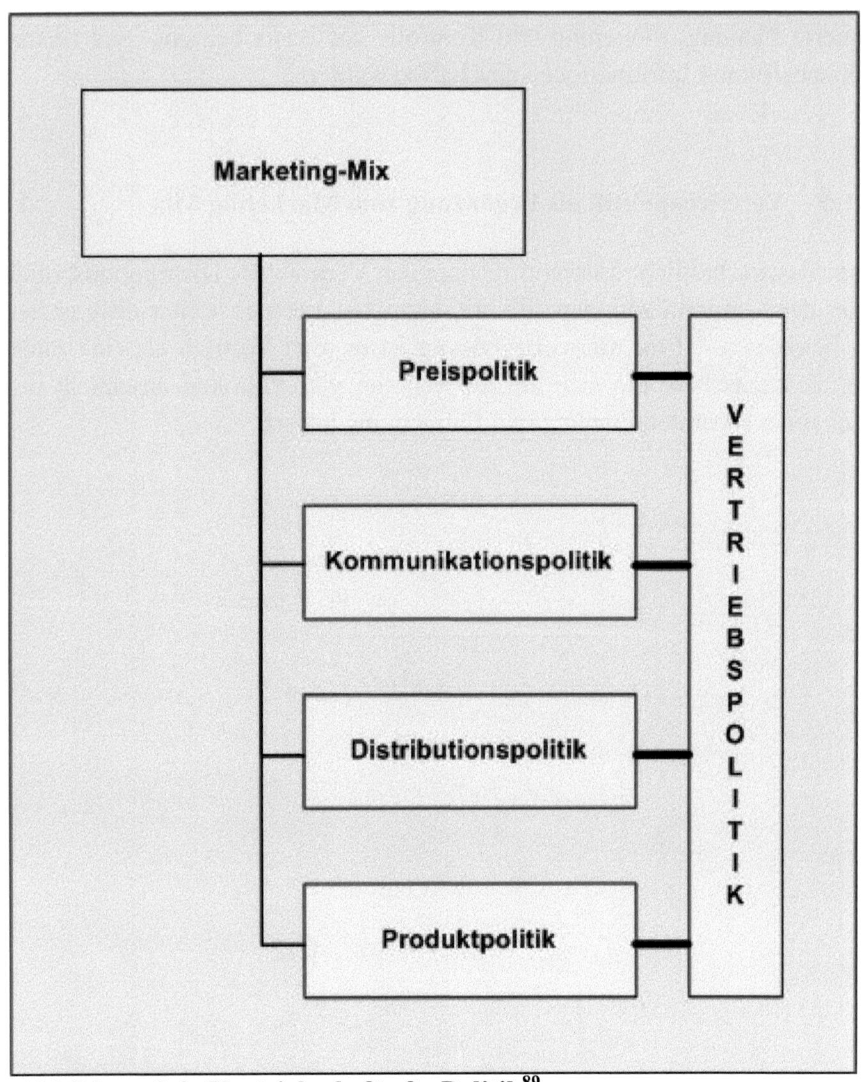

Abbildung 2-2: Vertrieb als fünfte Politik[89]

Der Vertrieb hat eine zentrale Funktion im Unternehmen und stellt den direkten Kontakt zum Kunden her. Durch ein persönliches Gespräch kann der Verkaufsberater dem Kunden die Produkte durch Bilder darstellen sowie

[89] Eigene Darstellung in Anlehnung an Dannenberg, (2001), S.20.

durch Sprache beschreiben.[90] Nur der Verkäufer kann die Reaktion der Kunden wahrnehmen und sinnvolles Feedback an seine Führungskraft und die betroffenen Abteilungen des Unternehmens geben. Die Vertriebspolitik steht gemäß Abbildung 2-2 mit den anderen Politiken in Kontakt und kann so sich ändernde Umweltbedingungen zurückmelden und eine Anpassung der einzelnen Politiken und eine Änderung der Unternehmensstrategie induzieren.

Die Komplexität des Vertriebs ist durch Abbildung 2-3 dargestellt. Die durch die Vertriebsstrategie determinierten Vertriebselemente müssen definiert und in Einklang gebracht werden.[91] Im Idealfall fließen alle Kundendaten ist einem CRM-System zusammen. Dies stellt sich wie folgt dar:

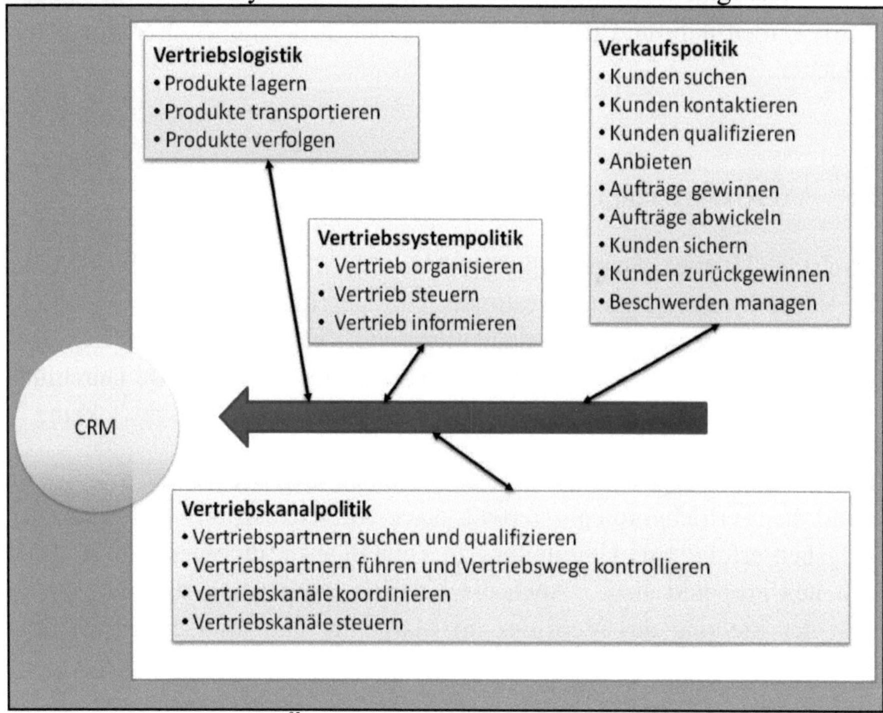

Abbildung 2-3: Vertriebspolitik[92]

[90] Vgl. Abschnitt 1.4.

[91] Vgl. Bartmann, (2005), S.10ff.

[92] In Anlehnung an Winkelmann, (2005), S.34.

Die Vertriebspolitik lässt sich wie in Abbildung 2-3 dargestellt in vier Themenbereiche aufteilen:[93] Diese sind die Vertriebskanalpolitik, Vertriebslogistik, Verkaufspolitik und Vertriebssystempolitik. Die Kundeninformationen aus den unterschiedlichen Politiken fließen in einem CRM System zusammen.[94] Hier wird festgehalten, welche Art von Produkten der Kunde wann gekauft hat. So wird eine Kundenhistorie aufgebaut, die Rückschlüsse auf die Kundenbedürfnisse zulässt und den Verkauf unterstützt. Der Pfeil in Abbildung 2-3 stellt den Informationsfluss hin zum CRM System dar. Diese Arbeit konzentriert sich im folgenden Verlauf auf den persönlichen Verkauf und die Aufgaben im Rahmen der Interaktion zwischen Kunde und Verkäufer. Deshalb können die Vertriebslogistik und Vertriebskanalpolitik vernachlässigt werden. Die Vertriebssystempolitik, die Verkaufspolitik und das CRM werden aufgrund der Relevanz für den persönlichen Verkauf näher betrachtet.[95]

2.2 Vertriebssystempolitik

Durch die Vertriebssystempolitik werden alle Struktur- und Ablaufregeln des Vertriebs aufeinander abgestimmt. Dies geschieht durch die Gestaltung von Vertriebsorganisation, Verkaufsform und Vertriebssteuerung. Die Vertriebssteuerung ist zuständig für die Planung, Konkretisierung, Durchführung und Controlling der Vertriebsinformationen und Auftragsabwicklung.[96]

In der Vertriebsorganisation werden Aufgaben und Arbeitsstellen entsprechend der Vertriebsstrategie verteilt. Nach Abgrenzung und Definition der Aufgaben erfolgt eine Unterteilung in Teilaufgaben, die wiederum in Teileinheiten gruppiert sind.[97] Auch die Vertriebsorganisation strukturiert sich nach der Stellung des Vertriebs im Marketing und im Gesamtunterneh-

---

[93] Vgl. Winkelmann, (2008), S.282
[94] Vgl. Abschnitt 2.1.3 und 2.3.
[95] Zur differenzierten Betrachtung der Vertriebskanalpolitik, der Vertriebslogistik und der Distributionspolitik vgl. z.B. Winkelmann, (2008), Winkelmann, (2005) und Duderstadt, (2006).
[96] Vgl. Winkelmann, (2005), S.33f.
[97] Vgl. Hofbauer/Hellwig, (2005), S.67.

menskontext. Neben der Bedeutung des eCommerce, der zunehmenden Globalisierung und der Ausrichtung am Kunden wird die Auswahl und Zuordnung der passenden Vertriebsmitarbeiter in der Struktur berücksichtigt.[98] Zentrale Aufgaben sind dabei sowohl die Schnittstellenfunktion zwischen Unternehmen und Kunden, die Verteilung und Offerte von Gütern und Dienstleistungen, das Angebot an kundenindividuellen Leistungen kombiniert mit kundenorientieren Lösungen als auch die Gestaltung des Dialogs mit dem Kunden.

Im Folgenden werden die Elemente Verkaufsform, Vertriebssteuerung und Vertriebsinformationssystem in ihrer Ausgestaltung genauer beleuchtet.

2.2.1 Verkaufsform

Bei den Verkaufsformen oder auch Kontaktformen des Vertriebs wird zwischen persönlichem, distanzpersönlichem und unpersönlichem Verkauf unterschieden. Der persönliche Verkauf ist durch den persönlichen Kontakt zwischen den Akteuren gekennzeichnet. Innerhalb des „face-to-face" Gesprächs ist die Interaktion mit dem Kunden am intensivsten, auf Nachfragen kann direkt geantwortet werden und Vertragsabschlüsse lassen sich einfacher tätigen.[99] Der persönliche Kontakt zwischen Verkäufer und Kunden schafft die Möglichkeit eine intensive Kundenbeziehung aufzubauen. So kann diese besser ausgebaut und gepflegt werden, insbesondere beim Verkauf von erklärungsbedürftigen Produkten. Der Kunde sucht nicht nur einen Verkäufer, sondern einen Berater, dem er im Verlauf des Verkaufsprozesses vertrauen kann. Beim stationären Verkauf ist der Verkäufer an seine entsprechenden Verkaufsräume gebunden. Der Kundenberater der Banken löst sich vom stationären Verkauf und sucht den Kunden zu Hause auf.[100] Dieser nicht stationäre Verkauf ist durch die wechselnden Verkaufsräume charakterisiert. Außendienstmitarbeiter greifen auf diese Art zurück. Eine besondere

[98] Vgl. Winkelmann, (2005), S.53.
[99] Vgl. Hofbauer/Hellwig, (2005), S.122.
[100] Vgl. Winkelmann, (2008), S.286.

Form ist der Strukturvertrieb von Finanzdienstleistern, die ihre Produkte in einem engen persönlichen Kreis zu verkaufen versuchen.

Je nach Produktart oder Dienstleistung ist die entsprechende Verkaufsform zu wählen. Nach *Godefroid* können bestimmte Güterarten bestimmten Verkaufsformen zugeordnet werden.[101] Die Vorteile des persönlichen Verkaufs überwiegen, wenn das Produkt hochgradig erklärungsbedürftig ist, der Verkaufsprozess langwierig ist, der Preis hoch ist und der Kunde ein hohes Risiko beim Kauf des Produktes oder der Dienstleistung empfindet.

Der Kauf von Finanzdienstleistungsprodukten ist abhängig vom Verhältnis des Kunden zum Berater und auch von der Fähigkeit des Beraters, die Produkte zu erklären und dem Kunden transparent zu machen. Deshalb steht im Rahmen dieser Arbeit der persönliche Verkauf mit „face to face" Gesprächen und dem Kontakt über den Kanal Telefon im Vordergrund.

2.2.2 Vertriebssteuerung

Steuerung ist die Funktion der Willensdurchsetzung, die dazu führt, dass die Planung umgesetzt wird. In Sinne dieser Arbeit wird unter Steuerung ein geordneter informationsverarbeitender Prozess zur Durchführung, Kontrolle und Sicherung der Plandaten verstanden.[102] Nach *Schweitzer und Küpper* handelt es sich um „… die zielorientierte Lenkung von Prozessen der Planrealisation und um die Lenkung von Entscheidungs- bzw. Verhaltensprozessen der Mitarbeiter".[103]

Die Aufgabe der Vertriebssteuerung ist die transparente Darstellung von Vertriebsergebnissen und daraus resultierenden Planabweichungen im Vertrieb. Ein Gegensteuern wird durch die Führungskraft und die Verkäufer angestoßen. Die Vertriebssteuerung ist als positiv zu bewerten, wenn die Mitarbeiter durch ein Vertriebsinformationssystem unterstützt werden und bei veränderten Marktgegebenheiten oder unzureichender persönlicher Leis-

[101] Vgl. Godefroid, (1999), S.277.
[102] Vgl. Duderstadt, (2006), S.4.
[103] Schweitzer/Küpper, (2003), S.40.

tung Gegenmaßnahmen entwickeln. Die Vertriebssteuerung der Mitarbeiter wird durch die Führungskraft und durch persönliche Leistungsanreize unterstützt.[104] Die Vertriebsleistung muss konsequent transparent gemacht werden, um die Ergebnisse des Vertriebs analysieren zu können und so Ursachen für die Planabweichungen zu liefern. Dies kann eine Änderung der Planung zur Folge haben. Die Führungskraft sollte möglichst wenig in die Vertriebsarbeit eingreifen, lediglich wenn es Kommunikationsmängel zwischen Verkäufer und Vorgesetztem gibt.[105]

Ziel der Vertriebssteuerung muss eine Selbststeuerung der Mitarbeiter sein, die selbständig auf eine aktuelle Datenbasis zugreifen können. Der Mitarbeiter muss daher Zugriff auf ein Vertriebsinformationssystem haben, um die einzelnen Vertriebsleistungen gewichten zu können. Folglich kann einerseits der Mitarbeiter die Vertriebsarbeit und andererseits die Führungskraft die Teamleistung stetig prüfen und eventuelle Maßnahmen einleiten. Der Idealzustand ist der sich selbst steuernde Vertriebsmitarbeiter, der die wesentlichen Informationen kontinuierlich einsieht und die notwendigen Schlussfolgerungen zieht.

Unter Vertriebssteuerung wird somit die Ausrichtung aller Ressourcen des Vertriebs auf die Gewinnung und langfristige Bindung von Kunden zur Erzielung eines Gewinns verstanden.[106] Eine für diese Arbeit sinnvolle Definition der Vertriebssteuerung liefert *Duderstadt*: Demnach ist Vertriebssteuerung ein informationsverarbeitender Prozess zur Durchführung, Kontrolle und Sicherung der Vertriebsziele. Im Mittelpunkt steht die zielorientiere Lenkung von Prozessen zur Realisation gesetzter Vertriebspläne und –ziele. Diese schließt die Beeinflussung der Entscheidungs- und Verhaltensprozesse der Vertriebsmitarbeiter zur Durchsetzung der Vertriebsziele mit ein. Die Vertriebssteuerung hat dabei alle wichtigen Informationen bereitzustellen, so dass die Vertriebsarbeit effizient erfolgen kann.[107] Diese Arbeit fokussiert sich im Weiteren auf die Vertriebssteuerung der Verhaltens- und Entscheidungsprozesse der Vertriebsmitarbeiter. Die Basis der Vertriebs-

---

[104] Vgl. Hoppen, (1999), S.105.
[105] Vgl. hierzu auch Abschnitt 3.3.
[106] Vgl. Rentzsch, (1995), S.98.
[107] Vgl. Duderstadt, (2006), S.7.

steuerung ist das Vertriebscontrolling, das den Vertrieb in möglichst kurzen Abständen mit Informationen versorgt, so dass die Vertriebsleistung bewertet werden kann.[108]

2.2.3 Vertriebsinformationssystem

Eine Vertriebssteuerung ist mit Hilfe eines Vertriebsinformationssystems möglich. Durch dieses können Kosten und Umsätze im Vertrieb ausgewiesen und mit Plangrößen verglichen werden. Dieses System stellt die tatsächlichen Werte der Vertriebsleistung der Verkaufsplanung gegenüber, so dass eine anteilige Planerfüllung transparent gemacht wird. Sinnvoll ist die Entwicklung und Generierung von Kennzahlen. Der Abgleich der Planerfüllung und der Vertriebsleistung kann täglich, wöchentlich, monatlich, quartalsweise und jährlich erfolgen. Ziel ist es ein, möglichst aktuelles Bild der Vertriebsleistung zu zeichnen, so dass die Mitarbeiter kurzfristig auf sich verändernde Situationen reagieren können, mangelnde Vertriebsleistungen schnell erkennen und eine weitere Abweichung von der Vertriebsplanung begrenzen können.[109]

Das Vertriebsinformationssystem verwaltet die Daten von Verkaufstransaktionen und bereitet diese Daten auf. Der Vertriebsmitarbeiter muss wahrscheinliche Verkaufsabschlüsse in ein professionelles Vertriebssystem einpflegen, um auch zukünftige Vertriebsleistungen zu planen. Eventuellen Abweichungen können dann im Vorfeld, z.B. mit einer höheren Terminquote, gelindert werden.[110]

Durch das Vertriebsinformationssystem kann die Leistung des Vertriebsmitarbeiters analysiert werden.[111] Sollte ein Vertriebsmitarbeiter mit relativ wenigen Terminen und geringem Zeitaufwand viele Verkaufsabschlüsse tätigen, so spricht dies für eine professionelle Beratungsvorbereitung und Gesprächsdurchführung. Zusätzlich kann die Qualifikation und Beratungs-

[108] Vgl. hierzu auch Abschnitt 2.1.4.
[109] Vgl. Zunke, (2007), S.24ff.
[110] Vgl. Hoppen, (1999), S.111ff.
[111] Vgl. Hippner, (1999), S.44.

leistung des Beraters an der Veränderung seines Kundendepots zwischen Jahresbeginn und –ende beurteilt werden. Hier wird sichtbar, ob Stammkunden gehalten werden konnten und zusätzlich Neukunden gewonnen wurden. Langfristig wird der wirksame und effiziente Kundenberater seinen Kundenstamm verfestigen und mit Neukunden ausbauen. Mit Hilfe des Vertriebsinformationssystems kann somit die quantitative und qualitative Arbeit des Mitarbeiters durch die Führungskraft objektiver beurteilt werden.[112]

Problematisch ist die Wahrnehmung des Vertriebsinformationssystems durch die Vertriebsmitarbeiter. Diese nehmen die aktuelle Datenbasis und den Abgleich mit den Planzahlen eher als Kontrollinstrument wahr; sie sehen weniger die Möglichkeit, die Vertriebsarbeit eigenständig zu organisieren und die Vertriebsleistung kontinuierlich zu erbringen. Die positive Wahrnehmung des Vertriebsinformationssystems kann durch einen entsprechend ausgerichteten Führungsstil angelegt und gefördert werden.

Ein Vertriebsinformationssystem im Zusammenhang mit einem Customer Relationship Modell wertet nicht passiv Verkaufszahlen aus, sondern kann auch aktiv Verkaufsempfehlungen geben.[113]

---

[112] Vgl. Wessling, (2002), S.54ff.
[113] Vgl. Abschnitt 2.3.

2.3 Customer Relationship Management

Ein sinnvolles Rahmenkonzept für eine Vertriebssteuerung durch ein Vertriebsinformationssystem stellt der Customer Relationship Ansatz[114] dar.[115]

CRM kann ein Werkzeug und eine Vorgehensweise sein, um Kunden zu identifizieren, das Geschäftsvolumen mit bestehenden Kunden zu sichern und Kundenwerte zu optimieren.[116] Die Umsetzung dieser Idee erfolgt durch die Automatisierung aller horizontal integrierten Geschäftsprozesse, welche die drei zentralen Kundenkontaktpunkte Vertrieb, Marketing und Kundenservice über eine Vielzahl von Kommunikationskanälen involvieren.[117]

Die wesentlichen Aufgaben von CRM sind:

- Messung der Aufwendungen für alle Aktivitäten einschließlich der Marketing-, Verkaufs- und Servicekosten und der Erträge in Form von Kundeneinnahmen, Kundengewinn und Kundenwert.
- Gewinnung und laufende Aktualisierung von Wissen über Kunden (Bedürfnisse, Motivation und Verhalten), Produkte und Umfeld (Märkte und Konkurrenten).
- Laufende Anwendungen dieses Wissens in allen Unternehmensprozessen, insbesondere im Verkauf und Service mit dem Ziel, für jede individuelle Kundenbeziehung eine zuträgliche Lösung für Unternehmen und Kunden zu finden.
- Etablierung und zielgerichteter Einsatz verschiedener Vertriebskanäle und Sicherstellung der Konsistenz zwischen den einzelnen Kanälen.
- Laufende Anpassung der CRM Aktivitäten an sich ändernde Kundenbedürfnisse.
- Einsatz von geeigneten Informationssystemen zur Unterstützung aller genannten Aufgaben von CRM, insbesondere der Wissensge-

[114] Vgl. hierzu ausführlicher Frielitz et al., (2000), S.9ff.
[115] Vgl. Winkelmann, (2008), S.118.
[116] Vgl. Uebel, (2008), S.339-341.
[117] Vgl. Link/Hildebrand, (1997), S.33.

winnung und der Messung der Effizienz des Kundenbeziehungsmanagements.[118]

CRM ist „eine kundenorientierte Unternehmensphilosophie, die mit Hilfe moderner Kommunikations- und Informationstechnologie versucht, auf lange Sicht profitable Kundenbeziehungen durch ganzheitliche und individuelle Marketing-, Vertriebs- und Servicekonzepte aufzubauen und zu festigen“.[119]

Besserer Kundenservice führt neben der Reduzierung der Gesamtkosten auch zu dauerhafter Kundenbindung und damit zu höheren Umsätzen.[120] Durch ein effizientes Kundenbindungsmanagement kann es so gelingen, besser auf Kundenbedürfnisse einzugehen und kundenindividuelle Angebote zu schaffen. Durch die ständige Versorgung mit aktuellen Informationen kann der Kunde zielgerichtet bedient werden. Gleichzeitig werden die Informationen abteilungsübergreifend zur Verfügung gestellt.[121]

Mit Hilfe des CRM Ansatzes erwirbt das Unternehmen die Möglichkeit, den Austausch von Informationen zu einer interaktiven Kommunikation zu gestalten. Der Kundenkontakt ist keine reine Transaktion mehr, vielmehr kann der Kunde zu Zeiten des Internet einfach Informationen über die Produkte einholen und diese objektiv vergleichen, zum anderen kann das Unternehmen interessante Kundeninformationen sammeln, speichern und verarbeiten. Durch die Kommunikation erhält das Unternehmen Feedback zu den angebotenen Produkten und kann gegebenenfalls zukünftig diese näher an den Kundenwünschen gestalten. Die langfristige Folge ist eine profitable Kundenbeziehung und Zusatznutzen für die Kunden.[122]

Interne Aufgaben sollten mit der gleichen Akribie wie gegenüber Kunden behandelt werden. Eine besondere Unterstützung erfahren die Mitarbeiter in

---

118 Vgl. Uebel, (2008), S.341f.

119 Vgl. Hippner/Wilde, (2003), S.6.

120 Es ist zu 80% billiger einen bestehenden Kunden zu halten, als einen Neukunden zu gewinnen, vgl. Bernet/Held, (1998), S.29.

121 Vgl. Dubs, (1998), S.69ff.

122 Vgl. Kühn/Grandke, (1997), S.133f.

Service und Vertrieb; hier sind die meisten Kundenkontakte zu bewältigen. Gleiches gilt für die Führungskräfte. Diese müssen den „internen Kunden Gedanken“ vorleben und Veränderungsbedarfe bei den Mitarbeitern erkennen und veranlassen. Dies verlangt allen Mitarbeitern und Führungskräften eine große Teilhabe ab. Informationen müssen stetig gesammelt und verarbeitet werden, so dass bei einem Mitarbeiterwechsel kein Informationsvakuum entsteht und eine effektive Kundenbetreuung langfristig möglich ist.[123] Ziel ist, die Wahrnehmung der Mitarbeiter dahin gehend zu lenken, dass effiziente Prozesse auch zu langfristigen und profitablen Kundenbeziehungen führen. Der CRM Ansatz kann als Teil der Unternehmensstrategie verstanden dazu beitragen, dass die Unternehmensstrategie als sich ständig veränderndes Konstrukt einfacher an die Umweltbedingungen anpassen kann und somit die Gesamtunternehmung wettbewerbsfähiger macht.

Die Aufgaben des strategischen CRM sind die Definition von Zielsegmenten, die Analyse der Wettbewerbssituation, die bedarfsgerechte Entwicklung und Kommunikation des Produkt- und Serviceangebots, die Bestimmung geeigneter Vertriebskanäle und die Messung der Vertriebsleistung.[124]

Die Aufgabestellung eines CRM ist die Synchronisation und operative Unterstützung der Funktionalbereiche Marketing, Vertrieb und Service, die Einbindung unterschiedlicher Kommunikationskanäle sowie die Zusammenführung und Auswertung heterogener Datenbestände.[125]

Die detaillierte Aufstellung aller Funktionsbereiche eines CRM Systems ist umfangreich und komplex. Es folgt eine Unterteilung in drei zentrale Aufgabenbereiche. Diese Bereiche stehen nicht nebeneinander, sondern ergänzen sich und stehen in einer Austauschbeziehung zueinander.[126]

Das operative CRM umfasst die Unterstützung aller Kundenmanagementprozesse, die in einen direkten Kontakt mit dem Kunden beinhalten. In diesem Bereich geht es um die Vertriebsoptimierung und -automatisierung.[127]

---

[123] Vgl. Gündling, (2002), S.22.
[124] Vgl. Helmke/Uebel/Dangelmaier, (2002), S.377 und Schögel/Schmidt, (2002), S.35.
[125] Vgl. Raab/Lorbacher, (2002), S.38.
[126] Vgl. Helmke/Uebel/Dangelmaier, (2002), S.14.
[127] Vgl. Schögel/Schmidt, (2002), S.41.

Dem Kunden muss das richtige Informations- und Leistungsangebot mit dem zu ihm passenden Kommunikationsstil entlang der korrekten Kommunikationskanäle zum richtigen Zeitpunkt vermittelt werden. Persönliche Bedürfnisse des Kunden müssen direkt angesprochen werden.[128]

Grundlage dieser Kundenansprache sind Kundenanalysen, aus denen konkrete Aktionen abgeleitet werden. Durch diese Analyse kann zielgerichtet auf die Kunden zugegangen und die Kommunikationspolitik des Unternehmens effizienter gesteuert werden. Dies umfasst alle direkten und indirekten Mailings, E-Mail, Telemarketing, Printanzeigen und Wurfsendungen, ebenso wie die Kundenkontakte über Service, Vertrieb und e-commerce. Alleinstehende und isolierte Marketingkampagnen können so vermieden werden.

Die Aufgabe des operativen CRMs ist es, die Kundencharakteristika und das Kundenverhalten zu analysieren und die automatische Kundenansprache zu forcieren.

Die individuelle Ansprache der Kunden verlangt grundsätzlich nach einer Segmentierung der in sich heterogenen Kundschaft.[129] Es bietet sich an, Kundenbewertungsmodelle zu erstellen, die für jeden Kunden anhand ausgewählter Merkmale dessen individuellen Kundenwert ermitteln.[130] Dies erfolgt mit der Zielsetzung, in den einzelnen Segmenten die profitabelsten Kunden herauszufiltern. Im Vordergrund steht dabei den Kundenlebenswert zu betrachten, um das zukünftige Potenzial eines Kunden abzuschätzen. Ineffiziente Kontaktaufnahmen mit dem Kunden können so bestenfalls vermieden werden.

Die hohe Bedeutung dieser Analyse für den Erfolg eines Unternehmens wird durch die Beobachtung bestätigt, dass die Gewinnsteigerung eines

---

[128] Vgl. Schmidt/Bach/Österle, (2008), S.78.

[129] Vgl. Kotler/Bliemel, (1999), S.76 und S. 1122 und vgl. Abschnitt 4.

[130] Dies kann durch eine Customer Lifetime Value Betrachtung, Scoring Modelle oder auch ABC Analysen geschehen. Vgl. z.B. Marchzina, (2005), S.846 und Winkelmann, (2008), S.196 und S.318.

Unternehmens zwischen 25% und 85% beträgt, wenn die Abwanderung von Kunden um 5% reduziert werden kann.[131]

Das kollaborative CRM ist darauf ausgerichtet, eine Abstimmung verschiedener Kontaktpunkte zu bewirken, um einen durchgängigen Kundenmanagementprozess zu entwickeln unabhängig von dem Kanal, den der Kunde benutzt. Hierbei handelt es sich um persönlichen Kontakt, Mailings, Telefon, Fax, Call Center und Internet: Alle Kanäle stehen gleichberechtigt nebeneinander.[132]

Im Mittelpunkt des analytischen CRM stehen Lösungen im Bereich Data Warehousing und Data Mining zur Analyse der Daten aus dem operativen CRM und aus der Primärmarktforschung.[133] Das analytische CRM bietet die Möglichkeit, die angesammelten Kunden- und Leistungsdaten detailliert auszuwerten und so als Entscheidungsgrundlage zur Gestaltung von Kundeninteraktionen zu nutzen. Die Spannbreite erstreckt sich von einfachen Reports über flexible Analysen basierend auf Online Analytical Processing[134] (OLAP) bis hin zu Data Mining.[135] Die Grundlage für das analytische CRM stellt das Data Warehouse[136] dar.

2.4 Prozessorientierung in der Verkaufspolitik

Die Verkaufspolitik ist die akquisitorische Komponente des Vertriebsmanagements.[137] Neben der Gewinnung, Pflege und Sicherung der Kunden wer-

---

[131] Vgl. Frielitz et al., (2000), S.14ff.
[132] Vgl. Hippner/Wilde, (2000), S.39ff.
[133] Vgl. Helmke/Uebel/Dangelmaier, (2002), S.14.
[134] Vgl. hierzu Codd et al. 1993.
[135] Vgl. Schögel/Schmidt, (2002), S.41.
[136] Unter einem Data Warehouse versteht man ein Datenbanksystem, in dem alle zur Gestaltung der Geschäftsprozesse des Unternehmens und zur Unterstützung sonstiger Managemententscheidungen erforderlichen Daten unter einer einheitlichen, zentralen Schnittstelle aus den operativen Informationssystemen des Unternehmens und aus unternehmensexternen Quellen (z.B. Marktforschungsinstitute etc.) zusammengeführt werden. Vgl. hierzu von Goeken, (2006), S.11ff.
[137] Vgl. Abschnitt, 2.1.5.

den Beschwerden gemanagt. [138] Neukunden sind zu gewinnen, bestehende Kunden zu identifizieren und deren Beziehung zum Unternehmen auszubauen. Ebenso gilt es das Unternehmensimage zu verbessern sowie eine höchstmögliche Loyalität und somit langfristige Kundenbindung zu erreichen.[139] Hofbauer und Hellwig unterscheiden im Kundenmanagement drei zentrale Kernphasen: Die Kundenakquisition, die Kundenbindung und die Kundenrückgewinnung.

2.4.1 Vertriebsprozesse

Nach *Vahs* ist ein Prozess definiert als eine zielgerichtete Erstellung einer Leistung durch eine Folge logisch zusammenhängender Aktivitäten, die in einer Durchlaufzeit nach einer bestimmten Anleitung durchgeführt werden.[140]

Die klassische Organisationsgestaltung zielt auf die Produktivitätserhöhung durch Arbeitsteilung und Spezialisierung. Dies gelingt durch die Bildung von organisatorischen Einheiten und durch eine formale Stellenhierarchie. Die Folge dieser Aufteilung ist, dass einzelne Geschäftsprozesse des Unternehmens durch diverse Organisationseinheiten und Stellen bearbeitet werden. Durch zahlreiche Schnittstellen muss der Prozess streng koordiniert werden. Jedoch ist meist eine Redundanz von durchgeführten Arbeitsprozessen nicht zu verhindern. Dies führt zu einer nicht effizienten Bearbeitung der Prozesse und verursacht Kosten und Zeitnachteile und hat eine Verringerung der Kundenorientierung zur Folge.[141]
Um diese Ineffizienzen zu überwinden, muss das Unternehmen sich von der Funktionsbetrachtung trennen und sich hinzuwenden zu einer Prozessorientierung. Insbesondere die Entwicklung der Wertschöpfungskette von Porter, die wie in Abbildung 2-4 dargestellt, zwischen primären Aktivitäten der

[138] Vgl. Hesse/Huckemann, (2002), S.78.
[139] Vgl. Liebmann/Zentes (2001), S.197.
[140] Vahs, (2001), S.199.
[141] Vgl. Belz/Reinold, (1999), S.111f.

Wertschöpfung und unterstützenden Aktivitäten unterscheidet, gibt eine Hilfestellung zur Entwicklung von Prozessen.[142]

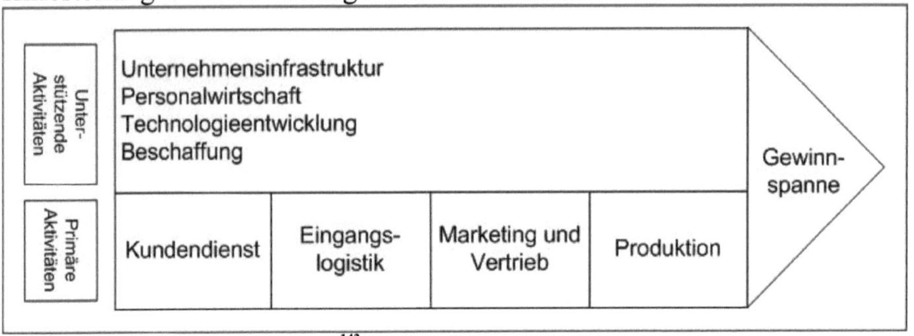

Abbildung 2-4: Wertschöpfungskette[143]

Die primären Aktivitäten umfassen die Produktion, den Kundendienst, die Eingangslogistik, die Beschaffung sowie dem Marketing und Vertrieb. Sie sind direkt mit der Herstellung und dem Vertrieb des Produktes verbunden. Die unterstützenden Aktivitäten bestehen aus der Technologieentwicklung, auch Forschung und Entwicklung, der Personalwirtschaft und der Unternehmensinfrastruktur. Jede Wertschöpfungsaktivität stellt somit einen Baustein hin zum Wettbewerbsvorteil dar. [144] Die Abbildung 2-4 stellt die Aktivitäten dar, die ein Unternehmen benötigt, um ein marktfähiges Produkt zu erstellen und zu verkaufen. Der Verkaufswert sollte nach Durchlauf aller zugehörigen Aktivitäten höher sein als die Kosten der Produktionsfaktoren. Alle Aktivitäten haben Einfluss auf die Gewinnspanne. Sie erhöht sich, wenn alle Aktivitäten effizient durchgeführt werden.

Durch eine Prozessorientierung können Folgen von Unternehmensaktivitäten transparenter gemacht werden. Die Wertschöpfungskette ermöglicht die Identifizierung von wertschöpfenden Aktivitäten und kristallisiert erfolgsrelevante Prozesse heraus. Folglich kann sich das Unternehmen auf die wertschöpfenden Tätigkeiten konzentrieren.[145] Eine primäre Aktivität stellt der Vertrieb dar. Die Konzentration auf die Strukturierung der Vertriebsaktivi-

[142] Vgl. Porter, (1985), S.36ff. und Volck, (1997), S.31ff.
[143] Eigene Darstellung in Anlehnung an Porter, (1992), S.29ff
[144] Vgl. Macharzina, (2005), S.306.
[145] Vgl. hierzu z.B. Kreikebaum, (1997), S.138 und Ropella, (1989), S.159ff.

täten im Rahmen der Prozessorientierung führt zu schnelleren Durchlaufzeiten und erhöht die Prozessqualität mit weniger Fehlerpotenzial.

Die Vorteile sind entscheidend für eine Wettbewerbsfähigkeit im Hinblick auf die Bearbeitung der Kundenprozesse. Eine schnelle und kostengünstige Abwicklung der Kundenaufträge ist zunehmend entscheidend für die Wettbewerbsfähigkeit der Unternehmen. Nur die Unternehmen, die die Kundenaufträge schlank, kostengünstig und schnell abwickeln, sind im Wettbewerb überlebensfähig. Bei optimal gestalteten Prozessen führt dies zu hoher und langfristiger Kundenzufriedenheit. Dies hebt die Bedeutung der Prozessorientierung und des Prozessmanagements im Hinblick auf den erfolgreichen Vertrieb hervor.[146]

Unter Prozessmanagement sind alle planerischen, organisatorischen und kontrollierenden Maßnahmen zur zielgerichteten Steuerung der Wertschöpfungsketten eines Unternehmens im Hinblick auf die Zielsetzung Kosten, Zeit, Qualität, Innovationsfähigkeit und Kundenzufriedenheit zu verstehen.[147]

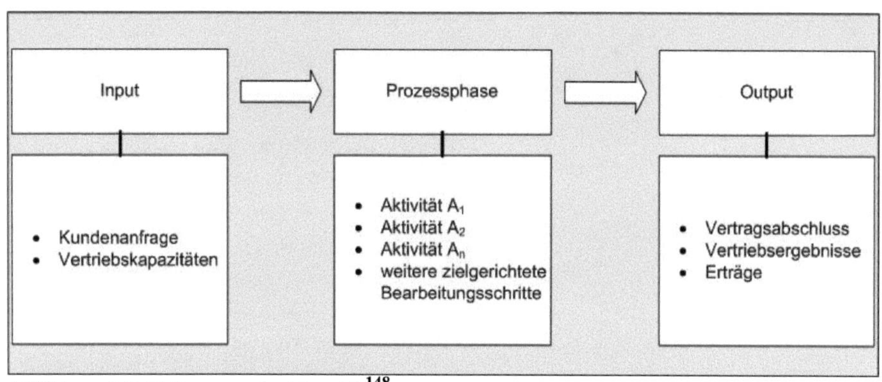

Abbildung 2-5: Teilprozesse im Vertrieb[148]

Der Vorteil der Prozesssicht im Vertrieb, der in Abbildung 2-5 beispielhaft für den Verkauf eines Produktes dargestellt ist, ist die Reduktion der Kosten durch die Automation der Bearbeitung. Die Standardisierung schafft eine

---

[146] Vgl. Pater/Richard, (1994), S.28f.
[147] Vgl. Bellmann/Himpel, (2008), S.43f.
[148] Eigene Darstellung in Anlehnung an Hofbauer/Hellwig, (2005), S.51.

einheitliche Qualität der Arbeitsabläufe, klare Strukturen führen zu einer besseren Messbarkeit und Planbarkeit, Ziele können je nach Prozessschritt besser definiert werden. Defizite werden schneller erkannt und die Transparenz des Vertriebs steigt. Zusätzlich werden die Arbeitsabläufe durch eine bessere Informationsverteilung beschleunigt. Es liegt keine Holschuld des Vertriebsmitarbeiters mehr vor, sondern die Informationen werden diesem situationsgerecht zur Verfügung gestellt.[149]

---

[149] Vgl. Grutzeck, (2004), S.1.

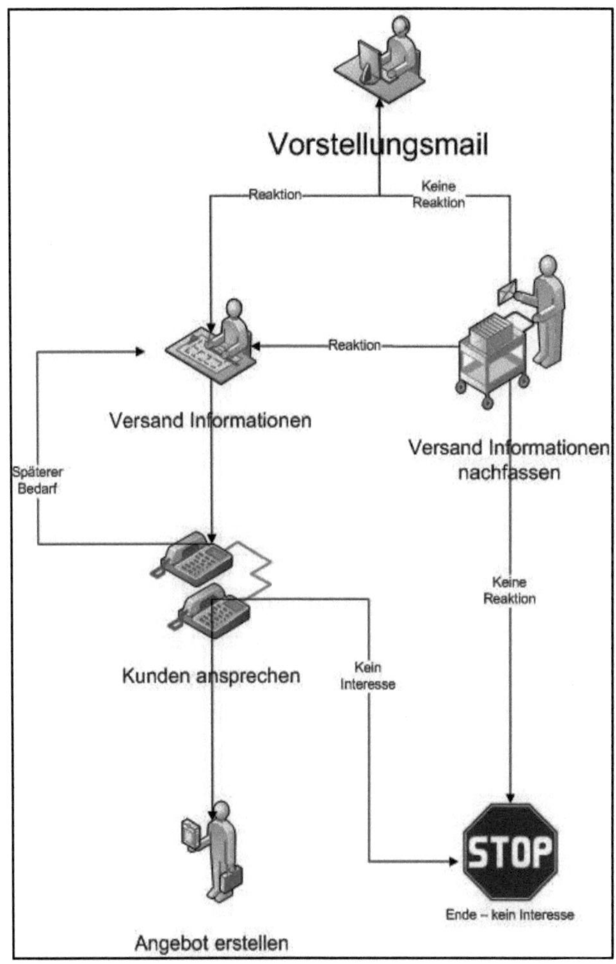

Abbildung 2-6: Beispiel Vertriebsprozess

Ein Teilprozess eines Vertriebsprozesses[150] kann z.B. eine stellungsmail eines Vertriebsmitarbeiters beim Kunden sein. Der Vertriebsprozess beschreibt den Vorgang vom Eingang eines Auftrages bis hin zum erfolgreichen Auftrag. Dieser Prozess muss aufgrund seiner Komplexität in einzelne Schritte unterteilt werden.[151] Jedes Element wird somit zu einer triebs- bzw. kaufsaktivität, die erfasst werden kann. Je nach Ausgang der Aktivität kann eine Erfolgskennziffer geschaffen werden, z.B. ob Informationsmaterial vom Kunden angefordert wurde. Sie stellt somit einfach dar, wie erfolgreich der Vertriebsmitarbeiter seiner Verkaufsaktivität nachkommt. Der Prozess kann beispielhaft wie in Abbildung 2-6 dargestellt werden:

[150] Unter einen Prozess wird eine sachlich zusammengehörende Kette von Einzelaktivitäten verstanden, der einen definierten Anfang hat und ein definiertes Ende. Vgl. Rieg, (1999), S.39.

[151] Vgl. Schmoll, (2005), S.138ff.

Durch die Verarbeitung des Inputs entsteht ein Wertzuwachs. Die Weiterverarbeitung des Inputs generiert umso mehr Nutzen, je stärker der Prozess geringe Durchlaufzeiten und eine hohe Qualität bei einer niedrigen Fehlerwahrscheinlichkeit bietet.[152] Diese führt zu einem hohen Kundennutzen und folglich zu einer hohen Kundenzufriedenheit. Um die effiziente Durchführung des Prozesses sicherzustellen ist es notwendig, für jeden Teilprozess Erfolgsindikatoren zu definieren. Dies kann anhand von Kennzahlen erfolgen.

Der Vertrieb stellt in *Porters* Wertkette eine primäre Aktivität dar. Somit ist davon auszugehen, dass der Vertrieb als primärer Bestandteil erhebliches Potenzial zur Entwicklung von Wettbewerbsvorteilen bieten kann, wenn die Prozessorientierung im Rahmen einer CRM Philosophie stringent und konsequent umgesetzt wird.

Der Vertriebsprozess ist somit ein wesentlicher Geschäftsprozess eines Unternehmens. Er ist für den Verkauf zuständig und umfasst im Rahmen des Vertriebsprozesses alle Kontakte und Beziehungen zu den externen Kunden des Unternehmens. Da die Kundenorientierung stark mit der Prozessorientierung korreliert, ist die Bedeutung des effizienten Vertriebsprozesses umso wichtiger. Der Vertriebsprozess ist aber keineswegs ein nicht zu standardisierender Prozess, so wie es von Außendienstmitarbeitern propagiert wird. Es handelt sich um einen sich wiederholenden Prozess, der im Folgenden als Verkaufskreislauf dargestellt werden kann.

2.4.2 Der Verkaufskreislauf

Der Verkaufskreislauf[153] stellt die unterschiedlichen Phasen des Vertriebsprozesses, die Hauptaufgaben und die Elemente dar. Synchron wird der Output der jeweiligen Phase des Prozesses aufgezeigt. Der Output einer Phase entspricht jeweils dem Input der nächsten Phase, die durch das Unternehmen weiter zu bearbeiten ist. Die Steuerung des Prozesses kann durch

---

[152] Vgl. Siebert, (2006), S.37, Duderstadt, (2006), S.122 und Hofbauer/Hellwig, (2005), S.52.
[153] *Engl.: Selling Cycle.*

ein Kennzahlensystem für jede Phase gewährleistet werden. Die Koordination der Aufgaben im Kreislauf in Abbildung 2-7 erfolgt durch die Führungskraft; diese ist im Mittelpunkt der Abbildung 2-7 eingetragen. Der Output sollte zu einer Win-Win Situation für Unternehmen und Kunden führen. Dies führt zu einem höheren Unternehmenswert, einer besseren Kundenzufriedenheit und im Optimum zu einer gesteigerten Zufriedenheit der Mitarbeiter.[154]

Die aus der Unternehmensstrategie abgeleitete Vertriebsstrategie setzt den Vertriebszyklus in Gang. Die Strategie und daraus resultierende Organisation des Unternehmens stellt die Startphase des Vertriebszyklus dar;[155] dieser ist stark verkürzt in Abbildung 2-7 zu sehen. Zwischen der ersten Phase „Strategie und Organisation“ und der zweiten Phase „Bedarfsanalyse“ ist der Ausgangspunkt für die Marktplanung platziert. Ziel ist die Segmentierung des Marktes zur Identifikation der relevanten Marktsegmente. Durch die Kundenplanung werden die Marktsegmente weiter detailliert. Dies führt zu einer Identifikation von Kundensegmenten. Die dadurch entstehenden Kundenprofile bilden die Basis für eine entsprechende Kundenbearbeitung. Das Ergebnis der Kundenplanung erläutert die Strategie, wie Kunden akquiriert werden sollen.[156]

---

[154] Vgl. Hofbauer/Hellwig, (2005), S.55ff.
[155] Ebd. S.55f.
[156] Vgl. Homburg/Schäfer/Schneider, (2003), S.33f.

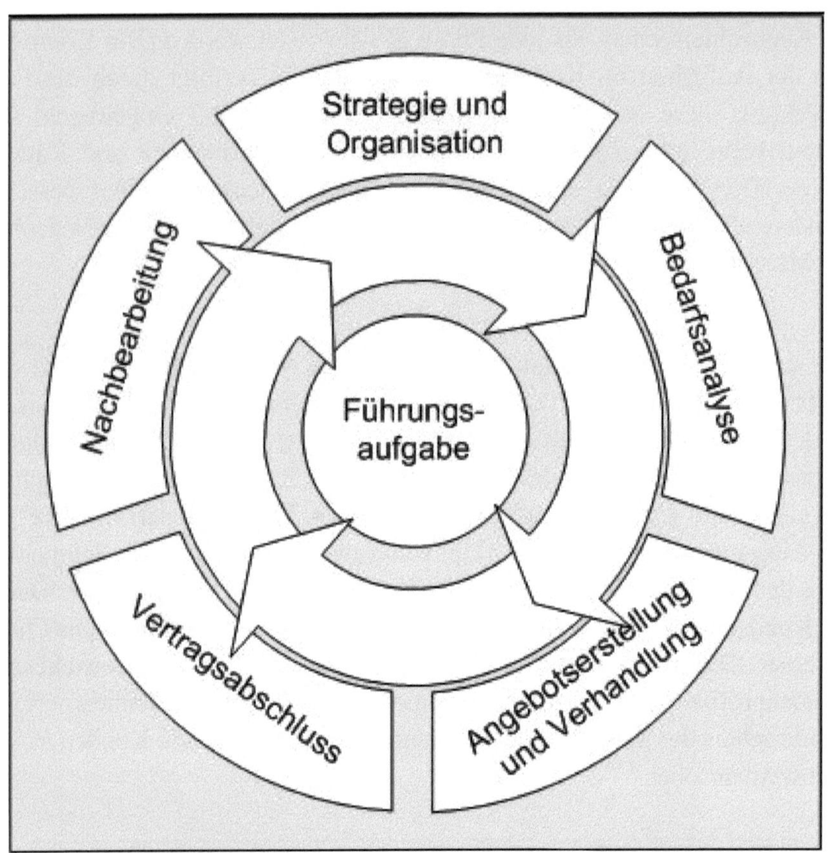

Abbildung 2-7: Selling Cycle[157]

Die Akquisitionsstrategie mündet durch eine Geschäftsanbahnungsaktivität in einer Kundenanfrage. Diese kann von Neukunden oder Bestandskunden ausgelöst werden. Sie wird durch die Anfrageprüfung auf wirtschaftliche und technische Realisierbarkeit durchleuchtet. Hierdurch können die umsetzbaren Aufträge von den nicht realisierbaren getrennt werden. Als Resultat verbleiben die relevanten Anfragen, die nach Wichtigkeit und Bedarfen priorisiert werden. Alle Tätigkeiten ergeben summieren sich zur Bedarfsanalyse.[158]

[157] In Anlehnung an Hofbauer/Hellwig, (2005), S.55.
[158] Vgl. Hofbauer/Hellwig, (2005), S.127f.

Die Angebotserstellung beantwortet die relevanten Anträge durch entsprechende Angebote. Es werden Lösungen für die Kunden geschaffen und es wird ein schriftliches Angebot unterbreitet. Ziel ist es, dem Kunden ein wettbewerbsfähiges Angebot vorzustellen, das zu einem Vertragsabschluss führt. Dem Kunden können je nach Situation mehrere Varianten präsentiert werden. Im Anschluss an die Angebotserstellung folgt die Vorklärung der Offerte. Aufgrund des konkurrenzfähigen Produktangebots zieht der Kunde diese in die engere Wahl. Im Gespräch mit dem Kunden werden wichtige Details geklärt, die für einen Vertragsabschluss unumgänglich sind. Die Vorklärung mündet in einer Vereinbarung, welche die Absicht zum Vertragsabschluss z.B. durch ein Gesprächsprotokoll, das von beiden Seiten zu signieren ist, fixiert. Die anschließenden Verhandlungen über die Vereinbarungen fließen in einem konkreten Auftrag zusammen. Der Vertrag wird gemäß den Kundenwünschen aufgesetzt.[159]

Nach dem erfolgreichen Abschluss der Beratung und des Vertragsabschlusses muss das Auftragsmanagement sicherstellen, dass der Kundenauftrag in die Wertschöpfung des Unternehmens implementiert wird. Bei einer Produktbestellung heißt dies, dass der notwendige Produktionsprozess angestoßen wird und die Lieferung zu den vereinbarten Konditionen durchgeführt wird. Mit dem Vertragsabschluss und der Erfüllung des Leistungsgegenstands ist die Kundenbeziehung nicht abgebrochen. Die After-Sales[160] – Betreuung hat zum Ziel, dass sich der erstmalige Auftrag zu einer langfristigen Kundenbeziehung entwickelt.[161] Die Kunden sollen eine loyale Einstellung im Hinblick auf das Unternehmen entwickeln, so dass Folgeverträge abgeschlossen werden können und eine ganzheitliche Beratung[162] des Kunden möglich ist. [163]

---

[159] Vgl. Winkelmann, (2005), S.417 und 423.

[160] Der Begriff „After Sales“ bezeichnet die Betreuung des Kunden nach dem Kauf eines Produktes oder einer Dienstleistung. In einigen Fällen ist die spätere Betreuung des Kunden wichtiger als der eigentliche Kauf des Produktes. Vgl. hierzu Bundschuh/Dezvane, (2003), S.116ff.

[161] Vgl. Anell/Wilson, (2001), S.94.

[162] Vgl. zum Begriff der ganzheitlichen Beratung Abschnitt 4.2.3.

[163] Vgl. Barkawi/Baader/Montanus, (2006), S.359f.

Die durch die After-Sales Betreuung, in der Abbildung 2-7 in der Phase Nachbearbeitung zusammengefasst, geschaffene Kundenloyalität wird durch das Vertriebscontrolling nachgehalten. Im Abgleich mit den Vertriebszielen überprüft das Vertriebscontrolling die aufgebaute Kundenloyalität und stellt im positiven Fall eine Erfolgssicherung des Unternehmens dar.[164]

Der Vertriebszyklus schließt mit der Wertschaffung und beginnt von neuen. Im Idealfall stellt der Output eine Wertschaffung für das Unternehmen dar, führt zu einer höheren Mitarbeiterzufriedenheit und zu einem Kundennutzen.[165]

2.4.3 Der persönliche Verkauf

Der persönliche Verkauf stellt im Rahmen des Vertriebsmanagements ein zentrales Instrument dar.[166] Der besondere Stellenwert des persönlichen Verkaufs ist begründet in den erklärungsbedürftigen Produkten, da Leistungen und Services eines Produktes auf den ersten Blick nicht erkennbar sind, wobei nicht zu visualisierende Produkte im Bereich von Unternehmensberatungen als auch von Banken auftreten. Die Leistungen lassen sich nur bedingt durch Prospekte oder Werbung vermitteln.[167] Die kommunizierbaren Informationen reichen zur Beurteilung des Produktes nicht aus. Durch das persönliche Gespräch können Fragen zum Produkt, dessen Eignung für unterschiedliche Situationen und die Ausprägungen der verschiedenen Leistungen geklärt werden.[168] Diese Informationen würden dem Kunden ohne den persönlichen Verkauf verloren gehen oder der Kunde würde aufgrund einer hohen Unsicherheit gegenüber den Leistungen des Produktes keinen Kauf tätigen. Der Verkäufer kann durch seine Beratungsleistungen nicht nur die tatsächliche Charaktere des Produktes erörtern, sondern auch Einfluss

---

[164] Vgl. Barkawi/Baader/Montanus, (2006), S.360
[165] Vgl. Hofbauer/Hellwig (2005), S.191f.
[166] Vgl. Abschnitt 2.1.
[167] Vgl. Dalrymple et al., (2001), S.4.
[168] Vgl. Fließ, (2006), S.550f.

auf die Kaufentscheidung nehmen.[169] Letzteres wird durch unterschiedliche Verkaufsstile[170] gestaltet.[171]

Ziel der Verkaufsverhandlung ist der Vollzug einer Transaktion. Die Transaktion wird durchgeführt, wenn beide Seiten einen positiven Nutzen erzielen. Um dieses Ziel zu erreichen muss der Verkäufer in Erfahrung bringen, welche Anforderungen der Kunde an das Produkt stellt; Verwendungsabsicht und die Leistungsanforderungen müssen bekannt sein. Die Aufgabe des Verkaufs ist es, ein den Kundenbedürfnissen entsprechendes Produkt anzubieten. Der Verkäufer hat Interesse daran, bei der Informationsverteilung sein Produkt als wettbewerbsüberlegen darzustellen. Somit hat er eine Informations- und Verhandlungsfunktion zu erfüllen. Der persönliche Verkauf bietet sich zur Erfüllung dieser Funktion an, da die Glaubwürdigkeit und Vertrauenswürdigkeit des persönlichen Gesprächs hoch ist.[172]

Der in Abbildung 2-8 dargestellte Verkaufszyklus[173] lässt sich in kurzer Form auf die folgenden Phasen zusammenfassen. Diese Phasen vertiefen die Phasen des Verkaufskreislaufes und stimmen den Vertrieb auf den persönlichen Verkauf ab.[174]

---

[169] Churchill et al. (1985).

[170] Blake und Mouton unterscheiden entsprechend dem Interesse am Kunden bzw. dem Interesse am Verkauf fünf unterschiedliche Verkaufsstile. Vgl. hierzu im Detail Blake/Mouton, (1972), S.29ff; Nach Churchhill et al. (1985) und anderen Untersuchungen hat das Verhalten des Verkäufers Einfluss auf den Verkaufserfolg.

[171] Vgl. hierzu im Detail Blake/Mouton, (1972), S.29.

[172] Vgl. Witt, (1996), S.27ff.

[173] Für die praktische Umsetzung eines Verkaufsgesprächs vgl. z.B. Sieck/Goldmann, (2007) und Strempfle/Zartmann, (2008).

[174] In Anlehnung an Belz/Bussmann, (2000), S.26 und Witt, (1996), S.54f.

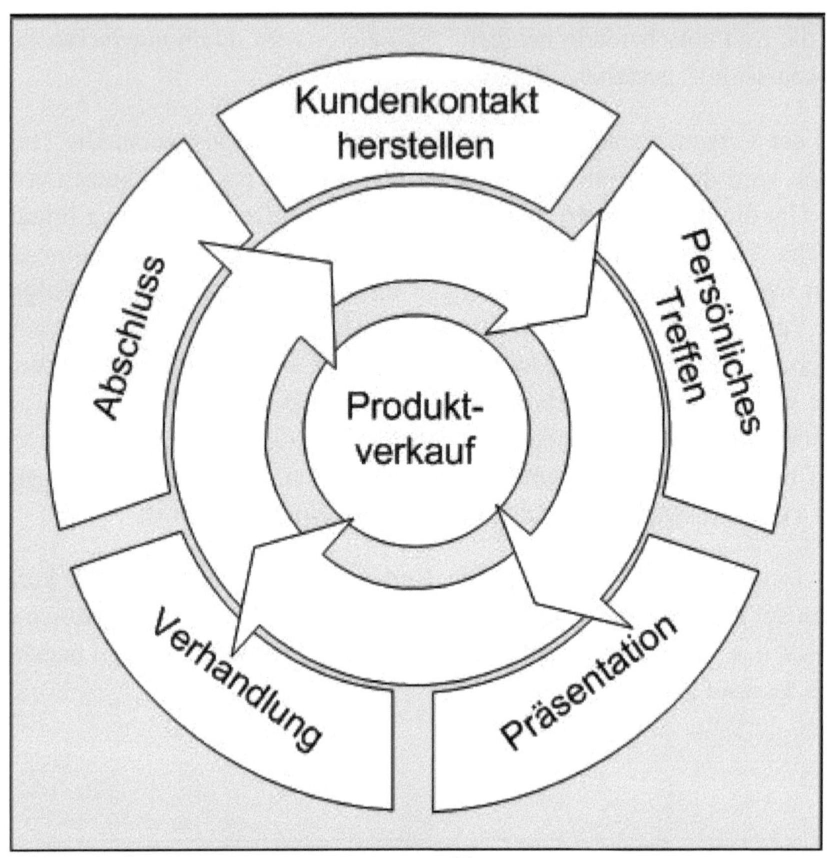

Abbildung 2-8: Phasen des persönlichen Verkaufs[175]

Der Prozess beschreibt den Ablauf vom ersten Kontakt des Beraters mit dem Kunden bis zum letztendlichen Abschluss des Geschäftes im positiven Fall. Aufgrund der immer komplexeren Fragestellungen in den verschiedenen Bereichen wie z.B. Computerverkauf, Finanzprodukte oder Multimediaprodukte verlängern sich der Beratungsbedarf und die –länge.[176]

Die Länge des Verkaufszyklus ist branchenabhängig. Aufträge in der Werbebranche können kurz in einer Zeit von zwei Wochen erarbeitet werden, größte Projekte können auch einen Umfang von mehreren Monaten haben.

[175] Eigene Darstellung in Anlehnung an Niemeyer, (2003), S.29.

[176] Vgl. Fließ, (2006), S.551.

Schnelle Geschäftsabschlüsse kommen nur zustande, wenn sich eine der beiden Parteien in einer Lage befindet, in der eine schnelle Lösung herbeigeführt werden muss. Die Krisensituation unterscheidet sich aber nur durch den zeitlichen Engpass von einem normalen Verkaufsverlauf. Die Aufgabe des Beraters im Rahmen des Verkaufsabschlusses besteht immer darin, für den Kunden eine direkte Lösung zu finden. Bevor der Kundenberater Abnehmer kontaktiert, gilt es genau die Abnehmer zu identifizieren, die eine hohe Kaufwahrscheinlichkeit inne haben. Der Verkäufer muss eine Beziehung zu dem Kunden aufbauen, um das Problem und die Bedürfnisse des Kunden zu erkennen.[177]

Zentrale Aufgabe des Beraters ist die Identifikation der Kunden. Im Mittelpunkt dieser Aufgabe gilt es einen Kontakt zu dem Entscheidungsträger zu gewinnen. Hier sei die Annahme getroffen, dass der beratende Kunde auch gleichzeitig Entscheidungsträger und Nutzer des Produktes ist. Somit gilt, dass der Kunde ein persönliches Interesse an dem Erwerb und Nutzen des Produktes hat.

In diesem Fall steht die Analyse der Bedürfnisse an erster Stelle. Der Kunde ist nur daran interessiert ein Produkt zu erwerben, das ihm möglichst großen Nutzen verschafft. Dieser Nutzen setzt sich aus dem angebotenen Produkt, dem Service und der Beratungsleistungen des Verkäufers zusammen.

Kunden kaufen nicht ausschließlich das Produkt, sondern das Produkt mit den Personen, die es angeboten haben. Der Vertragsabschluss ist nicht nur vom Produkt und der Vertragsgestaltung abhängig: die Konsumenten wählen auch den Berater aus, mit dem sie eine Geschäftsbeziehungen eingehen wollen und auch langfristig eine Geschäftsbeziehungen aufbauen möchten.[178]

Um diesen Beziehungsaufbau zu gestalten, ist es notwendig, die persönlichen Gespräche detailliert vorzubereiten und zu planen. Im Vorfeld des Gespräches sollte ein grober Zeitumfang für das Gespräch festgelegt worden sein, der an den Kunden kommuniziert wird, so dass dieser den Termin

---

[177] Vgl. Hauser, (2007), S.25f.

[178] Vgl. Kiwus, (2007), S.156.

ebenfalls genau planen kann. Mitzubringende Unterlagen werden dem Kunden mitgeteilt, um die Zeit effizient nutzen zu können. Der Berater hat die Gesprächsbereiche, die angesprochen werden müssen, zu analysieren. Diese Informationen gehen in Kopie an den Kunden.
Wenn die Möglichkeit besteht, sollte das Kundengespräch mit einem weiteren Teammitglied oder Kollegen zusammen geführt werden. Dies ermöglicht dem Kundenberater, die aufgenommen Daten vom Kunden später mit den Informationen des anderen Teammitgliedes zu vergleichen, eventuelle Unstimmigkeiten zu klären und Lücken zu füllen. Zugleich können Körpersprache und Verhalten des Kunden diskutiert werden. Das gemeinsame Auftreten suggeriert parallel eine hohe Verpflichtung dem Kunden gegenüber. Nicht zu unterschätzen ist die Wirkung des ersten Eindrucks. Der Berater hat seriös und professionell aufzutreten. Ein schlechter erster Eindruck wird nicht sofort die Geschäftsbeziehung auflösen, die folgenden Verhandlungen werden aber umso schwieriger. Der Teamkollege kann ebenso an dieser Stelle nützliches Feedback zum Auftreten und Verhalten des Beraters geben.[179]

Während des ersten Kundengespräches sollte der Redeanteil des Kunden hoch sein. Der Kunde kann so seine Bedürfnisse und Erwartungen aufzeigen, die der Berater später für eine korrekte Bedürfnisanalyse benötigt. Fehlende Informationen müssen durch zielgerichtete Fragen eingeholt werden.

Der Berater sollte im ersten Gespräch nicht abrupt eine vorschnelle und umfangreiche Lösung vorstellen. Die Daten des Kunden sollten im Nachgang zum Gespräch analysiert werden; erst dann sollte dem Kunden eine Lösung präsentiert werden. Eine Ausnahme stellen Kunden in einer Krisensituation dar, die eine schnelle und unkomplizierte Lösung erwarten.

Im nächsten Schritt gilt es die gewonnen Informationen zu analysieren und eine Lösung zu erarbeiten. Je mehr Daten durch das Gespräch zusammengestellt werden konnten, umso nützlicher wird der Lösungsvorschlag für den Interessenten sein.[180].

---

[179] Vgl. hierzu Lavington/Losee, (1998), S.2f. und S.93f.
[180] Vgl. Witt, (1996), S.54.

Der Berater muss die persönliche Situation des Interessenten feststellen. Hier gilt es zu untersuchen, welche Bedarfe und Bedürfnisse bereits gedeckt sind. Diese Analyse führt zu eventuellen Risiken, die durch die Produkte und Services des Beraters egalisiert werden können. Analog sind die Möglichkeiten des Kunden für einen Ausbau der Leistungen einzubeziehen. Wenn der Verkäufer die Interessen und Bedürfnisse des Kunden erkannt hat, können Lösungsvorschläge erarbeitet werden. Beispielsweise möchte der Kunden einen Kredit für den Erwerb eines Neuwagens aufnehmen, den er aus beruflichen Gründen benötigt; er kann die Refinanzierung jedoch nicht sicherstellen. Durch die Übernahme einer Bürgschaft eines Dritten kann die Finanzierung angeboten werden.

Um eine erstklassige Beratung zu bieten, reicht es jedoch nicht aus, sich lediglich mit den internen Informationen des Kunden und des eigenen Unternehmens auseinander zu setzen; ebenso müssen externe Umweltfaktoren mit einbezogen werden. Der Berater muss über die im Markt befindlichen Produkte informiert sein, um eventuelle Schwächen der eigenen Produkte zu beheben. Die Uninformiertheit eines Kundenberaters über externe Angebote lässt jede Kundenberatung kurzfristig scheitern.[181] Der Verkäufer kann sich unter Anwendung des eigenen Produktportfolios auf die Kernkompetenzen des eigenen Unternehmens konzentrieren.[182]

2.5 Fazit

Um einen erfolgreichen Verkauf sicherzustellen, muss das Unternehmen den Vertrieb als Gesamtaufgabe begreifen, den Vertrieb strategisch implementieren und den Verkaufsvorgang explizit organisieren.[183] Nur wenn die Organisation den Verkauf und Vertrieb standardisiert sowie effiziente und

---

[181] Vgl. Hanser/Thomaszik, (2004), S.34.

[182] Jeder Kundenberaters und Vertriebsmitarbeiter muss sich über Umweltfaktoren informieren. Dies kann durch die Einbeziehungen von externen und internen Marktanalysen, Internetrecherche oder durch das Einholen von Informationen bei aktuellen Kunden geschehen. Es ist sinnvoll im Vorfeld der Kundengespräche zu planen, welche Informationen wo eingeholt werden sollen.

[183] Vgl. Dannenberg/Zupancic, (2009), S.11.

wirksame Prozesse schafft, ist ein erfolgreicher Vertrieb und Verkauf möglich.

Jedoch wird die Verkaufszeit nicht immer optimal genutzt. Eine Studie von Mercer Consulting hat gezeigt, dass Vertriebsorganisationen teilweise weniger als 15 Prozent der Vertriebszeit für den direkten Kundenkontakt nutzen.[184] Das Vertriebspotenzial wird durch unproduktive Tätigkeiten wie Reisen, Verwaltungs- und Berichtstätigkeiten, Kundendienst und Vertriebsplanung nicht genutzt. Das Vertriebspotenzial kann durch die Hebung der Verkaufszeit erhöht werden. Zur Straffung der Vertriebsorganisation muss der Verkauf standardisiert werden und die Vertriebsmitarbeiter müssen im Fokus der Organisation und Führung stehen.[185]

Nach *Belz* und *Reinhold* muss ein erfolgreich konzipierter Vertrieb drei Kriterien erfüllen: Der Vertrieb muss effektiv, effizient[186] und flexibel[187] sein.[188] Um diese Aufgabe zu lösen, ist ein wirklichkeitsnahes Vertriebsmodell mit vereinfachten Arbeitsprozessen zu schaffen, das die Vertriebsstrategie, die Vertriebsoptimierung und auch ein Vertriebscontrolling berücksichtigt.[189]

Eine besondere Aufgabe zur Schaffung eines effizienten und effektiven Vertriebs kommt auf interpersonaler Ebene der Auswahl und Führung der Vertriebsmitarbeiter und der Führung des Vertriebsteams zu.[190] Die Führungskraft wirkt direkt auf die Vertriebsmitarbeiter ein und hat somit entscheidenden Anteil und auch Einfluss auf diese.[191] Die Leistung der Ver-

[184] Vgl. Mercer Management Consulting, (2004), S.15.
[185] Vgl. Hiemeyer/Schneiderbauer, (2004), S.1.
[186] Zum Begriff der Effizienz im Vertrieb vgl. Rangaswamy/Sinha/ Zoltners, (1990), S.282f.
[187] Zum Begriff der Effektivität im Vertrieb vgl. Rangaswamy/Sinha/ Zoltners, (1990), S.282.
[188] Vgl. Belz/Reinhold, (1999), S.111 und Rangaswamy/Sinha/ Zoltners, (1990), S.282.
[189] Vgl. Abschnitt 6 und 7 und Belz/Weinhold, (1999), S.39.
[190] Vgl. Ingram/LaForge/Schwepker, (2007), S.301f. und Herndl, (2005), S.126-130.
[191] Vgl. Herndl, (2005), Eßing, (2005), Dubinsky et al., (2001), Yammarino, (1997).

triebsmitarbeiter wird somit signifikant durch das Führungsverhalten beeinflusst.[192]

[192] Vgl. Dubinsky, (1988), S.139f.

3 Führung im Vertrieb

3.1 Führung

Nach *Neuberger* ist Führung die unmittelbare zielorientierte Beeinflussung von Menschen zur gemeinschaftlichen Erledigung von Aufgaben. Der Geführte ist das Objekt der Führung. Dabei kann der Führer als Teil einer Gruppe innerhalb von hierarchischen Organisationen auch selbst Objekt der Führung sein.[193]

Zum Begriff der Führung liegen eine Vielzahl von Definitionen und Theorien vor[194], so dass *Neuberger* sogar den Verzicht auf eine Definition fordert.[195] Die Definitionen der Führung vereinen jedoch einen Schwerpunkt: Führung stellt immer einen Prozess der Beeinflussung dar.[196]

Das Raster von *Jago*, das es erlaubt Führungsdefinitionen einzuordnen, geht davon aus, dass Führung ein Prozess, eine Eigenschaft und ein Verhalten ist, und entweder die Person oder die Handlung einzeln und losgelöst betrachtet werden kann.[197] Dies führt zu der Vielzahl der Betrachtungsweisen.[198]

Führung definiert sich über Führer und Geführte, die in einem hierarchischen Verhältnis zueinander stehen. Es ist das Privileg des Führers, die Geführten zu einer Zielerreichung zu „führen".[199] In einer asymmetrischen Beziehung, aufgrund der Einbindung der Führungsprozesse in mehr oder

---

[193] Vgl. Neuberger, (1995), S.6.

[194] Für diversen Definitionen der Führung vgl. z.B.: Steinle (1978), S.27, Breisig (1990), S.8, Wiswede (1990), S.3f., Lattmann (1982), S. 49, Wunderer/Grunwald (1980a), S.62 und Staehle, (1980), S.328.

[195] Einen umfassenden Überblick über Führung und Führungstheorien bietet Wunderer/Grunwald (1980). Für neuere Ansätze vgl. z.B. Wald, (2008), S.181-196.

[196] Vgl. hierzu z.B. Stogdill (1950), S.3, Baumgarten (1977), S.9 und Northouse, (1997), S.3.

[197] Vgl. Jago, (1982), S.315.

[198] Vgl. hierzu das Quellenverzeichnis von Bass/Stogdill, (1990), in „The Handbook of Leadership", dass das große Interesse am Begriff „Führung" widerspiegelt.

[199] Vgl. Vroom/Jago, (2007), S.17.

weniger hierarchische Organisationen, hat der Führer in der Regel bessere Chancen, das Verhalten des Geführten zu beeinflussen als umgekehrt.[200]

Die Schwierigkeit der Führung ist es, alle wesentlichen Elemente des Geführten zu erkennen und einzubeziehen. Die Führungskraft muss dazu den Blick über die Person hinweg auf den Gesamtzusammenhang richten. Im Mittelpunkt steht nicht die einzelne Größe, sondern die Interaktion zwischen den Akteuren.[201] Die Führungstheorien betrachten nur offensichtliche und messbare Probleme und Ergebnisse. Das menschliche Verhalten ist nicht vorwiegend rational ablaufend und direkt steuerbar. Ein kleiner Teil des Führungserfolges hängt von Stellenbeschreibungen, Prozessen und Beherrschung von Führungsinstrumenten ab. Abbildung 3-1 zeigt auf, dass die Unternehmung vergleichbar ist mit einem Eisberg. Wie bei einem Eisberg ist der Teil oberhalb der Wasseroberfläche nur ein kleiner Teil des Ganzen. Der Großteil, der nicht sichtbare Part, befindet sich unterhalb. Diese Kräfte sind im Rahmen der Führungsgestaltung essentiell und nicht vernachlässigbar. Durch die Einbeziehung der affektiven Aspekte wie Gefühle kann es möglich sein, durch gezieltes, systematisches Fragen und aufmerksames Zuhören eine innere Landkarte eines Geführten zu lesen.[202] Erkennt die Führungskraft diesen verborgenen Teil nicht, ist keine erfolgreiche Führung von Personen möglich.[203]

[200] Rosenstiel et al., (1993), S.23f.
[201] Vgl. Pinnow, (2007), S.160.
[202] Vgl. Schreyögg, (2008), S.55f.
[203] Vgl. Pinnow, (2007), S.161.

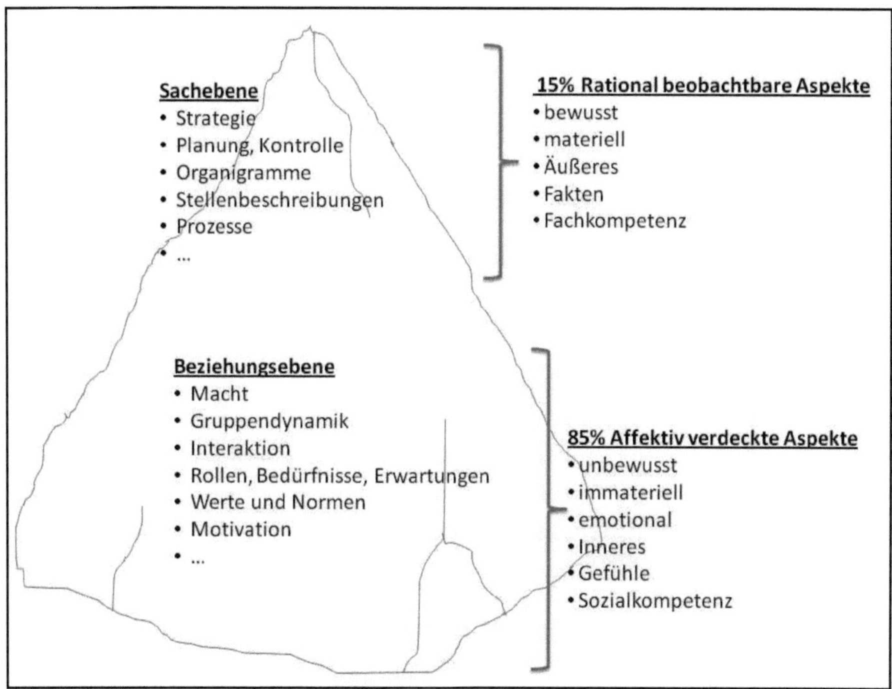

Abbildung 3-1: Das Eisbergmodell[204]

Die Unübersichtlichkeit des Forschungsfeldes und die uneinheitliche Begriffswelt führen dazu, dass Führungskräfte aus der Praxis dem Feld der Führung mit Skepsis begegnen. Die Arbeit in einem interdisziplinären Kontext besitzt die Schwierigkeit, dass Begrifflichkeiten unklar sind und die Vielzahl der Konzepte zur mehr Verwirrung als zum Verständnis beitragen. Deshalb ist es im Unternehmen unbedingt erforderlich, Führung durch Modelle und Prozesse greifbar zu machen

Unter Führung ist im Folgenden das Vorgehen zu verstehen, durch welches andere Menschen angeleitet werden, bestimmte Leistungen und Ziele zu erreichen. Die Führungskräfte, die diese Verhaltensbeeinflussung vornehmen, haben verschiedene Einzelaufgaben zu erfüllen und dabei sowohl die

[204] Eigene Darstellung in Anlehnung an Pinnow, (2007), S.161.

Interessen des Unternehmens als auch die der Mitarbeiter zu berücksichtigen.[205]

3.1.1 Elemente der Führungstheorie

Führungsphilosophien sind grundlegende Annahmen über die Art und Weise der Realisierung von Führung und Führungsprozessen in einer Organisation. Sie schließen Hypothesen über Menschen, Menschenbilder und über den Umgang mit den Mitarbeitern ein und stellen erlaubte und verbotene, geeignete und ungeeignete Mittel der Führung dar. Führungsgrundsätze sind dagegen die stärker konkretisierten und formalisierten Orientierungsmuster, häufig in Form schriftlich formulierter Verhaltensrichtlinien zur Durchsetzung einheitlicher Vorstellungen der Personalführung im Unternehmen.[206]

Führungssysteme sind auf der Grundlage von Führungsphilosophien entwickelte Strukturen und Systeme zur Unterstützung der Führungsprozesse. Dazu gehören Planungs- und Kontrollsysteme sowie betriebliche Anreizsysteme, die der Verhaltensbeeinflussung dienen. Die als Führungsmodelle bezeichneten komplexen Systeme von Verhaltensempfehlungen mit Vorbildcharakter sind zu den Führungssystemen zu rechnen.

Das Führungsverhalten kennzeichnet die Gesamtheit der Aktivitäten und Verhaltensweisen einer Führungskraft im Führungsprozess.[207] Der Begriff der Führungssysteme wird für die Gesamtheit der hier dargestellten Aspekte der Führung verwendet.[208] Der Führungsstil dagegen benennt ein eher einheitliches, mehr oder weniger konsistentes Muster des Führungsverhaltens als dessen „idealtypische Ausprägung“.[209] Somit ist der Führungsstil ein

---

[205] Vgl. Antoni, (2005), S.175.
[206] Vgl. Bröckermann (2000), S.25 und 31.
[207] Vgl. Macharzina/Wolf, (2005), S.566f.
[208] Vgl. Reihlen, (1997).
[209] Vgl. Bisani, (1997).

Modell, während das Führungsverhalten die konkrete Verhaltensweise der Führungsperson ist.[210]

Führungsinstrumente und Führungstechniken sind Hilfsmittel der Führung, die sich im Gegensatz zu den Führungssystemen auf Teilprozesse oder bestimmte Situationen beziehen und für diese jeweils konkrete Vorschläge, handlungsleitende Empfehlungen, Faustregeln oder Verfahren bereitstellen. Die Instrumente und Techniken können sich auf den unmittelbaren Prozess der Führung von Mitarbeitern, die Gestaltung kommunikativer Prozesse oder andere Führungsaufgaben sowie auf die effiziente Gestaltung der Führungstätigkeit selbst, z.B. persönliche Arbeitsplanung, beziehen.[211]

Der Führungsprozess hat die Erfüllung der Gesamtaufgabe im Blick. Führungsprozesse sind unterstützende Prozesse, um Geschäftsprozesse effizient abzuarbeiten. Durch die Einbeziehung von Führungsaktivitäten werden Geschäftsprozesse zu Führungsprozessen. Er unterteilt die durch die Führungskraft zu unternehmenden Schritte in Teilaufgaben. Eine Teilaufgabe kann mehrere Aktivitäten der Führungskraft inne haben. Die Durchführung und der Erfolg der Führungskraft sind maßgeblich vom Führungsprozess abhängig, da alle vorherigen Determinanten Teil des Prozesses sind.

3.1.2 Aufgaben der Führung

Zwei grundlegende Führungsaufgaben sind die Lokomotions- und die Kohäsionsfunktion.[212] Die Lokomotionsfunktion unterstützt das Erreichen von sachbezogenen Zielen. Führungsentscheide und die Beeinflussung der Mitarbeiter haben im Sinne der Zielerreichung zu erfolgen, so dass die Mitarbeiter zielgerichtet tätig werden.[213] Durch das Ausüben der Kohäsionsfunktion werden die individuellen Bedürfnisse der Mitarbeiter zufrieden gestellt, die Weiterentwicklung der Mitarbeiter gefördert und die Mitarbeiter werden

---

[210] Vgl. Staehle et al., (1999), S.337ff. und Perlitz, (2000), S.456ff.
[211] Vgl. Anastassiou, (1995), S.56.
[212] Vgl. Lukasczyk (1960), S.180f.
[213] Vgl. Neuberger, (1985), S.17f.

zur Erarbeitung von Problemlösungen animiert.[214] Die Führungskraft ist durch die höhere hierarchische Stellung in der Organisation legitimiert diese Funktionen auszuüben.[215]

Im Zusammenhang mit der Betrachtung von Führungsaufgaben sind Führungstheorien und Führungsstile[216] von Interesse, da sie Auskunft darüber geben, in welcher Art und Weise die Erfüllung der Aufgaben vorgenommen werden.[217] Die Führungsforschung hat zahlreiche Führungsstiltheorien entwickelt, die in kurzer Form nicht ausreichend gewürdigt werden können. Es gibt jedoch nicht den *einen* optimalen Führungsstil, der allen Anforderungen und Aufgaben gerecht wird.[218] Zur Entwicklung eines Führungsansatzes für den Vertrieb wird auf die Führungsmodelle von *Blake* und *Mouton* sowie *Hersey* und *Blanchard* zurückgegriffen.[219] Aktuell zeichnet sich eine Tendenz zum kooperativen und partizipativen Führungsstil ab. Diese Stile sind gekennzeichnet durch die Einflussnahme der Mitarbeiter auf die Entscheidungen, wobei die Verantwortung bei den Vorgesetzen bleibt.

Die nach *Malik* wesentlichen Aufgaben sind

- für Ziele sorgen,
- zu organisieren,
- zu entscheiden,
- zu kontrollieren und
- Menschen zu fordern, zu fördern sowie zu entwickeln.

Diese Aufgaben sind wesentliche Bestandteile der Führungsarbeit und fließen, wie in Abbildung 3-2 dargestellt, bei den Führungsaufgaben zusammen, die durch die Führungskraft umgesetzt werden müssen.

---

[214] Vgl. Zander, (1986), S.17f.

[215] Vgl. Abschnitt 3.1.

[216] Auf eine explizite Betrachtung wird verzichtet. Einen guten Überblick zu den Führungstheorien bieten Siebert (2006), S.7-65 und Wunderer/Grundwald (1980a und 1980b).

[217] Vgl. Adler/Reid, (2008), S.21f. und Shea, (1999), S.407-411.

[218] Im Rahmen der wissenschaftlichen Forschung hat sich nicht *ein* optimaler Führungsstil herauskristallisiert. *Blake* und *Mouton* behauptet aber z.B., dass der 9,9 Teammanagement Führungsstil optimal ist.

[219] Vgl. Abschnitt 3.2.

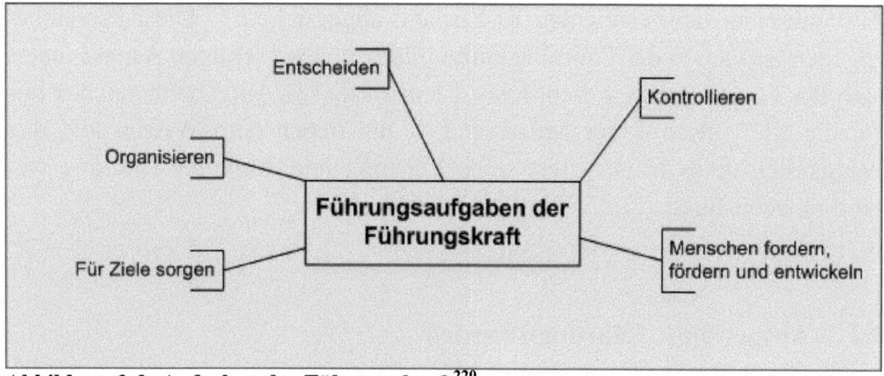

Abbildung 3-2: Aufgaben der Führungskraft[220]

Die Aufgaben einer Führungskraft werden durch den Führungsprozess beschrieben, dieser wiederum durch die Willensbildung und –durchsetzung.[221] Der Führungsprozess ist die auf ein bestimmtes Ziel ausgerichtete Beeinflussung der Mitarbeiter.[222] Die Sicherung der Willensdurchsetzung erfolgt durch die Kontrolle.

Die Willensbildung als Teil des Führungsprozesses beinhaltet die Planung, d.h. die Festlegung von Zielen und das Aufzeigen von Lösungsvorschlägen.[223] Hierbei ist die Berücksichtigung der zur Verfügung stehenden Informationen über zukünftige Handlungsentwicklungen und zu erwartende Trends unerlässlich.[224] Die Anordnung und Organisation bezeichnet die Phase des Führungsprozesses, in der die in der vorherigen Entscheidungsphase gefassten Beschlüsse realisiert werden, indem die für die Durchführung der Entscheidung nötigen Aufgaben, Sachmittel und Personen einander zugeordnet werden.[225] Neben der Anordnung gehört die Phase der Kontrolle zu der Willensdurchsetzung. Hier werden die Umsetzung der Entscheidungen und die daraus resultierenden Ergebnisse geprüft.[226] Dabei wird ein Vergleich des sich aus der Planung und Entscheidung ergebenden Soll-

[220] Eigene Darstellung in Anlehnung an Malik, (2001) und Pinnow, (2007), S.61-69.
[221] Vgl. Mathews, (2006), S.38.
[222] Vgl. Neuberger, (1985), S.17.
[223] Ebd.
[224] Vgl. Heinen, (1984), S.56.
[225] Vgl. Hill u.a., (1981), S.128f.
[226] Vgl. Bisani, (1997), S.42.

Zustandes mit dem erreichten Ist-Zustand abgeglichen.[227] Die personenbezogenen Aufgaben der Führungskräfte bilden einen wichtigen Aspekt innerhalb der Führung. Ein wesentliches Element dieses Aufgabenbereiches bildet die Motivation[228] der Mitarbeiter[229], die neben dem Wissen und den Fähigkeiten eines Mitarbeiters seine Leistung und Aufgabenerfüllung wesentlich beeinflusst.[230]

3.2 Ausgewählte Führungstheorien

Im Folgenden werden das Grid Modell zur Führung und das Führungsmodell von *Hersey* und *Blanchard* näher betrachtet. Das Grid Modell bietet aufgrund der praktischen Anwendbarkeit den Vorteil, dass es die breite Palette der möglichen Führungsstile zusammenfasst und darstellt. Das situative Reifegradmodell von *Hersey* und *Blanchard* wird genutzt, da es eine eklektische und stark situationsbezogene Theorie ist. Nach *Neuberger* ist es gelungen, im Modell verschiedene andere Theorien zu integrieren, die sich mit den Fragen zur Führung, Motivation und Organisation beschäftigt haben.[231] Durch das Zusammenführen der beiden Theorien soll ein praktisch anwendbares Modell für den Vertrieb entstehen, das viele Elemente der Führungsarbeit abdeckt.

3.2.1 Grid Modell nach Blake und Mouton

Das Verhaltensgitter für Führungskräfte nach *Blake* und *Mouton* geht auf die Ohio Studie in den fünfziger Jahren des letzten Jahrhunderts zurück. Aufgrund der in der Praxis beobachteten Verhaltensmuster von Führungs-

[227] Vgl. Körndörfer, (1988), S.152.
[228] Zur Motivation vgl. die Motivationstheorie von Maslow, (1987), und die Zwei Faktoren Theorie von Herzberg, (2003), S.86. Für einen umfassenden Überblick vgl. hierzu z.B. Heckhausen/Heckhausen, (2008).
[229] Vgl. Hopfenbeck, (2002), S.213.
[230] Vgl. Hammer, et. al., (1984), S.10.
[231] Vgl. Neuberger, (2002), S.518.

kräften wurden sieben verschiedene Führungsstile definiert. Jedem Führungsstil wurde eine bestimmte Wirkung zugeordnet. Die Studie ermittelte erstmals die unabhängigen Führungsdimensionen Mitarbeiterorientierung[232] und Aufgabenorientierung[233].[234]

Die Mitarbeiterorientierung beschreibt den Grad der Orientierung an den Wünschen und Interessen der Geführten. Ein hohes Maß dieser Ausprägung ist durch ein tiefgehendes „sich kümmern" um die Interessen und Belange der Mitarbeiter gekennzeichnet. Die Aufgabenorientierung ist bestimmt durch den Grad des Interesses der Führungskraft an den Unternehmenszielen. Eine eindeutige Rollenabgrenzung und eine strikte Aufgabenzuweisung ist ein Indikator für eine ausgeprägte Aufgabenorientierung. Im Vordergrund steht die operative Umsetzung der Organisationsziele. Durch diese Charakterisierung kann jeder Führungsstil über die Ausprägung an Aufgaben- und Mitarbeiterorientierung gekennzeichnet werden. *Blake* und *Mouton* haben in Anlehnung an die Ergebnisse der Ohio Studie ein zweidimensionales Koordinationssystem der Führungsstile entwickelt.[235] Die X-Achse stellt die Dimension der Sachorientierung dar; die Y-Achse beschreibt den Grad der Menschenorientierung, das personenorientierte Führungsverhalten: beide konzentrieren sich auf ein günstiges Produktionsergebnis. Die beiden Dimensionen schaffen ein Verhaltensgitter[236], das durch die Dimensionen Sachorientierung und Menschenorientierung begrenzt wird. Beide Achsen sind jeweils von 1 bis 9 skaliert. Eine sehr niedrige Orientierung wird durch den Wert eins dargestellt, die maximale durch den Wert neun. Je höher die Ausprägung desto höher ist die Intensität des Führungsverhalten.

Die Kombination der beiden Achsen bestimmt, wie eine Führungskraft im Hinblick auf die beiden Dimensionen das „Humankapital"[237] einsetzen möchte, um die Unternehmensziele zu erreichen. Bei einer geringen Aus-

---

232 Engl.: *Consideration.*
233 Engl.: *Initiating Structure.*
234 Vgl. Fleishman, (1953), S.155.
235 Vgl. Blake/Mouton, (1975).
236 Engl.: *Grid.*
237 Auch Arbeitskapital und Arbeitsvermögen, in der Lehre von Gutenberg ist das Humankapital ebenso ein Produktionsfaktor wie physisches Kapital. Vgl. z.B. Rieper/Witte, (2001), S.40f.

prägung der Menschenorientierung in Verbindung mit einer hohen der Sachorientierung hat die Führungskraft ausschließlich Interesse an der Erledigung der Aufgaben, ohne menschliche Belange der Mitarbeiter mit einzubeziehen. Eine hohe Menschenorientierung und ein niedrige Ausprägung der Sachorientierung legen hingegen starken Wert auf eine harmonische Beziehung innerhalb der Gruppe.

Aus den verschieden möglichen Kombinationen lassen sich fünf[238] Führungsstile generieren, die in Abbildung 3-3 dargestellt werden.[239]

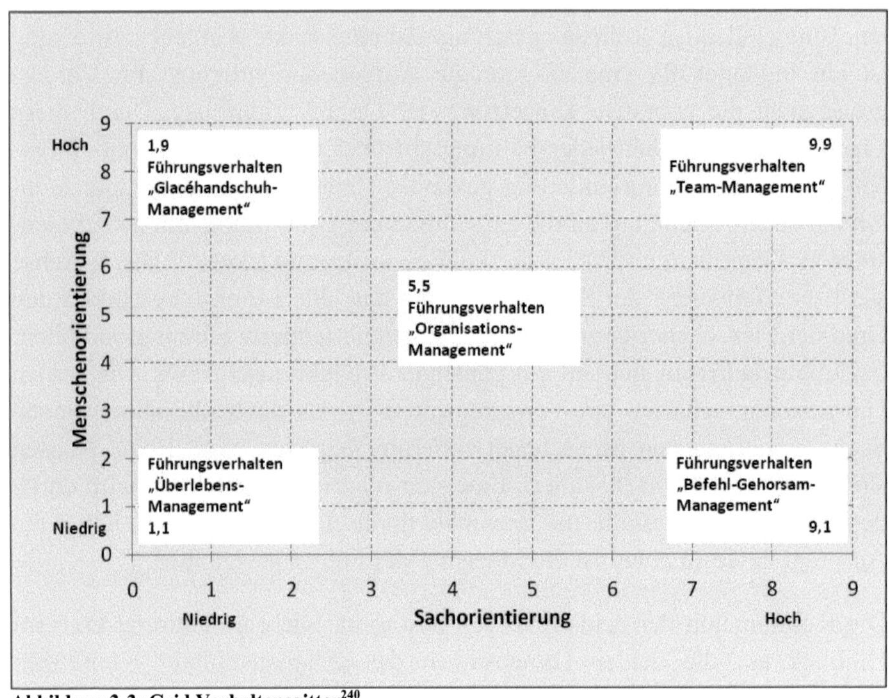

Abbildung 3-3: Grid Verhaltensgitter[240]

[238] Das GRID Model wird durch die patriarchalische Orientierung (9+9) und die opportunistische Orientierung komplementiert. Der patriarchalische Führer kombiniert den 9,1 und 1,9 Stil. Der opportunistische Führer kombiniert alle Gitterstile je nach vorliegender Situation. Vgl. Blake/McCanse, (1998), S.129 und S.208.

[239] Vgl. Blake/Mouton, (1975), S.30f., Blake/McCanse, (1998), S.57ff. und Blake/Mouton, (1982), S.23f.

[240] Vgl. Blake/Mouton, (1978), S.

Im Fall der Ausprägung 1,1, sichtbar in der unteren linken Ecke des obigen Achsenkreuzes, werden die Menschenorientierung und die Sachorientierung von der Führungskraft nur schwach betont. Der 1,1 orientierte Führer hat bereits „innerlich gekündigt“ und erfüllt seine Führungsaufgaben nur soweit, dass er in der Organisation verbleiben kann. In der oberen linke Ecke des Grid Rasters, im Bereich des 1,9 Führers, wird die Sachorientierung minimal betont, die der Menschorientierung stark. Positive Gefühle innerhalb des Teams werden gepflegt, die Erzielung von Leistungsergebnissen findet kaum Betrachtung. Die 9,1 orientierte Führungskraft betont die Aufgabenorientierung und wird mit einer minimalen Ausprägung der Menschenorientierung kombiniert. Die Führungskraft konzentriert sich auf die Maximierung der Sachorientierung, ohne die menschliche Belange der Mitarbeiter zu würdigen. Sie schreibt den Untergebenen vor, was sie wie und wo zu tun haben. Die Betonung auf Mensch- und Sachorientierung sind im Bereich 9,9 maximal ausgeprägt. Hier handelt es sich um den Führungsstil „Team-Management“. Der 5,5 Führungsstil wird durch das „Streben nach Kompromissen“ beschrieben. Die Führungskraft strebt danach, „es sich nicht mit den anderen zu verderben“.

Aus der Kombination der fünf Führungsstile ergeben sich zwei weitere Führungsstile: Das patriarchalische Verhalten verbindet die 9 für Sachorientierung aus dem 9,1 Befehls-Gehorsam-Management mit der 9 für Menschenorientierung aus dem Glacéhandschuh-Management hin zu einem 9+9 Führungsstil. Die patriarchalische Führung hat den Tausch von Belohnung und Anerkennung gegen Loyalität und Gehorsam als Grundlage. Zuwiderhandlungen der Mitarbeiter werden durch die Führungskraft sanktioniert.[241]

Der opportunistische Führungsstil greift auf jedes verfügbare Verhalten des Grid Schemas zurück. Geführt wird nach dem Prinzip des Austausches. Bemühen wird gegen Bemühen aufgewogen und im Fokus steht der persönliche Vorteil des Einzelnen.

Das Grid Führungsschema empfiehlt den 9,9 Führungsstil, da dieser „(...) die Menschen emotional erreicht, weil es sich richtig anfühlt“.[242] Das Grid

---

[241] Vgl. McKee/Carlson (1999), S.149ff.
[242] Vgl. Blake, zitiert nach McKee/Carlson (1999), S.9.

Führungsschema stellt das Entscheidungsverhalten, die Überzeugungsfähigkeit, die Konfliktbereitschaft, die Fähigkeit mit Emotionen umzugehen, Launen zu bewältigen sowie Humor und Anstrengung im Rahmen von Schulungen in den Mittelpunkt, da diese Fähigkeiten unerlässlich für die Führungstätigkeit sind.[243]

Kritiker des Modells weisen darauf hin, dass der Grad der Beteiligung der einzelnen Mitglieder am Entscheidungsprozess unter Beachtung der Darstellung des Führungskontinuums eine weitere, von der Mitarbeiterorientierung unabhängige Einflussgröße auf das Führungsverhalten darstellt.[244] Eine Berücksichtigung im Modell von Blake und Mouton findet nicht statt.

Darüber hinaus ist im Grid Verhaltensgitter der monokausale Zusammenhang zwischen einen bestimmten Führungsstil und bestimmten Wirkungen des von den Autoren empfohlenen Führungsstils 9,9 kritisch anzumerken. Dies liegt begründet in Studienergebnissen, die nachgewiesen haben, dass zwischen einem bestimmten Führungsstil und den resultierenden Konsequenzen wie z.B. Arbeitszufriedenheit, höhere Produktivität, geringere Fehlzeiten nicht immer eine eindeutige Korrelation besteht. Es sind situationsbedingte Faktoren zu berücksichtigen, die das Führungsverhalten beeinflussen. So kann ein und derselbe Führungsstil aufgrund unterschiedlicher Kontexte zu verschiedenen Ergebnissen führen.[245] Trotz dieser Kritik ist das Verhaltensgitter in der Praxis sehr verbreitet und hat sich in vielen Unternehmen als erfolgreiche Führungsstrategie bewährt.[246und247]

---

[243] Vgl. Blake/Mouton (1986), S.6f.

[244] Vgl. Bisani, (1997), S.778.

[245] Vgl. Wunderer/Grunwald, (1980), S.227.

[246] Vgl. Bisani (1997), S.778 und vgl. Gautschi (1989), S.226.

[247] Das Konzept gewährt jedoch keine interkulturelle Übertragbarkeit, vgl. hierzu Keller, (1982), S.520ff.

3.2.2 Situatives Führungsmodell nach Hersey und Blanchard

Das situative Führungsmodell von *Hersey* und *Blanchard*[248] setzt am Leadership Quadranten an und unterscheidet anhand der Dimensionen Aufgaben- und Mitarbeiterorientierung die Führungsstile Anweisen[249] , Verkaufen[250], Beteiligen[251] und Delegieren[252]. In Kombination mit den Situationsvariablen „job maturity[253] " und „psychological maturity[254]" entstehen die in Abbildung 3-4 dargestellten vier Führungsstile.[255] Als Situationsvariablen bestimmen eben diese „job und psychological maturity" den Reifegrad der Mitarbeiter. Hierdurch werden die Fähigkeiten der Mitarbeiter bezüglich der zu erledigenden Aufgaben, das Maß an Fachwissen, Fertigkeiten und Erfahrungen sowie die Bereitschaft und Motivation zur Aufgabenrealisierung einbezogen. Die Motivation[256] bezieht sich auf die Bereitschaft, die Aufgabe mit Selbstvertrauen und Einsatzbereitschaft anzugehen. Der Reifegrad setzt sich somit aus den Fähigkeiten und der Motivation zusammen. Die unterschiedlichen Reifegrade können dann - anhand der in Abbildung 3-4 unterhalb des Achsenkreuzes auf der Skala „Aufgabenrelevanter Reifegrad der Mitarbeiter" - bestimmt werden. Ausgehend von diesem Reifegrad der Mitarbeiter wird der geeignete Führungsstil bestimmt. Folglich ist ein Mitarbeiter, der hinsichtlich einer anstehenden Aufgabe über eine geringe Fähigkeit verfügt und dazu nur gering motiviert ist, autoritär zu führen. Sollte der Mitarbeiter eine hohe Kompetenz und Motivation inne haben, so wird ein delegierender Führungsstil als effizient angesehen. Die Führungskraft steht also vor der Aufgabe, zuerst die Situation richtig einzuschätzen, um dann

---

[248] Vgl. Hersey/Blanchard, (1977), S.169.
[249] Engl.: *Telling.*
[250] Engl.: *Selling.*
[251] Engl.: *Partizipating.*
[252] Engl.: *Delegating.*
[253] Engl.: *Ability.*
[254] Engl.: *Willingness.*
[255] Hersey/Blanchard, (1977), S.169.
[256] Vgl. hier auch Engl.: *Willingness.*

den richtigen Führungsstil zu wählen und umzusetzen.[257] Abbildung 3-4, die von rechts nach links zu betrachten ist, zeigt die vier Führungsstile:[258]

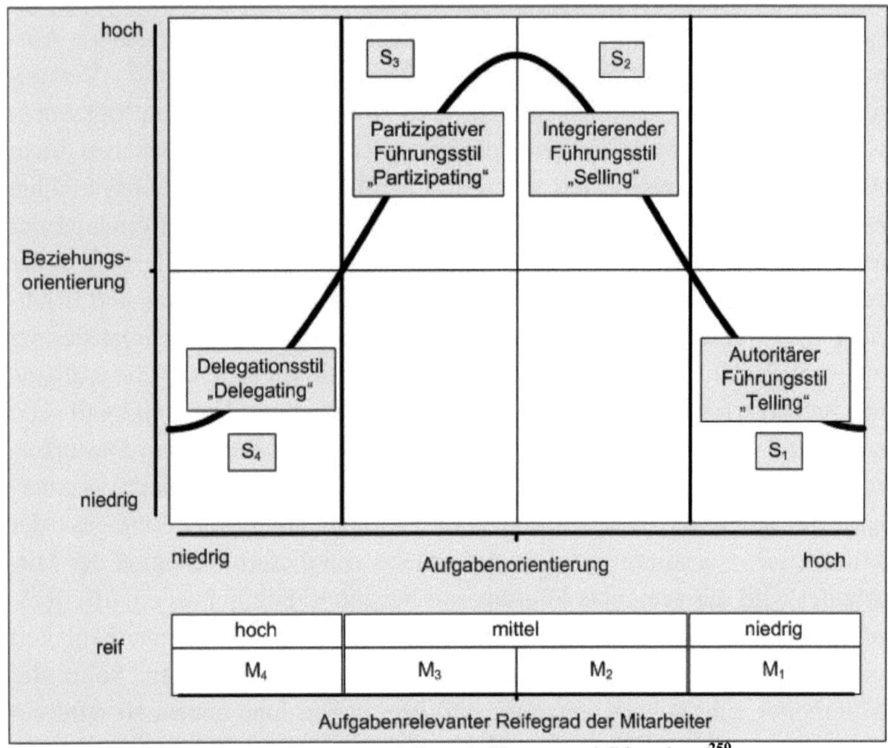

Abbildung 3-4:Situatives Führungsmodell nach *Hersey* und *Blanchard*[259]

Der Führungsstil S_1, in Abbildung 3-4 unten rechts dargestellt, ist gekennzeichnet durch die geringe Kompetenz und das ungenügende Fachwissen des Mitarbeiters. Dieser ist unfähig oder nicht willig, die Aufgabe eigenständig zu lösen; Wissen und Motivation fehlen. Die Führungskraft konzentriert sich stark auf die Anweisungen im Hinblick auf das zu erreichende Ziel. Die persönliche Beziehung zwischen dem Führerenden und Geführtem spielt keine Rolle. Der Führende entwirft eine eindeutige Struktur für den

[257] Vgl. Hersey/Blanchard (1982), S.51f.

[258] Die einzelnen Führungsstile diskutieren Hersey und Blanchard ausführlich in: „Management of organizational behaviour" vgl. Hersey/Blanchard, (1988), S.169-201.

[259] Eigene Darstellung in Anlehnung an Hersey/Blanchard, (1981), S.40.

Mitarbeiter, wie die Aufgabe zu lösen ist. Die Erledigung der Aufgabe wird eng nachgehalten. Eine Einbeziehung der persönlichen Komponente könnte den Mitarbeiter in der Erledigung der Aufgabe verwirren.

Der Führungsstil S_2 spricht dem Mitarbeiter ein gewisses Fachwissen zur Erledigung der Aufgabe zu. Der Mitarbeiter ist zwar aufgrund seiner Fähigkeiten nicht im Stande, die Aufgabe zu lösen, aber motiviert, sich der Herausforderung zu stellen. Auch hier fokussiert sich die Führungskraft auf die Erledigung der Aufgabe, bezieht aber gleichzeitig zwischenmenschliche Elemente mit ein.

Der Führungsstil S_3 beschreibt den Mitarbeiter als fachkundig mit einer hohen Kompetenz die Aufgabe zu lösen. Ebenso wie zum Führungsstil S2 ist die Motivation des Mitarbeiters hoch einzuordnen. Die Führungskraft konzentriert sich nun weniger auf die Struktur der Aufgabe; vielmehr stehen die zwischenmenschlichen Beziehungen im Vordergrund. Die Führungskraft und der Mitarbeiter arbeiten gemeinsam an Ideen und Lösungsvorschlägen; die Führung besteht vornehmlich in sozioemotionaler Unterstützung.

Der Führungsstil S_4, in der Abbildung 3-4 unten links dargestellt, beschränkt sich auf gelegentliche Kontrollen und überlässt die Aufgabenerfüllung dem Mitarbeiter. Der reife Mitarbeiter arbeitet eigenständig und benötigt wenig Führung.[260]

Die Erfolgswirksamkeit des gewählten Führungsstils ist von der Führungskraft festzustellen. Wenn der Führungsstil bei dieser Aufgabe und dem Mitarbeiter zum Erfolg geführt hat, sollte zukünftig bei ähnlich gearteten Aufgaben ein Führungsstil gewählt werden, der dem Mitarbeiter mehr Partizipation und Freiräume gewährt. Wird die Aufgabe durch den Mitarbeiter nicht zufriedenstellend bearbeitet muss eine Reduzierung der Freiräume erfolgen. Des Weiteren ist der Mitarbeiter künftig stärker zu kontrollieren.[261]

---

[260] Vgl. Hersey/Blanchard, (1988), S.182.
[261] Vgl. Blanchard (2008), S.19.

Mit steigendem Reifegrad soll somit der Vorgesetzte seine Aufgabenorientierung reduzieren und die Beziehungsorientierung ausbauen. Die in Abbildung 3-4 dargestellte Kurve stellt einen empfohlenen Verlauf der Verknüpfung zwischen Reifegrad und Führungsstil dar.[262] Im letzten Quadranten sollen Beziehungsorientierung und Aufgabenorientierung nahezu komplett zurückgenommen werden. In der ersten Phase gibt die Führungskraft direkte Anweisungen, um im zweiten und dritten Schritt den Führungsstil in Richtung eines Coachings und Unterstützens abzuändern. Im letzten Schritt werden Aufgaben von der Führungskraft delegiert.[263]

Die Führungskräfte müssen nach dem Ansatz von *Hersey* und *Blanchard* ihren Führungsstil den Fähigkeiten der Mitarbeiter anpassen. Je nach Führungsstil fokussieren sich die Führenden stärker auf die Aufgabe oder die zwischenmenschlichen Beziehungen. Zur Bestimmung des Führungsverhaltens eines Leiters entwickelten *Hersey* und *Blanchard* einen Fragebogen, welcher im Rahmen von Trainingsmaßnahmen bearbeitet werden muss. Im Fragebogen werden zwölf Situationen mit jeweils vier möglichen Verhaltensweisen beschrieben. In wie weit der Vorgesetzte das richtige Verhalten wählt, hängt von den diagnostischen Fähigkeiten der Führungskraft ab.

Das Modell von *Hersey* und *Blanchard* bezieht wesentliche Ergebnisse der Leistungs-Motivations-Erkenntnisse von *Porter* und *Lawler* mit ein.[264] Leistung wird als Produkt von Fähigkeiten und Motivation erkannt. Kritisch zu betrachten ist, dass der Partizipationsgrad nur von Merkmalen der Geführten abhängt. Somit wird nur eine Situationsvariable berücksichtigt, die die weiteren Aktionen der Führungskraft prägt. Vorgesetzte werden das Modell von *Hersey* und *Blanchard* akzeptieren, da sich das eigene Verhalten einfach legitimieren lässt. Gleichzeitig ist die Stilflexibilität von Führungskräften kritisch zu betrachten. Ebenso unterstellt das Modell jedem Mitarbeiter das Motiv des Wachstums. Dieses ist aber im Alltag keineswegs zwangsläufig

---

[262] Vgl. Hersey/Blanchard, (1988), S.188.

[263] Vgl. Blanchard, (2004), S.18.

[264] Zum Erwartungs-Wert-Modell von Porter und Lawler vgl. hierzu: Porter/Lawler/Hackmann, (1981) und Porter/Lawler, (1968).

vorausgesetzt, da Mitarbeiter sich auch in der Situation S1 wohl fühlen können.[265]

3.3 Führung im Vertrieb

Die vorgestellten Führungstheorien sollen nun das weitere Vorgehen zur Entwicklung eines Führungsmodells für den Vertrieb legitimieren. Das Grid Führungsmodell konzentriert sich auf die Unterscheidung zwischen menschenorientierter und sachbezogener Führung. Der situative Ansatz bezieht die Motivation und Einstellung der Mitarbeiter zur Arbeit mit ein, wobei festgestellt werden kann, dass unterschiedliche Rahmenbedingungen und Situationen unterschiedliche Führungsstile notwendig machen. Diese unterschiedlichen Situationen können externe Markteffekte sein und z.B. der Reifegrad und die Motivation der Mitarbeiter.[266]

Auf der Grundlage der vorher beschriebenen Führungsansätze soll nun ein Führungsmodell für den Vertrieb entworfen werden, dass sowohl die menschen- und sachorientierte Dimension des Grid Modell berücksichtigt als auch die unterschiedlichen Situationen im Vertrieb, auf die die Führungskraft zu reagieren hat. Das zu generierende Modell bezieht insbesondere die Führungsstile Teammanagement (9,9) und Befehls-Gehorsam-Management (9,1) sowie die situativen Variablen Reifegrad des Mitarbeiters und Umsetzung der Vertriebsziele mit ein. Dazu wird zunächst auf die speziellen Führungsdeterminanten des Vertriebs eingegangen, um ein vertriebsnahes Führungsmodell entwickeln zu können.

Führung im Vertrieb im Sinne dieser Arbeit sind die Aktivitäten der Führungskraft zur Beeinflussung anderer Mitarbeiter sich für eigene Verkaufsziele sowie für gemeinsame Ziele des Teams und des Unternehmens einzusetzen. Ziel der Führung ist es, das viele Dienstleistungen an den Kunden verkauft werden; dabei ist die Qualität und Quantität der Beratungsgesprä-

---

[265] Einen detailierten Überblick zur situativen Führungslehre und der weiter anzubringender Kritik bieten z.B. Graeff (1997), S.153-170, Butler/Reese, (1991), S.42f. und Johansen, (1990), S.80f.

[266] Vgl. z.B. Arvidsson et al., (2007), S.67ff. und Silverthorne/Wang, (2001), S.399ff.

che hoch. Empirische Studien haben gezeigt, dass das Führungsverhalten im Vertrieb Einfluss auf die Verkaufszahlen hat.[267]

Die Kunst der Führungskraft ist es, eine Beziehung zu dem einzelnen Mitarbeiter aufzubauen und ihn zum Teil der Gruppe zu machen. Studien im Bereich der Vertriebsführung betätigen, dass die gute Beziehung zwischen Führung und Verkaufsmitarbeiter positiv mit Vertrauen, Arbeitszufriedenheit, Zufriedenheit mit dem Chef, Wille, etwas zu bewegen und ein klares Rollenverständnis korrelieren. Das positive Rollenverständnis führt zu einer stärkeren Integration in die Gruppe. Die gute Beziehung kann dazu genutzt werden, die Führung in den relevanten Situationen ehrlich und offen unterschiedlich auszugestalten.

Die Elemente, die die Führungsarbeit erschweren, sind die zunehmende Komplexität, die Zusammenarbeit mit Kollegen und Kunden sowie die steigende Fokussierung der Unternehmen auf den Vertrieb. Die zunehmende Komplexität im Vertrieb ist auf der Führungsebene und auf der Ebene des Verkaufs zu beobachten. Diese Erhöhung vollzieht sich durch den Verkauf von stark erklärungsbedürftigen und schwer zu visualisierenden Produkten.[268] Die Produktlebenszyklen werden kürzer, die Erwartungen der Kunden werden in einem Käufermarkt im Bereich der Finanzdienstleistungen höher und der Wettbewerb zwischen den Unternehmen wird schärfer, so dass der Verkäufer schneller agieren muss: Die Vielfalt der Kunden steigt. Diese Situationen verlangen dem Verkäufer ab, sich stetig auf neue Produkte einzustellen und sich mit neuen technologischen Trends auseinanderzusetzen: Die Diversivität muss bewerkstelligt werden. Diese Umgebungsfaktoren fließen durch die Begriffe Technologie, erweitertes Aufgabenfeld und Komplexität in die Vertriebsarbeit mit ein.

Die Zusammenarbeit, sowohl intern mit Kollegen und Führungskräften als auch extern mit Kunden, verlangt den Verkäufern eine schnelle Anpassung auf die wechselnden Bedürfnisse ab (vgl. Abbildung 3-5). Die Orientierung von Einzelzielen hin zu Teamzielen baut die Zusammenarbeit aus, die Inter-

---

[267] Vgl. Ingram, (2007), Yammarino, (1997), Dannenberg, (2001), DelVecchio, (2000), Dubinski et al., (1988) und Comer, (1975).

[268] Vgl. Fließ, (2006), S.551.

aktion zwischen Kollegen und Mitarbeitern wird komplexer. Ziel der Zusammenarbeit zwischen den verschiedenen Beteiligten ist es, die Kundenbindung und –beziehung auszubauen und zu verbessern.

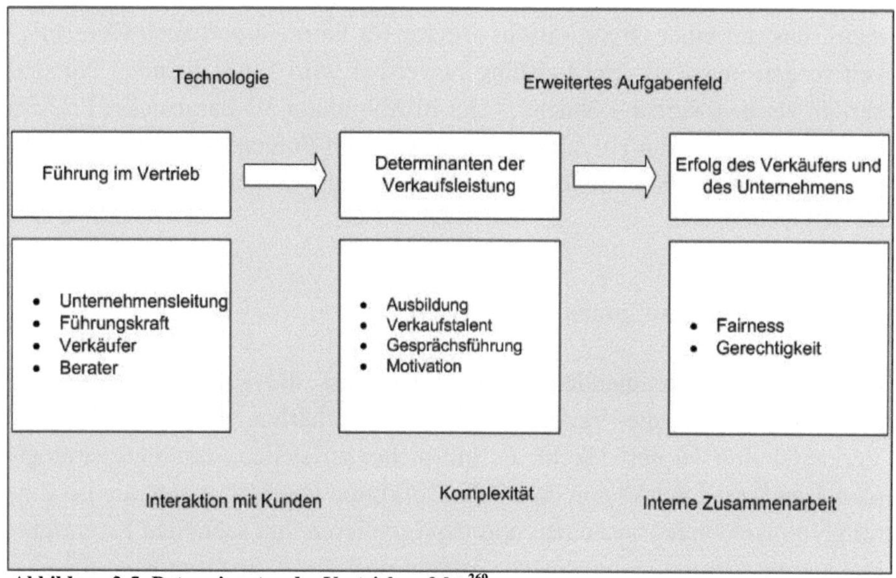

Abbildung 3-5: Determinanten des Vertriebserfolgs[269]

Der Vertrieb ist mehr in den Fokus der Unternehmen geraten, da durch neue technische Entwicklungen der Verkauf ähnlich des Produktionsprozesses standardisierbar und prüfbar ist und durch Prozesse abgebildet werden kann, die durch die Erfassung von Kennzahlen nachgehalten werden. Dementsprechend hoch ist das Potenzial des Vertriebs, Erträge auszubauen und Kosten zu senken.

Der Verkäufer ist nicht mehr nur angehalten Umsätze zu genieren, sondern ist verantwortlich für die Erträge jedes einzelnen Produktabschlusses, für eine hohe Kundenzufriedenheit und für eine hochwertige Beratung. Abbildung 3-5 stellt den Zusammenhang der unterschiedlichen Determinanten dar, die den Verkaufserfolg beeinflussen.[270]

---

[269] Eigene Darstellung in Anlehnung an Ingram et al., (2005), S.140.

[270] Vgl. Ingram et al., (1989), S.26.

Die Führungsaktivitäten haben unmittelbaren Einfluss auf die Determinanten des Verkaufserfolgs.[271] Determinanten können wie in Abbildung 3-5 dargestellt z.B. die Motivation oder auch das Verkaufstalent des Beraters sein. Dieser Einfluss determiniert wieder den Erfolg des Gesamtunternehmens, das mit einer Organisationsstruktur für Fairness und auch Gerechtigkeit sorgen muss, so dass Leistung bewertbar wird sowie Kunden fair und ehrlich beraten werden können.[272] Der in Abbildung 3-5 dargestellte Prozess der Führung über die Hierarchieebenen wird im Folgenden weiter beleuchtet: Welche Aufgaben und Rolle hat die Führungskraft zu erfüllen?

3.3.1 Führungsaufgaben im Vertrieb

Aufgrund der zunehmenden Komplexität muss die Unternehmensleitung eine Strategie für die Verkaufsorganisation schaffen, mit dem Ziel eine Verkaufskultur zu entwickeln. Es gilt sicher zu stellen, dass eine strategische Umsetzung der Vision durch die Definition von Prioritäten, die Einführung von Belohnungssystemen und das Etablieren von schnellen Kommunikations- und Entscheidungswegen gelingt und somit die Grundlage für eine teamorientierte Führung legt.[273]

Auf der operativen Hierarchieebene ist es die Aufgabe der Führungskraft, die Vision für das Verkaufsteam zu übersetzen und in operative Ziele zu überführen. Die Vision spiegelt sich im Führungsverhalten wieder. Die primäre Aufgabe ist es, Mitarbeiter in die Lage zu versetzen erfolgreich zu sein; dies kann durch ein Mentorenprogramm, Coaching und Verkaufstraining erfolgen.

Die Anforderungen an den Verkäufer steigen. Der Anspruch an Lernfähigkeit und Intelligenz ist im Vergleich zur Vergangenheit mit längeren Produktlebenszyklen stark gestiegen. Der Verkäufer sieht sich heute dem Druck ausgesetzt, bei hohen Verkaufszielen einen hohen Service und eine qualita-

---

[271] Vgl. Ingram et al., (2005), S.139.
[272] Vgl. Schwepker/Ingram, (1996), S.1156f.
[273] Vgl. Ingram et al., (2005), S.139.

tiv hochwertige und umfangreiche Beratung zu bieten, so dass eine langfristige Kundenbindung generiert wird. Durch die komplexer werdende Aufgabenstellung steigt das Stressvolumen.[274]

Im Fokus des Vertriebs steht der Kunde. Ziel ist es, eine kundenorientiere Verkaufskultur zu schaffen: Das kundenorientiere Handeln wird genau dann gefördert, wenn der einzelne Mitarbeiter sich als Teil des Verkaufsteam wahrnimmt. Denn dann gilt es, für die Umsetzung der Kundenbedürfnisse zu arbeiten und nicht für einzelne persönliche Ziele des Mitarbeiters. Die Führungskraft muss die Arbeitsroutinen der Mitarbeiter kennen und an Kundengesprächen teilnehmen. Der Faktor der zunehmend geforderten Zusammenarbeit lässt den Arbeitsstress des Verkäufers weiter steigen. Neben dem notwendigen Problemlösungsverhalten muss der Verkäufer eine neue Teamfähigkeit zeigen, um auch in der Gruppe Erfolg zu haben.

Die Führungskraft muss sicherstellen, dass Teamerfolge gewürdigt werden. Auf operativer Ebene müssen Gruppenziele gefestigt und die Erreichung anerkannt werden. Der Wettkampf zwischen einzelnen Mitarbeitern im gleichen Team sollte reduziert werden. Die Führungskraft muss das Verkaufsteam regelmäßig und wöchentlich über den eigenen Stand der Leistung und über den im Vergleich zu anderen Verkaufsteams informieren.

Die Vielzahl der Schnittstellen führt auf der Verkaufsebene zu höherem Konfliktpotential, da mannigfaltige Interessen von Kunden, Kollegen, Abteilungen und der Führungskraft zu berücksichtigen sind. Der Wandel des Einzelverkäufers mit Einzelzielen hin zu einer teamorientieren Arbeit verlangt dem Verkäufer eine hohe Flexibilität ab, da fundamentale Konstrukte der Arbeitsumgebung verändert werden. Teamziele müssen akzeptiert werden und den Individualzielen untergeordnet werden. Die persönliche Rolle innerhalb des Teams und die Rolle der anderen Mitarbeiter muss verstanden werden.

Die Strategie hat zur Aufgabe, eine langfristige Orientierung im Vertrieb zu schaffen. Aufgrund des zunehmenden Interesses am Vertrieb muss die Unternehmensleitung garantieren, dass Ziel und Messung der Ziele eindeutig

---

[274] Vgl. Litzke et al. (2007), S.165.

definiert werden. Ein System zur Messung der Ziele muss geschaffen werden und dies muss darüber Aufschluss geben, ob und wie die Umsetzung der Strategie durch die Ziele verläuft. Ethische Verhaltensgrundsätze für den Vertrieb sollten gebildet und kommuniziert werden.

Die Führungskraft auf operativer Ebene hat einzubeziehen, dass Ziele klar definiert und kommuniziert werden. Obligatorische Feedbackmechanismen, Kriterien zur Messung und das Prozedere zum Abgleich der Zielumsetzung müssen implementiert werden.

Im Rahmen des Vertriebs wird der Druck auf die Führungskräfte durch die Ziele der Unternehmung entwickelt. Eine Führungskraft im Vertrieb wird sicherstellen, dass die Art und Weise der Führung und die Erfüllung der Aufgaben im Einklang mit den Unternehmenszielen stehen. Der Erfolg des Managens wird sich im Erreichen der Unternehmensziele widerspiegeln. Die Art der Führung wird sich darin ausdrücken, wie effektiv es der Führungskraft gelingt, die Konzentration auf die Aufgaben und den Fokus auf die Mitarbeiter zu kombinieren und auszubalancieren.[275]

3.3.2 Führungsverhalten im Vertrieb

Eine Führungskraft im Vertrieb muss die Fähigkeiten haben zu kommunizieren, zum Erfolg zu verhelfen, zu zuhören, zu lenken, zu motivieren, zu überzeugen, gut unter Zeitdruck zu arbeiten, teamfähig zu sein, aufgeschlossen gegenüber Neuerungen zu sein, fokussiert auf die Ziele und lernfähig zu sein.[276]

Die Führung eines Vertriebsteams hat eng zu erfolgen. Es können keine täglichen Einzelgespräche erfolgen, die Präsenz der Führungskraft innerhalb eines Verkaufsteam ist jedoch von hoher Wichtigkeit. Die Rolle eines Vertriebsleiters ist geprägt durch die eigene Persönlichkeit und die Art der Führung, die gelebt und vorgelebt wird.

---

[275] Vgl. Chapman, (2005), S.10f.
[276] Vgl. Volk, (2007), S.74f.

Die Führungskraft im Vertrieb sollte eigene Verkaufserfahrung haben. Sie muss entscheiden in wie weit sie im Verkauf involviert sein will.[277] Dies ist abhängig von der Größe des eigenen Verkaufsteams und der Beratungsintensität der Produkte. Durch die eigene Vertriebstätigkeit kann die Leistung der Mitarbeiter objektiver beurteilt werden. Eventuelle Störfaktoren im Vertriebsprozess können wahrgenommen und verändert werden.
Ein Abgleich der Ziele sollte regelmäßig zwischen Führungskraft und Geführtem erfolgen, so dass Einigkeit darüber besteht. Befürchtungen über unrealistische Verkaufsziele sind anzusprechen. Im Vordergrund steht nicht eine Reduzierung der Ziele, sondern eine Verschiebung der Schwerpunkte, in welche Bereiche welche Verkäufe zu erreichen sind. Ebenso muss der Verantwortungsbereich und die Ziele der eigenen Führungskräfte definiert und kommuniziert werden, so dass die Ansprüche an das Verkaufsteam nachvollziehbar werden.
Externe Faktoren wie z.B. Kundenverhalten und Marktveränderungen können die Wirksamkeit der Führung stören. Die Führungskraft kann diese externen Faktoren nicht beeinflussen, es ist aber notwendig externe Faktoren zu beobachten, da dies eine erfolgreiche Führung unterstützt.

3.4 Die Rolle der Führungskraft

Die Rolle der Führungskraft im Vertrieb hat drei Kernelemente: Die aus den Unternehmenszielen abgeleiteten Verkaufsziele zu erreichen, das Verkaufsteam zu organisieren und die einzelnen Mitarbeiter weiter zu entwickeln.

Führung bedeutet, klare und unmissverständliche Anweisungen an die Mitarbeiter zu geben.[278] Ihr wird die Fähigkeit abverlangt, festzustellen und zu interpretieren, welche Herausforderungen das Verkaufsteam zu meistern hat, die Herausforderungen zu kommunizieren, eine Atmosphäre zu schaffen, die die Bewerkstelligung der Anforderungen erlaubt und die Verkaufsmitarbeiter zu unterstützen. Es ist es sinnvoll, mit dem Mitarbeiter regelmäßig einzeln oder im Team zu kommunizieren und zu zuhören, so dass alle

---

[277] Vgl. Kunadt,(2005), S.166
[278] Vgl. Russ et. al., (1996), S.12

Mitarbeiter in die Verantwortung mit einbezogen werden und Vorschläge des Verkaufsteams kurzfristig berücksichtigt werden können.[279]

Es ist wichtig die eigene Führungspersönlichkeit zu zeigen und dabei authentisch zu sein, da diese von den Vertriebsmitarbeitern adaptiert wird.[280] Der Leiter setzt so den Standard im Verkauf und Umgang mit den Kunden für das Vertriebsteam. Somit ist es wichtig, sich über die eigenen Charaktereigenschaften bewusst zu werden. Durch diese Kommunikation wird eine weitere Vereinbarung zwischen Führerenden und Geführten getroffen. Im Grundlegenden gibt es zwei Pole der Führung innerhalb des Vertriebsteams, die in Abbildung 3-6 dargestellt sind:

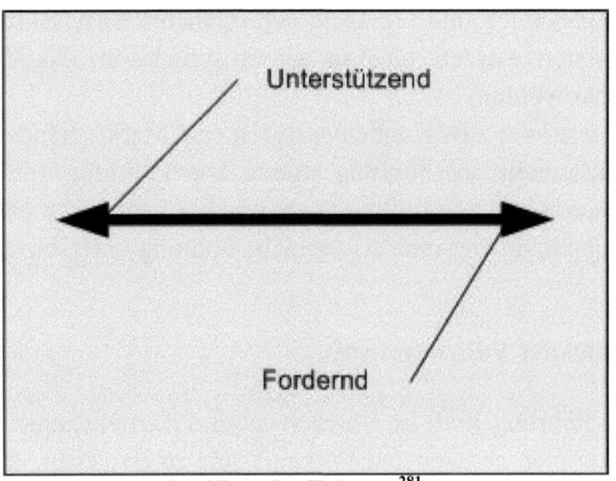

Abbildung 3-6: Zwei Pole der Führung[281]

Die unterstützende Führungskraft ist hilfsbereit im Vertrieb und unterbreitet seinen Mitarbeitern Vorschläge, wie Vertriebsziele besser erreicht werden können. Er hört die Vorschläge und Probleme der Mitarbeiter und erlaubt den Mitarbeitern eigene Entscheidungswege, wie die vereinbarten Ziele zu erreichen sind.[282]

---

[279] Vgl. Shoemaker, (1999), S.12f.
[280] Vgl. Ingram et. al., (2007), S.309f.
[281] Eigene Darstellung in Anlehnung an Gale/Clay, (2000), S.16f. und Ingram et al., (2005), S.140 und vgl. Dalrymple et al., (2005).
[282] Vgl. Eßing, (2005), S.50ff.

Die fordernde Führungskraft führt durch strikte Anweisungen. Sie ist daran interessiert, dass die Unternehmensziele strukturiert im Sinne der Vertriebsstrategie abgearbeitet werden. Vereinbarungen werden meist schriftlich fixiert und ständig kontrolliert. Hier werden in Anlehnung an die Grid Führungstheorie abgewandelte Inhalte der Dimensionen Sachorientierung und Menschenorientierung an die Umweltsituation Vertrieb angepasst. Die Parameter befinden sich nun auf einer Achse auf den gegenüberliegenden Seiten im Sinne einer Polarisierung.

Diese beiden Führungsstile stellen Extreme dar. Die Herausforderungen, die an eine Führungskraft gestellt werden, sind vielfältiger Natur, so dass eine ausgewogene Mischung der extremen Führungsstile notwendig ist.[283] Somit ergeben sich zwei weiter Unterarten von Führungsstilen. Der willensstarke Führer wird einen fordernden Führungsstil mit unterstützenden Elementen präferieren, während der menschenorientiere Führer eher den unterstützenden Führungsstil mit fordernden Elementen wählt. Dabei wird insbesondere die Entwicklungsidee der vorher dargestellten Führungstheorien einbezogen. Durch die Kombination der Dimensionen der beiden Modelle von *Blake* und *Mouton* sowie *Hersey* und *Blanchard* wird ein neues Modell entworfen, dass die Entwicklung der Führungskräfte und der Mitarbeiter unter Einbeziehung der Situation ermöglich.[284] Sicherlich wird durch die Dimension „Menschenorientierung" im Grid-Modell auch die Einbeziehung der Situation gefordert. Die Dimensionen im folgenden Modell orientieren sich insbesondere an der Situation des Mitarbeiters, um dann einen entsprechenden Führungsstil anzuwenden. Im Rahmen des Vertriebs ist ein Teil der Situation einfach analysierbar, da die quantitativ messbaren Vertriebsziele des Mitarbeiters oder des Teams objektiv feststellbar sind. Die unterschiedlichen Führungsstile sind in Abbildung 3-7 zu erkennen.

---

[283] Vgl. Ingram, (2007), S.309f.
[284] Vgl. Abschnitt 3.2.

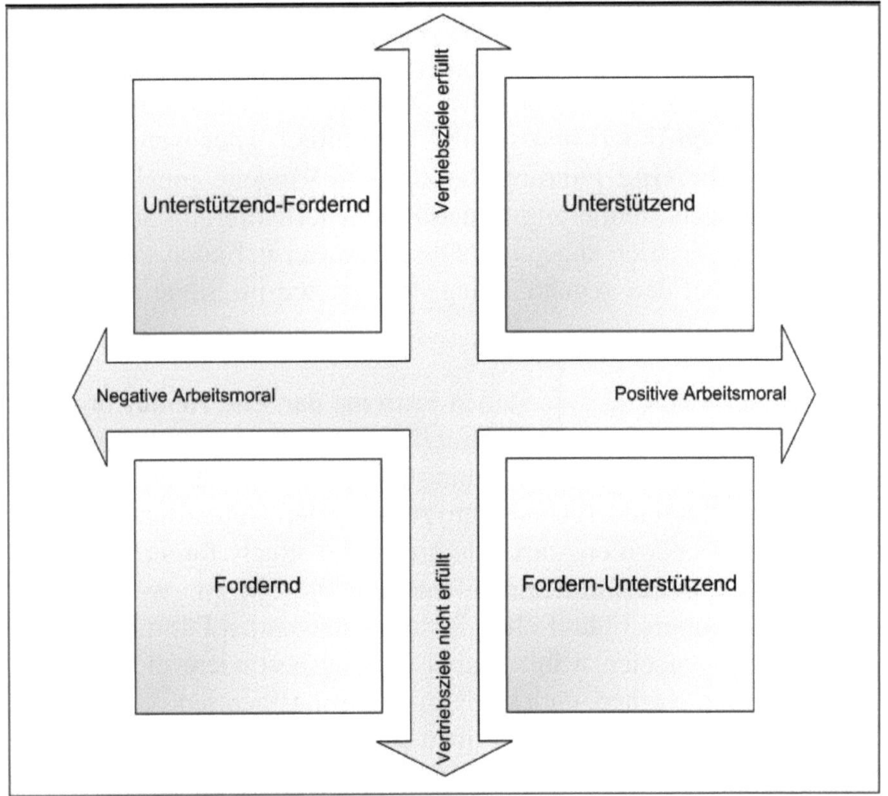

Abbildung 3-7: Führungsmodell für den Vertrieb[285]

Abbildung 3-7 zeigt zwei abgeschwächte Führungsstile, die sich an den Parametern „unterstützen" und „fordern" orientieren. Erstens der unterstützende Führungsstil mit fordernden Elementen, der sich stark nach den unterstützenden Eigenschaften richtet, aber auch fordernde Elemente integriert. Zweitens der fordernde Führer, der sich stark an den fordernden Eigenschaften orientiert, aber auch unterstützende Elemente eingliedern wird. In Abbildung 3-7 wird der Kontext durch die Erreichung der Vertriebsziele dargestellt.[286] Die große Herausforderung, die die Führungskraft im Vertrieb zu meistern hat, ist es, je nach Vertriebserfolg der Mitarbeiter den richtigen

[285] Eigene Darstellung in Anlehnung an Gale/Clay, (2000), S.18f. und Ingram et al., (2005), S.140.

[286] Vgl. Yammarino, (1997), S.44.

Führungsstil anzuwenden.[287] Ein Mitarbeiter, der konstant seine Vertriebsvereinbarung erfüllt und eine gute Arbeitseinstellung hat, kann einen größeren Freiraum in der Arbeitsweise erhalten. Folglich sollte ein Mitarbeiter, der schlechte Vertriebsleistungen erbringt und eine mangelnde Arbeitseinstellung hat, eng geführt werden.

Die größte Herausforderung, die an die Führungskraft gestellt wird, ist der Wechsel zwischen den unterschiedlichen Führungsstilen je nach Situation und Mensch.[288] Wenn der Leiter mit einem unterstützenden Führungsstil beginnt, der jedoch nicht wirkt, muss er einen anderen Stil wählen. Dies zeigt den Mitarbeitern, dass die Führungskraft engagiert ist, die gesetzten Ziele und Vereinbarungen zu erfüllen.[289] Die Führung des Gesamtteams ist abhängig von Situation und vom Grad der Heterogenität des Teams.[290]

3.4.1 Führung des Vertriebsmitarbeiters

Im Folgenden werden die in Abbildung 3-7 dargestellten Führungsstile beschrieben. Dazu werden insbesondere die Kommunikationsart der Führungskraft und das damit verbundene Ziel betrachtet. Nach *Shoemaker* ist je nach Situation unterschiedlich auf den zu führenden Mitarbeiter zu reagieren.[291]

Der unterstützende Führungsstil zielt darauf ab, dem Vertriebsmitarbeiter den größtmöglichen Freiraum für die operative Umsetzung der Vertriebsziele zu geben. Der Mitarbeiter kann ohne die Anweisungen der Führungskraft seine Arbeit gestalten. Die Führungskraft sucht in diesem Fall weniger das

---

[287] Ein Wechsel zwischen den Führungsstilen ist schwierig. Meist verfallen Führungskräfte in eine Art und Weise der Führung, die langfristig angewendet wird. Jedoch ist hier auch gerade die hohe Anforderung an eine Führungskraft im Vertrieb zu sehen. Gleichzeitig ist der notwendige Wechsel des Führungsstils vergleichsweise einfach zu erkennen, da durch die aktuelle Erreichung der Vertriebsziele ein objektiver Parameter zur Verfügung gestellt wird. Die Anwendung unterschiedlicher Führungsstile ist jedoch möglich, vgl. hierzu Shoemaker, (2003), S.23f. und Delvecchio, (2000), S.33f.

[288] Hassmann, (2005), S.48f.

[289] Vgl. Delvecchio, (2000), S.37f.

[290] Vgl. Wunderer, (1980a), S.11.

[291] Vgl. Shoemaker, (2003), S.23f.

Gespräch mit dem Mitarbeiter und vereinbart langfristige Ziele. Dieser Führungsstil sollte möglichst bei erfahrenen Vertriebskräften zum Einsatz kommen, die erfolgreich der Vertriebsaufgabe nachkommen. Der Angestellte zeigt ein erhebliches Maß an Einsatz und Verkaufstalent. Auf der anderen Seite kann dieser Führungsstil bei Personen eingesetzt werden, die die eigenen Verkaufsmöglichkeiten noch nicht umgesetzt haben. Dazu delegiert der Vorgesetzte Aufgaben an seinen Mitarbeiter, die dieser kurzfristig erreichen soll.

Der unterstützend-fordernde Stil schränkt den im Vergleich zur unterstützenden Führungskraft gewährten Freiraum ein, ohne jedoch dem Mitarbeiter seine Flexibilität im Arbeitsalltag im Ganzen zu nehmen. Die Führungstätigkeit wird durch die Anweisungen der Führungskraft ergänzt. Dies erfolgt z.B. durch die Anweisungen des Vorgesetzten an die Mitarbeiter, wie ein Problem gelöst werden kann. Die Arbeit und der Erfolg werden in Gesprächen diskutiert. Dieser Führungsstil kommt zum Einsatz, wenn der Mitarbeiter zwar gute Vertriebsleistungen gewinnt, der Vorgesetze aber den Eindruck hat, dass die Verkaufsfähigkeiten, die Einstellung und der Ehrgeiz des Mitarbeiters verbesserungswürdig sind. Dieser Stil kann auch zum Einsatz kommen, wenn der Mitarbeiter die vereinbarte Vertriebsleistung nicht erbringt und professionelle Anweisungen und Hilfe vom Vorgesetzten benötigt, um zukünftig effizienter zu arbeiten.[292]

Der fordernd-unterstützenden Stil konzentriert sich mehr auf eine direkte verbale Kommunikation mit dem Mitarbeiter. Dies resultiert in direkten Anweisungen, Erklärungen, wie das operative Geschäft zu erledigen ist und einer positiven Zusammenarbeit. Hier erkennt der Vorgesetze die Leistung des Mitarbeiters an, jedoch ist es notwendig, in kurzen Zeitabständen immer wieder Gespräche mit dem Vertriebsmitarbeiter zu führen. Dieser Stil führt zum Erfolg, wenn der Vertriebsmitarbeiter nicht die gewünschte Leistung erbringt. Die Führungskraft greift korrigierend in den Arbeitsprozess des Mitarbeiters ein und gibt Anweisungen, wie Probleme und Tätigkeiten umzusetzen sind.[293]

---

[292] Vgl. Dalrymple et al., (2005), S.120.
[293] Vgl. Shoemaker, (2003), S.19.

Der fordernde Führende kommuniziert oft und regelmäßig mit dem Mitarbeiter. Die Treffen erfolgen in kurzen Zeitabständen. Vereinbarungen zwischen Führungskraft und Geführtem werden meist schriftlich festgehalten. Dieser Stil kommt zum Einsatz, wenn der Mitarbeiter zwar die Vertriebsleistung erbringt, aber ein schlechtes Beispiel für die anderen Mitarbeiter des Vertriebsteams darstellt. Ebenso erscheint dieser Führungsstil sinnvoll, wenn der Mitarbeiter wenig leistet und den Anweisungen und Instruktionen der Führungskraft nicht Folge leistet. Die Führungskraft kontrolliert eng, welche Vertriebsleistung der Mitarbeiter erbringt und fordert Veränderungen vom Mitarbeiter im Hinblick auf dessen Arbeitstätigkeit.[294]

3.4.2 Führung des Vertriebsteams

Im Unternehmen ist die Führungskraft in der Regel aufgefordert, nicht nur einzelne Mitarbeiter, sondern Vertriebsteams zu führen.[295]

---

[294] Die hier unterstellte Annahme, dass Führungskräfte im Vertrieb Mitarbeiter je nach Vertriebsresultaten und Arbeitsbereitschaft unterschiedlich führen wird durch die empirische Studie „Predicting Sales Managers Controls" unterstützt, vgl. hierzu DelVecchio, (1996), S.100-114.

[295] Ingram, (2005), S.138.

	Einstellung und Motivation	Anstrengung	Aktuelle Vertriebsleistung	Abweichung IST-SOLL	Stabilität und Erfahrung des Teams	Externe Faktoren
Führungsstil						
fordernd	Demotivation	Anstrengung ist nicht sichtbar; kein Interesse	Schwächer als im vorherigen Quartal/ Jahr	Große Abweichung, mehr als 10% hinter Zielwert	Unerfahrenes Team, das neu zusammen-gestellt wurde	Starker negativer Einfluss auf Vertrieb
fordernd-unterstützend	Arbeitsmoral ist gering; Team will sich verbessern	Anstrengung ist moderat	Ähnlich i.V. zum vorherigen Quartal/ Jahr	Kleinere Abweichung zwischen -10% und +10%	Erfahrenes Team mit einigen neuen Mitarbeitern	Geringer Einfluss auf Vertrieb
unterstützend-fordernd	Arbeitsmoral ist moderat; das Team ist positiv gestimmt	Anstrengung ist gut	Höher i.V. zum vorherigen Quartal/ Jahr	Abweichung zwischen +10% und 15%	Erfahrenes und stabiles Team	Kein Einfluss auf Vertrieb
unterstützend	Arbeitsmoral ist hoch; das Team arbeitet eng zusammen	Anstrengung ist hoch	Stark verbesserte Leistung i.V. zum vorherigen Quartal/ Jahr	Meist mehr als +20% Abweichung zum Zielwert	Team ist sehr erfahren, gemeinsame Vertriebserfolge bereits erzielt	Starker positiver Einfluss auf Vertrieb

Abbildung 3-8: Mögliche Einflussfaktoren auf den Führungsstil im Vertrieb[296]

Die Führungsstile können auf die Führung von Vertriebsteams übertragen werden. Mögliche Einflussfaktoren bei der Führung von Vertriebsmitarbeitern und -teams sind Motivation, Anstrengung des Teams, die aktuelle Vertriebsleistung, der Differenz zwischen geplantem Vertriebsziel und dem tatsächlich Erreichtem und den vorherrschenden Umweltbedingungen.[297]

Unter Berücksichtigung der in Abbildung 3-8 gesetzten Parameter kann obige Matrix bei der Findung des richtigen Führungsstils behilflich sein:

Die verschieden Parameter unterstützen den Vorgesetzen bei der Analyse des Vertriebsteams und der –leistung. Beispielsweise kann die Führungskraft einen unterstützend-fordernden Stil ausüben, wenn eine moderate Arbeitsmoral und Anstrengung vorliegt, der Abstand zur geforderten Vertriebsleistung gering ist und die Teammitglieder vertriebserfahren sind. Die Führungskraft erkennt den Willen des Teams, gute Leistungen zu erbringen, die sich in der Verbesserung der Ergebnisse niederschlagen. Die Führungs-

[296] Eigene Darstellung in Anlehnung an Gale/Clay, (2000), S.21f. und Ingram et al., (2005), S.140.

[297] Vgl. Ingram et al. (1989), S.25.

kraft hat sicherzustellen, dass die Anstrengungen des Teams gesteigert werden und vereinbart entsprechende Ziele mit den Teammitgliedern. Der unterstützende Stil erkennt die Anstrengung des Teams an; das fordernde Element der Führung sorgt für die Annahme der Herausforderung, die vereinbarten Ziele zu erreichen.[298]

Die Wahl des richtigen Führungsstils für das jeweilige Team ist komplex und nicht eindeutig. Die Führungskraft wägt die verschiedenen Situationen und Parameter ab, um dann den entsprechenden Führungsstil zu wählen, der das Team in die Lage versetzt effizienter und erfolgreich zusammen zu arbeiten.[299]

3.4.3 Ausgestaltung der Führungsinstrumente im Vertrieb

Im Folgenden werden die Vergütung, unterschiedliche Arten von Mitarbeitergesprächen und Schulungsmaßnahmen als sinnvolle Instrumente der Vertriebsführung diskutiert. Die verschiedenen Instrumente müssen an das Umfeld der vertrieblichen Führung angepasst werden, so dass die Führungsfunktion effizient wahrgenommen werden kann.

Die zwischen dem Unternehmen und den Mitarbeitern vereinbarten und gesetzten Ziele und eine Kontrolle dieser Vereinbarung stellen auf der einen Seite die notwendige Basis einer leistungsabhängigen Vergütung dar, auf der anderen Seite lenken sie die Entscheidungen und das Verhalten der Mitarbeiter in die Richtung des Gesamtunternehmensziels. Führung durch Zielvereinbarungen oder auch Management by Objectives[300] findet im Vertrieb eine besonders breite Anwendung, da es im Einklang mit der herrschenden Erfolgsorientierung steht. Im Rahmen der Planung werden mit den einzelnen Vertriebsmitarbeitern Ziele durch Zielvereinbarungsgespräche verabredet, wobei diese nicht nur quantitative Größen umfassen sollen, sondern auch qualitative wie Kundenzufriedenheit. Auch das persönliche Mitwirken

---

[298] Vgl. Cox, (2006), S.13.
[299] Ingram, 2005, S.139f.
[300] Vgl. zu Management by Objectives: Korndörfer, (1988), S. 172f., Dinesh/Palmer, (1998), S.363-369 und Dahlsten/Styhre/Williander, (2005), S.529-541.

an den strategischen und konzeptionellen Arbeitsvorgängen können berücksichtigt werden. Um eine Akzeptanz bei dem Mitarbeiter zu erzeugen, müssen die zu vereinbarenden Ziele schlüssig aus der Vertriebsstrategie abgeleitet werden und wenn möglich mit den einzelnen Zielen des Mitarbeiters verbunden werden. Eine Toleranz ist hinsichtlich der Maßgabe der Zielerreichung im Vertrieb wichtig, da den Mitarbeitern geringfügige Abweichungen von den Zielen zugestanden werden müssen, sofern diese keine Einschränkungen im Hinblick auf das Gesamtziel mit sich bringen.[301] Mit der Planung der finanziellen Größen und auch der Absatzzahlen für die definierten Marktsegmente stehen die zu erreichenden Vertriebsziele durch die Vorgaben der Organisation für die einzelnen Vertriebseinheiten fest.[302]

Der Vertriebsleiter muss jedem Mitarbeiter vermitteln, welche Erwartungen an den Verkäufer gestellt werden und gemeinsam mit dem Berater einen Aktivitätenplan entwickeln, der das Erreichen der Erwartungen und Ziele ermöglicht.[303] Dieser Maßnahmenplan kann z.B. die Anzahl der zu verkaufenden Produkte beinhalten. Diese Ziele können schnell überprüft werden und eine individuelle Zielvereinbarung für das entsprechende Kundensegment ist objektiv zu erstellen.

Es bleibt festzuhalten, dass das Zielvereinbarungsgespräch als Führungsinstrument die Wahrnehmung der Führungsfunktion in vollem Umfang befriedigt. Die Durchführung dient der Ergebnisorientierung sowie der Gestaltung der Zukunft der Gesamtunternehmung. Nach *Winkelmann* ist außerdem eine computergestützte Leistungsplanung, welche permanent den Grad der persönlichen Zielerreichung abbildet, eine geeignete Form der Mitarbeiterleistungsplanung[304], die auch qualitative Zielgrößen in Vergütungsgrößen transformieren kann.[305]

Das Leistungs- und Beurteilungsgespräch dient zur Bestandsaufnahme der Ist-Situation des Vertriebsmitarbeiters im Hinblick auf die Umsetzung der

---

[301] Vgl. Winkelmann, (2000), S.79-82.
[302] Vgl. Oechsler, (2003), S.37.
[303] Vgl. Thomaszik, (2005), S.33.
[304] Vgl. Winkelmann, (2005), S.82.
[305] Ebd. S.81.

Unternehmensziele. Die momentane Leistung, die Kompetenz und auch die Zielerreichung werden mit der Führungskraft besprochen. Die Führungskraft analysiert, welche Potenziale und Fähigkeiten beim Vertriebsmitarbeiter ungenutzt sind. Die Vertriebsleitung sollte mindestens zweimal pro Jahr mit allen Mitarbeitern des Vertriebsteams ein persönliches Leistungs- und Potentialbeurteilungsgespräch führen. Das Gespräch informiert sowohl den Mitarbeiter per Feedback über seine Leistung, gleichzeitig liefert es der Führungskraft wichtige Informationen zur Umsetzung der Unternehmensziele. Der Mitarbeiter kann beispielsweise mehr Verantwortung aufgrund einer abgeschlossenen Weiterbildung einfordern. Im Idealfall werden dem engagierten Mitarbeiter neue herausfordernde Ziele und Aufgaben zugeteilt. Ein optimales Passungsverhältnis zwischen Aufgaben, Interessen, Zielen und Mitarbeiter führt zu einer hohen Arbeitsmotivation.[306] Um die Aufgaben der Mitarbeiter sinnvoll zu fokussieren, ist es notwendig, neben dem reinen Fachwissen auch die persönlichen Stärken wie Organisations- und Verkaufstalent, emotionale Intelligenz und Kommunikationsfähigkeit des Mitarbeiters mit einzubeziehen. Im Idealfall erkennt die Führungskraft das Mitarbeiterpotenzial und kann Kundensegment und Berater sinnvoll kombinieren.[307]

Die Beurteilung hat den Zweck, eine Über- oder Unterqualifikation des Mitarbeiters zu erkennen und somit die Notwendigkeit z.B. einer Weiterbildung aufzudecken, um demotivierende Auswirkungen zu vermeiden. Im schlechtesten Fall muss der Mitarbeiter mit anderen weniger anspruchsvollen Aufgaben betreut werden.

Leistungs- und Potentialbeurteilungsgespräche implizieren eine Rückmeldung der ermittelten Leistungsfähigkeit und damit auch eine Kontrolle. Aufgrund der hohen Transparenz des Verkaufserfolges, der leicht erfassbaren Leistungsergebnisse und des hohen Erfolgsdrucks, muss die Führungskraft die Kontrolle in erster Line als Instrument zur Weiterentwicklung des Mitarbeiters begreifen.[308]

---

[306] Vgl. Huellen, (1986), S.62.
[307] Vgl. hierzu ausführlich Belz, (1999), S.230ff.
[308] Huellen, (1986), S.62.

Nach *Homburg* ist die Aus- und Weiterbildung eine gezielte Investition in das Humankapital einer Organisation.[309] Die Aus- und Weiterbildung wird im Rahmen des Vertriebs dazu genutzt, fachliches Wissen auszubauen und bei Sortimentsänderungen und Produkterweiterungen die Mitarbeiter in das neue Produktwissen einzuführen. Ein weiterer Schwerpunkt fällt dem Bereich Coaching zu, der die Verkaufstechnik und Verkaufsorganisation schult und ausbaut. Von essentieller Bedeutung sind Trainingsinhalte, die auf eine Steigerung der sozialen und individuellen Kompetenz abzielen, da die Interaktion mit dem Kunden im Wesentlichen den Vertriebsalltag prägt.

Die Aus- und Weiterbildung ist durch Kombination theoretischer Schulungen mit dem Nachhalten der praktischen Umsetzung ein starkes Führungsinstrument, das es erlaubt Mitarbeiter zu professionalisieren und wachsen zu lassen.[310] Nach einem Coaching zur Terminvereinbarung am Telefon wird beispielsweise die Terminquote im Anschluss des Seminars nachgehalten. Die Führungskraft setzt durch diese Maßnahmen die Theorie zielgerichtet in der Praxis um.[311] Durch ein abgestimmtes Angebot an Maßnahmen können Vertriebsziele und die Anforderungen an die Mitarbeiter verständlicher kommuniziert werden. Gleichzeitig wird ein positiver Einfluss auf die Leistungsfähigkeit genommen; durch Einsatz der Schulungen und des Coachings gehen die Mitarbeiter den gestellten Anforderungen zielorientierter nach.

Auf Seiten der Mitarbeiter werden weitere Fähigkeiten generiert und ausgebaut. Dies führt zwangsläufig zu einer höheren Anzahl an Erfolgserlebnissen und dies wiederum zu einer Erhöhung der subjektiv wahrgenommenen Wahrscheinlichkeit, dass auf dieses Verhalten ein Ereignis folgt, was motivationssteigern wirkt.[312]

Die Vergütung wird im Vertrieb als eines der effektivsten Anreize betrachtet, um Mitarbeiter zu motivieren.[313] Die Vergütung besteht meist aus unter-

---

[309] Homburg/Schäfer/Schneider, (2003), S.128-132.
[310] Vgl. Thomas, (2007), S.2.
[311] Homburg/Schäfer/Schneider, (2003), S.128-132.
[312] Vgl. Franken (2007), S.137 und Leach, (2001), S.146ff.
[313] Schlüter, (2003), S.41.

schiedlichen Elementen, die der Setzung von Anreizen dienen soll.[314] Neben dem Fixum werden leistungsabhängige Komponenten vereinbart. Diese Nebenleistungen sind z.B. die Zurverfügungstellung einen Firmenwagens oder auch Sonderurlaube.[315] Ein im Vertrieb stark frequentiertes Motivationsinstrument stellt nach *Belz* der Rückgriff auf sogenannte Incentives[316] dar, welche eine besondere Anerkennung für Sonderleistungen von Mitarbeitern ausdrücken soll.[317] Hierunter fallen zeitlich begrenzte, vielfältig gestaltbare Belohnungen. Die Incentives können aber auch leicht zu einer Erhöhung des Konkurrenzdenkens zwischen den Vertriebsmitarbeitern oder auch ganzen Teams führen. Ein dauerhafter Einsatz der Incentives trübt die Lenkungsfunktion der Führung ein, da diese Motivationsfunktion nur kurzfristig wirkt. Deshalb sollten die Incentives nur vereinzelt und zielgerichtet zum Einsatz kommen.

Als Instrument zur Erfüllung der Führungsfunktion muss ein Entlohnungssystem im Vertrieb verschiedenen Anforderungen genügen. Es sollte insbesondere als gerecht wahrgenommen werden, transparent und flexibel sein sowie ein zielorientiertes Handeln im Sinne der Unternehmensstrategie auslösen.[318] Zudem bildet es die unterschiedlichen und gleichen Leistungen der Mitarbeiter ab.[319] Grundlegend für die Konzeption eines effizienten Entlohnungssystems ist demnach eine konsequente Ausrichtung an der Strategie und den Zielen des Vertriebs. Nur dann kann das Entlohnungssystem im Rahmen der Vertriebssteuerung seinen Funktionen, die Planung, Kontrolle und Steuerung umfasst, nachkommen. Die Beurteilung der Vertriebsleistung wird durch ein zeitnahes Reporting an die Führungskraft sichergestellt.[320] Die Maßgrößen Umsatz und Deckungsbeitrag stehen grundsätzlich im Fokus, aber es ist eine Entwicklung hin zur Einbeziehung von weichen Ziele wie Kundenzufriedenheit, Nichtabwanderungsquote und Betreuungsintensi-

---

[314] Oechsler, (2003), S.38f.
[315] Herrndorf, (2005), S.158
[316] Ein Beispiel für ein Incentive stellt die Auszeichnung „Verkäufer des Monats“ dar, oder auch zu gewinnende Reisen und Geschenke im Rahmen von Vertriebs- und Verkaufskampagnen.
[317] Belz, (1999), S.326-328.
[318] Vgl. Bartels/Brandt, (2003), S.49.
[319] Vgl. dazu ausführlich Homburg/Schäfer/Schneider, (2003), S.147ff.
[320] Vgl. Herrndorf, (2005), S.158f.

tät der Kunden im Rahmen der CRM Philosophie zu beobachten.[321] Aufgrund dieser neuen Orientierung gewinnen erweiterte Bemessungsgrundlagen, wie Kundenentwicklung und –bindung, an Bedeutung.[322]

In der Literatur werden diverse Ansätze diskutiert, die eine konsequente Zielorientierung aufweisen und die an die Vergütungssysteme gestellten Anforderungen erfüllen.[323] Es wird deutlich, dass der Einsatz verschiedener Anreize in der Vergütung des Vertriebs die Möglichkeit bietet, durch das Ansprechen unterschiedlicher Bedürfnisse den individuellen Nutzen zu steigern und die Mitarbeiter somit gezielt zu motivieren.[324]

3.5 Fazit

Die Betrachtung der Führung im Umfeld des Vertriebs zeigt, dass Führung und Vertriebserfolg eng miteinander verzahnt sind. Die Prozesse der Führung und des Vertriebs müssen für ein zielorientiertes Handeln im Sinne der übergeordneten Unternehmensziele miteinander korrespondieren. Die folgende Abbildung 3-9 fasst die Struktur und vielfältigen Aufgabenbereiche des Führens im Vertrieb zusammen und bringt sie in eine logische Reihenfolge.

---

[321] Vgl. Thomaszik/Hanser, (2004), S.36.
[322] Bastian, (2000), S.310-313.
[323] Vgl. Schanz, (1991), S.16.
[324] Ein Überblick zu den Motivationstheorien gibt Wunderer, (1980).

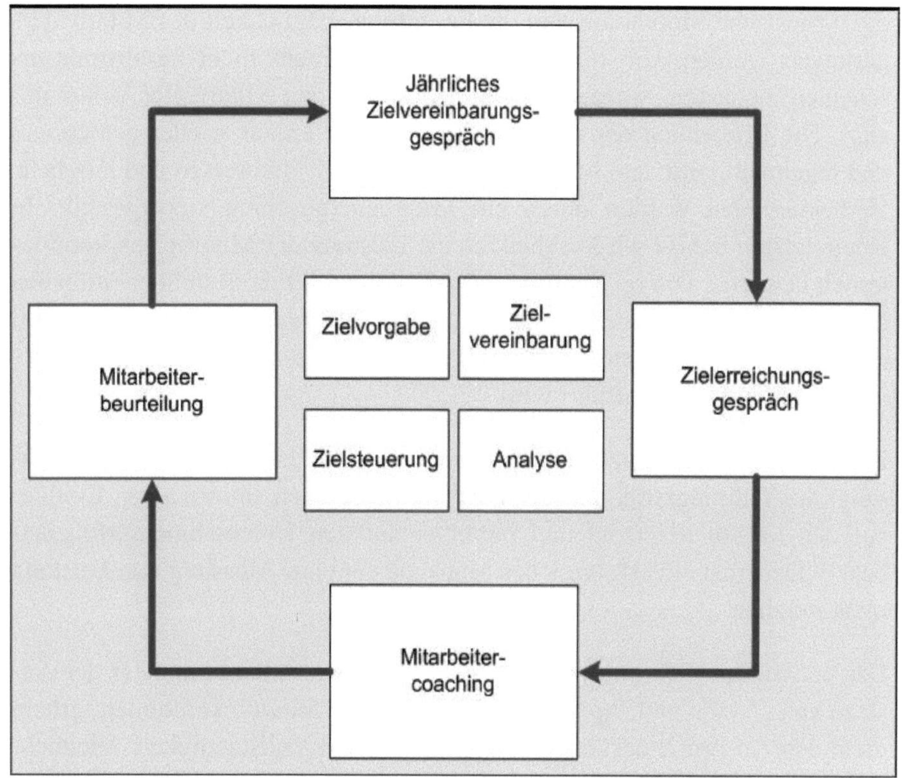

Abbildung 3-9: Korrespondierende Vertriebs- und Führungsprozesse[325]

Ziele brauchen konkrete Pläne für die Umsetzung. Führungskräfte müssen es in diesem Zusammenhang schaffen den Mitarbeitern zu beschreiben, wie sich das Unternehmen positionieren möchte und welche Ziele und Aufgaben hieraus für den einzelnen Mitarbeiter entstehen.[326] Ziele, Strategien und Visionen sind für den Mitarbeiter zugänglich, da diese sonst schnell ihre Wirkung verlieren. Eine klare Zielsetzung und ein großer Handlungsspielraum der Mitarbeiter widersprechen sich dabei im ersten Schritt nicht, wenn der Mitarbeiter seine Freiheit sinnvoll nutzt.[327] Durch diese Freiheit kann

---

[325] In Anlehnung an Rinker, (1991), S.61f., Biesel/Frese, (2006), S.128-130 und Voigt, (2006), S.56 und Hollmann, (1977), S.681 und Oechsler, (2003), S.36 und Dirsch/Riekeberg, (2005), S.197.

[326] Vgl. Thomaszik/Hanser, (2005), S.33.

[327] Vgl. McKinsey, (2001), S.1f.

die intrinsische Motivation und die Entfaltungsmöglichkeit des Mitarbeiters gesteigert werden. Um die Ziele des Unternehmens nicht zu abstrakt erscheinen zu lassen, werden die Jahresziele an den Mitarbeiter kommuniziert. Die Erreichung der Ziele wird unterjährig immer wieder gemeinsam und regelmäßig mit dem Mitarbeiter besprochen.[328] Interessen und mögliche Verbesserungen werden durch ein Mitarbeitercoaching sichergestellt. In einem letzten Schritt wird schließlich die Leistung des Mitarbeiters kontinuierlich bewertet. Die im Zentrum der Abbildung 3-9 dargestellten Aufgaben der Führungskraft: die Zielvorgabe, die Zielsteuerung, die Zielanalyse und die Zielvereinbarung, stoßen diesen Prozess an und stellen sicher, dass dieser fortlaufend weitergeführt wird.[329]

Letztendlich bleibt festzustellen, dass die verschiedenen Elemente der Führung, des Führungsstils und der Führungskraft einen signifikanten Einfluss auf den Mitarbeitererfolg und mittelbar auf den Unternehmenserfolg haben.[330] Dabei ist ein erfolgreiches Management ohne Messung von Leistung nicht möglich.[331]

Das entworfene Führungsmodell, das die verschiedenen Parameter der Ansätze von *Hersey* und *Blanchard* und *Blake* und *Mouton* kombiniert, erhebt nicht den Anspruch der Allgemeingültigkeit und Vollständigkeit. Vielmehr soll es einen Denkanstoß liefern, dass die Führungsarbeit im Vertrieb einer hohen Komplexität unterliegt und dass im Vergleich zu anderen Bereichen eine andere Führung der Mitarbeiter notwendig ist.

---

[328] Vgl. Hollmann et al., (1977), S.681.
[329] Vgl. Rodgers/Hunter, (1991), S.322ff. und Etzel/Ivancevic, (1974), S.50f.
[330] Vgl. Ashley/Patel, (2003), S.218-221.
[331] Vgl. Chen/Cheng, (2007), S.1238.

TEIL II

WETTBEWERBSSTRUKTURANALYSE

RETAIL BANKING

4 Markteilnehmer im Retail Banking in Deutschland

4.1 Einführung

Das deutsche Bankensystem besteht aus drei Teilen: die Privatbanken, die öffentlich rechtlichen Banken, hier insbesondere die Sparkassen und Landesbanken sowie die Genossenschaftsbanken. Der deutsche Bankenmarkt nimmt in Europa eine Sonderstellung ein, weil das Retail Banking, anders als in vielen anderen europäischen Märkten, von Sparkassen sowie Volks- und Raiffeisenbanken und damit von einer Vielzahl kleiner Institute dominiert wird. Der deutsche Finanzmarkt befindet sich in einem strukturellen Umbruch. Seine starke Fragmentierung und die geringe Profitabilität der heimischen Finanzdienstleister schaffen ein hohes Konsolidierungs- und Veränderungspotential.[332]

Das Drei Säulen System entwickelte sich von 1749 bis heute. Die öffentlich rechtlichen Sparkassen wurden bereits im 18. Jahrhundert gegründet: Der Sparsinn und die Kreditversorgung der Bevölkerung sollte gefördert werden. Die genossenschaftlichen Institute entstanden in der Mitte des 19. Jahrhunderts als Selbsthilfeorganisationen vor allem für Bauern und Handwerker. Die privaten Großbanken wurden ebenfalls im 19. Jahrhundert gegründet, da sich die vorhandenen Privatbankiers die Versorgung der aufstrebenden Industrie mit Großkrediten und die Vorfinanzierung von Emissionen nicht leisten konnten. Die sich etablierten Rechtsformen und die damit einhergehenden unterschiedlichen Haftungsformen der Eigentümer sowie die spezielle Eigenkapitalstruktur sind als Gründe für das bisherige Fortbestehen des Drei Säulen Prinzips aufzuführen.[333]

Die Bestimmung des Begriffs Kreditinstitut erfolgt in §1 Abs. 1 S.1 KWG: Hier werden die Kreditinstitute definiert als „Unternehmen, die Bankgeschäfte gewerbsmäßig oder in einem Umfang betreiben, der einen in kauf-

---

[332] Im Folgenden werden die bis zum 31.12.2008 veröffentlichen Geschäftsberichte der Institute mit einbezogen.

[333] Vgl. Büschgen/Börner, (2003), S.55ff.

männischer Weise eingerichteten Geschäftsbetrieb erfordert."[334] Eine Unterscheidung der Banken kann anhand des Leistungsangebotes erfolgen. Es kristallisieren sich die Spezial- und Universalbanken heraus. Als Spezialbanken gelten Realkreditinstitute, Bausparkassen, Direktbanken, Kapitalanlagegesellschaften, Wertpapiersammelbanken und Kreditinstitute mit Sonderaufgaben.[335]

Abbildung 4-1: Universalbanken in Deutschland[336]

Das deutsche Bankensystem hat sich zu einem Universalbanksystem entwickelt, welches den Finanzinstituten erlaubt alle möglichen Bankgeschäfte durchzuführen, d.h. alle wesentlichen Leistungen im Aktiv- und Passivgeschäft werden angeboten.[337] Die unterschiedlichen Arten werden in Abbildung 4-1 dargestellt. Aufgrund der unterschiedlichen strategischen Geschäftsausrichtungen kann eine weitere Unterteilung der Universalbanken vorgenommen werden. Abbildung 4-2 zeigt die unterschiedlichen Banken, die das Fundament des Drei Säulen Systems darstellen. Folgende deutsche Banken sind im standardisierten Privatkundengeschäft tätig:

---

334 Vgl. Häuser, (2008), S.1.

335 Vgl. Büschgen/Börner, (2003), S.55ff.

336 Eigene Darstellung in Anlehnung an Büschgen/Börner, (2003), S.63f.

337 Mit der Änderung der Bankrechtskoordinierung wurde in Abgrenzung zum Begriff „Kreditinstitut" die Bezeichnung „Finanzinstitut" in das deutsche Recht aufgenommen. Finanzinstitute definieren sich über die in § 1 Abs.3 KWG wiedergegebenen Geschäftsarten. In dieser Arbeit werden aus Gründen der definitorischen Klarheit die Begriffe Bank, Universalbank und Kreditinstitut gemäß deutschem Rechtsverständnis synonym verwendet.

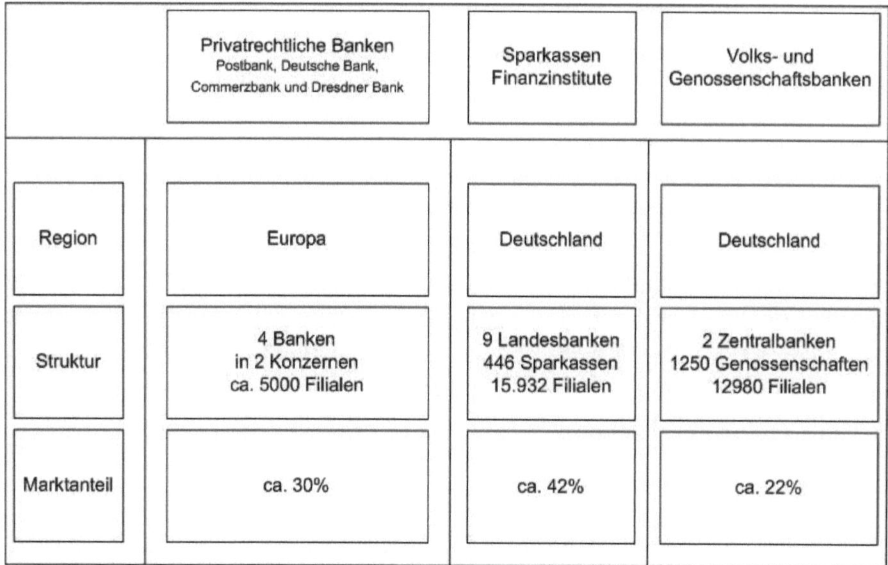

	Privatrechtliche Banken Postbank, Deutsche Bank, Commerzbank und Dresdner Bank	Sparkassen Finanzinstitute	Volks- und Genossenschaftsbanken
Region	Europa	Deutschland	Deutschland
Struktur	4 Banken in 2 Konzernen ca. 5000 Filialen	9 Landesbanken 446 Sparkassen 15.932 Filialen	2 Zentralbanken 1250 Genossenschaften 12980 Filialen
Marktanteil	ca. 30%	ca. 42%	ca. 22%

Abbildung 4-2: Die drei Säulen des deutschen Bankwesens[338]

Die Institute innerhalb der drei Säulen der deutschen Kreditwirtschaft unterscheiden sich durch die Zielsetzungen und Haftungsstrukturen. Das Ziel der Genossenschaftsbanken ist die Förderung der Erwerbsfähigkeit und der Wirtschaftstätigkeit der Mitglieder. Das Institut haftet durch eine Solidarhaftung bei Nachschusspflicht der Mitglieder. Die öffentlich-rechtlichen Sparkasseninstitute gehen Ihrem öffentlichen Auftrag nach. Klein- und mittelständische Unternehmen und Existenzgründungen sollen unterstützt werden. Ein weiteres Ziel ist die Finanzierung öffentlicher Aufgaben. Die Haftung erfolgt durch eine Anstaltslast und durch die Gewährträgerhaftung, die im Juli 2005 auslief. Das Ziel der privatrechtlichen Banken ist die Gewinnerzielung. Die Haftung erfolgt über das Eigenkapital des Unternehmens.

Bei den 446 Sparkassen und 1250 Genossenschaftsbanken mit einer durchschnittlichen Mitarbeiterzahl von knapp über 500 bei den Sparkassen und unter 100 in den Genossenschaftsbanken und einer durchschnittlichen Bilanzsumme von zirka 1,8 Milliarden Euro bei den Sparkassen respektive

338 Eigene Darstellung in Anlehnung an Eim, 2004, S.12ff.

etwa 340 Millionen Euro bei den Genossenschaftsbanken handelt es sich um vergleichsweise kleine Einheiten im Verbund.[339]

Damit präsentiert sich in Deutschland eine deutlich andere, stärker fragmentierte Wettbewerbslandschaft als im übrigen Europa. Insbesondere in den Geschäftsfeldern, in denen das Markt- und Wettbewerbsumfeld weiterhin stark national geprägt ist, ist diese Fragmentierung bis heute weitestgehend erhalten geblieben.[340] Deutlich erkennbar ist das im Banking: Während im Retail-Bereich die fünf größten deutschen Banken zusammen auf einen im internationalen Vergleich nur geringen Marktanteil von zirka 18 Prozent kommen, ist der Top 5 Anteil beim Investment Banking oder Asset Management wie in Tabelle 4-1 dargestellt mit anderen ausgewählten europäischen Ländern vergleichbar.[341]

	Marktanteil			
Branche	Deutschland	Großbritannien	Frankreich	Italien
Retail Banking	22	78	80	52
Asset Management	75	26	44	67
Investment Banking	66	44	54	63
Lebensversicherung	49	52	51	48
Sachversicherung	46	61	55	58

Tabelle 4-1: Zirkawerte für nationale Marktanteile der Top 5 je Branche in Prozent in 2006[342]

339 Deutsche Bundesbank, (2008a), o.S.

340 Vgl. Schildbach, (2008), S.4.

341 Vgl. Oehler, (1995), S.125, Stöß, (2008), S.33-38, Schildbach, (2008), S.4f und Eim, (2004), S.16ff..

342 Ebd., Eigene Darstellung in Anlehnung an Schildbach, (2008), S.5ff. und Brunner, (2007), S.67ff..

4.2 Wesen und Besonderheit des Retail Banking

4.2.1 Der Begriff Bankdienstleistung

Grundsätzlich gibt es materielle und immaterielle Güter. Immaterielle Güter sind Services und Dienstleistungen. Es gilt kostenlose Dienstleistungen von kostenpflichtigen zu unterscheiden.[343] Der Begriff der Dienstleistung ist geprägt durch eine zunehmende Komplexität. Die ausschließliche Abgrenzung über die Immaterialität ist nicht mehr ausreichend.[344] Aufgrund des Zusammenspiels von Dienstleistungen und Produkten durch die Beratung ist eine Abgrenzung über die Immaterialität sinnvoll, aber nicht genügend. Die Qualität der Dienstleistung kann erst nach dem Kauf festgestellt werden. Die Ortsgebundenheit und Individualität können Charakteristika sein. Sie ist nicht speicherbar, nicht lagerfähig oder transportfähig.[345] Bei der Erststellung der Dienstleistung wird ein externer Faktor, der Kunde, mit einbezogen. Durch diese Mitwirkung einer dritten Person kann die Leistung erstellt werden.[346] Die Verschiedenartigkeit der Kunden bewirkt eine Heterogenität der Dienstleistung, die durch die Interaktion nochmals verstärkt wird.

Die wesentlichen Eigenschaften des Dienstleistungsbegriffs können auf den Terminus „Bankleistung“ übertragen werden. Die Bankdienstleistung ist Endobjekt der bankbetrieblichen Tätigkeit und zugleich Ausgangsobjekt für die Befriedigung der Kundenbedürfnisse nach finanzwirtschaftlichen Leistungen.[347]

Die Bankdienstleistung ist ein abstraktes Gut. Sie wird durch die Interaktion zwischen dem Verkäufer und Käufer oder Berater und Kunde geprägt. Die sich ergebene Intransparenz erzeugt beim Kunden eine Unsicherheit, die durch Verträge und Beispielrechnungen abgebaut werden muss. Die Bankdienstleistung wird personenbezogen erstellt und kann komplex sein. Der

---

[343] Vgl. Winkelmann, (2008), S.5.
[344] Zur ausführlichen Diskussion des Dienstleistungsbegriffs vgl. Koot, (2005), S.18-20.
[345] Vgl. Koot, (2005), S.18.
[346] Ebd., S.19.
[347] Vgl. Müller, (1997), S.172.

Kunde ist direkt an der Erstellung beteiligt. Die Nicht-Lagerfähigkeit führt dazu, dass hohe Personalkapazitäten vorgehalten werden müssen, um auch Spitzenauslastungen bewältigen zu können. Folglich ist die Qualität der Leistung von Verkäufer und Kunde abhängig und unterliegt Schwankungen. Nach *Keck und Hahn* ist die Realsierung von Innovationen schwierig, da kein rechtlicher Schutz vorliegt und ein Patentschutz für Bankprodukte nicht existiert. [348] Der Erfolg des Vertriebs ist abhängig von der wahrgenommen Qualität der Beratung durch den Kunden.

Im Rahmen der Bankdienstleistung kommt das besondere materielle Gut „Geld“ hinzu. Die Wahrnehmung von Geld ist zwiespältig: Kunden assoziieren Begriffe wie finanzielle Freiheit, Reichtum und Unabhängigkeit, aber auch Gier, Neid und Machtmissbrauch. Banken stellen in der Öffentlichkeit die Verkörperung des Geldes dar und es entsteht ein vorbelastetes Image.[349] Hinzu kommt, dass der Kunde nicht sicher in Gänze beurteilen kann, welche Gegenleistung am Ende der Vertragslaufzeit fällig wird. Das Bankprodukt ist sehr erklärungsbedürftig. Die Komplexität wird durch die staatliche Regulierung des Bankenmarktes weiter gefördert.

Daraus folgt, dass das Image der Bank unmittelbaren Einfluss auf wettbewerbsrelevante Faktoren hat. Je höher das Ansehen der Bank desto höher ist das Vertrauen in den Geschäftspartner. Vertriebskanäle müssen der Erklärungsbedürftigkeit und Komplexität des Produkts angepasst werden und die Preise müssen aufgrund des starken öffentlichen Interesses umsichtig entwickelt werden. Die Charakteristika der Dienstleistung und insbesondere der Bankdienstleistung sind eine wesentliche Grundlage für einen erfolgreichen Vertrieb im Retail Banking.[350]

---

[348] Vgl. Keck/Hahn, (2006), S.23.
[349] Vgl. Sarrazin, (1998), S.416f.
[350] Vgl. Abschnitt 2.

4.2.2 Kundensegmentierung im Bankdienstleistungsmarkt

Unter Kundensegmentierung wird die Aufspaltung eines Gesamtmarktes mittels bestimmter Eigenschaften und Kennzahlen in Teilsegmente verstanden.[351] Um einen Kompromiss zwischen individueller Ansprache der Kunden und einem Kostenmanagement zu schaffen, teilen die Banken ihre Kunden durch eine Segmentierung in Gruppen ein; innerhalb derer sollten die Bedürfnisse möglichst homogen sein. Einen Ansatzpunkt zur Einordung des Retail Bankings liefert die makroökonomische Theorie, welche die Wirtschaftssubjekte Unternehmungen, private Haushalte, Ausland und Staat unterscheidet. Dies verdeutlicht die typische Unterscheidung zwischen Privatkunden, Firmenkunden und institutionellen Kunden. Abbildung 4-3 zeigt die Einordung des Retail Bankings im Bankdienstleistungsmarkt. Das Retail Banking bedient das Massengeschäft; das Private Banking vermögende Privatkunden; klein- und mittelständische Unternehmen werden im Segment Firmenkunden betreut. Global Player, international ausgerichtete Großunternehmen, werden dem Bereich institutionelle Kunden zugerechnet.

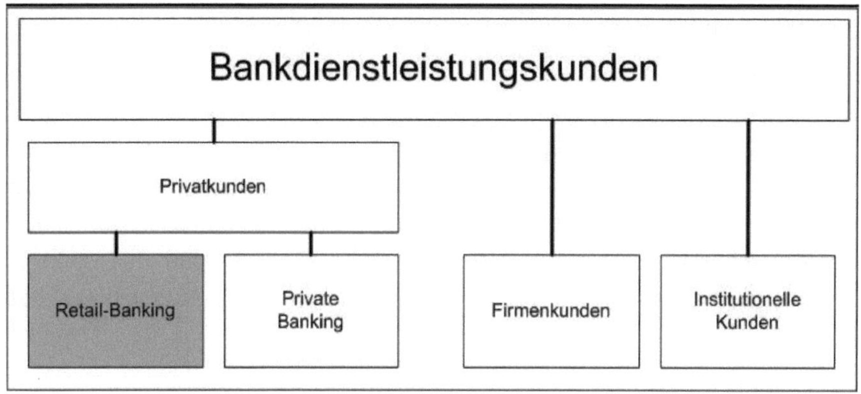

Abbildung 4-3: Einordung des Retail Bankings

Ziel der Kundensegmentierung im Privatkundengeschäft der Banken ist es „den gesamten Markt zu betreuen und gleichzeitig auf die Bedürfnis- und Präferenzstrukturen der einzelnen Zielgruppen individuell einzugehen."[352]

[351] Vgl. Zur Brügge, (2003), S.54.
[352] Swoboda, (2001), S.111.

Die Grenze zwischen dem Mengengeschäft des Retail Banking und den vermögenden Kunden des Private Bankings ist von der Kundensegmentierung des Finanzinstituts abhängig. Durch Cross Selling[353] kann das Potenzial des Kunden ausgebaut werden, so dass der Kunde dem Segment Private Banking zuzuordnen ist. Für die Begriffe „vermögender Privatkunde" oder „Mengenkunde" gibt es weder in der Praxis noch in der wissenschaftlichen Diskussion eine allgemeingültige Definition. Die Auffassungen hinsichtlich der Einkommensgröße divergieren ebenfalls. Die Grenzen zwischen den Segmenten sind fließend, da durch Einkommens-, Vermögens- und Informationsänderungen Veränderungen innerhalb der Kundengruppen induziert werden.[354]

Innerhalb der Kundengruppen werden Produktstrategien und Maßnahmenbündel entwickelt, um die Erwartungen der Kundensegmente zu erfüllen. Nicht allen Kundengruppen wird dasselbe Produktportfolio angeboten, sondern für jede steht ein Angebot bereit, dass auf die Bedürfnisse zugeschnitten ist, um so eine optimale Problemlösung für Kunde und Bank zu erreichen. Diese Differenzierung senkt die Kosten der Bank und die Ertragspotenziale der Kunden können besser ausgeschöpft werden.[355]

4.2.3 Ganzheitliche Beratung

Nach einer Kundensegmentierung können die Kunden den strategischen Geschäftseinheiten zugeordnet werden.[356] Alle Kunden sind den spezifischen Vertriebseinheiten zugeordnet, woraus sich die Beratungskapazität ableiten lässt.

Finanzinstitute verfügen über umfangreiche persönliche Kundeninformationen, die im Sinne des Kunden genutzt werden. Im Rahmen einer CRM Philosophie werden die Unternehmensprozesse am Kunden ausgerichtet mit

[353] Unter Cross-Selling wird das Überleiten des Kunden einer Sparte, z.B. Versicherungen, zu einer anderen, z.B. Wertpapiere, innerhalb eines Geschäftsbereichs verstanden.
[354] Vgl. Büschgen/Börner, (2003), S.225.
[355] Vgl. Harengel, (2000), S.110.
[356] Vgl. Keck/Hahn, (2006), S.170f.

dem Ziel, die Unternehmensangebote näher an die Bedürfnisse der Zielgruppe und des einzelnen Kunden heranzuführen.[357] Im Idealfall kann das Kreditinstitut schon im Vorfeld den Bedarf des Kunden assoziieren. Dies führt zu einer Win-Win-Situation zwischen Unternehmen und Kunden. Im Idealfall werden die Bedarfe des Kunden optimal abgedeckt und es entstehen optimale Kosten- und Erlösstrukturen für das Unternehmen.[358]

Im Rahmen der Finanzberatung sind viele Daten und Termine wie Spekulationsfristen, Fälligkeiten und Einkommensverhältnisse zu beachten, die mit Finanzprodukten in Verbindung stehen und Einfluss auf die Beratung des Kunden haben. Einen großen Teil der Betreuungsqualität machen die Kunden an der aktuellen und rechtzeitigen Ansprache fest. Durch Einsatz einer branchenspezifischen Softwarelösung können Informationen, unabhängig von Private- oder Retail Banking, übergreifend verwaltet und genutzt werden.[359]

Das Konzept der ganzheitlichen Beratung findet zunehmend Beachtung bei allen Finanzinstituten und hält unter den Begriffen „Financial Planning“ und „Finanzplanung“ Einzug bei den Banken.[360] Der Beratungsansatz fokussiert die Ziele, Bedürfnisse und Wünsche eines gesamten privaten Haushaltes. Er bezieht die finanziellen Rahmenbedingungen mit ein, um die persönlichen Ziele langfristig zu koordinieren. Im Mittelpunkt der Beratung stehen die persönliche Lebenssituation, Lebensplanung, Risikoeinstellung, Altersvorsorge sowie weitere langfristige Ziele. Der Ansatz „versucht unter Berücksichtigung der individuellen Situation das finanzielle Optimum zu erreichen.“[361]

Durch die Segmentierung werden dem Kunden Betreuungseinheiten und Betreuer zugewiesen, die mit ihm in Kontakt treten. Im Rahmen der ganzheitlichen Beratung kommuniziert der Berater seine Vorgehensweise an den Kunden und verdeutlicht, das Kundenziele und –bedürfnisse im Vorder-

---

[357] Vgl. Abschnitt 2.3.
[358] Vgl. Krauß/Alves, (2004), S.326.
[359] Vgl. Effert, (2006), S.98-103.
[360] Vgl. Krauß/Alves, (2004), S.328.
[361] Krauß/Alves, (2004), S.328.

grund der Beratung stehen. Neue Informationen werden erfasst, z.B. wenn der Beratene über weit mehr Vermögenswerte verfügt als bekannt. Es folgt die Analyse der Kundendaten und –situation. Ganzheitliche Beratung und eine CRM-Philosophie sind untrennbar mit einander verbunden. Neue Informationen, Produktabschlüsse und Analysen werden in einen System erfasst. Im Sinne der ganzheitlichen Beratung ist nach einem Produktabschluss die Beratung beendet. Regelmäßige Checks der Kundensituation stellen veränderte Kundenerfordernisse fest und passen das individuelle Produktportfolio an. Dies ist eine wichtige Aufgabe des Kundenmanagements und nur mit einer implementierten CRM Strategie zu meistern.[362] Kundenbeziehungsmanagement und Finanzplanung müssen Hand-in-Hand arbeiten, um alle Vorteile der Finanzplanungsstrategie entwickeln zu können. Im Optimum werden höhere Cross Selling Raten, eine geringere Preissensibilität des Kunden aufgrund einer qualitativ hochwertigen Beratung, ein Ausbau der Kundenbeziehung sowie ein Imagegewinn durch Weiterempfehlungen generiert. Dies führt zu einer nachhaltigen Steigerung der Ergebnisse.

4.2.4 Begriffsabgrenzung Retail Banking

Das Retail Banking stellt das standardisierte Privatkundengeschäft der Banken dar. In der Literatur wird es unter dem Begriff Mengen- oder Massengeschäft subsumiert. Es befasst sich mit der Beratung im Bereich des standardisierten Privatkundengeschäfts.[363] Die Privatkunden einer Bank sind eine klar fokussierte Gruppe, die durch eine Kundensegmentierung erfasst wird.[364] Das Angebot der Banken in diesem Kundensegment setzt sich aus standardisierten und einheitlichen Produkten zusammen, die wenig an die jeweiligen Kundenbedürfnisse angepasst werden. Die Produkte selbst sind kaum erklärungsbedürftig, sondern es sind einzelne Bausteine, mit denen die Banken die Kunden ganzheitlich beraten und diesem für jede Lebens-

[362] Vgl. Abschnitt 2.3.
[363] Vgl. Kobler, (2006), S.98.
[364] Vgl. Gardener/Howcroft/Williams, (1999), S.85.

phase und Bedürfnissituation ein sinnvolles Produkt anbieten.[365] Typische Produkte des Retail Banking sind Zahlungsverkehrskonten, Sparkonten, Wertpapiere mit besonderem Fokus auf Aktien-, Renten- und Dachfonds, Versicherungen hier insbesondere Kapitallebensversicherungen, Lebensversicherungen, Riester-Renten, Berufsunfähigkeitsversicherungen und Restschuldversicherungen, Konsumentenkredite, Bausparverträge und Baufinanzierungen.[366] Die Bedürfnisse von 75% aller Kunden können durch diese Standardprodukte bedient werden.[367]

Die Retailbank kann über die Vertriebsfunktion charakterisiert werden. Eine Erklärung der Produkte im Beratungsgespräch erfolgt standardisiert.[368] Das Produktangebot und die zugehörigen Leistungen können vielfach miteinander verglichen werden. Das Retail Banking zeichnet sich dadurch aus, dass viele Vertriebsprozesse hohen Wiederholungsraten unterliegen und der Verkauf der Produkte stark standardisiert werden kann.[369]

Ein Beispiel für diese standardisierten Produkte stellen die Konsumentenkredite dar, die im Speziellen für das standardisierte Privatkundengeschäft entwickelt wurden. Im Vergleich zu einem umfangreichen Kredit für eine Hausfinanzierung und die früher übliche Sicherheitshinterlegung[370] zeichnet sich der Konsumentenkredit durch ein schnelles und einfaches Antragsverfahren aus.[371]

Um den Stellenwert des heutigen Retail Bankings zu beurteilen ist eine Entwicklungsbetrachtung seit Ende der 80er Jahre sinnvoll.[372] Die Konkurrenz zwischen den Filialbanken war zu dieser Zeit hoch. Der Markt für Standardprivatkunden war größtenteils gesättigt. Die hohe Produktabde-

---

[365] Vgl. Keck/Hahn, (2006), S.16.
[366] Vgl. Veil, (1998), S.12.
[367] Vgl. Bernet/Schmid, (1995), S.51f.
[368] Vgl. Nirschl, (2006), S.10f. und vgl. im Detail hierzu Niemeyer/Nirschl (2006)
[369] Vgl. Gardener/Howcroft/Williams, (1999), S.97f.
[370] Eine Sicherheitshinterlegung kann z.B. die Abtretung des Kfz-Briefs im Rahmen eines Autofinanzierung sein
[371] Eine Entscheidung über eine Kreditanfrage kann heute online oder in der Filiale innerhalb von 30 Minuten getroffen werden.
[372] Für eine genauere historische Betrachtung vgl. z.B. Keck/Hahn, (2006), S.43ff und Hansen, (2006).

ckung der Kunden ist der Allfinanz-Strategie[373], die Anfang der 80er Jahre aufkam, zu verdanken. Um den eigenen Retail Markt zu erweitern und zu diversifizieren vermittelten Banken zunehmend Versicherungs- und Anlageprodukte an Privatkunden. Durch diese neue Ausrichtung investierten die Kunden nun in Wertpapiere sowie Lebensversicherungen. Dies förderte die Konkurrenz zwischen den Banken und eröffnete die Rivalität zwischen Banken und Versicherungen sowie zwischen Banken und Investment Unternehmen. Geschäftskunden und klein- und mittelständische Unternehmen wanderten im Kreditbereich zu Non- and Near Banks ab,[374] die Profitabilität trotz der Geschäfts- und Produktausweitung sank.[375] Im Folgenden konzentrierten sich die Banken auf die Beratung vermögender Kunden. Das standardisierte Privatkundengeschäft verschwand bis Ende der 90er Jahre aus dem Fokus der Banken, die Attraktivität des Retail Bankings sank aufgrund des schlechten CIR auf einen Null Punkt.[376] Ein klassisches Beispiel stellt die Deutsche Bank AG dar, die Ende der 90er Jahre das Privatkundengeschäft aus dem Gesamtkonzern ausgliederte und das Privatkundengeschäft in der rechtlich selbständigen Deutsche Bank 24 AG bündelte. Die Ausgliederung war Teil der geplanten Verkaufsstrategie des Privatkundengeschäfts an die Dresdner Bank. Der Verkauf kam letztendlich aber nicht zustande. Die Banken konzentrierten sich auf andere Zielgruppen und –märkte. Das Filialnetz wurde immens ausgedünnt[377] und das Geschäft mit der Versorgung der Kunden war durch das Aussterben der Retail Banken bedroht.[378] Seit 2002 steht das Geschäft nach einer neuen strategischen Ausrichtung wieder im Blickfeld der Banken. Die Börsenkrise nach dem 11. September 2001 und das Platzen der Internetblase haben aufgezeigt, dass das Privatkundengeschäft als relativ losgelöst von den starken konjunkturellen Schwankungen betrachtet werden kann und konstante Erträge liefert. Die Risiken des Privatkundengeschäfts sind abschätzbar und begrenzt. Um das

---

[373] Zum Begriff Allfinanz vgl. Gornig et al., (2004), S.4.
[374] Vgl. Ernst & Young, (2003), S.27.
[375] Vgl. Habscheid, (2006), S.43.
[376] Schweiger, (2003), S.19.
[377] Vgl. Keck/Hahn, (2006), S.37.
[378] Vgl. Schuster, (2005), 282f.

schlechte Kosten Ertragsverhältnis zu verbessern sind die Retail Banken bemüht die Produkte, Dienstleistungen und Prozesse zu standardisieren.[379]

Die Ursachen dieser ungünstigen Entwicklung der Kosten-Ertrags-Relation liegen darin begründet, dass in der Regel kein Verständnis dafür vorherrscht, die Dienstleistung auch als Produktionsprozess wahrzunehmen. Zusätzlich ist eine mangelnde Prozessorientierung zu beobachten. Wertschöpfungskette und Aufbauorganisation korrespondieren nicht auf ein Ziel hin.[380] Der Vertrieb konzentriert sich nicht auf die Hauptaufgabe – den Verkauf-, sondern der Berater wird durch administrative Aufgaben vom Verkauf ferngehalten.[381] Im Rahmen des Retail Bankings werden aber Dienstleistungen an den Kunden verkauft. Kritisch zu betrachten ist, dass sich die Dienstleistungen im Bereich des Mengengeschäftes den Eigenschaften der Commodities annähern. Nach *Winkelmann* sind Commodities standardisierte Massenartikel, die in der Regel einem harten Preiswettbewerb unterliegen.[382] Die Produkte oder Lieferanten sind untereinander austauschbar. Dies ist der Fall im Bereich DIN-zertifizierter Produkte.[383] Retail Banking Dienstleistungen gleichen sich immer mehr den Eigenschaften von Commodities an: sie folgen dem industriellen Entwicklungspfad. Auf diesem sinken die Preise mit der Reife des Marktes. Die Kundenprozesse unterliegen hohen Wiederholungsraten: Kosteneinsparungen werden mittels Standardisierung realisiert.

Unter Retail Banking wird im Folgenden das standardisierte Massengeschäft mit Privatkunden subsumiert, die vor allem Basisleistungen beanspruchen und ein relativ geringes Beratungsbedürfnis haben. Die Art des Bankgeschäfts ist bei Sparkassen, Volks- und Raiffeisenbanken und Großbanken sowie Finanzdienstleistern ein wichtiges Kerngeschäftsfeld.[384] Weitere wichtige Marktteilnehmer sind die Direktbanken, Autobanken, Finanz-

---

[379] Vgl. Klein, (2007), S.76.
[380] Vgl. Bell/Salz, (2006), S.269.
[381] Vgl. Nirschl/Wild/Wimmer, (2004), S.300.
[382] Vgl. Winkelmann, (2008), S.4.
[383] Ebd.
[384] Vgl. KPMG, (2007), S.4.

dienstleister sowie die Non- und Nearbanks.[385] Die Unternehmen werden im Folgenden näher betrachtet.

[385] Vgl. Schmid/Bach, (2000), S.3.

4.3 Wesentliche Marktteilnehmer

4.3.1 Kreditbanken

Eine hervorgehobene Stellung unter den Kreditbanken in Deutschland nehmen die vier Großbanken Deutsche Bank, Commerzbank, Dresdner Bank und Postbank ein. Die Trennung zwischen dem Geschäft mit Privatkunden, Unternehmen und Institutionen und dem Investment Banking haben alle Großbanken inne. Durch das Filialnetz verfügen die Großbanken somit über einen Refinanzierungsrückhalt im Passivgeschäft.[386]

Die Großbanken haben mit rückläufigen Zinsmargen und Provisionserlösen zu kämpfen. Hinsichtlich einer Kundensegmentierung verwenden die Großbanken Determinanten wie Einkommen und Vermögen zur Kategorisierung der Kunden. Sie unterscheiden zwischen Mengenkunden, gehobenen Privatkunden und vermögenden Individualkunden.[387]

Im Mittelpunkt der Vertriebsstrategie der Großbanken stehen Filialen, die als Ausdruck einer Multikanalstrategie durch elektronische Vertriebskanäle wie das Internet und Servicefunktionen ergänzt werden. Kostendruck hat die Finanzinstitute in der Vergangenheit gezwungen eine große Anzahl der Filialen zu schließen.[388] Mit Ausnahme der Postbank haben die Großbanken diesen Abbauprozess der Filialen abgeschlossen. Deutsche Bank und Postbank sind bestrebt, neben der Filiale die persönliche Beratung durch mobile Vertriebseinheiten parallel zu den bestehenden Strukturen auszubauen, um die Beratung in der Fläche sicherzustellen. Als Gegenpol zur Sparkassen Gruppe hat die Postbank dazu die Postbank Finanzberatung AG gegründet, die mit über 4000 mobilen und selbständigen Handelsvertretern[389] Beratung

[386] Vgl. Büschgen/Börner, (2003), S.63f.
[387] Vgl. Nirschl/Wild/Wimmer, (2004), S.12.
[388] Vgl. Keck/Hahn, (2006), S.37.
[389] Alle Mitarbeiter des mobilen Vertriebs bei den Banken, Sparkassen, Volks- und Raiffeisenbanken und Finanzdienstleistern sind nach §84 HGB selbständige Handelsvertreter. Diese sind selbständig und arbeiten auf eigene Rechnung, wobei auf das Produkt- und Kundenportfolio des Unternehmens zurückgegriffen wird.

im Bereich Finanzdienstleistung anbietet.[390] Der Einsatz des Kanals Internet ist bundesweit einheitlich, da es sich hier um Großunternehmen handelt, die alle Filialen unter einem Dach bündeln und keinen regionalen Strukturen unterworfen sind.

Im Rahmen der Produktpolitik verfolgen die Institute eine Allfinanzstrategie, die die entsprechenden Kundensegmente und –bedürfnisse abdecken. Jede Großbank bietet die Produkte Zahlungsverkehrskonto, Einlagekonten, Konsumentenkredite Wertpapier, Fonds und Depot, Versicherungen und Baufinanzierungen an.

Um den Wettbewerb bewerten zu können gilt es die wesentlichen Marktteilnehmer zu betrachten.[391] Im Vordergrund stehen der Umsatz sowie die Umsatzerlöse[392], das CIR, die Anzahl der Mitarbeiter und Kunden und der Gewinn des Instituts. Das CIR[393] zeigt die Aufwands-/Ertragsrelationen an. Es ist ein Maß dafür, wie effizient Banken im Bereich Retail Banking arbeiten. Ein weiteres Indiz für die Effizienz der Banken soll die Anzahl der Mitarbeiter und die Kunden geben, die maßgeblich den Gewinn beeinflussen. Im Einzelnen ergeben sich folgende individuelle Eigenschaften je Institut:

Die Deutsche Bank AG ist ein globales Unternehmen mit nahezu 70.000 Mitarbeitern und bietet Finanzdienstleistungsprodukte in über 70 Ländern an. Das Angebot der Services erstreckt sich über alle Bereiche vom Transaktionsbanking, Asset Management, Investment Banking, Corporate Banking und Privat Weilt Management bis hin zu den klein- und mittelständischen Firmenkunden und den Privatkunden.[394] Ein großer Teil der Geschäftstätigkeit findet im Ursprungsland Deutschland statt, während über

---

[390] Vgl. Postbank, (2008c), o.S.

[391] Vgl. Abschnitt 5.

[392] Unter Umsatzerlösen wird der Zufluss verstanden, der aus der gewöhnlichen Geschäftstätigkeit erwirtschaftet worden ist. Neben den Umsätzen aus Produktverkauf und Umsätzen aus dem Dienstleistungsbereich sind Zinserträge, Dividenden und Lizenzeinnahmen hinzuzurechnen. Vgl. IAS, 18.7, F. 74 und § 277 Abs. 1 HGB.

[393] Das Aufwand-Ertrag-Verhältnis ist eine zentrale Kennzahl der Effizienz einer Bank. Es setzt sich zusammen aus den Quotient aus dem Verwaltungsaufwand und den Erträgen. Die Einheit ist Prozent.

[394] Vgl. Deutsche Bank, (2008b), S.10ff.

50% des Umsatzes im internationalen Umfeld erwirtschaftet wird.[395] Im Jahr 2006 hat die Deutsche Bank AG einen Umsatz von 28,3 Mrd. Euro generiert; sie ist mit einer Bilanzsumme von 1.126 Mrd. Euro die größte Bank in Deutschland.[396]

Das Privatkundengeschäft der Deutsche Bank AG ist in der Deutsche Bank Privat- und Geschäftskunden AG gebündelt. In Jahr 2006 wurde das Geschäftsfeld durch strategische Zukäufe ausgebaut. Die Deutsche Bank erwarb die norisbank und die Berliner Bank. Durch die Akquisition der Norisbank weitete die Deutsche Bank die Präsenz im Privatkundensegment aus. Durch den Kauf der Berliner Bank konnte am strategisch wichtigen Standort Berlin die Filialanzahl verdoppelt werden. Das Privatkundengeschäft der Deutsche Bank hat in Berlin nun einen Marktanteil von 15%.[397] Vor Platzen der Börsenblase und den Attentaten vom 11.September spielte das Geschäftsfeld der Privatkunden keine Rolle mehr in der Strategie des Unternehmens.[398] Das Privatkundengeschäft steht jetzt wieder im Fokus der Bank, da es relativ unabhängig von der weltweiten Börsenentwicklung ist und im Gegensatz zum vorher fokussierten Investment Banking für das Unternehmen konstante Erträge generieren kann.[399] Die Krise Ende des Jahres 2001 hat die Ergebnisse nur wenig beeinflusst, während das Investment Banking hohe Verluste machte.

Die Deutsche Bank Privat- und Geschäftskunden AG konnte die Anzahl der Kunden in Europa im standardisierten Privatkundengeschäft von 13,3 Mio. im Jahr 2004 auf 14,1 Mio. Kunden in 2006 ausbauen. In Deutschland werden in 2007 rund 9,7 Mio. Kunden betreut. Dies entspricht einem Marktanteil von ca. 6,5%.[400] Der Privatkundenbereich der Deutsche Bank AG er-

---

[395] Vgl. Deutsche Bank, (2007), S.2.
[396] Ebd. S.50.
[397] Vgl. Kaufmann, (2008), o.S.
[398] Vgl. Abschnitt 4.1..
[399] Vgl. Deutsche Bank (2008c), S.35 und Abschnitt 4.2.
[400] Vgl. Deutsche Bank, (2008a), S.1.

wirtschaftete in 2006 einen Ertrag vor Steuern in Höhe von knapp 1,1 Mrd. Euro.[401]

Zielgruppen sind z.B. Studenten, junge Karrieristen, vermögende Privatkunden oder auch Pensionäre und Rentner. Abbildung 4-4 zeigt einen Überblick über die Zielgruppen und Produkte.[402]

Abbildung 4-4: Internetauftritt Deutsche Bank[403]

In Abbildung 4-4 wird das Produkt „db Festzinssparen" offeriert. Dieses Produkt ist sowohl online[404] als auch in der Filiale verfügbar. Der Kunde erhält bei einer Festanlage von 12 Monaten eine feste Verzinsung auf das vertraglich vereinbarte und eingezahlte Kapital. Das Produkt ist nicht innovativ, bietet einen festen Zins, der oberhalb des Marktdurchschnitts liegt.[405] Die Bank bietet einen Online Abschluss an, der jedoch ähnlich aufwendig ist wie der Besuch eines Investment- und Finanzcenters der Deutsche Bank. Dagegen kann das Interesse der Kunden an den Leistungen der Bank bei einem Besuch der Bank vor Ort besser geweckt werden, eine erste persönli-

[401] Deutsche Bank, (2008c), S.35, S.3 – Kosten für die Integration der norsibank und der Berliner Bank sind hier bereits berücksichtigt.

[402] Vgl. Deutsche Bank, (2008a), o.S.

[403] Deutsche Bank, (2008a), o.S.

[404] Der Kunde kann online ein Vertragsformular ausfüllen, ausdrucken und per postident Verfahren an die Bank senden. Der gewünschte Anlagebetrag wird dann vom Zahlungsverkehrskonto des Kunden abgebucht. Alle weiteren Unterlagen und Urkunden gehen dem Kunden auf dem Postweg zu. Ein Aufsuchen der Filiale ist nicht notwendig.

[405] Deutsche Bank (2008a), o.S.

che Beziehung zum Kunden kann aufgebaut werden.[406] Zusätzlich hat der Kunde die Möglichkeit Produkte über den mobilen Vertrieb der Deutsche Bank abzuschließen.[407]

Eine besondere Form des Retail Banking der Deutsche Bank- Privat- und Geschäftskunden AG stellt das neue Filialkonzept Q110 dar, das im September 2005 ins Leben gerufen wurde. Das Q110 Konzept ist ebenfalls auf das standardisierte Privatkundengeschäft ausgerichtet, bietet aber eine neue Atmosphäre. Der Verkauf von Bankprodukten wird kombiniert mit dem Verkauf von Designer Produkten oder auch einer Lounge. Ein weiterer Ansatz ist die Verdinglichung von nicht tangiblen Finanzdienstleistungsprodukten. Die Produkte werden wie in einem Lebensmittelsupermarkt präsentiert: ein Sparprodukt wie ein Sparbuch wird hier in einer metallenen Dose wie im Supermarktregal angeboten.[408]

Für den Retail Banking Bereich ergeben sich folgenden Kennzahlen für die Deutsche Bank:

Jahr	Umsatz in Mio. EUR	Cost-Income Ratio	Anzahl Mitarbeiter	Anzahl Kunden	Anzahl Filialen	Gewinn in Mio. EUR
2004	k.A.	k.A.	27.093	6,2 Mio.	831	k.A.
2005	k.A.	73,9%	26.336	6,5 Mio.	836	k.A.
2006	5.100	72,2%	26.401	6,0 Mio	934	1.041
2007	5.800	71,4%	k.A.	9,7 Mio.	932	1.146

Tabelle 4-2: Kennzahlen Deutsche Bank[409]

Im September 2008 hat die Deutsche Bank eine Beteiligung in Höhe von 29,75 Prozent an der Postbank erworben; sie beteiligt sich dadurch an der

---

[406] Vgl. www.deutsche-bank.de/pbc für den Konzernbereich Private Clients und Asset Management

[407] Vgl. Frey-Broich, (2007), S.64.

[408] Für einen tieferen Einblick vgl. Deutsche Bank, (2009a), o.S.

[409] Eigene Darstellung, Unternehmensdaten vgl. Deutsche Bank (2004, 2006, 2007, 2008a-2008c und 2009a), HB Research (2008), und Bergermann, (2008).

kundenseitig größten Privatkundenbank Deutschland, die in 2007 über 14,5 Mio. Kundenverbindungen verfügt. Die Deutsche Bank plant die Beteiligung in der Zukunft aufzustocken. Ob eine langfristige Zusammenarbeit beabsichtig ist, bleibt abzuwarten. Beide Banken wollen zunächst im Vertrieb von Immobilienfinanzierungen und Immobilienprodukten kooperieren. Mit einer 100% Übernahme der Postbank würde die Deutsche Bank zum Marktführer werden: über 80 Prozent der Bundesbürger hätten eine Kundenbeziehung zum entstehenden Konzern. Hier handelt es sich aber aufgrund der staatlichen Vergangenheit der Postbank um viele Dritt- und Viert-Kontoverbindungen. Der Wert der vorhandenen Kontaktdaten ist jedoch hoch.[410]

Im Privatkundenbereich bietet die Postbank die klassischen Produkte für Privatkunden an.[411] Sie hat als ehemals staatliches Institut den Wandel von einer „Spar- und Girobank" hin zu einem privaten Geldinstitut seit 2003 vollzogen. Dabei hat das Unternehmen sein Angebot erweitert und sich in neue Geschäftsfelder begeben, da die Produktpalette der Postbank unvollständig war.[412]. Die Postbank verfügt über 20 Mio. betreuter Sparbücher und somit über einen breiten und großen Kundenstamm.[413] Angebote im Bereich der Finanzierung und der Altersvorsorge fehlten.

Das Kerngeschäft der Postbank ist das Retail Banking. Mit 14,5 Millionen Kunden verfügt die Postbank in 2007 über das größte Kundenpotenzial, das in einem der beschriebenen Banken gebündelt ist.[414] Ein strategischer Ausbau des Vertriebs erfolgte durch die Akquisition des BHW und den organischen Ausbau des eigenen mobilen Vertriebs. Durch die Übernahmen der BHW-Bausparkasse und der DSL-Bank wird der Bereich der Immobilienfinanzierung abgedeckt. Die BHW Finanzierungen werden durch die Postbank Filialen vertrieben, während das Angebot der Baufinanzierung der DSL Bank ausschließlich über Finanzberater und Partner-Vermittler erfolgt. Die Postbank unterteilt ihre Produktangebote in die Bereich Konten und

---

[410] Vgl. Hempel, (1995), S.14ff.
[411] Vgl. Postbank, (2008b), o.S.
[412] Vgl. Milewski, (2007), S.122.
[413] Hier handelt es sich in großen Teilen um Zweit- und Drittbank Verbindungen.
[414] Vgl. Bergermann, (2007), S.66.

Karten, Kredite, Sparen und Anlegen, Fonds und Börse, Bausparen und Baufinanzierung, Versicherung und Vorsorgen und Vermögen.[415] Durch die geschilderten Akquisitionen wird das Produktangebot der Postbank komplementiert.[416] Die Beratung der Kunden erfolgt durch Berater in den Postbankfilialen und durch den mobilen Vertrieb. Die Finanzberater sind als selbständige Handelsvertreter in die Postbank Finanzberatung AG integriert mit 987 sogenannten Beratungscentern.

Für den Retail Banking Bereich ergeben sich folgende Kennzahlen für die Postbank:

Jahr	Umsatz in Mio. EUR	Cost-Income Ratio	Anzahl Mitarbeiter	Anzahl Kunden	Anzahl Filialen	Gewinn in Mio. EUR
2004	k.A.	k.A.	k.A.	12,1 Mio.	k.A.	k.A.
2005	k.A.	k.A.	k.A.	k.A.	800	k.A.
2006	9.019	63,0%	22.284	14,0 Mio	k.A.	924
2007	9.871	64,2%	21.500	14,5 Mio.	855	944

Tabelle 4-3: Kennzahlen Postbank[417]

Die Commerzbank AG als Gesamtbank beschäftige in 2005 knapp 33.000 Mitarbeiter, davon zirka 12.000 im Retail Banking. Der Umsatz in 2005 betrug 16,7 Mrd. Euro in 2005. Dies entspricht einer Steigerung von 11,2% gegenüber 2004, der Nettoertrag mit 1,165 Mrd. Euro übertraf den Nettoertrag aus 2004 mit 362 Mio. um mehr als das Dreifache.[418] Die Commerzbank AG nimmt im Privatkundenbereich eine führende Position ein. In 2005 betreute das Unternehmen insgesamt 8,2 Mio. Kunden. Dazu unterhält die Commerzbank 800 Filialen in Deutschland.

---

[415] Vgl. Postbank, (2008b), o.S.

[416] Klein, (2005), S.24f.

[417] Eigene Darstellung, Unternehmensdaten vgl. Deutsche Postbank (2006, 2007, 2008a-c und 2009a-e), HB Research (2008), Postbank (2006, 2008a-c) und Bergemann, (2008).

[418] Vgl. Commerzbank, (2008b), S.54.

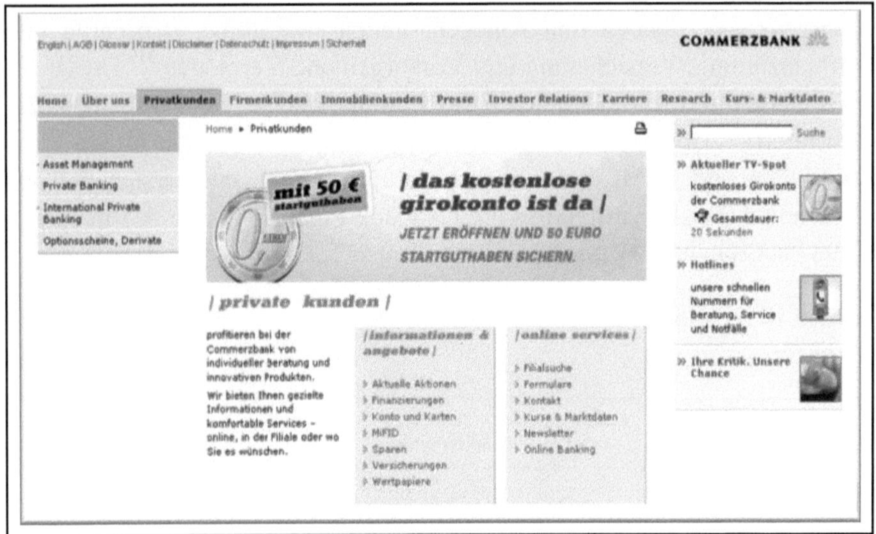

Abbildung 4-5: Internetauftritt der Commerzbank 2008[419]

Die Commerzbank änderte zu Beginn des Jahres 2006 die Strategie im Privatkundenbereich. Das Unternehmen war trotz der 4,5 Mio. Kunden in 2006 unter Nicht-Kunden nahezu unbekannt. In Folge dessen galt es einen neuen modernen Marktauftritt zu generieren. Alle Kunden sollen im Rahmen eines proaktiven Ansatzes betreut werden, so dass die Kunden entlang des Kundenlebenszyklus je nach Lebensphase mit den entsprechenden Produkten versorgt werden. Ziel der neuen Marktbearbeitung ist es 800.000 neue Kunden innerhalb von drei Jahren zu akquirieren. Dieses Ziel soll mit Hilfe von attraktiven Produkten erreicht werden. Die Commerzbank bietet ein gebührenfreie Konto und Sparprodukt mit überdurchschnittlicher Verzinsung.[420] Die beiden Produkte sollen den Erstkontakt zu Neukunden herstellen. Die Commerzbank unterteilt das Produktangebot wie in Abbildung 4-5 dargestellt im Vergleich zu den Konkurrenten ähnlich.

Das Segment Privat- und Geschäftskunden besteht aus den Geschäftsfeldern Privat- und Geschäftskunden, Private Banking, Retail Kreditgeschäft sowie der comdirect bank AG.[421] Die Commerzbank erwirtschaftete für das Seg-

---

[419] Vgl. Commerzbank, (2008a), o.S.

[420] Vgl. Commerzbank, (2008c), o.S.

[421] Zur comdirektbank vergleiche auch Abschnitt 4.3.5.

ment Privat- und Geschäftskunden in 2005 einen Verlust von 58 Mio. EUR, das entspricht einer negativen Eigenkapitalrendite von 2,5%. Das CIR weist einen Betrag von 78,1% auf. Ziel bis 2010 ist es die Eigenkapitalrendite auf 18% zu erhöhen. Dieses Wachstum soll durch die Stärkung des bestehenden Vertriebsnetzes und durch personelle Aufstockung, Schulungen und eine leistungsorientierte Vergütung umgesetzt werden. Im Fokus der Neuausrichtung steht die Optimierung der Geschäftsprozesse in den Filialen, so dass die Berater von administrativen Tätigkeiten entlastet werden und sich stärker um Vertrieb und Kunden kümmern können.[422]

Durch den neuen Marktauftritt wird sicher gestellt, dass die Bank die Privat- und Geschäftskunden mit kostengünstigen Standardprodukten versorgen kann, zusätzlich werden wettbewerbsfähige und preiswerte Basisprodukte angeboten. Dies spiegelt sich im neuen kostenfreien Girokonto und in einem attraktiv verzinsten Sparprodukt wieder. Die Commerzbank nimmt bei der aggressiven Wiedereinführung des kostenlosen Gehaltskontos eine Vorreiterrolle ein.[423]

Für den Retail Banking Bereich ergeben sich folgenden Kennzahlen für die Commerzbank:

Jahr	Umsatz in Mio. EUR	Cost-Income Ratio	Anzahl Mitarbeiter	Anzahl Kunden	Anzahl Filialen	Gewinn in Mio. EUR
2004	k.A.	k.A.	k.A.	k.A.	796	323
2005	2.001	77,9%	12.121	4,3 Mio.	791	282
2006	1.821	78,1%	11.947	4,5 Mio.	820	13
2007	2.603	77,5%	11.711	5,5 Mio.	820	401

Tabelle 4-4: Kennzahlen Commerzbank[424]

Die Dresdner Bank AG fusionierte in 2001 mit dem Versicherungsunternehmen Allianz AG, blieb aber als eigenständiges Unternehmen in der Organisation der Allianz AG erhalten. Die Commerzbank hat im August 2008

[422] Vgl. Commerzbank, (2008a), S.55f.
[423] Vgl. Commerzbank, (2008b), S.56.
[424] Eigene Darstellung, Unternehmensdaten vgl. Commerzbank (2005, 2006a-c, 2008a-c), HB Research (2008) und Bergemann, (2008).

die Dresdner Bank übernommen.[425] Durch den Zusammenschluss erhöht die Commerzbank ihren Marktanteil im Privatkundenbereich auf über acht Prozent. Der Gesamtumsatz steigt auf über 5 Mrd. Euro und das Segment stellt mit Abstand den größten Geschäftsbereich dar. Aufgrund der Unzufriedenheit der Allianz mit der geschäftlichen Entwicklung, trotz erheblicher Steigerung des Gewinns bis 2007[426], wurde das Finanzinstitut an die Commerzbank verkauft. Der Name Dresdner Bank"- in der Öffentlichkeit wohlbekannt als „Die Berater Bank" - wird verschwinden. 9000 Mitarbeiter sollen abgebaut und 600 Filialen geschlossen werden. Dies entspricht einem Drittel der Dresdner Bank Filialen. Anfang 2009 soll der Kauf abgeschlossen werden. Der frühere Mutterkonzern der Dresdner Bank, die Allianz, wird mit 30 Prozent an der neu entstehenden Großbank beteiligt bleiben. Die Oldenburgische Landesbank verbleibt im Konzern Allianz, so dass ein Vollbank-Status[427] für den Versicherungskonzern erhalten bleibt[428]

Das Geschäftsmodell der Dresdner Bank gliedert sich in zwei Bereiche auf: Private & Corporate Clients sowie Investment Banking. Im erst genannten Bereich sind die Segmente Personal Banking, Private Banking, Business Banking und Private Wealth Management gebündelt. Das Personal Banking stellt das Angebot für das standardisierte Privatkundensegment dar, das Segment Private Banking betreut das Segment der vermögenden Privatkunden.[429]

Mit der Einführung des Slogans „Die Beraterbank" hat die Dresdner Bank die Kehrtwende zurück in das Massengeschäft geschafft. Die Bank wurde als vertrauenswürdig, klar, stark, traditionell und zuverlässig wahrgenommen. Das Geschäftsfeld der Privatkunden wird durch das Strategiepapier

---

425 Die strategischen Informationen stammen aus einem Interview mit Herrn Matthias Schauch, Mitarbeiter der Commerzbank Osnabrück, das am 07. Mai 2007 im Rahmen des Seminars „Virtual Course – Strategy of Retail Banks" durchgeführt wurde.

426 Vgl. Tabelle 4-5, S.97.

427 Vollbanken können im Gegensatz zu Spezialbanken das gesamte Portfolio an Bank- und Finanzdienstleistungen anbieten, vgl. dazu § 1 Abs. 1 KWG.

428 Vgl. Welp, (2009), S.48.

429 Vgl. Dresdner Bank, (2008a), o.S.

„Neue Dresdner“ aus dem Jahre 2004 explizit als strategisches Geschäftsfeld definiert.[430].

Im Vergleich zu anderen deutschen Privatbanken, Sparkassen und Genossenschaftsbanken gibt es nur eine kleine Anzahl von Filialen. Mit der Gründung der Dresdner Bank direct24 hat das Unternehmen eine Direktbank als Ableger des Filialgeschäfts ausgegründet, um attraktivere Konditionen anbieten zu können. Der Erfolg dieser Maßnahme ist kritisch zu betrachten, da etablierte Kunden die Internetkonditionen nachfragen und im Hause unerwünschte Kundenströme von der Filialbank zur Direktbank generiert werden.[431]Für den Retail Banking Bereich ergeben sich folgenden Kennzahlen für die Dresdner Bank:

Jahr	Umsatz in Mio. EUR	Cost-Income Ratio	Anzahl Mitarbeiter	Anzahl Kunden	Anzahl Filialen	Gewinn in Mio. EUR
2004	k.A.	64,9%	k.A.	4,8 Mio.	911	388
2005	k.A.	58,5%	k.A.	k.A.	906	651
2006	1.608	75,0%	15.144	6,1 Mio.	902	698
2007	1.669	74,0%	14.561	6,3 Mio.	895	878

Tabelle 4-5: Kennzahlen Dresdner Bank für den Bereich Privatkunden[432]

Die neue strategische Ausrichtung ist gescheitert und wurde durch den Verkauf an die Commerzbank besiegelt.

[430] Vgl. Dresdner Bank, (2007b), o.S.

[431] Vgl. Zusammenfassung Experteninterviews im Anhang.

[432] Eigene Darstellung, Unternehmensdaten vgl. Dresdner Bank (2006, 2007a-b, 2008a-b, 2009), HB Research (2008) und Bergemann, (2008)

4.3.2 Sparkassen-Finanzgruppe und Landesbanken

Die Sparkassen sind in der Sparkassen Finanzgruppe integriert. Diese besteht aus 463 Sparkassen, neun Landesbanken, zehn LBS Bausparkassen, Deka Bank, zwölf öffentliche regionale Erstversicherergruppen[433], zwölf regionalen Sparkassen und Giroverbänden, die Deutsche Leasing sowie zahlreiche Kapitalbeteiligungsgesellschaften und Spezialkreditinstitute. Mit einer kumulierten Bilanzsumme von 3.300 Milliarden Euro und insgesamt 650 Unternehmen ist die Sparkassen Finanzgruppe das größte Finanzkonglomerat in Deutschland und in Europa.[434]

Die neun Landesbanken sind Zentralbanken für die regional ansässigen Sparkassen. Als zentrales Institut der Sparkassen eines Landes sind sie zentrale Verrechnungsstellen für den bargeldlosen Verkehr, für die Verwaltung von Liquiditätsreserven und für die Refinanzierung. Derzeit sind die folgenden Landesbanken in Deutschland ansässig und aktiv: Landesbank Baden-Württemberg, Bayerische Landesbank, Landesbank Berlin, Bremer Landesbank, HSH Nordbank, Landesbank Saar, Landesbank Hessen Thüringen, Westdeutsche Landesbank und die Norddeutsche Landesbank. Diese stellen im Sparkassenverbund die Spezialisten dar, die die kleinen Sparkassen mit Wissen und Produkten versorgen, die sie aufgrund der zu geringen Betriebsgröße den Privatkunden nicht rentabel und zu konkurrenzfähigen Preisen anbieten könnten. Die Organisation der Verbundunternehmen stellt die folgende Abbildung 4-6 dar:

---

[433] Der Erstversicherer ist ein Versicherer, der mit dem Kunden den Vertrag abschließt. Ist dem Erstversicherer das volle Risiko zu groß, gibt er einen Teil an einen weiteren Versicherer, den Rückversicherer, ab.

[434] Vgl. Witt, (2006), S.13.

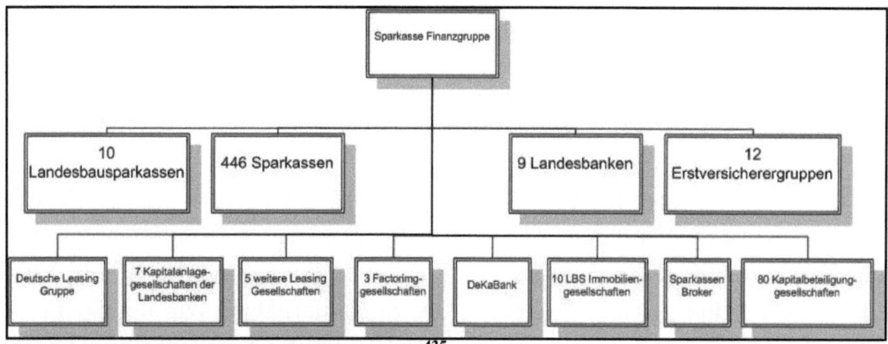

Abbildung 4-6: Sparkassen Finanzgruppe[435]

Die regionalen Sparkassen werden nach dem Fall der Gewährträgerhaftung nur noch unvollständig durch die Kommunen und mittelbar durch den Bund und die Länder als Eigentümer getragen. Dadurch erhöht sich der Druck zur Steigerung von Effizienz und Effektivität.[436]

Die Aufgabe und das Ziel der Sparkassen ist es, den Privatkunden in der Fläche die Möglichkeit zu geben eine Sparanlage zu tätigen sowie die Kreditversorgung des Mittelstandes und der Bürger sicherzustellen. Die Sparkassen sind quasi Regionalbanken, die über einen Gebietsschutz verfügen.[437] Eine starke Konkurrenz zwischen den einzelnen Sparkassen wird so ausgeschlossen. Das oberste Ziel der Sparkassen ist aufgrund des einstigen öffentlichen Auftrages nicht die Gewinnmaximierung, sondern die Sicherstellung der Versorgung aller Bürger mit Finanzdienstleistungsprodukten.[438] Es ist Aufgabe und Ziel der Sparkassen die Versorgung mit Bankleistungen sicherzustellen - die Gewährleistungsfunktion, den Vermögensaufbau der Bürger zu fördern - die Förderfunktion, eine räumlich ausgeglichene Wirtschaftsstruktur zu schaffen – die Struktursicherungsfunktion und zur kre-

---

[435] Eigene Darstellung in Anlehnung an: Deutscher Sparkassen- und Giroverband, (2008), o.S.

[436] Vgl. Nirschl, Wimmer, (2004), S.11.

[437] Vgl. hierzu ausführlich Schlierbach, (2003), S.133-142.

[438] Die Festlegung des öffentlichen Auftrages findet sich in den Sparkassengesetzen der Länder. Dort sind die Aufgaben im öffentlichen Interesse der Sparkasse beschrieben. Vgl. dazu detailliert bspw. das Sparkassengesetz vom Mecklenburg Vorpommern §2 Abs. 1 SpkG MV, das auf die Versorgung aller Bevölkerungskreise mit geldwirtschaftlichen Leistungen eingeht.

ditwirtschaftlichen Unterstützung der öffentlichen Aufgaben der Gewährträger beizutragen -die Hausbankfunktion. Die Geschäfte der Sparkasse sind nach kaufmännischen Grundsätzen und unter Wahrung des öffentlichen Auftrages zu führen.[439]

Durch den Gebietsschutz und die Sicherstellung der Versorgung alle Bürger mit Finanzdienstleistungen weisen die Sparkassen im Vergleich zu den Großbanken eine kleine Betriebsgröße auf. Folglich können nicht alle Aufgaben eigenständig erledigt werden. Das Subsidiaritätsprinzip des Sparkassenverbundes legt fest, dass die Zuständigkeit für die Kundenbetreuung auf der primären Stufe der Sparkassen-Finanzgruppe zu erfolgen hat. Sollte eine Sparkasse aufgrund der zu kleinen Betriebsgröße eine großvolumige Finanzierung nicht realisieren können, so kann diese Leistung von der nächst höheren Stufe des Verbundes übernommen werden.[440] Im Verbund stellen die Sparkassen sicher, dass alle Bereiche des Retailbankings bedient werden. Die Landesbanken nehmen in diesem System Produktions- und Steuerungsaufgaben wahr.[441] Diese Trennung löst sich immer weiter auf. Die Landesbanken treten in den Wettbewerb um den Privatkunden ein.

Die einzelnen Sparkassen weisen im Durchschnitt eine geringe Betriebsgröße auf. Die Gesamtheit der Bilanzsummen aller Sparkassen kumuliert sich auf über 1.000 Mrd. Euro.[442]

Die Sparkasse deckt die Bereiche Konten, Kredite, Sparen, Vorsorge und Immobilie ab. Es erfolgt eine Untergliederung zwischen Privatkunden und Firmenkunden. Die Sparkassen Finanzgruppe hat sich 2002 zum Privatkundengeschäft bekannt. Im Strategiepapier des deutschen Sparkassen und Giroverbandes heißt es: „Die Stärken der Sparkassen liegen im Retail Banking. Dies muss weiterentwickelt werden, in dem sich die Sparkassen auf den Vertrieb und dessen Steuerung konzentrieren. Der Fokus im Retailgeschäft muss angesichts des begrenzten Erfolgspotenzials pro Kun-

---

[439] Vgl. Wittmann, Sparkassenverbund, (2004), S.10.
[440] Vgl. Büschgen/Börner, (2003), S.70f.
[441] Vgl. Witt, (2006), S.13f.
[442] Vgl. Deutscher Sparkassen- und Giroverband, (2008), S.2.

den auf Kostenminimierung bei gegebenem Serviceniveau und bedarfsgerechtem standardisierten Vertriebsprozess liegen."[443]

Die Sparkassen verstehen sich als Allfinanzpartner für die Privatkunden. Alle relevanten Finanzdienstleistungen von Bausparkasse über Fondsgesellschaften bis hin zu Versicherungen werden angeboten.

Abbildung 4-7: Internetauftritt Sparkasse Hamburg[444]

Wie die Internetseite der freien Hamburger Sparkasse in Abbildung 4-7 verdeutlich werden alle standardisierten Produkte für den Privatkunden angeboten. Die klassische Aufteilung der Produkte in Konten, Kredite, Sparen, Vorsorge und Versicherung und die Untertrennung der Segmente in Privatkunden, Private Banking und Firmenkunden ist zu erkennen.

Das Kernprodukt der Sparkassen ist das Zahlungsverkehrskonto. Dieses Produkt stellt wie bei den anderen Marktteilnehmern einen Schlüssel zur Kundenverbindung und zur Kundenbindung dar. Ein kostenloses Konto ist nicht im Angebot aller Sparkassen. Die Zahl der Konten blieb im Jahr 2006 weitestgehend konstant. Die Sparkassen verfügen mit ca. 21.000 Geldautomaten über das größte Geldautomatennetz.[445]

---

443 Vgl. Greife/Simons, (2004), S.201.
444 Hamburger Sparkasse, (2008), o.S.
445 Vgl. Achilles, (2008), S.70.

Die Sparkassen haben im Bereich des Girokontos, trotz der im Vergleich zu anderen Marktanbietern überdurchschnittlich hohen Kosten, einen hohen Marktanteil inne. Gleiches gilt für die Produkte Baufinanzierung und Kundeneinlagen. Ein strategischer Vorteil der Sparkassen und Landesbanken ist die Kundennähe. Der Gesamtverbund ist Marktführer im Privatkundengeschäft in Deutschland. Das weit ausgebaute Filialsystem erreicht jeden Kunden in Deutschland.[446]

Die Landesbanken befinden sich in einem Umstrukturierungsprozess und müssen die strategische Ausrichtung neu definieren. Es gilt klar abzugrenzen, welche Aufgaben welches Institut zukünftig inne hat. Für den Retail Banking Bereich ergeben die in Tabelle 4-6 dargestellten Kennzahlen für den Sparkassen Verbund:

Jahr	Umsatz in Mio. EUR	Cost-Income Ratio	Anzahl Mitarbeiter	Anzahl Kunden	Anzahl Institute	Anzahl Filialen	Gewinn in Mio. EUR
2004	k.A.	k.A.	k.A.	k.A.	477	14.292	k.A.
2005	28.739	62,5%	260.825	k.A.	463	13.950	2.127
2006	28.283	63,1%	257.022	41,3 Mio.	457	13.756	2.158
2007	30.067	65,3%	253.696	42,1 Mio.	446	13.624	1.737

Tabelle 4-6: Kennzahlen Sparkassen Verbund[447]

Im Mittelpunkt der Strategie steht die Filiale, die wie bei den Großbanken durch Internet- und Servicefunktionen ergänzt wird. Die jeweiligen Funktionen sind je nach Sparkasse unterschiedlich ausgeprägt. Neben der Filiale wird der Aufbau von mobilen Vertriebseinheiten diskutiert. Deckungsgleich zu den Großbanken verfolgen die Sparkassen eine Allfinanzstrategie.

---

[446] Vgl. Achilles, (2008), S.6-10.

[447] Eigene Darstellung, Unternehmensdaten vgl. Deutscher Sparkassen Giroverband, (2006, 2007a-c, 2008, 2009a-b) und Sparkassen Finanzgruppe (2008. 2009a-c).

4.3.3 Genossenschaftlicher Finanzverbund

Die Volksbanken Raiffeisenbanken wurden Mitte des 19. Jahrhunderts in Deutschland gegründet. Im Mittelpunkt stand die Idee einen Gegenpart zu den Großunternehmen zu schaffen, die es auch keinen Unternehmen und Selbständigen erlaubt Kapital zu erhalten. Seit dem Jahr 1972 sind die Volksbanken und Raiffeisenbanken durch den Bundesverband Deutscher Volksbanken und Raiffeisenbanken vertreten. Während die Großunternehmen und –unternehmer zu Zeiten der Industrialisierung hohe Gewinne erwirtschafteten, lebten viele Menschen an der Armutsgrenze. Die Idee der Gründer bezog die Menschen mit in die Geschäftstätigkeiten ein. Die Handwerksbetriebe standen vor einer elementaren Existenzkrise. Das Kapital zur Modernisierung der Produktionsanlagen fehlte und der Zugang zu Krediten war schwer. Der Mittelstand wollte Herr dieser sozialen Schieflage werden und die wirtschaftliche Selbständigkeit erhalten. Hier entstand die Idee zur Selbsthilfe durch freiwillige Kooperationen. Die Gründer der heutigen Volks- und Raiffeisenbanken Hermann Schulze Delitzsch und Wilhelm Raiffeisen entwickelten im 19 Jahrhundert diese Idee unabhängig voneinander.[448] So entstand die Genossenschaft als eine neue Unternehmensform.[449]

Der genossenschaftliche Finanzverbund besteht aus den Primärgenossenschaften, den Zentralbanken und den Verbundunternehmen. Diese bilden das Fundament der Organisation. Ihre Geschäftstätigkeit konzentriert sich auf einen oder mehrere Orte eines räumlich zusammenhängenden Bereichs. Sie sind wirtschaftlich und rechtlich selbständige Unternehmen. Der Verbund setzt sich zusammen aus zwei genossenschaftlichen Zentralbanken, der DZ Bank und WGZ Bank, auf regionaler Ebene, auf lokaler Ebene existieren 1.234 Volks- und Raiffeisenbanken mit 12.477 Geschäftsstellen. Unter dem Dach der Primärbanken bündeln sich neben der DZ- und WGZ Bank die Münchener Hypothekenbank, das Transaktionsinstitut für Zah-

[448] Vgl. Bundesverband der deutschen Volksbanken und Raiffeisenbanken, (2008), o.S.

[449] Zur Zukunftsfähigkeit der Genossenschaft vgl. Theurl/Schweinsberg, (2004), insbesondere S.37-49.

lungsverkehrsdienstleistungen, die VR Leasing, die WL-Bank AG, die DWP-Bank AG, die DVB Bank AG, die VR Kreditwerke Hamburg, die Bausparkasse Schwäbisch Hall, die Deutsche Genossenschafts-Hypothekenbank und die Union Investment.[450]

Durch die Zusammenführung dieser Unternehmen können die Kreditgenossenschaften ihrem Hauptziel nachkommen: Förderung der Wirtschaft der Mitglieder, sowohl der Privatkunden als auch der mittelständischen Unternehmen, mittels eines gemeinschaftlichen Geschäftsbetriebes. Diese Förderung soll durch drei Oberziele sichergestellt werden. Zum einen durch die Mittelstandförderung: Die Volks- und Raiffeisenbanken stellen durch die flächendeckende Ausbreitung die Versorgung des Mittelstandes und anderer Firmenkunden mit Kapital sicher. Des Weiteren wird durch den Finanzverbund eine Abdeckung alle Kundenbedürfnisse gewährleistet. Durch die starke Präsenz der Banken kann eine hohe Kundennähe generiert werden, so dass durch die gute Kenntnis des Marktes und der direkte und enge Kontakt zu den Menschen in der Region eine optimale Betreuung entwickelt wird. Die Kreditgenossenschaften sind dem Grundsatz der wirtschaftlichen Förderung ihrer Mitglieder durch Gewährung von Darlehen und der Durchführung sonstiger bankmäßiger Geschäfte verpflichtet.[451]

Der VR-Verband stellt den größten Bankenverbund in Europa da. In 2006 gab es insgesamt 1259 Banken mit 12.583 Filialen und ungefähr 160.000 Angestellten in Deutschland. Der Marktanteil betrug 16,8%.

Die Genossenschaftsbanken haben sich in der Verbundcharta 1999 zum Privatkundengeschäft bekannt.[452] Die Volksbanken bearbeiten den Markt der Privatkunden unter einer Dachmarke, d.h. das Prinzip der Regionalbanken wird mit einer einheitlichen Marke in Deutschland betrieben. Die Kräfte der Raiffeisen- und Volksbanken können gebündelt werden. Die Banken halten an dem Universalbankprinzip fest, um die Privatkunden zukünftig

---

[450] Vgl. Bundesverband der deutschen Volksbaken und Raiffeisenbanken, (2008), o.S

[451] Vgl. Büschgen/Börner, 2003, S.76. Für eine ausführliche Erläuterung aller relevanten Charakteristika von Genossenschaftsbanken vgl. Reicherter, (2000), S. 4 ff.; Büschgen/Börner, (2003), S. 75 ff.

[452] Vgl. Genossenschaftsverbund Frankfurt, (2005), S.7f.

umfassend und auf regionaler Ebene beraten zu können.[453] Seit Anfang 2001 treten die Volksbanken unter einem gemeinsamen Finanzportal für die Privatkunden im Internet auf. Alle Leistungen der Banken und der im Verbund befindlichen Unternehmen können durch die Kunden abgerufen werden. Die Kunden können sich im Sinne des Kundenlebenszyklus je nach Situation über entsprechende Produktfelder informieren oder gezielt einzelne Produkte suchen.[454]

Als Ergebnis der Unabhängigkeit der einzelnen Volksbanken bearbeitet jede regionale Volksbank den Privatkundenmarkt mit unterschiedlichen Zielen und Maßnahmen, wobei die Strategie aller Volksbanken ähnlich ist. Abbildung 4-8 zeigt als Beispiel für den Internetauftritt die Hannoversche Volksbank, die die klassischen Bereich Konten und Karten, Sparen und Anlegen, Wertpapiere, Bauen und Wohnen und Vorsorge anbietet. Die klassische Unterscheidung der Segmente zwischen Privat- und Firmenkunden wird in Abbildung 4-8 oben sichtbar.

Abbildung 4-8: Internetauftritt der Volksbank Hannover[455]

---

[453] Vgl. Kunadt, R., (2005), S.154.
[454] Vgl. Kunadt, R., (2008), S.1229.
[455] Vgl. Volksbank Hannover, (2008), o.S.

Die Genossenschaftsbanken weisen im Geschäftsjahr 2006 eine addierte Bilanzsumme von 608 Milliarden Euro auf, zusammen mit der DZ Bank, WGZ Bank, den drei genossenschaftlichen Hypothekenbanken und der Bausparkasse Schwäbisch Hall ergibt sich eine Bilanzsumme von 1.042 Mio. Euro. Das Kreditvolumen der Volksbanken wuchs um 1,8% auf insgesamt 360 Mio. Euro. Das Gesamtvolumen der Einlagen betrug Ende 2006 rund 428 Mio. Euro. Insgesamt konnten die Volks- und Raiffeisenbanken 15,9 Mio. Personen zu ihren Mitgliedern zählen. Die Anzahl der Mitglieder wuchs im Durchschnitt auf 12.700 je Kreditgenossenschaft. Insgesamt wurden Ende des Jahres 2007 12.477 Bankstellen unterhalten.[456]

Die Volksbanken und Genossenschaftsbanken haben eine starke Marktposition im Privatkundengeschäft inne. Ein besonders Kennzeichen ist die Möglichkeit zum Erwerb einer Mitgliedschaft über Genossenschaftsanteile. Dies schafft ein besonders hohes Vertrauen und eine hohe Verbindlichkeit der Kunden zu der Bank. Die hohe Kundennähe durch ein flächendeckendes Filialnetz ist vergleichbar mit dem der Sparkassen.
Für den Retail Banking Bereich ergeben sich folgenden Kennzahlen für die Genossenschaftsbanken:

Jahr	Umsatz in Mio. EUR	Cost-Income Ratio	Anzahl Mitarbeiter	Anzahl Kunden	Anzahl Institute	Anzahl Filialen	Gewinn in Mio. EUR
2004	17.831	68,8%	164.209	30 Mio.	1.309	12.755	2.933
2005	17.952	70,2%	162.550	30 Mio.	1.293	12.722	2.209
2006	17.753	71,9%	161.149	30 Mio.	1.259	12.583	1.977
2007	17.462	70,6%	160.750	30 Mio.	1.234	12.477	2.636

Tabelle 4-7: Kennzahlen Volksbanken und Raiffeisenbanken[457]

Die Filiale als Ort des stationären Vertriebs steht wie bei den Großbanken und Sparkassen im Mittelpunkt der Strategie der Volksbanken. Die strategische Bearbeitung der Märkte weist aufgrund der unternehmerischen Freiheit

[456] Vgl. Tabelle 4-7.
[457] Eigene Darstellung, Unternehmensdaten vgl. BVR, (2004-2008), HB Research (2008) und Eim, (2004), S.5ff.

der Volksbanken große Unterschiede auf. Wie die Großbanken und Sparkassen verfolgen die Volksbanken eine Allfinanzstrategie.

4.3.4 Allfinanz-Vertriebe

Eine wichtige Rolle im Vertrieb und Verkauf von Finanzdienstleistungsprodukten spielen die unabhängigen Finanzdienstleister. Unter Allfinanz wird der Vertrieb der diversen Finanzprodukte zum Vermögensaufbau verstanden. Dies schließt eine Finanzierung zum Erwerb einer Immobilie oder eines Konsumproduktes nicht aus. Im Folgenden werden nur Finanzdienstleister analysiert, die mehr als eine Produktart vertreiben.[458] Eine Auswahl der unabhängigen Finanzdienstleister zeigt die folgende Tabelle 4-8.

Unternehmen	Umsatzerlöse in Mio. EUR in 2002	Umsatzerlöse in Mio. EUR in 2005	Umsatzerlöse in Mio. EUR in 2006	Umsatzerlöse in Mio. EUR in 2007	Anzahl Berater in 2006	Beratene Kunden in 2006	EBIT in Mio. Euro in 2007
DVAG	644,1	807,4	862,6	1.004	33.502	4 Mio.	k.A.
AWD AG	463,3	630,2	728,0	717,5	6.040	464.400	83,0
MLP AG	452,2	563,9	589,9	637,1	2.649	691.000	76,0
OVB AG	148,0	181,2	212,5	221,8	4.765	2,4 Mio.	29,0
Formaxx AG	k.A.	k.A.	k.A.	ca. 100	550	20000	k.A.

Tabelle 4-8: Kennzahlen der unabhängigen Finanzdienstleister in Deutschland[459]

Kunden nutzen die Möglichkeiten Finanzdienstleistungen bei Allfinanzunternehmen zu erwerben. Die renommierten Finanzdienstleister sind fest im Markt etabliert und haben sich eine Reputation bei den Privatkunden aufge-

[458] Unternehmen die sich auf ein Finanzdienstleistungsprodukt vertreiben stellen Spezialbanken oder Spezialunternehmen dar, z.B. die Bausparkassen oder Wertpapierfondsanbieter, vgl. dazu Abschnitt 4.1.

[459] Eigene Darstellung, Unternehmensdaten vgl. DVAG, AWD, MLP, OVB und Formaxx jeweils die Geschäftsberichte (2005-2008).

baut.[460] Diese übersteigt z.B. im Fall der Beratungsqualität die der Banken.[461]
Bei der Betrachtung der unabhängigen Finanzdienstleister in Deutschland lässt sich feststellen, dass drei Finanzdienstleister als Key Player im deutschen Markt anzusehen sind.[462] Diese verfügen über eine entsprechende Reputation, Größe und Kundenstamm.[463] Die im Folgenden vorgenommene Betrachtung der Finanzdienstleister bezieht sich deshalb auf die Deutsche Vermögensberatung AG, die AWD Deutschland AG und die MLP Finanzdienstleistungen AG:

Die Deutsche Vermögensberatung AG ist seit dem Jahre 1975 in Deutschland aktiv. Seit dem 1. Januar 2003 werden die geschäftlichen Tätigkeiten unter einer Holding zusammengefasst. Die Aktiengesellschaft betreut durch 30.000 Berater und 1.800 Geschäftsstellen einen Bestand von zirka vier Millionen Kunden. Das macht die DVAG zu einem der größten eigenständigen Finanzvertriebe. Kernkompetenzen sind die branchenübergreifende Beratung und der Vertrieb zu einem breiten Spektrum an Finanzdienstleistungen nach dem Allfinanz-Konzept. So bietet die DVAG ihren Kunden Produkte aus sechs Sparten von 20 unterschiedlichen Produktgesellschaften an. Der Finanzdienstleister sieht sich als unabhängiger Berater der Privatkunden; diese Unabhängigkeit ist jedoch nur noch bedingt gegeben.

Das Netz der Kooperationspartner der DVAG ist groß und vielfältig. Die wichtigsten Partner des Unternehmens sind die AMB Generali Holding AG mit ihren Tochtergesellschaften und die Deutsche Bank Gruppe. Die DVAG hat seit 2001 mit der Deutschen Bank einen starken Partner gefunden; erstmals wurde eine Kooperation zwischen einen Finanzdienstleister und einer deutschen Großbank in dieser Form getroffen. Die DVAG Berater sind Teil des mobilen Vertriebs der Deutschen Bank.[464] Die Produkte der Aachen-

---

[460] Vgl. Lamberti, (2006), S. 303.
[461] Vgl. Bierl, (2006), S.18.
[462] Vgl. Riese/Thießen (2006), S.68 und Rolfes, (2006), S.115 und Columbus Trust GmbH, (2007), S.120.
[463] Vgl. Tabelle 4-8.
[464] Vgl. Riese/Thießen (2006), S.68.

Münchener werden exklusiv über die DVAG vertrieben. Die DVAG ist ausschließlich als Alleinvermittler für die AMB Generali am Markt tätig.

Kritisch betrachtet werden muss die Akquise neuer Berater. Hier werden aus dem Kundenpool neue Berater gewonnen, um über diese neue Kundenkontakte herzustellen. Die Beratung neuer Kunden durch fachfremde Mitarbeiter, die über wenig Finanzdienstleistungswissen verfügen, hat in der Vergangenheit zu einer qualitativ schlechten Beratung geführt.[465]

Für den Privatkunden Bereich ergeben sich folgenden Kennzahlen für die DVAG:

Jahr	Umsatzerlöse in Mio. EUR	Cost-Income Ratio	Anzahl Berater	Anzahl Kunden	Anzahl Geschäfts-stellen	Gewinn in Mio. EUR
2004	k.A.	k.A.	k.A.	k.A.	k.A.	k.A.
2005	k.A.	k.A.	32.690	k.A.	k.A.	k.A.
2006	862,6	k.A.	33.522	k.A.	1.878	173,6
2007	1.004,4	k.A.	33.851	4 Mio.	2.063	209,2

Tabelle 4-9: Kennzahlen für die Deutsche Vermögensberatung AG[466]

Die AWD AG ist die Obergesellschaft einer Gruppe von Gesellschaften, die auf dem Gebiet der unabhängigen Finanzberatung tätig ist.[467]

Die AWD AG ist seit dem Jahr 1988 in Deutschland als Finanzdienstleister tätig. Das Unternehmen berät Privatpersonen im Rahmen des standardisierten Massengeschäfts. Die Beratung erfolgt hinsichtlich Einkommenssicherung, Vermögensbildung durch Geldanlage und Investitionen im Immobilienbereich sowie Sicherheit und Vorsorge. Abbildung 4-9 zeigt die Unterteilung in die verschiedenen Produktbereiche: sie umfasst fondsgebunden

---

465 Vgl. Schönfels, (2001), S. 148.
466 Eigene Darstellung, Unternehmensdaten vgl. DVAG (2005-2008).
467 Vgl. AWD, (2008), S.5.

und andere Versicherungen, Immobilien, Investmentfonds, Kranken- und Sachversicherungen sowie sonstige Bank- und Bausparprodukte.

Abbildung 4-9: Internetauftritt AWD[468]

Neben der Unabhängigkeit von Produktgebern bildet die Art der Beratung ein wesentliches Kernelement des Geschäftsmodells der AWD pe.[469]Die Unabhängigkeit der AWD ist ein zentrales Element des Unternehmensleitbildes. So trat der AWD weder als Hersteller auf oder ließ Beteiligungen von Produktanbietern am eigenen Unternehmen zu. Diese Unabhängigkeit ist mit dem Kauf durch die SWISS Life AG in 2008 gefährdet. Aktuell werden Produkte der SWISS Life AG über den AWD vertrieben.

Die Vertriebsgesellschaften sind regional organisiert und arbeiten flächendeckend in über 460 Repräsentanzen, davon mehr als 300 deutschlandweit in mehr als 100 Städten. Die Anzahl der Kunden liegt bei zirka 1,74 Millionen. AWD bietet den Privatkunden mit mehr als 4.500 Produkten und Dienstleistungen von rund 300 namhaften Produktpartnern - Banken, Versicherungen, Fondsgesellschaften und Bausparkassen -die breiteste Produktpalette im europäischen Finanzdienstleistungsmarkt an.[470]
Der AWD hat den Umsatz der Gruppe nicht nur organisch ausgebaut, sondern auch durch die Zukäufe der Finanzdienstleister tecis AG, Horbach AG und proventus entwickelt.

---

468 Vgl. AWD, (2007), o.S.
469 Vgl. Gornig et al., (2004), S.737.
470 Alle Unternehmensdaten stammen aus dem Jahr 2006, vgl. AWD, (2007).

Die starke Marke des AWD ist ein Wettbewerbsvorteil, die durch konsequente Werbung in Zeitschriften und Fernsehen im Markt fest etabliert ist. Ein zweiter Wettbewerbsvorteil ist die informationstechnologische Unterstützung der Berater. Die Beratung wird durch Analyseinstrumente ergänzt, ein Backoffice hält über das Extranet aktuelle Zinssätze und Produktbeschreibungen bereit. Kleine Finanzdienstleister und Einzelkämpfer sind dieser modernen technischen Ausstattung unterlegen.[471] Einen weiteren Wettbewerbsvorteil schafft sich der AWD seit 2001 durch die Zusammenarbeit mit ausschließlich hauptberuflichen Beratern. Die Qualifizierung und ständige Weiterentwicklung der Berater ist ein zentrales Element des Unternehmens geworden: sie sind mit verantwortlich für das profitable Wachstum.[472]

Für den Privatkunden Bereich ergeben sich folgende Kennzahlen für die AWD Gruppe:

Jahr	Umsatzerlöse in Mio. EUR	Cost-Income Ratio	Anzahl Berater	Anzahl Kunden	Anzahl Repräsentanzen	Gewinn in Mio. EUR
2004	425,2	k.A.	k.A.	k.A.	k.A.	k.A.
2005	630,2	k.A.	5.707	1,65 Mio.	458	58,5
2006	728,0	k.A.	6.040	1,80 Mio.	485	77,8
2007	762,4	k.A.	6.439	1,97 Mio.	494	84,5

Tabelle 4-10: Kennzahlen für den AWD[473]

Die MLP AG ist in Europa der führende Finanzdienstleister für die Zielgruppe Akademiker. Das Unternehmen wurde 1971 in Heidelberg gegründet und integriert Bank- und Versicherungsdienstleistungen in einem auf den Kunden angepasstes Allfinanzkonzept.

MLP ist gemessen an den Umsatzerlösen im Jahre 2006 der drittgrößte Finanzvertrieb direkt nach der DVAG und dem AWD inklusive der Tochtergesellschaft tecis AG. MLP hat sich als Unternehmen positioniert, das

[471] Vgl. Moormann/Schmidt, (2007), S.352.
[472] Vgl. Müller, (2008), S.7.
[473] Eigene Darstellung, Unternehmensdaten vgl. AWD, (2006-2008) und Bankenverband, (2008).

Bank- und Versicherungsprodukte im Rahmen eines Finanzkonzeptes anbietet. Die Zielgruppe von MLP ist eng und konzentriert sich auf Akademiker und Führungskräfte in der Wirtschaft, die über ein überdurchschnittliches Gehalt verfügen oder ein hohes Einkommenspotenzial haben. Durch diese schmale Zielgruppe unterscheidet sich MLP signifikant von anderen Finanzdienstleistern. MLP unterhält Beratungsstellen für Naturwissenschaftler, Wirtschaftswissenschaftler, Mediziner und Juristen.[474]

Zentrales Element der Vertriebsstrategie von MLP sind die Geschäftsstellen mit den Beratern, die sich in größeren Universitätsstädten befinden. Eine Ausbreitung der Standorte in der Fläche ist nicht vorhanden und auch nicht geplant. Durch diese Strategie ist die MLP AG eng an die definierte Zielgruppe gebunden und die Wege für Kunden und Berater verkürzen sich zum beiderseitigen Vorteil.[475]

MLP unterteilt die Finanzdienstleistungsprodukte in die Bereiche Vorsorge, Geldanlage, Banking und Finanzierung. Ein weiteres Geschäftsfeld stellt der Bereich Gesundheit dar. Hier steht die private Krankenversicherung im Zentrum, die besonders für Privatkunden mit einen überdurchschnittlichem Einkommen interessant ist.[476]

Ein Wettbewerbsvorteil der MLP AG sind die hoch ausgebildeten Berater und das enge Kundenbeziehungsmanagement. Sowohl die Akquisition als auch die Betreuung der hoch profitablen Zielgruppe der Akademiker ist keineswegs üblich. MLP verfolgt die Strategie, dass der Kunde und der Kundenberater über den gleichen akademischen Hintergrund verfügen; im besten Fall haben Berater und Kunde an der gleichen Hochschule studiert. Das Konzept der „Akademiker-Akademiker“ Betreuung ist nicht selbstverständlich und bietet dem Unternehmen ein großes Potenzial für den Aufbau langfristiger und profitabler Kundenbeziehungen. Die Berater greifen innerhalb der Universitätszeit auf die künftigen Akademiker zu und unterstützen durch Assessmentcenter- und Bewerbertrainings. Der Kontakt zu den Uni-

---

[474] Vgl. Rolfes, (2006), S.114f.
[475] Vgl. Koch (2006), S.102.
[476] Vgl. MLP, (2008), o.S.

versitäten ist eng, so tritt MLP als Referent und zur Kundenakquise an den Universitäten auf.

Für den Privatkunden Bereich ergeben sich folgenden Kennzahlen für MLP:

Jahr	Umsatzerlöse in Mio. EUR	Cost-Income Ratio	Anzahl Berater	Anzahl Kunden	Anzahl Repräsen-tanzen	Gewinn in Mio. EUR
2004	622,8	k.A.	2.519	615.000	294	88,3
2005	563,9	k.A.	2.435	651.000	267	71,8
2006	588,5	k.A.	2.571	685.000	255	95,1
2007	637,1	k.A.	2.613	721.000	262	110,3

Tabelle 4-11: Kennzahlen für die MLP AG[477]

4.3.5 Direktbanken

Unter Direktbanken werden Banken verstanden, deren Vertrieb ausschließlich über die Medien Brief, Telefon, Fax, Online-Dienste und Internet abgewickelt wird. Direktbanken verzichten per Definitionem auf den stationären Vertrieb.[478] Die Direktbanken verfügen über kein Filialnetz und treten über zentralisierte Wege an die Kunden heran. Direktbanken sind im Gegensatz zum direct banking oder Direktvertrieb der Filialbanken eigenständige Gesellschaften. Typischerweise fehlt bei Direktbanken der persönliche Kontakt zwischen dem Kunden und dem Bankmitarbeiter in Form von physischer Anwesenheit. Die Strategie der Direktbanken konzentriert sich seit 1998 auf die Zweitbankverbindung in Kombination mit der Diskontstrategie.[479] Wesentliche Gründe für den Wechsel zu einer Direktbank oder die Schaffung einer Zweitbankverbindung ist die Unzufriedenheit der Kunden

[477] Eigene Darstellung, Unternehmensdaten vgl. MLP AG, (2008a-c), Bankenverband, (2008) und Karsch, (2004-2006).
[478] Vgl. Goedeckemeyer, (2006), S.17.
[479] Vgl. ING:DiBa (2008), Postbank (2008b) und Modern-Banking, (2008), S.1.

mit den Banken, insbesondere mit den Filialbanken aufgrund des mangelnden Services sowie des ungünstigen Preis-Leistungsverhältnisses. Folglich wanderten Kunden aufgrund von unzureichenden Öffnungszeiten und der schlechten Erreichbarkeit der Kundenberater ab.[480]

Die Geburtsstunde der Direktbanken sind die 90er Jahre, die durch ideale Startbedingungen für Direktabwicklung im Wertpapierhandel geprägt waren.[481] Diese lösten eine Gründerwelle im Bereich der Direktbanken aus. Zu den damaligen Direktbanken gehörten die bis heute eigenständige DAB bank sowie die Töchter der Großbanken: die Bank 24 der Deutschen Bank, Comdirect der Commerzbank, Advance Bank der Bayrischer Landesbank und z.B. Consors der Schmid Bank. Die Postbank startete verzögert im Jahr 2000 mit easytrade. Die Anfang des Jahrhunderts folgende Baisse[482] führte zu Konsolidierungen und Optimierung der Geschäftsmodelle. Deutsche Bank, Dresdner Bank und Postbank integrierten die Direktbanken wieder in den Mutterkonzern und konzentrierten sich auf die persönliche Beratung. Die BNP Paribas kaufte Consors und etablierte aus dem Zusammenschluss die Cortal Consors Gruppe. Mit dem Abflauen der Baisse erlebt das Geschäft der Direktbanken eine Renaissance. Die gestiegene Internetaffinität unterstützt diesen Trend.

Zielgruppen der Direktbanken sind serviceorientierte, konditionsbewusste und bequeme Kunden. Serviceorientierte Kunden suchen eine neue dienstleistungsorientierte Erstbankverbindung, konditionsbewusste Kunden suchen systematisch und gezielt nach dem günstigsten Angebot. Bequemlichkeitsorientierte Kunden wollen ihre Bankgeschäfte mit einem Minimum an Aufwand und mit einem Maximum an Komfort erledigen, räumliche und zeitliche Unabhängigkeit ist ihnen wichtig.

Zu vermuten ist, dass in Zukunft Direktbanken immer breitere Kundenschichten ansprechen und in alle Altersschichten vordringen werden, insbesondere in die Altersgruppe der 41 bis 60 Jährigen. Treibende Kräfte für die

---

480 Vgl. Goedeckemeyer, (2006), S.18.
481 Vgl. Karsch, (2007c), S.46f.
482 Baisse ist ein länger anhaltender deutlicher Kursrückgang an der Börse. Gegensatz ist die Hausse.

Trends und Entwicklungen im Bereich der Direktbanken ist der Einsatz neuer Medien sowie die steigenden Ansprüche zunehmend besser informierter Kunden. Für den Erfolg der Direktbanken sind nicht die hohe Beratungsleistung, Produktdifferenzierung oder Individualisierung der Kundenbeziehungen verantwortlich, sondern eine schnelle Auftragserledigung, der Einsatz von neuen Techniken und die Nutzung elektronischer Vertriebswege.

Die bekanntesten Direktbanken sind die ING DiBa, die comdirekt, die Deutsche Kreditbank, cortalconsors, 1822direkt und die Netbank. Die ING DiBa Deutschland ist im Jahr 2000 in den deutschen Markt eingetreten.[483] Die Kundenzahl wuchs von 0,5 Mio. auf 5,7 Mio. im Jahr 2006. Die Höhe der Einlagen wuchs von 22,3 auf 95,9 Mrd. Euro. Die ING DiBa ist aufgrund dieser Entwicklung Marktführer unter den Direktbanken in Deutschland. Hinter der ING DiBa steht der niederländische Allfinanzkonzern ING mit Niederlassungen in 50 Ländern der Welt. Die ING DiBa verkauft alle wesentlichen Produkte im Bereich des Retail Bankings. Der Erfolg geht auf einfache Produktstrukturen und besonders günstige Konditionen zurück.[484]

Für den Privatkunden Bereich ergeben sich folgende Kennzahlen für die Direktbanken. Die größte Direktbank im Hinblick auf die Anzahl der Kundenverbindungen im deutschen Markt stellt die ING DiBa dar:

Jahr	Umsatz in Mio. EUR	Cost-Income Ratio	Anzahl Mitarbeiter	Anzahl Kunden	Anzahl Filialen	Gewinn in Mio. EUR
2004	547	70%	2.088	k.A.	1	105
2005	738	59%	2.304	5,1 Mio.	3	269
2006	980	56%	2.549	5,7 Mio	1	387
2007	978	51%	2.740	6,1 Mio.	1	469

Tabelle 4-12: Kennzahlen für die ING DiBa[485]

[483] Vgl. Karsch, (2007c), S.46f.
[484] Vgl. Teske/Wilgeroth, (2007), S.28.
[485] Eigene Darstellung, Unternehmensdaten vgl. ING DiBa, (2006-2009) und Karsch, (2007), S.46-51, Bankenverband, (2008) und Geilen, (2006), o.S.

Mit weitem Abstand folgt die Deutsche Kreditbank Berlin. Sie ist eine 100% Tochtergesellschaft der Bayerischen Landesbank:[486]

Jahr	Umsatz in Mio. EUR	Cost-Income Ratio	Anzahl Mitarbeiter	Anzahl Kunden	Anzahl Filialen	Gewinn in Mio. EUR
2004	365	27,7%	1.241	148.000	k.A.	139
2005	395	28,3%	1.259	205.000	k.A.	303
2006	490	27,0%	1.232	375.000	17	213
2007	k.A.	27,2%	1.252	700.000	18	479

Tabelle 4-13: Kennzahlen für die DKB[487]

[486] Vgl. DKB, (2009), o.S.

[487] Eigene Darstellung, Unternehmensdaten vgl. DKB, (2005-2009) und Bankenverband, (2008).

Für die comdirect bank ergeben sich folgende Kennzahlen:

Jahr	Umsatz in Mio. EUR	Cost-Income Ratio	Anzahl Mitarbeiter	Anzahl Kunden	Anzahl Filialen	Gewinn in Mio. EUR
2004	144	66,8%	616	k.A.	k.A.	51,1
2005	163,1	68,8%	638	656.054	8	52,08
2006	225,3	60,4%	732	804.690	13	85,6
2007	269,9	67,0%	824	1.000.722	27	90,5

Tabelle 4-14: Kennzahlen comdirect bank[488]

Im Vergleich zu den anderen Banken und Kreditinstituten liegt die ING DiBa hinsichtlich der Kundenanzahl hinter der Deutsche Bank mit Postbank sowie Commerzbank auf Platz Drei.

4.3.6 Autobanken

Die Autobanken sind in den Bereich der Direktbanken einzuordnen, da die Kunden über das Internet, via Mail und Telefon betreut werden und die Produkte abschließen.[489]

Bei den Autobanken gilt es die herstellerverbundenen Autobanken von den herstellerunabhängigen Autofinanzierern zu unterscheiden.[490] Die herstellerverbunden Autobanken werden durch die BMW Financial Services, Mercedes Benz Bank, Fiat Bank, Ford Bank, GMAC Bank, Honda Bank, MKG Bank, PSA Finance, RCI Banque, Toyota Financial Services, Volkswagen Financial Services und die Volvo Bank komplementiert.

---

[488] Eigene Darstellung, Unternehmensdaten vgl. comdirect bank (2006, 2008, 2009a-b), Goedeckemeyer, (2006), S.16ff., S.18f., Bankenverband, (2008), und Geilen, (2006), o.S.

[489] Vgl. Goedeckemeyer, (2006), S.20.

[490] Es gilt zu beachten, dass die Autobanken Direktbanken sind und ihre Produkte wie in Abschnitt 1.2.5 beschrieben vertreiben.

Die Autobanken und Leasinggesellschaften der deutschen Hersteller haben ihre Bilanzsumme in den letzten Jahren auf über 80 Mrd. Euro gesteigert. Die Bilanzsumme der fünf deutschen Autobanken summiert sich auf knapp 70 Mrd. Euro. 70 Prozent des Finanzdienstleistungsumsatzes im Jahre 2004 entfallen auf die herstellerverbunden Banken.[491] Die Finanzdienstleistungen, die die Automobilhersteller anbieten, sind ein zentraler Bestandteil der Strategie. Die herstellerverbunden Autobanken erfüllen die strategischen Ziele durch die Erhöhung der Kundenbindung, die Absatzförderung und durch die stabile Erwirtschaftung von Gewinnen. Im Mittelpunkt des operativen Geschäfts stand zu Anfang die Finanzierung von Neuwagen zur Unterstützung des Fahrzeugabsatzes. Durch die gestiegene Nachfrage der Privatkunden nach umfassenden Allfinanzprodukten initiierten viele Autobanken das Einlagengeschäft. So startete die damalige DaimlerChrysler Bank[492] im Jahre 2002 das Einlagengeschäft für Privatkunden. Der Vertrieb von Finanzdienstleistungen ist zu einem Kerngeschäft für die Automobilhersteller geworden. Autobanken dienen somit nicht nur der Verkaufsförderung, sondern binden den Kunden auch an das Unternehmen.[493]

Im Jahre 2006 wurden knapp 4 Mio. Neuwagen zugelassen. 2,24 Mio. Stück wurden finanziert, wobei 60% der Finanzierungen über die herstellerverbunden Autobanken abgewickelt wurden. Diese Zahlen unterstreichen die hohe Bedeutung, die den Autobanken beim Absatz von Neuwagen zukommt.[494] Durch das Angebot von Geldanlageprodukten und Versicherungen erweitert sich die Zielgruppe der Autobanken.[495]

Der Volkswagen Konzern hat im Jahre 2004 ein operatives Ergebnis von 1,62 Mrd. Euro ausgewiesen. Knapp eine Mrd. Euro wurde durch den Bereich der Finanzdienstleistungen erwirtschaftet. Die DaimlerChrysler Bank erwirtschaftete im gleichen Zeitraum insgesamt 5,75 Mrd. Euro, davon 1,79 Mrd. Euro mit Finanzdienstleistungen. Die BMW Bank erarbeitete ein ope-

---

[491] Vgl. Goedeckemeyer, (2006), S.18.

[492] Nach der Trennung von Chrysler im Jahre 2007 wurde aus der DaimlerChrysler Bank wieder die Mercedes Benz Bank.

[493] Vgl. Hakenes, (2004), S.87.

[494] Vgl. Renkel/Strom (2007), S.157.

[495] Vgl. Renkel/Strom, (2007), S.157f.

ratives Ergebnis von 3,55 Mrd. Euro, wobei 515 Mio. Euro durch den Bereich Finanzdienstleistungen generiert wurde. Das Produktangebot der Autobanken ist dabei vielfältig.[496] Nahezu alle Autobanken bieten eine automobilbezogene Finanzierungen, Leasing und Versicherungen. Die Hälfte der Autobanken bietet ein Fuhrparkmanagement an. Ein Drittel der Autobanken haben nicht automobilbezogene Finanzierungen und Versicherungen, Girokonten und Kreditkarten, Baufinanzierungen, Depotführung, Aktien, Fonds, Zertifikate und Geldanlagen im Produktportfolio. Die Bedeutung der Produkte Auto-Finanzierung, Auto-Leasing, Auto-Versicherung, Fuhrparkmanagement, nicht automobilbezogene Finanzierungen, Girokonten, Sparkonten und Kreditkarten wird weiter steigen. 60% der Autobanken rechnen daher mit einem Wachstum der Privatkunden bei den Autobanken.[497]

Am Beispiel der Volkswagen Financial Services AG wird das Angebot an Finanzdienstleistungsprodukten für den Bereich der Privatkunden anschaulich. Die Volkswagen Bank ist nach der Bilanzsumme von knapp 44 Mrd. Euro die größte Autobank in Deutschland. Sie belegt unter den 100 größten Kreditinstituten nach der Bilanzsumme den 40. Platz und ist eine 100% Tochter der Volkswagen AG.[498] Neben Finanzierungen und Leasing-Angeboten gibt es seit 2003 Angebote aus dem Vollbank-Sektor, wie beispielsweise Girokonten oder Sparbriefe. Gemeinsam mit dem ADAC werden Versicherungen und Ratenkredite für Kraftfahrzeuge vertrieben. Die DAB Bank ist Kooperationspartner beim Angebot von Wertpapierdepots. Das Feld der Baufinanzierung wird durch eine telefonische und internetbasierte Beratung sichergestellt. Die Volkswagen Bank bietet ein komplette Produktportfolio für Privatkunden. Die Internetseite der Volkswagen Bank in Abbildung 4-10 zeigt die Vielfalt der unterschiedlichen Produkte und Aktionen.

[496] Vgl. Busch/Klee/Spiegelberg, (2005), S.42f.
[497] Vgl. Diez/Merten, (2006), S.119f.
[498] Vgl. Bankenverband, (2008), o.S.

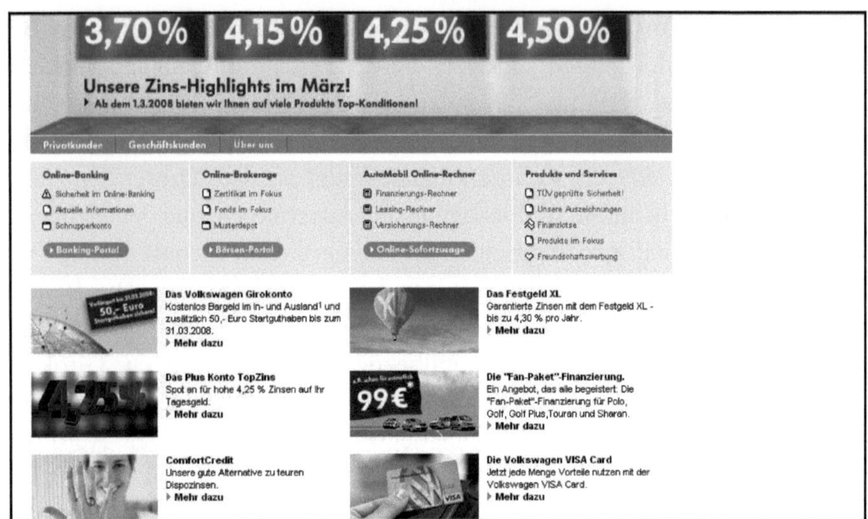

Abbildung 4-10: Internetauftritt Volkswagenbank[499]

Für den Privatkunden Bereich ergeben sich folgenden Kennzahlen für die deutschen Autobanken: Die Kennzahlen der BMW Bank stellen sich wie folgt dar:

Jahr	Umsatz in Mio. EUR	Cost-Income Ratio	Anzahl Mitarbeiter	Anzahl Kunden	Anzahl Filialen	Gewinn in Mio. EUR
2004	k.A.	k.A.	860	859.000	1	515
2005	k.A.	k.A.	k.A.	k.A.	1	615
2006	k.A.	k.A.	k.A.	1.100.000	1	k.A.
2007	k.A.	k.A.	k.A.	k.A.	k.A.	k.A.

Tabelle 4-15: Kennzahlen BMW Bank[500]

---

[499] Volkswagen Bank, (2008), o.S.

[500] Eigene Darstellung, Unternehmensdaten vgl. BMW Bank, (2008, 2009), Bankenverband, (2008), HB-Research, (2005), o.S. und Jüde, (2009), S.2-5.

Die Mercedes Informationen zum Bereich Finanzprodukte sind ähnlich unvollständig, da die Daten im Geschäftsbericht ebenfalls nicht explizit ausgewiesen werden:

Jahr	Umsatz in Mio. EUR	Cost-Income Ratio	Anzahl Mitarbeiter	Anzahl Kunden	Anzahl Filialen	Gewinn in Mio. EUR
2004	k.A.	k.A.	1.528	k.A.	1	k.A.
2005	k.A.	k.A.	1.481	k.A.	10	k.A.
2006	8.106	k.A.	1.421	590.000	10	807
2007	8.711	k.A.	1.411	1.004.500	k.A.	630

Tabelle 4-16: Kennzahlen Mercedes-Benz Bank[501]

Die Volkswagen AG hingegen stellt sehr umfangreiche Informationen zur Tochter Volkswagen Financial Services zur Verfügung, die in Tabelle 4-17 auf der folgenden Seite dargestellt sind:

Jahr	Umsatz in Mio. EUR	Cost-Income Ratio	Anzahl Mitarbeiter	Anzahl Kunden	Anzahl Filialen	Gewinn in Mio. EUR
2004	k.A.	58%	5.253	580.000	1	567
2005	k.A.	61%	4.968	k.A.	1	696
2006	k.A.	60%	5.022	641.000	1	705
2007	k.A.	58%	6.138	685.000	1	809

Tabelle 4-17: Kennzahlen Volkswagen Financial Services AG[502]

[501] Eigene Darstellung, Unternehmensdaten vgl. Mercedes Benz Bank, (2009), Bankenverband, (2008), Jüde, (2009), S.2-5 und Karsch, (2007a) und (2007b)

[502] Eigene Darstellung, Unternehmensdaten vgl. Volkswagen Financial Services (2009a-d), Volkswagen Bank GmbH, (2008), Bankenverband, (2008) und Karsch, (2007).

4.3.7 Ausländische Banken

Die ausländischen Banken, die das deutsche Retail Banking signifikant mitprägen, sind die italienische UniCredito HypoVereinsbank, die spanische Grupo Santander mit der Santander Consumer Bank, die GE Money Bank, die französische BNP Paribas durch die Direktbank Cortal Consors, die Citibank, die niederländische ING mit der Direktbank ING-DiBa, die GE Money Bank, die schottische The Royal Bank of Scotland und die schwedische SEB Bank.

4.4 Bewertung der Entwicklungen

Kapitel 4 diente der Beschreibung und Klassifizierung der deutschen Finanzinstitute. Dabei wurden die Unterschiede der einzelnen Institutsgruppen verdeutlicht und divergierende strategische Ansätze dargestellt. Unterschiede ergeben sich aufgrund des Zielsystems der einzelnen Säulen. Die Privatbanken verfolgen uneingeschränkt ein Gewinnmaximierungsziel, wohingegen die Genossenschaftsbanken die Mitgliederförderung und die Sparkassen den öffentlichen Förderauftrag als Primärziel angeben. Neben der aufgezeigten Zersplitterung ist das deutsche Retail Banking im europäischen Vergleich durch Überkapazitäten charakterisiert.[503]

Der Anfang der 90er Jahre einsetzende Konsolidierungsprozess hält an, schwächt sich aber weiter ab. Der Rückgang ist geprägt durch die sektorinternen Fusionen und Übernahmen des genossenschaftlichen und öffentlich rechtlichen Segments. Die Anzahl der genossenschaftlichen Institute wird sich weiter reduzieren. Die Fusionen im Sparkassen und Genossenschaftssektor führten zu einer Verringerung der Anzahl der Institute.

Der Genossenschaftssektor bleibt mit insgesamt 1.234 Instituten der Sektor mit den meisten Kreditinstituten. Der öffentlich-rechtliche Sektor vereint 446 Institute in im Jahr 2007 auf sich. Die Zahlen bestätigen den sich verlangsamenden Konsolidierungsprozess. Der Trend der Fusionen wird in allen Bereich anhalten und der Bankenmarkt in Deutschland wird sich weiter konsolidieren.[504]

Die Gesamtzahl der Zweigstellen hat sich in 2007 weiter reduziert. Dieser Abbau hat sich im Vergleich zum Vorjahr 2006 abgeschwächt. In 2006 sank die Anzahl der Zweigstellen signifikant stärker. Ohne Einbeziehung der Postbank sank die Anzahl um 3,5%.[505] Von 1995 bis heute wurden über

[503] Vgl. Krabichler/Krauß, (2003), S.5f.
[504] Vgl. Tolkmitt, (2007), S.52 und S.54.
[505] Vgl. Köhler/Lang, (2008), S.2.

41% der Zweigstellen abgebaut. Einen Großteil der Entwicklungen haben die Sparkassen und Genossenschaftsbanken zu verantworten. Der Trend des Zweigstellenabbaus ist jedoch rückläufig. Nachdem Kunden Zweit- und Drittbankverbindungen eröffneten und zu Direktbanken wechselten, konzentrieren sich die Banken mit Filialnetz auf die persönliche Beratung vor Ort. Sparkassen und Volksbanken werden aufgrund der Kostenstruktur gezwungen sein weitere Filialen zu schließen.[506] Die Kreditinstitute werden das Filialnetz ausbauen. Insbesondere Direktbanken werden einzelne Filialen aufbauen oder sich freier Berater bedienen, um den Kundenkontakt herzustellen. Die Großbanken haben die Anzahl der Zweigstellen weiter reduziert. Ein weiterer Abbau ist nach den Fusionen zwischen Commerzbank und Dresdner Bank und zwischen Postbank und Deutsche Bank wahrscheinlich.

Somit verwundert es nicht, wenn im Retail Banking deutsche Banken ein CIR von über 70% aufweisen. Die internationale Konkurrenz wartet mit Werten von 52% (Großbritannien) und 56% (Italien) auf. Die deutschen Kreditinstitute haben mit einem Kostensenkungsprogramm reagiert. Der beschriebene signifikante Filialabbau im primären Bereich Vertrieb war die Folge.[507] Das hohe CIR weist aber darauf hin, dass Mängel im Bereich Innovation, operative Modelle und auch Automation vorhanden sind.[508]

Alle Institute erwirtschaften in den analysierten Jahren einen Gewinn. Die Postbank erwirtschaften im Jahr 2007 über 14 Mio. Kunden knapp 1 Mrd. Euro an Gewinn. Die Deutsche Bank erwirtschaftet den gleichen Gewinn mit weniger als der Hälfte an Kunden und weniger Mitarbeitern. Ähnlich schlechte Verhältnisse weisen die Dresdner Bank sowie die Commerzbank auf. Ähnlich schlecht sieht dieses Verhältnis bei den Sparkassen und Genossenschaftsbanken aus. Ein besseres Bild liefern die Allfinanz-Dienstleister wie MLP sowie AWD und die Direktbanken.[509]

---

[506] Vgl. Bacher, (2008), S.32f.
[507] Vgl. Benkenstein/Stephan, (2005), S.357f. und Blatter, (2008), S.26.
[508] Vgl. Blatter, (2008), S.27.
[509] Vgl. Abschnitt 4.3.

Die Analyse und Vorstellung der einzelnen Anbieter zeigt, dass zwar die Zielsysteme unterschiedlich geartet sind, dies aber nicht dazu führt, dass andere Zielkundensegmente bearbeitet werden. Vielmehr zielen alle Beteiligten auf das standardisierte Privatkundengeschäft, schaffen es aber nicht, sich nennenswert von den Konkurrenten abzuheben. Dies führt zu einem Wettbewerb mit vielen Teilnehmern, wobei die einzelnen Unternehmen versuchen sich über den Preis von den anderen Marktteilnehmern zu differenzieren. Zusätzlich wollen die Banken in diesem preissensitiven Markt verlorene Kunden über den Preis zurückgewinnen. Die Dresdner Bank gründete beispielsweise die Direktbank direct24 aus, die Volksbank Hannover z.B. gründete ebenfalls eine Direktbank aus. Zwar können die Filialbanken über diese Ausgründungen mit den Konditionen der Direktbanken Schritt halten. Jedoch birgt dies auch die Gefahr in sich, dass eigene Filialkunden die Internetkondition einfordern. Eine Konzentration der Anbieter auf eine qualitativ hochwertige Beratung und die Kommunikation einer ganzheitlichen Beratung findet nicht statt. Ebenso wenig gelingt es den Sparkassen, ihre regionale Stärke in den Markt und zum Kunden zu kommunizieren und die regionale Verflechtung mit Kultur, Stiftung und Stadt transparent zu machen. Diese verfehlten Strategien sind insbesondere am Beispiel der Dresdner Bank zu beobachten.[510] Ein Fusion mit der Deutsche Bank ist schon im Vorfeld gescheitert, das enorme Potenzial im Zusammenspiel mit der Allianz nicht genutzt. Es bleibt nach dem Verkauf an die Commerzbank nun abzuwarten, ob es der Commerzbank gelingt die Dresdner Bank in den Konzern zu integrieren. Die Beraterbank wird nach strategischen Irrfahrten vom Markt verschwinden.[511]

Ebenso kritisch ist die Entwicklung der Finanzdienstleister zu betrachten. Der schweizerische Finanzkonzern SWISS Life hat den AWD erworben. Der AWD greift nach MLP und hat nach der Übernahme durch die SWISS AG einen 20% Anteil an MLP erworben.[512] Die Deutsche Vermögensberatung AG ist durch den Generali Vertrieb geprägt. Ob es zukünftig eine renommierte Finanzberatung in Deutschland geben wird, die unabhängig von

---

[510] Vgl. Welp, (2008a), S.70.
[511] Vgl. Bastian/Krause/Rezmer, (2009), o.S.
[512] Vgl. Bucher, (2008), S.61 und Fromme, (2008), S.1.

den Produktgebern agieren kann, bleibt abzuwarten. Eine interessante Alternative könnte hier zukünftig die Formaxx AG sein, die vom ehemaligen MLP Vorstand Eugen Bucher gegründet wurde und rasant wächst.[513]

Durch die Fusionen der Commerzbank mit der Dresdner Bank und der anstehenden Fusion der Deutsche Bank und Postbank hat sich die Zersplitterung des Marktes abgeschwächt und die angemahnte Konsolidierung des Bankenmarktes kommt voran. Die Kreditbanken haben die Hindernisse überwunden und durch die Finanzkrise die günstigen Kaufpreise der jeweiligen Institute genutzt. Die Banken haben die Kundenzahl durch den Kauf eines anderen Instituts gesteigert und die eigene Kostensituation verbessert. Die bevorstehenden Integrationen werden schwierig; die Mitarbeiterreaktion des Aufeinanderprallens unterschiedlicher Unternehmenskulturen wie zwischen Deutsche Bank und Postbank bliebt vorerst abzuwarten.

Privatbanken wie Unicredito in Italien und Santander in Spanien profitieren in ihren Heimatmärkten von ihrer starken Position, die die Geschäftsbanken in Deutschland auch nach den Fusionen noch nicht inne haben. Immer noch vertrauen mehr als 50% der Kunden den Genossenschaftsbanken und Sparkassen. Die Fusionen lösen nicht das Problem, stärker auf den Kunden zuzugehen und den Privatkunden Markt strategischer zu bearbeiten und nicht nur konditionsgetrieben zu agieren.[514] Norisbank und ING-DiBa haben über die konditionsgetriebenen Maßnahmen schnell Kunden aufgebaut, jedoch rückt die Beratung für Kunden wieder in den Fokus.[515] Die Commerzbank wird in Folge dieses Trends ihr Filialnetz in Hamburg ausbauen um dem „Platzhirsch" Sparkasse Konkurrenz zu machen.[516]

Die Sparkassen und Volksbanken werden Beratungsqualität für das standardisierte Privatkundengeschäft verbessern: sie haben angekündigt, ihre Filialen attraktiver zu gestalten und die Öffnungszeiten von Zweigstellen zu erweitern. Die SB-Bereiche werden stärker in das Filialkonzept eingebun-

[513] Vgl. Formaxx, (2008), o.S.
[514] Vgl. Welp, (2008b), S.68.
[515] Vgl. Pratz/Baldeweg, (2007), S.35.
[516] Vgl. Lebert, (2008), S.3.

den werden, so dass der Kunde die Filiale betreten muss und ein persönlicher Kundenkontakt hergestellt werden kann.[517]

Im Folgenden wird der Wettbewerb unter Einbeziehung der gewonnen Kenntnisse untersucht, um dann Lösungsvorschläge erarbeiten zu können, wie die Unternehmen effektiver und wirtschaftlich erfolgreicher im Markt agieren können. Nur dann kann eine internationale Konkurrenzfähigkeit der Retail-Banken gesichert werden. Zusätzlich können Markteintritte ausländischer Banken durch die Stärke deutscher Institute verhindert werden.

[517] Vgl. Tolkmitt, (2007), S.52 und S.54ff.

5 Wettbewerbsstrukturanalyse

5.1 Wettbewerbsstrukturanalyse nach Porter

Die Wettbewerbsstrukturanalyse geht auf *Michael E. Porter* zurück.[518] Die Analyse untersucht den Zustand der Branche und die strukturellen Merkmale der Konkurrenten und die Rentabilität der Branche. Nach *Porter* kann eine Branche durch fünf Faktoren[519], wie in Abbildung 5-1 dargestellt, charakterisiert werden.[520] Durch die wesentlichen Ausprägungen der Faktoren:

- Verhandlungsstärke der Kunden
- Verhandlungsstärke der Lieferanten,
- Bedrohung durch Substitutions- und Ersatzprodukte,
- Bedrohung durch potenzielle neue Konkurrenten und
- durch die Rivalität innerhalb der Branche

wird der Zustand der Wettbewerbsstruktur erfasst. Diese determiniert die Branchenattraktivität und -rentabilität. Die Stärke der einzelnen Wettbewerbskräfte bestimmt die Wettbewerbsintensität. Je höher diese ist, desto geringer ist die durchschnittliche Branchenrentabilität.

In Abbildung 5-1 wird sichtbar, dass die Ausprägungen der vier Faktoren auf die Intensität der Rivalität innerhalb der Branche wirken. Der geschwungene Pfeil in der Mitte der Abbildung zeigt, dass die Anzahl der Bewerber in der Branche auf diese Rivalität selbst wirkt. Somit bestimmen diese fünf Faktoren den Grad der Rivalität innerhalb einer Branche. Die Wichtigkeit eines einzelnen Treibers kann je nach Branche unterschiedlich sein. Durch diese Analyse ist es möglich „inhaltliche Aussagen zum Wirkungszusammenhang [zwischen] der Branchensituation und Wettbewerbs-

---

[518] Für andere Konzepte zur Strategieformulierung vgl. Macharzina, (2005), S.295ff.

[519] *Engl.: Five Forces.*

[520] Vgl. Porter, (2008), S.78f.

lage“ zu formulieren.[521] Durch die Analyse kann dann eine Wettbewerbsstrategie ausgedrückt werden.[522]

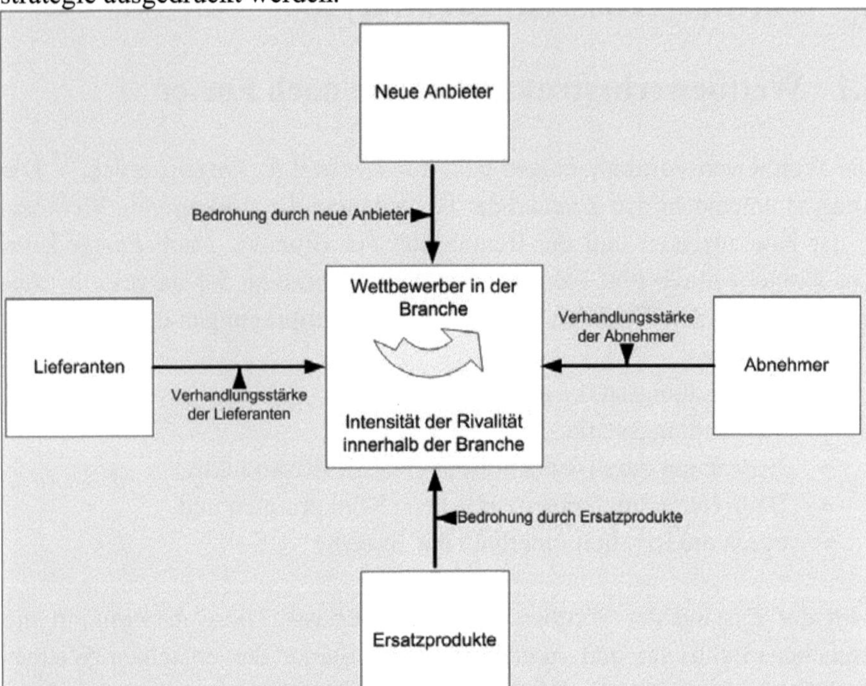

Abbildung 5-1: Wettbewerbskräfte nach Porter[523]

Ein Unternehmen muss innerhalb einer Branche eine strategische Position finden, in der die eigenen Wettbewerbsvorteile nutzbar sind.[524] Das Ziel ist das Erreichen einer Situation, in der sich das Unternehmen gegen die Wettbewerbskräfte schützen kann und seine Wettbewerbsvorteile weiter ausbaut.[525]

---

521 Macharzina, (2005), S.315.
522 Vgl. Porter, (2000), S.25ff.
523 Eigene Darstellung in Anlehnung an Porter, (2008), S.80.
524 Vgl. Eim, (2004), S.36.
525 Vgl. Porter, (1979), S.143.

5.1.1 Die fünf Wettbewerbskräfte nach Porter

1. Bedrohungen durch neue Konkurrenten

Die Bedrohung durch neue Konkurrenten wird durch Massenproduktionsvorteile, Kapitalkosten des Markteintritts sowie Umstellungskosten des Kunden determiniert. Die Größenvorteile beeinflussen den Markteintritt auf zweierlei Weise. Ein neuer Mitbewerber, der nicht die optimale Betriebsgröße hat, hat mit höheren als den minimalen Durchschnittskosten zu rechnen: dies führt zu einem Kostennachteil. Newcomer verfügen nicht über die Kapitalausstattung um eine optimale Betriebsgröße im Moment des Markteintrittes zu realisieren, so wie es die schon im Markt befindlichen Firmen haben. Die bestehenden Unternehmen sind mit den effizienten Technologien vertraut und erhalten aufgrund einer längeren Geschäftsbeziehung mit dem Zuliefern besserer Vertragsbedingungen. Ebenso besteht die Möglichkeit, dass die schon langfristig im Markt tätigen Unternehmen aufgrund ihres Netzwerkes und das ihnen entgegen gebrachte Vertrauen Zugang zu Rohstoff und Informationen haben, zu dem ein Eintrittsunternehmen keinen Zugang hat.[526]

Die Produkte sind bekannt und das Unternehmen kann auf eine höhere Kundenloyalität zurückgreifen. Diese ist nur durch "Innovationen" zu brechen, die aber erhebliche Kapitalmittel fordern. Einige Branchen sind hingegen so kapitalintensiv, dass ein alleiniger Markteintritt vollkommen unmöglich ist wie im Bereich des zivilen Flugzeugbaus. Sollte ein Einstieg in eine weniger kapitalintensive Branche geplant werden, ist trotzdem mit hohen Kosten zu rechnen, da Mitarbeiterschulungen nötig sind. Etablierte Vertriebswege werden schon von erfahrenen Unternehmen genutzt. Der Einstieg in die bestehenden Vertriebswege bedeutet, dass erhebliche Verkaufs- und Marketinginitiativen durchgeführt werden müssen.[527]

---

[526] Vgl. Porter, (1992), S.29ff.

[527] Vgl. Grundy, (2006), S.220.

Die schon länger im Markt befindlichen Unternehmen besitzen absolute Kostenvorteile, selbst wenn der Newcomer die optimale Betriebsgröße besitzt. Dies ist begründet im Know-how der Produktion, der Patente, des Standortes und der Kontakte.[528]

Wenn neue Konkurrenten in den Markt eintreten, werden neue Kapazitäten geschaffen. Dies hat Einfluss auf die Preise, Kosten und auf den Umfang des Kapitals, das aufzubringen ist, um mit den Marktteilnehmern konkurrieren zu können. Ein Green Field Markteintritt, wie beim Getränkehersteller Bionade, ist selten. Vielmehr liegt eine Diversifikationsstrategie anderer Unternehmen vor, wie bei Apple, die als Hersteller von mp3 Playern auch Musik über das Internet vertreiben oder auch Microsoft, die neben Hardware den mp3 Player „zune" anbieten.

Der Markteintritt kann durch die Art des Kaufverhaltens der Kunden erschwert werden. Dies ist von Vorteil für die Unternehmen innerhalb der Branche. Dieser Vorzug ergibt sich immer dann, wenn Kunden andere Kunden animieren, das Produkt eines Unternehmens zu kaufen und so die Absatzzahl steigt. Es besteht die Möglichkeit, dass Kunden Unternehmen aufgrund ihrer Größe mehr Vertrauen entgegen bringen als kleinen Unternehmen.[529] Kunden kaufen sich in ein größeres Kundennetzwerk ein. Die Internetplattform ebay bietet die Möglichkeit für kleinere Unternehmen, ihren Kundenstamm sukzessive aufzubauen und das Kundennetzwerk von ebay zu nutzen.

Eine Barriere für den Markteintritt stellen die Kosten für den Kunden dar, um von einem Anbieter zu einem anderen Anbieter zu wechseln. Der Kunde hat für einen Wechsel einen Betrag an Zeit und monetären Mittel aufzubringen. Ein Beispiel für hohe Wechselkosten ist im Bereich der Standardsoftware zu finden. Wenn der Kunde bereits SAP implementiert hat, ist ein hoher Kapitalaufwand nötig, um zu einem anderen Anbieter zu wechseln.

Eine weitere Hürde stellt das bei Markteintritt zu investierende Kapital dar. Die Notwendigkeit hohes Kapital zu investieren, schreckt neue Mitbewerber

---

[528] Vgl. Porter, (1992), S.34f.
[529] Vgl. Porter, (2008), S.80f.

ab. Die Investitionen können für Entwicklungsarbeiten, Anschaffung von Produktionsmaschinen, Personalakquisition oder für den Wareneinkauf fällig werden. Während große Unternehmens das Kapital aufbringen können, um in ein anderes Geschäftsfeld zu investieren, ist die Kapitaldecke bei kleinen und mittelständischen Unternehmen meist dünn, so dass diese nicht in einen Markt eintreten, der eine hohe Kapitalinvestition erfordert. Private Investoren können Unternehmen Kapital zur Verfügung stellen, die in eine attraktive Branche investieren wollen und das entsprechende Wissen und die Geschäftsidee inne haben.[530] Zu Anfang des 20. Jahrhunderts sind trotz der schwierigen wirtschaftlichen und politischen Verhältnisse viele Luftverkehrsunternehmen in den Markt eingetreten. Die hohen Kapitalkosten wurden durch private Investoren übernommen, die den Unternehmen geleaste Flugzeuge zur Verfügung stellen. Aufgrund des hohen Verkaufswertes von Gebrauchtflugzeugen ist das Risiko für die privaten Investoren relativ gering und neue Anbieter können in den Markt eintreten.

Unternehmen stellen den Vertrieb der Produkte und Dienstleistungen über die Distributionskanäle sicher. Ein Restaurant innerhalb eines Einkaufskomplexes muss garantieren, dass es von den Kunden wahrgenommen wird. Dies geschieht durch Gestaltung des Preises oder den Einsatz von ungewöhnlichen Produkten. Je weniger Distributionskanäle es gibt, desto erfahrener werden die bereits im Markt befindlichen Unternehmen mit diesen Kanälen sein und werden ihre Prozesse optimiert haben. Der Zugang zu diesen Kanälen erfolgt jedoch nicht automatisch. Als Beispiel dient wieder die Luftverkehrsbranche. Die „Low cost airliners" haben bei Aufnahme ihrer Geschäftstätigkeit ihr Flugangebot über den Distributionskanal Reisebüro vertrieben. Der größte Anteil der Reisebüros vermittelte allerdings Flüge der bewährten Fluglinien an die Kunden. Die Billigflüge werden heute meist ausschließlich über das Internet abgewickelt.

Eine indirekte Variable des Markteintritts stellen die rechtlichen Rahmenbedingungen dar. Diese können den Eintritt neuer Mitbewerber in einen Markt fördern oder erschweren. So ist in Deutschland bis in die 90iger Jahre aufgrund der staatlichen Restriktionen kein Eintritt in den Telekommunika-

---

[530] Vgl. Grundy, (2006), S.11.

tionsbereich möglich gewesen. Telefondienstleistungen wurden nahezu ausschließlich durch ein staatliches Unternehmen erbracht. Nach der Privatisierung förderte der Staat den Eintritt neuer Unternehmen. Der Wettbewerb wird dazu durch eine staatliche Regulierungsbehörde beobachtet. Ein ähnliches Prozedere ist aktuell auf dem deutschen Energiemarkt zu beobachten.

Eine weitere indirekte Determinante stellt die Erwartungen der Markteintretenden dar, wie die anderen Unternehmen auf den Markteintritt reagieren werden.[531]

2. Verhandlungsmacht der Lieferanten

Die Lieferanten können ihre Macht dann ausspielen, wenn es nur vereinzelte Anbieter ihrer Ware gibt, das Produkt kaum Bedeutung im Sortiment des Lieferanten hat oder wenn es keine Ausweichmöglichkeiten auf dem Markt gibt. Dies kann gegeben sein, wenn Abnehmer auf patentierte Produkte zurückgreifen müssen. Die Lieferanten versuchen dann, ihr Produkt zu höheren Preisen bei niedriger Qualität zu verkaufen. Eine weitere Strategie ist die Angebotsverknappung der Lieferanten. Preissteigerungen der Lieferanten haben somit Einfluss auf die abnehmenden Unternehmen und auf die Branchenstruktur. Das Unternehmen Microsoft hat beispielsweise auf den Verfall der Preise bei Computerhardware mit steigenden Preisen im Softwaremarkt reagiert.

Die Macht der Anbieter ist besonders groß, wenn folgenden Situationen gegeben sind:[532]

- Der Markt der Lieferanten ist konzentrierter als der belieferte Markt.
- Der Umsatz des Lieferanten ist nur bedingt abhängig von dem zu liefernden Produkt.

[531] Vgl. Grundy, (2006), S.220 und Porter (2008), S.82.
[532] Vgl. Porter, (2008), S.82f.

- Die Wechselkosten des Kunden sind hoch, so dass sich der Kunde scheut den Lieferanten zu wechseln.
- Die von Lieferanten angebotenen Produkte sind sehr stark differenziert und unterliegen lizensiertem Recht.
- Der Lieferant hat eine Monopolstellung.
- Ein Ersatzprodukt des Lieferanten ist im Markt nicht erhältlich.
- Der Lieferant kann kurzfristig und einfach in den Markt des Kunden eintreten.

3. Verhandlungsmacht und -stärke der Abnehmer

Die Macht der Abnehmer ist besonders hoch, wenn sie als Großabnehmer mit der Reduzierung der Nachfrage drohen oder es mögliche Ersatzanbieter gibt. Die Forderung der Abnehmer nach niedrigeren Preisen und höherer Qualität kann die Rentabilität der Branche maßgeblich beeinflussen. Die Macht der Abnehmer bestimmt sich aus deren Konzentrationsgrad, dem Wert der Produkte, der Standardisierung des Produktes und der Markttransparenz. Eine geringe und konzentrierte Anzahl an Abnehmern kann einen für die Branche bedeutenden Einfluss haben.[533]

Die Macht der Abnehmer ist besonders groß, wenn folgenden Situationen gegeben sind:[534]

- Die Anzahl der Abnehmer ist gering.
- Jeder Abnehmer kann dem Lieferanten ein relativ großes Geschäftsvolumen abnehmen.
- Die Produkte des Lieferanten sind standardisiert oder wenig differenziert.
- Die Wechselkosten zu einem anderen Abnehmer sind gering.
- Der Markt des Lieferanten ist profitabel und die Abnehmer können relativ einfach in den Markt der Lieferanten eindringen sowie die Produktion des Lieferantengutes in die eigene Wertschöpfungskette integrieren.

---

[533] Vgl. Porter, (1992), S.51f.
[534] Vgl. Porter, (2008), S.82f.

Der Abnehmer ist stark preissensitiv, wenn folgende Situationen gegeben sind:[535]

- Der Preis des Produktes des Lieferanten bestimmt signifikant die Kostenstruktur des Abnehmers.
- Die Qualität des Produktes spielt eine untergeordnete Rolle.
- Das Produkt hat nur bedingt Einfluss auf die weiteren Kostenstrukturen des Abnehmers.

Die meisten Situationen sind sowohl für Endkunden als auch für Business-to-Business Beziehungen anwendbar. Unternehmen und Endkunden reagieren meist sehr preissensitiv bei standardisierten Produkten, wenn die Produkte relativ teuer im Vergleich zum Gesamteinkommen sind oder die Produktqualität keine weiteren Konsequenzen hat. Der wesentliche Unterschied zwischen Verbrauchern und Unternehmen ist, dass die Bedürfnisse weniger klar und schwerer zu quantifizieren sind als bei den Unternehmen. Zwischenhändler, die Einfluss auf die Entscheidung des Kunden nehmen, sich für ein bestimmtes Produkt zu entscheiden, haben im Regelfall starke Macht gegenüber den Lieferanten. Folglich versuchen die Produzenten, die Abnehmer regelmäßig zu wechseln oder verkaufen direkt an den Verbraucher.[536]

4. Bedrohung durch Ersatzprodukte und –dienstleistungen

In benachbarten Branchen können ähnliche Produkte angeboten werden. Die Gefahr, dass der Kunde sich dem anderen Produkt zuwendet, wird durch die Höhe der Umstellungskosten für den Kunden und durch den zu erwartenden Nutzen für den Kunden durch den Wechsel determiniert.[537] Ersatzprodukte spielen somit auch eine Rolle für die Preisobergrenze eines Produktes. Das Preis-Leistungsverhältnis der Produkte ist dabei ausschlaggebend. Durch kollektive Werbemaßnahmen der Branchenteilnehmer be-

---

[535] Vgl. Porter, (2008), S.82f.
[536] Vgl. Macharzina/Wolf, (2005), S.315f.
[537] Vgl. Porter, (1979), S.140.

steht die Möglichkeit dem Wechsel entgegen zu wirken. Das Ersatzprodukt kann dabei anders geartet sein als das eigentliche Gut: Eine Videokonferenz ist z.B. Ersatz für eine Reise oder eine e-Mail für einen Brief. Ebenso kann Plastik ein Ersatzprodukt für Aluminium sein.[538]

Wenn die Anzahl der Ersatzprodukte hoch ist, so ist die Rentabilität der Branche geschmälert. Die Preise für die Produkte und Dienstleistungen sind folglich durch die Ersatzprodukte und –dienstleistungen limitiert. Die Unternehmen sind gezwungen, die Kunden durch die Qualität oder Marketingkampagnen vom Produktnutzen zu überzeugen, um Wachstumsmöglichkeiten wahrzunehmen, weiter profitabel arbeiten zu können und nicht aus dem Markt verdrängt zu werden.[539]

Die Bedrohung durch Ersatzprodukte ist besonders hoch, wenn

- das Produkt ein attraktives Preis-Leistungs-Verhältnis bietet und einen hohen Kundennutzen liefert[540] und
- die Wechselkosten zu dem Ersatzprodukt gering sind.

5. Rivalität unter den bestehenden Unternehmen der Branche

Die Rivalität in der Branche wird durch die Anzahl der bereits in der Branche tätigen Unternehmen, die Größe der Unternehmen und durch das Branchenwachstum bestimmt. Sie äußert sich in Preiswettbewerben, Werbeschlachten, Produktdifferenzierungen und kostenlosen Service- und Garantieleistungen. Fehlende Produktdifferenzierungen führen zu einem Preiskampf. Sollte die Gruppe der Anbieter durch z.B. ausländische Unternehmen sehr heterogen sein, wird sich der Wettbewerb weiter verstärken. Die strukturellen Faktoren der Branche dürfen aber, wie der Zusammenhang zwischen Produktdifferenzierung und Preiskampf zeigt, nicht unabhängig

---

[538] Vgl. Porter, (1992), S.50.

[539] Vgl. Porter, (2001), S.71.

[540] Das Unternehmen Skype bietet beispielsweise Auslandsgespräche im Vergleich zu den klassischen Festnetzanbietern zu niedrigen Preisen an. Gleichzeitig können Sender und Empfänger ein Videosignal senden. Eine Verbindung über das hauseigene Produkt von Skye ist kostenfrei.

voneinander betrachtet werden. Die Faktoren des Verfahrens stehen in einem interdependenten Verhältnis.[541]

Der wichtigste Faktor der Wettbewerbsstrukturanalyse nach *Porter* ist die Intensität der Rivalität unter den Wettbewerbern in der Branche. Der Faktor Rivalität resultiert aus den anderen vier genannten Faktoren. Durch das Modell[542] kann eine synchrone Unternehmens- und Umweltanalyse besser vollzogen werden.[543] Das Modell analysiert die einzelnen Faktoren separat, führt sie dann im Faktor Rivalität wieder zusammen, so dass Aussagen über die Situation der Branche und des Wettbewerbs möglich sind. Das Modell kann zukünftige Entwicklungen sichtbar machen und somit Grundlage für strategische Entscheidungen sein.[544]

Die Strukturanalyse betrachtet das Unternehmen nicht losgelöst vom Umfeld, sondern in seinem Umfeld. Der Wettbewerb und die Rivalität in der Branche finden nicht nur zwischen den Unternehmen, die gleichartige Produkte herstellen, statt. Die Verhandlungsstärke der Lieferanten, die Verhandlungsmacht der Abnehmer, die Bedrohung durch neue Konkurrenten und die Bedrohung durch Ersatzprodukte spielen eine ebenso starke Rolle wie der Wettbewerb unter den gleichartigen Unternehmen der Branche. Ein Unternehmen kann nur dann erfolgreich arbeiten, wenn es gelingt, die Branche strukturell zu analysieren. Auf Grundlage dieser Strukturanalyse muss eine Wettbewerbsstrategie entwickelt werden, die es dem Unternehmen erlaubt, in der Branche zu bestehen und eine ausreichende Rendite zu erwirtschaften. Eine gute Analyse der Branche erlaubt es Gefahren und Risiken früh zu erkennen, gewinnbringende Märkte zu erkennen und zu erschließen und so eine strategische Ausrichtung zu formulieren.[545]

Die Attraktivität einer Branche ist durch ihre Ertragsrate charakterisiert.[546] Unternehmen akzeptieren auf Dauer nur eine Mindestertragsrate, da sich sonst die Investitionen langfristig nicht rentieren und ein Wechsel in eine

---

541 Vgl. Porter, (1996), S.42ff.
542 Vgl. Abbildung 5-1, S.122.
543 Vgl. Porter, (2001), S.66.
544 Vgl. Porter, (1983), S. 28.
545 Vgl. Porter, (1985), S.7.
546 Vgl. Aaker, (1988), S.91.

ertragsreichere Branche folgt. Die Preussag AG hat seit Ende der 80iger Jahre ihre Stahl- und Kohlebranchen aufgegeben und ist im Tourismus und Dienstleistungssektor tätig geworden. Dieser Bereich versprach zum damaligen Zeitpunkt höhere Ertragsraten. Branchen mit durchschnittlich hohen Ertragsraten sind attraktiv für neue Konkurrenten und für weitere Investitionen der bereits bestehenden Unternehmen innerhalb der Branche. Dieses Phänomen konnte in Deutschland auf dem Telekommunikationsmarkt mit Beginn der Liberalisierung beobachtet werden. Derzeit relativieren sich die Margen für die Vielzahl der Mitbewerber. Der Verbleib der Unternehmen hängt von der Fähigkeit ab überdurchschnittliche Ertragsrate aufrecht zu erhalten.[547] Abbildung 5-1 zeigt das Zusammenspiel der fünf Triebkräfte im Wettbewerbsmodell.[548]

Die Wettbewerbsintensität und die Rentabilität werden durch die genannten fünf Faktoren bestimmt. Ausschlaggebend für das Unternehmen ist immer der stärkste Faktor. Ein Unternehmen kann langfristig trotz guten Marktanteils nicht in der Branche verbleiben, wenn ein neuer Konkurrent ein besseres Produkt zu einem niedrigeren Preis anbieten kann.

5.1.2 Folgerungen aus dem Modell

Der Erfolg eines Unternehmens ist nicht nur von der Rivalität innerhalb der Branche abhängig, sondern von der Positionierung des Unternehmens. Um eine günstige Position zu erreichen, spielen die drei auf Porter zurückgehenden generischen Wettbewerbsstrategien Kostenführerschaft, Differenzierung und die Konzentration auf Schwerpunkte eine entscheidende Rolle, die in Abbildung 5-2 dargestellt sind.[549]

---

[547] Vgl. Porter, (1983), S.28f.

[548] Vgl. Abschnitt 5.1.

[549] Vgl. Porter, (1983), S.62ff. und Porter, (1985), S.11ff.

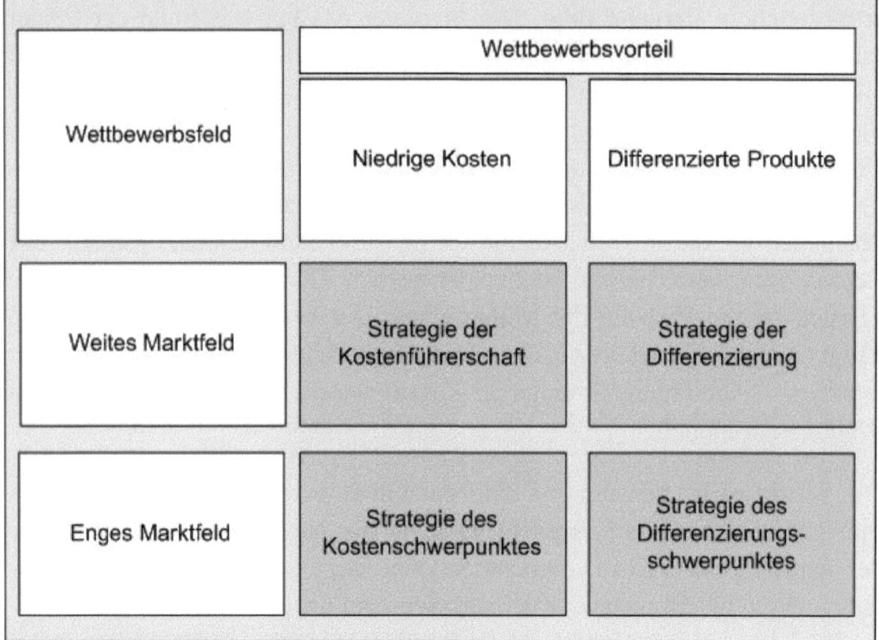

Abbildung 5-2: Strategiematrix nach Porter[550]

Auf der Grundlage der Wettbewerbsstrukturanalyse nach Porter sollten die Wettbewerbsvorteile durch zwei Wettbewerbsstrategien, die Basisstrategien, erzielt werden.[551] Dies sind die Strategien der Kostenführerschaft, mit der das Unternehmen billiger einen Nutzen für die Kunden schafft als andere Unternehmen in der Branche und die Strategie der Differenzierung, mit der das Unternehmen einen qualitativ höherwertiges Produkt oder Dienstleistung schafft im Vergleich zur Konkurrenz. Die Aufgabe des strategischen Managements ist es, das Unternehmen anhand dieser Strategien zu positionieren.[552] In Folge dessen kann eine nachhaltige und verteidigungsfähige Position erreicht werden, die das Unternehmen von anderen Konkurrenten abgrenzt und in die Lage versetzt in der Branche effizienter zu arbei-

---

[550] Eigene Darstellung in Anlehnung an Porter, (1983), S.67 und Porter, (1985), S.12
[551] Vgl. Eim, (2004), S.32.
[552] Vgl. Abschnitt 2.

ten.[553] Unter Einbeziehung der Größe des Marktfeldes ergeben sich die in Abbildung 5-2 möglichen Strategien der Marktbearbeitung.[554]

Ein enges Marktfeld impliziert, dass die Strategien nicht im gesamten Markt angewendet, sondern nur in einem Teilbereich des Marktes realisiert werden. Das Unternehmen konzentriert sich auf kleinere Marktsegmente, geographische abgelegene Teilmärkte oder auf Spezialprodukte. Das Unternehmen schafft Angebote auf Nischenmärkten. Unternehmen in einem weiten Marktfeld bieten Produkte und Dienstleistungen auf dem gesamten Markt an.[555]

In einem weiten Marktfeld lassen sich die Strategien Kostenführerschaft und Differenzierung unterscheiden, in einem engen die des Kostenschwerpunktes und des Differenzierungsschwerpunktes.

Ein Unternehmen sollte bestrebt sein, genau eine Strategie erfolgreich zu verfolgen. Die einzelnen Strategien stehen nebeneinander. Ein Unternehmen, das alle drei Strategien verfolgt, „sitzt zwischen den Stühlen"[556].[557] Diese Strategie führt zu unterdurchschnittlichen Erfolgen.[558]

Die einzelnen Strategien sind erfolgreich, wenn die Kunden die durch das Unternehmen geschaffenen Wettbewerbsvorteile wahrnehmen und bereits sind für den Nutzen zusätzliche Mittel aufzuwenden. Dies können qualitativ hochwertige Produkte sein, der beste Service oder niedrige Produktpreise.[559]

---

[553] Vgl. Porter, (1999), S.210.
[554] Vgl. Nagl, (2006), S.33f.
[555] Vgl. Börner, (2000), S. 60 und Müller, (2007), S.12-15.
[556] *Engl.: „stuck in den middle".*
[557] Vgl. Porter, (2000), S.45f.
[558] Vgl. Porter, (1983), S.71.
[559] Ein Instrument zur Ausrichtung des Unternehmens auf eine der Strategien ist die Wertkette nach Porter, vgl. hierzu Abschnitt 2.

5.1.3 Kritische Betrachtung des Modells

Der *Portersche* Ansatz hat in der Praxis und Wissenschaft eine große Beachtung aufgrund seiner Einfachheit und Verständlichkeit erfahren.[560]

Ein Kritikpunk ist, dass die von *Porter* vorgeschlagenen Strategien Inkonsistenzen aufweisen.[561] Die Matrix zur Entwicklung der generischen Strategien zieht zwei Variable mit ein, die nicht unabhängig voneinander sein müssen.

Externe Faktoren, die auf den Wettbewerb und auf die Branchenstruktur wirken, werden durch Porter nicht betrachtet.[562]

Die aus dem Modell resultierenden Forderungen der Kostenführerschaft oder Differenzierungen stellen dynamische Elemente dar. Diese werden im Modell nicht betrachtet. Wenn Unternehmen durch entsprechende Veränderungen der Strategien die Branchenstrukturen aufbrechen, hat dies auch Auswirkungen auf die Wettbewerbs- und Branchenstruktur. Ein klassisches Beispiel liefert IKEA, das die Leistungserstellung im Rahmen der Wertketten an den Kunden ausgelagert hat. Die Möbelteile werden nun vom Kunden selbst montiert. IKEA hat durch diese Auslagerung sowohl einen Schritt zur Strategie der Kostenführerschaft getan als auch die Branchenstruktur verändert.[563]

Der *Portersche* Ansatz der generischen Wettbewerbsstrategien geht weiter davon aus, dass diese in einer reinen Form bestehen. In der Realität sind jedoch Kombinationen zu beobachten, sogenannte hybride Wettbewerbsstrukturen.[564]

[560] Vgl. Börner, (2000), S.60 und Rühli, (1994), S.41.
[561] Vgl. Eim, (2004), S.33
[562] Vgl. Macharzina, (2005), S.317.
[563] Vgl. Börner, (2000), S.63.
[564] Vgl. hierzu auch Porter, (1985), S.16f. Porter führt eigene Beispiele auf, wann mehrere Strategietypen zum Erfolg führen können.

5.2 Wettbewerbsstrukturanalyse des deutschen Retail Bankings

5.2.1 Bedrohungen durch neue Konkurrenten im Retail Banking

Aufgrund von gesetzlichen und regulatorischen Bestimmungen ist der Markteintritt in Deutschland komplex. Die Deregulierungsmaßnahmen zeigen, dass die Markteintrittsbarrieren für den deutschen Retail Banking Markt kleiner werden. Die Bedrohung durch neue Konkurrenten ist trotz der Hürden gegeben. Die Banken, die bereits im Markt tätig sind, haben Wissen über ihre Kunden gesammelt. Die Präferenzen und Informationen über die Kunden sind Eintrittsbarrieren für neue Markteilnehmer.[565]

Ein wesentlicher Faktor im Rahmen der Betrachtung der Markteintrittsbarrieren stellt die Globalisierung und Internationalisierung der Finanzmärkte dar. Die Treiber der Bewegung sind Liberalisierungs-, Deregulierungs- und Regulierungsmaßnahmen.[566] Hier sind die europäische Harmonisierung des Kreditgesetzes, die Einlagensicherung, das Wertpapierhandelsgesetz und die Rechtssprechung für Haftungs- und Beratungspflichten zu nennen. Die voranschreitende Internationalsierung und Ausbreitung der Unternehmen hat ebenfalls eine starke Wirkung auf die Optimierung der Geschäftsprozesse und eingesetzten Informationstechnologien der Gesellschaften, da diese immer komplexeren Aufgaben und Bedingungen gewachsen sein müssen.

In den letzten Jahren konnten zahlreiche neue Wettbewerber in die Branche eintreten.[567] Bei diesen neuen Wettbewerbern handelt es sich nicht nur um klassische Banken im Sinne des §1 KWG.[568] Zu den neuen Branchenteilnehmern gehören Non- und Near Banks wie Versicherungsgesellschaften, Versandunternehmen, Kartengesellschaften und Multimediakonzerne. Die Produkte der neuen Anbieter gleichen sich den Finanzdienstleistungspro-

[565] Vgl. Eim, (2004), S.33.
[566] Vgl. Stöß, (2008), S.33f.
[567] Vgl. Verband der Auslandsbanken, (2008), S.1.
[568] Vgl. Abschnitt 4.1.

dukten der klassischen Banken an, so dass mehr Wettbewerber um die Gunst ähnlicher Kunden werben.[569] Ebenso schafft der Kanal Internet die Möglichkeit, komplett auf ein Filialnetz zu verzichten und erleichtert aufgrund der geringeren Investitionen den Markteintritt.[570]

Die ING Diba und die SEB sind im deutschen Markt fest etabliert.[571] Die Unicredito hat sich durch den Kauf der HypoVereinsbank Marktzutritt verschafft. Die Royal Bank of Scottland vertreibt die Kreditkarten über die Filialen des Kaffeerösters Tchibo. Der Kaffee- und Handelskonzern hat zusätzlich den Verkauf von standardisierten Krediten in den hauseigenen Filialen ausgebaut.[572] Als Beispiel für neue Filialbanken sind die Citibank und GE Money zu nennen.[573] Die Citibank Privatkunden AG gewann im Zeitraum von 2000 bis 2003 nach Abzug der Kundenabwanderungen 1,2 Mio. Kunden hinzu.[574]

Es hat ein Wettbewerb der Unternehmen eingesetzt, der sich über vielfältige Produkte und Ebenen erstreckt. Ein Beispiel stellt das Programm „Lufthansa AirPlus" der Fluggesellschaft Lufthansa dar. Es bietet Kreditkarten für Unternehmen und Privatkunden an und ein professionelles Reisemanagement. Ein weiteres Beispiel sind die Finanzdienstleistungsprodukte der Automobilhersteller: sie umfassen Leasing-, Finanzierungs-, Bank- und Versicherungsprodukte.[575]

Neue Kreditkartenanbieter, Non- und Near Banks, Nischenanbieter, neue starke Verbindungen zwischen Versicherungsunternehmen und Banken treten in den deutschen Markt ein.[576]

Die Bedrohung durch Markteintritt ausländischer Institute ist hoch und wächst. In Zukunft ist mit indischen, russischen und chinesischen Markteinbilden-

[569] Vgl. Stöß, (2008), S.35.
[570] Vgl. Hansen, (2002), R358-R360.
[571] Vgl. Abschnitt 4.
[572] Vgl. Keck/Hahn, (2006), S.32.
[573] Vgl. Abschnitt 4.
[574] Vgl. Keck, Hahn, (2006), S.32.
[575] Vgl. Abschnitt 4 und vgl. Stöß (2008), S.39.
[576] Vgl. Abschnitt 4.

tritten zu rechen.[577] Die indische ICICI Bank bietet bereits Leistungen für Privatkunden in Deutschland an.[578]

5.2.2 Verhandlungsmacht der Lieferanten im Retail Banking

Die Verhandlungsmacht der Lieferanten ist in der klassischen Weise im Bankenbereich nicht ausfindig zu machen, da die Großbanken, Genossenschaftsbanken und Sparkassen Produzenten der zu vertreibenden Produkte sind. Das Wissen und das Know-how der in der Branche zur Verfügung stehenden Mitarbeiterkapazitäten stellen im Rahmen der Wettbewerbsanalyse nach *Porter* die Lieferanten dar. Hinzu kommen die Renditeerwartungen von externen Beteiligten. Die Verhandlungsmacht im Finanzdienstleistungsbereich kann somit durch den Mangel an spezialisierten Mitarbeitern und die zunehmenden Gewinnerwartungen der Unternehmen sowie der Stake- und Shareholder beschrieben werden.[579]

Mit der Fokussierung auf das Retail Banking hat ein Strukturwandel hin zum Verkauf eingesetzt. Die Anforderungsprofile für die Mitarbeiter im Bereich des Retail Banking haben sich verändert. Die Wettbewerbsteilnehmer kämpfen um qualifizierte Mitarbeiter, die Verkaufstalent mitbringen und Wissen im Bereich Finanzdienstleistungen inne haben. Der Personalabbau bei den Privatbanken ist abgeschlossen. Im administrativen Bereich ist aufgrund der Zusammenschlüsse mit weiterem Personalabbau zu rechnen.[580] Der Mitarbeiterstamm in der Filiale für den Vertrieb wird ausgebaut.[581] Die Sparkassen und Genossenschaftsbanken müssen aufgrund der Fusionen Personalüberhänge weiter abbauen. Die Strukturvertriebe AWD, DVAG und MLP und die Direktbanken werden das Personal ausbauen.[582]

---

577 Vgl. Stöß, (2008), S.170ff.
578 Vgl. ICICI Bank, (2008), o.S.
579 Vgl. Börner, (2000), S.212.
580 Vgl. Abschnitt 4.
581 Vgl. Bell/Salz, (2006), S.272.
582 Vgl. Klein, (2007), S.77.

Die Schwierigkeit, qualifiziertes Personal für den Verkauf im der Filiale zu finden, ist nicht nur in dem Mangel an Arbeitskräften begründet, sondern auch bedingt durch die Vergütungskonzepte bei den Banken, Sparkassen und Genossenschaftsbanken. Die Vergütung ist ein wesentlicher Erfolgsfaktor für die Akquisition, Motivation und Bindung von Mitarbeitern.[583] Zielvereinbarungen als Führungsinstrumente sind die Regel, der Einsatz monetäre Anreize wie die variable Vergütung ist in weniger als der Hälfte der Banken im Einsatz.[584] Durch die schwach ausgeprägte leistungsorientierte Vergütung werden Verkaufstalente weniger durch die Banken angesprochen. Die Banken können über die eigenen Ausbildungsgänge Berater entwickeln, wenn verkaufsrelevante Themen berücksichtigt werden. Verkäufer, die über notwendiges Finanzwissen verfügen, wenden sich an die Unternehmen, die eine stärkere Anerkennung der Leistung durch monetäre Mittel bieten.

Die gestiegene Erwartungshaltung der Unternehmen und der Beteiligten ist hoch. Im Rahmen der aktuellen Finanzkrise ist die Steigerung der Renditen im Bankbereich kritisch. Die Ertragslage der deutschen Kreditinstitute ist bis zum Jahr 2002 stetig gesunken. Die Eigenkapitalrendite der Kreditbanken lag im Jahr 2002 bei durchschnittlich 0,94%, die der Sparkassen bei 8,15% und die der Genossenschaftsbanken bei 9,22%.[585] Die steigenden Provisionseinnahmen konnten die Ertragseinbußen im Bereich des Zinsüberschusses nicht auffangen.[586]

5.2.3 Verhandlungsmacht und -stärke der Abnehmer im Retail Banking

Mit Hilfe des Internets ist jedes Angebot und jede Dienstleistung im Finanzbereich vergleichbar und transparent. Durch aufsichtsrechtliche Bestimmungen wird diese Transparenz weiter ausgebaut. Aufgrund der einfachen Vergleiche und der Transparenz der Produkte kann der Kunde leicht zwischen den verschiedenen Anbietern auswählen und sein persönliches

[583] Vgl. Abschnitt 4.
[584] Vgl. Abschnitt 7.
[585] Vgl. Bundesverband deutscher Banken, (2009), S.1f.
[586] Ebd., S.9.

Portfolio zusammenstellen.[587] Die Informationsmengen sind in den letzten Jahren exponentiell gestiegen und somit wird die Beratung der Kunden komplexer. Gleichzeitig steigen die Anlagemöglichkeiten durch die Informiertheit der Kunden.[588] Die nicht nur positiven Erfahrungen in Börsenanlagen, die zunehmende Fachinformationen in den Medien und ein steigendes Bildungsniveau haben den Kunden zunehmend selbstbewusster im Umgang mit den Banken und Finanzdienstleistern gemacht. Der Kunde, der früher den Vorschlägen des Berater vorbehaltlos folgte, hinterfragt heute kritisch das Angebot.[589] Die Kunden verlangen heute eine hohe Fachkompetenz des Beraters und stets eine objektive Anlageberatung. Für die Kunden impliziert dies das Angebot nicht nur eigener, sondern auch von Produkten von Drittanbietern.[590]

Die Veränderung des Kundenverhaltens wird durch einen Wertewandel in der Gesellschaft unterstützt.[591] Die heutige Generation hält bereits aufgrund von Vererbung hohe Vermögenswerte.[592] Das vordergründige Interesse aller Kunden nach Sicherheit ist somit nicht mehr explizit gegeben, sondern die Kunden verlangen bewusst eine Beratung für die Bereiche Wertpapiere, Investmentfonds und Versicherungen. Die zunehmende Risikobereitschaft dieser Kunden ist dabei generationsbedingt.[593]

Die veränderten Kundenansprüche, vom reinen Sicherheitsdenken hin zu einer Renditeorientierung, führen für die Bank zu höheren Refinanzierungskosten. Die Kunden verlangen heute nicht nur nach durchschnittlich verzinsten Einlagen, sondern auch nach Anlagen in Wertpapieren, hochverzinslichen Einlagen und Versicherungen. Dies führt zu kurzfristigen Provisionen, die schnell ertragswirksam werden, und gestaltet das Refinanzierungsgeschäft der Banken zunehmend komplexer.[594]

---

[587] Vgl. Porter (2001), S.66 und Fritz (2001), S.7.
[588] Vgl. Siemons, (2005), S.36.
[589] Vgl. Eim, (2004), S.35 und S.51.
[590] Vgl. Bruer, (1998), S.370f.
[591] Vgl. Benkenstein, (2005), S.258.
[592] Meffert/Giloth, (2002), S.107.
[593] Vgl. Benkenstein, (2005), S.258.
[594] Vgl. Oehler, (1995), S.126.

Durch die erhöhte Transparenz, welche durch neue aufsichtsrechtliche Bestimmungen entstanden sind und welche auch das Medium Internet schafft, wird die Macht der Kunden vergrößert.

Aus dem Trend hin zum Internetbanking folgt nicht das Ende der persönlichen Beratung. Für sieben von zehn Deutschen ist die persönliche Beratung wichtig oder sogar sehr wichtig. In der Gruppe der Direktbankkunden ist der Bedarf an persönlicher Beratung weniger ausgeprägt aber immer noch hoch. Für sechs von zehn Befragten ist die persönliche Beratung wichtig und sehr wichtig.[595]

Die vorherrschende Situation ist ein Käufermarkt. In diesem Umfeld suchen sich selbstbewusste, anspruchsvolle und aufgeklärte Kunden das beste Angebot. Die Loyalität der Kunden ist begrenzt. Der angesprochen Wertewandel führt dazu, dass Kunden Banken als gleichberechtigte Partner wahrnehmen. Das renditeorientiere Verhalten der Kunden führt dazu, dass Kunden immer mehr Geld in höher verzinste Anlagen, wie Tagesgeldkonten, investierten und Mittel aus Sparbucheinlagen abziehen. Die Macht der Kunden ist hoch und wird weiter steigen.

5.2.4 Bedrohung durch Ersatzprodukte und –dienstleistungen im Retail Banking

Durch die Transparenz des Angebots ist es Vermögensverwaltern, Finanzberatern und Finanzdienstleistern möglich, Substitutionsprodukte zu entwickeln und Angebote zu kopieren. Durch technologische Innovationen und der Verschmelzung von Technologien wird es branchenfremden Unternehmen wie Vermögensverwaltern und Versicherungen ermöglicht, Substitutionsprodukte leichter zu entwickeln. Somit kann im Bankensektor die Gefahr, welche durch Ersatzprodukte entsteht, zunehmen. Aufgrund der Machtverlagerung hin zum Kunden nimmt die Konkurrenz zwischen den anbietenden Unternehmen zu.

---

[595] Vgl. Karsch, (2007b), S.47.

Ein Beispiel für technologische Innovation stellen die Selbstbedienungszonen der Banken dar. Die Bargeldvorsorge, die aufgrund von Rationalisierungsaspekten über Geldautomaten abgewickelt wurde, hat vertriebsunterstützende Funktionen übernommen. Die heutige Geräte im Selbstbedienungsbereich erlauben es dem Kunden Überweisungen vorzunehmen, Bargeld einzuzahlen, bilden Werbebotschaften ab und können individualisierte Produktangebote generieren, die mit in den Verkaufsprozess der Filiale einfließen. Ein Beispiel hierfür ist der Vorschlag eines personalisierten Darlehens zum Ausgleich des genutzten Dispositionskredits. Um die Botschaft an den Kunden zu senden ist es notwendig, Wissen über den Kunden zu haben und seine Bedürfnisse zu kennen. Diese Informationen liegen zentral vor und können über die Technologie zentral genutzt werden.[596] Im Idealfall wird dem Kunden bei Interesse ein freier Beraterplatz angeboten, wenn dieser Interesse am Angebot zeigt. Diese Technologien sind bereits vorhanden und werden umgesetzt. Die technologischen Innovationen sind einfach kopierbar und werden mittlerweile von allen Banken, Sparkassen und Genossenschaftsbanken eingesetzt. Die technologischen Innovationen werden schnell verbreitet und die Innovationszyklen werden kürzer.[597]

Die Bedrohung durch Ersatzprodukte und –dienstleistungen ist hoch und steigt weiter.[598]

5.2.5 Rivalität im Retail Banking

Die Rivalität zwischen den Markteilnehmer ist hoch. Die einzelnen Triebkräfte zeigen, dass die Unternehmen sich in einer schwierigen Wettbewerbssituation befinden, in der sich der Kampf um den Kunden bei sinkenden Margen verschärft hat. Die technologischen Innovationen, die Macht des Kunden, die staatliche Regulierung und die Dynamik des Wettbewerbs selbst haben den Bankenmarkt stark verändert. Die Schnelllebigkeit und die Marktkomplexität haben sich immens erhöht und die Anforderungen an das

---

596 Vgl. Keck/Hahn, (2006), S.43.
597 Vgl. Börner, (2000), S.210ff.
598 Vgl. Abschnitt 4.2.4 und 4.3.

Management haben sich verändert.[599] In diesem sich rasant verändernden Wettbewerb ist der Zugang und Kontakt zum Kunden von strategischer Bedeutung.[600]

Der deutsche Bankenmarkt bleibt auch nach den Fusionen von Commerzbank und Dresdner Bank und dem bevorstehenden Zusammenschluss von deutscher Bank und Postbank zersplittert. In einigen Auslandmärkten sind hingegen Marktanteile von 50% möglich, so dass im Gegensatz zum deutschen Markt Volumen- und Skaleneffekte einfacher realisierbar sind.[601] Kostensenkungspotentiale sind durch Veränderung der Strukturen abgeschlossen. Das Ergebnis ist eine Ausdünnung der Vertriebs- und Filialstruktur.[602] Im Bereich der Sparkassen und Genossenschaftsbanken wird es im Rahmen von weiteren Fusionen und Zusammenschlüssen zu weiteren Filialschließungen kommen.[603]

Die schlechte Ertragssituation ist aus einer Strategieperspektive auf die fehlende Fokussierung des Geschäftsmodells auf den Vertrieb zurückzuführen. Die Vertriebsperspektive offenbart die schwach ausgeprägte Verkaufs- und Servicekultur der Mitarbeiter und identifiziert die unzureichende Erfolgshonorierung im Vertrieb. Leistungsorientierte Vergütung ist im deutschen Retail Banking weiter im Aufbau und hat längst nicht jede Bank erreicht. Die Banken müssen weiter ihre Kostenstruktur im Griff behalten und das breite und undifferenzierte Produktportfolio ausdünnen.

Die Rivalität zwischen den Finanzdienstleistungsinstituten ist hoch und steigt weiterhin an.[604]

5.3 Folgerungen für die Retail Banking Branche

Die Analyse der fünf Wettbewerbskräfte stellt eine Basis für die Strategieentscheidung der im Retail Banking agierenden Unternehmen dar.[605]

---

599 Vgl. Keck/Hahn, (2006), S.34.
600 Vgl. Walter, (2003), S.53.
601 Vgl. Abschnitt 4.
602 Vgl. Abschnitt 4.
603 Vgl. Abschnitt 4.
604 Vgl. Abschnitt 4.2.4 und 4.3.

1. Kostenführerschaft: Durch den vorherrschenden Preisdruck im globalen Wettbewerb wird es für Banken zunehmend schwieriger, sich durch geringe Kosten allein zu differenzieren. Gerade im Banken-Bereich, in welchem wie aufgeführt die Transparenz bzgl. Produkte und Kostenstruktur zunimmt, ist die alleinige Konzentration auf die Kostenführerschaft nur bedingt empfehlenswert. Insbesondere für die in dieser Arbeit untersuchten Universalbanken ist eine Kostenführerschaft auf breiter Ebene unrealistisch.[606]

2. Differenzierung: Die Verfolgung einer Differenzierungsstrategie kann im Bankensektor als Erfolg versprechend eingestuft werden. An dieser Stelle darf der Hinweis nicht fehlen, dass es sich bei der Untersuchung um Universalbanken handelt. Eine Differenzierung ist in einigen Bereichen jedoch möglich. So haben die Ausführungen zur strategischen Ausrichtung verdeutlicht, dass eine Differenzierung in den Bereichen wie geografischer Tätigkeitsbereich und Konzentration auf bestimmte Kundengruppen durchaus Unterschiede vorhanden sind.[607]

3. Konzentration auf Schwerpunkte: Durch das Auflösen der Branchengrenzen und die wachsenden Ansprüche der Kunden scheint es vorteilhaft, sich nicht auf die gesamte Branche zu konzentrieren, sondern Schwerpunkte zu setzen oder besondere Merkmale zu entwickeln. Dieses Vorgehen ist bei deutschen Instituten zu erkennen, vor allem innerhalb der einzelnen Sparkassen-Verbünde und Genossenschaftsbanken.[608]

Durch die Ausgestaltung der unterschiedlichen Strategien nach Porter gibt es die Möglichkeit sich von der Konkurrenz abzuheben.[609] Die Strategie der

---

[605] Vgl. Porter, (2008), S.89f.
[606] Vgl. Eim, (2004), S. 32 und Abschnitt 4.
[607] Vgl. Abschnitt 4 und Porter, (2008), S.82f.
[608] Vgl. Eim, (2004), S.32 und Abschnitt 4.
[609] Vgl. Porter, (2008), S.90.

Kostenführerschaft ist die notwendige Voraussetzung für eine erfolgreiche Unternehmenstätigkeit über den Preis der Bankleistung. Die Strategie ist sinnvoll, wenn eine hohe Standardisierung erfolgt und große Volumina von Bankleistungen zu niedrigen Kosten verkauft werden. Durch den hohen Preisdruck ist es für das Retail Banking schwierig, sich über die geringen Kosten zu differenzieren. Die Transparenz im Bezug auf Produkte und Kosten steigt, womit eine Strategie der Kostenführerschaft nur bedingt empfehlenswert ist. Die Kostenführerschaft für alle Produktfelder einer Universalbank ist nicht realistisch. Dies ist allein schon durch die definitorische Abgrenzung der Universalbank unrealistisch.[610]

Im Retail Banking ist der Preis eine mitentscheidende Variable zur Befriedigung des Kundenbedürfnisses.[611] Die Banken können über den Preis Wettbewerbsvorteile generieren. Aufgrund des starken Wettbewerbs wird die Obergrenze des Preises durch die Rivalität determiniert. Eine niedrige Kostenstruktur ermöglicht es, die Kostenvorteile über den Preis an den Kunden weiterzugeben. Eine Kostenreduktion kann durch die Straffung der Produktpalette und der Standardisierung der Produkte geschaffen werden.[612] Durch die Kombination der Produkte können die individuellen Bedürfnisse der Kunde befriedigt werden.[613] Die Standardisierung darf nicht dazu führen, dass dieser sich nicht mehr individuell betreut fühlt.[614] Die Kundenbindung erfolgt durch die Erbringung der Leistungen am gewünschten Ort. Der Kunde kann das Produkt in der Filiale und ortsunabhängig über Geldautomaten oder Onlinebanking losgelöst von den Öffnungszeiten nutzen.

Die Bank muss im Rahmen der Strategie der Kostenführerschaft sicherstellen, dass über die Standardisierung der Produkte, die Automatisierung der Prozesse und der Erhöhung der Filialauslastung die Kosten weiter reduziert werden. Die Kundenbindung muss durch die Schaffung von zeit- und orts-

[610] Vgl. Abschnitt 4.
[611] Vgl. Bernet, (1995), S.42.
[612] Vgl. Bell/Salz, (2006), S.270 und Oehler, (1995), S.125.
[613] Vgl. Harengel, (2000), S.122.
[614] Vgl. Adrion, (1997), S.39 und Harengel, (2000), S.122.

unabhängigen Angeboten, neuen Vertriebswegen und eines Allfinanzangebots ausgeweitet werden.[615]

Im Fall von beratungsintensiveren Produkten kommt dem Preis nur eine untergeordnete Rolle zu. Wenn die qualitativ hochwertige Beratungs- und Lösungskompetenz eine wichtige Bedeutung spielt, ist die Konzentration auf eine Differenzierungsstrategie anzustreben. Das Unternehmen muss eine Einzigartigkeit entwickeln und an die Kunden kommunizieren.[616] Die Verfolgung einer Differenzierungsstrategie im Retail Banking kann erfolgsversprechend sein.[617] Da die Universalbanken im Blickpunkt der Untersuchung stehen, ist die vollständige Umsetzung der Differenzierungsstrategie schwierig. Die Universalbanken haben jedoch die Möglichkeit, sich auf Regionen und Zielgruppen zu konzentrieren.

Die deutschen Kunden sind in der Zusammenstellung des individuellen Produktportfolios sogenannte „Rosinenpicker". Sie wechseln nicht die gesamt Kontoverbindung, sondern verlagern das Vermögen je nach Kondition des Anbieters. Die vorhandene Kundenbeziehung im Rahmen der Hauptkontoverbindung ist für die traditionellen Banken ein Ankerpunkt und schafft diesen die Möglichkeit, sich gegenüber den anderen Wettbewerbern aufzustellen.[618]

Bei den etablierten deutschen Banken muss die Ansprache und Weiterentwicklung von Bestandskunden sowie die Reaktivierung von inaktiven Kunden im Vordergrund stehen. Aufgrund des verteilten Marktes kann ein signifikantes Kundenwachstum über Zukäufe erfolgen, wie geschehen bei Commerzbank und Dresdner Bank sowie Deutsche Bank und Postbank. Spezialisierte Institute priorisieren die Gewinnung von Neukunden. Diese müssen sich auf den Aufbau und Erhalt der Kundenbasis konzentrieren. Ein Angebot im Rahmen der ganzheitlichen Beratung muss geschaffen werden, so dass die Bedürfnisse der Kunden abgedeckt werden können.[619]

---

[615] Vgl. Harengel/Hess, (1999), S.239f.
[616] Vgl. Bell/Salz, (2006), S.274.
[617] Vgl. Eim, (2004), S.35.
[618] Vgl. Abschnitt 4.
[619] Vgl. Abschnitt 4.

Zur Verbesserung der Ertragssituation müssen die etablierten deutschen Banken die Vertriebsorientierung der Mitarbeiter ausbauen und die Kunden sinnvoll segmentieren, um spezifische Marketing- und Vertriebsmaßnahmen zu generieren. Die Unternehmensaktivitäten sind an den Kundenbedürfnissen auszurichten. Zur Steigerung der Vertriebsorientierung muss eine Vertriebssteuerung optimiert oder eingeführt werden.[620]

Im Retail Banking kann der Ertrag durch die Entwicklung von Lockangeboten, die Konzentration auf eine Verkaufsorientierung sowie die Standardisierung von Produkten und Prozessen gesehen werden. Es müssen wenige Lockangebote entwickelt werden, die die Kundenloyalität durch einen marktführenden Preis steigert. Vertriebskampagnen unterstützen den Erfolg des Angebots. Die Vertriebsorientierung wird durch ein Vergütungssystem mit variablem Anteil und transparenten Zielen je Mitarbeiter sicher gestellt. Die Trennung zwischen Sachbearbeitung und Vertrieb hat strikt zu erfolgen. Die Durchführung von Vertriebsmaßnahmen kann z.B. durch die konsequente Einbindung von Call Centern geschehen. Die Standardisierung der Produkte und Prozesse erfolgt durch die Bereitstellung eines einfachen Produktportfolios und die Sicherstellung der Einhaltung der Verkaufsprozesse wird durch eine IT-technische Abbildung garantiert.

Im Retail Banking können somit in Zukunft hybride Wettbewerbsstrategien eine Lösung sein. Das Retail Banking kann erfolgreich sein, wenn es gelingt, sich durch einen Differenzierungsansatz auf ein Geschäftsmodell zu fokussieren. Eine Konzentration auf Kerngeschäftsfelder wie Kreditberatung, Vorsorgeberatung und Vermögensanlage ist sinnvoll.[621] Die Kostenführerschaft für Girokonten und Tagesgeldkonten wird durch schlanke Prozesse sichergestellt. Eine Orientierungshilfe bietet die Industrie, die nicht nur Kostensenkungsprogramme aufsetzt, sondern die Balance zwischen Produktivität, Qualität sowie ausreichendem Personal und Service durch Standardisierung administrativer Vorgänge schafft. Eine gezielte Kundenansprache erfolgt über ein Multikanalkonzept mit Filialen, Kundenterminals, Telefonbanking und Online Banking. Innovative Ansätze mit mobilen

---

[620] Vgl. Abschnitt 2.

[621] Vgl. Eim, (2004) und Bell/Salz, (2006), S.271.

Beratern werden eingesetzt. Kunden mit besonderem Beratungsbedarf werden Fallweise durch eine zentrale Investment- und Finanzierungsabteilung beraten.

Ein weiterer Erfolgsfaktor ist die Beratungskultur und die Kundenorientierung. Es gilt gemeinsame Lösungen zu finden, die die Interessen beider Seiten befriedigen. Es kann viel Beratungszeit für den Kunden in Anspruch genommen werden, da administrative Aufgaben nicht mehr vom Berater durchzuführen sind. Der persönliche Kontakt zum Kunden schafft Bindung.

Die Vertriebs- und Führungssysteme stellen dabei einen entscheiden Faktor dar, da hier mit großen Effizienzsteigerungen zu rechnen ist. Wenn die Ablauf- und Aufbauorganisation des Unternehmens am Kunden ausgerichtet werden und dem Vertrieb dienlich sind, dann führt das zu Wertsteigerungen für Unternehmen und Kunden. Den Vertrieb und die Vertriebsführung zu standardisieren und der Einsatz von informationstechnischen Instrumenten ist jedoch nur ein erster Schritt. Die Qualität der Beratung wird ausgebaut und das Unternehmen muss eine Verkaufs- und Vertriebskultur entwickeln.[622]

Ein Ansatzpunkt zum Ausbau der Erträge ist es, eine vertriebsgerechte Führung zu schaffen, den Verkauf in den Mittelpunkt der Vertriebsmitarbeiter in den Retail Banken zu fördern und zu standardisieren sowie die Vertriebsleistungen durch ein sinnvolles Vertriebscontrolling zu messen, die gleichzeitig eine erfolgreiche Führung ermöglichen.[623] Im folgenden Kapitel soll deshalb ein standardisierter Vertriebs- und Führungsprozess für das operative Geschäft entwickelt werden, der mit Hilfe des Vertriebscontrollings die Prozesse der Retail Banken standardisiert und einen Lösungsansatz für den Verkauf für alle Institute bieten kann.[624]

---

[622] Vgl. Siemons, (2005), S.38f.
[623] Vgl. Bell/Salz, (2006), S.272f.
[624] Vgl. hierzu z.B. Bartmann, (2005a); Bell/Salz, (2006), S.270f. und Horn/Seisreiner, (2008), S.5ff.

5.4 Bewertung im Lichte der Finanzkrise

Im Rahmen der Finanzkrise seit dem Ende des Jahres 2007 wird das Retailgeschäft wieder zum Zentrum der Stabilität erklärt. Die Investmentbanken Goldmann Sachs und Morgen Stanley werden zu Geschäftsbanken, um der Möglichkeit nachzukommen Kundeneinlagen zur Refinanzierung zu nutzen. Die renommierte Investmentbank Lehmann Brothers verschwindet vom Markt. Trotz der stabilen Erträge erwirtschaften die deutschen Finanzdienstleister immer weniger im Privatkundengeschäft. Die Eigenkapitelrendite der Banken sinkt von 20% auf 4,4% bis zum Jahre 2002 ab;[625] dieser Trend ist auf den verschärften Wettbewerb zurückzuführen. Das Geldvermögen und die Verbindlichkeiten der Privatkunden sind gestiegen, während die Provisionen und Margen in den Bankhäusern gefallen sind.[626]

Die Zukunft verspricht keine Entspannung, da von einem stagnierenden oder leicht schrumpfenden Markt auszugehen ist. Bei der wachsenden Zahl der Konkurrenten wird der Verdrängungswettbewerb stärker werden und die Margen werden enger. Die Bearbeitung des Marktes muss durch eine klare Strategie erfolgen. Dies kann z.B. durch eine klare Zielgruppenfokussierung oder eindeutigere Produkt- und Preiskonzepte geschehen. Den Marktführern im Retail Banking, den Sparkassen und Genossenschaftsbanken fällt dies schwer. Sie sind mit dem bestehenden Filialnetz, der persönlichen Ausstattung oder der Bindung an eine Region gekoppelt. Gleichzeitig wächst für die Sparkassen und Volksbanken die Versuchung im Preiswettbewerb mitzumischen, um Marktanteilsverluste zu verhindern, ohne die notwendigen Kostenstrukturen aufweisen zu können. Wenn es der Commerzbank gelingt, die Dresdner Bank schnell in das Geschäftsmodell zu integrieren und wenn die Deutsche Bank eine sinnvolle Lösung zur Integration der Postbank findet, dann wird der Wettbewerbsdruck auf die Marktführer weiter steigen.[627]

Aus der Finanzkrise ergeben sich Chancen. Die Krise und der Crash an den Börsen haben das Vertrauen der Kunden erschüttert und bei den Verbrau-

---

[625] Vgl. Keck/Hahn, (2006), S.1.
[626] Vgl. Abschnitt 4.
[627] Vgl. Abschnitt 4.

chern enorme Ängste dahin gehend ausgelöst, dass ihr Vermögen verloren gehen kann. Die Sparkassen und Genossenschaftsbanken können diesen Vorfall nutzen und sich als stabile und bodenständige Retail-Banken präsentieren.[628]

Das Sperren von Geldautomaten der Sparkassen und Genossenschaftsbanken für Kunden von Direktbanken, Citibanken und anderen Marktteilnehmer ist kontraproduktiv. Die Kunden fühlen sich durch die Sparkassen abgewiesen. Den Sparkassen werden Erträge verloren gehen, die Marke wird jedoch nicht beschädigt.

---

[628] Vgl. Abschnitt 4.

Teil III

Empirische Untersuchung zum Vertrieb und zur Führung im Deutschen Retail Banking

6 Ein Vertriebs- und Führungsmodell für das Retail Banking

Die in Abbildung 6-1 an der Spitze eingeordnete Vision und Mission beschreiben weder greifbare Marktpotentiale noch Produkte oder Serviceleistungen, sondern stellen ein übergeordnetes abstraktes Ziel dar, dem sich das Unternehmen durch seine Arbeit nähern möchte, ohne es faktisch erreichen zu können. Eine Vision für ein Finanzdienstleistungsinstitut könnte beinhalten: Wir sind der beste Finanzdienstleister für Privatkunden für komplexe Finanzfragen in Deutschland.[629]

Um sich der Vision zu nähern müssen Strategien entworfen werden, die zu deren Umsetzung beitragen. Die Vertriebsstrategie beinhaltet die Vertriebsziele, anhand derer operative Zielgrößen entworfen werden.[630] Die Entwicklung einer Vertriebsstrategie sichert einen einheitlichen Marktauftritt.[631] Die Kundenberater in Bankfilialen richten sich in ihrer Vorgehensweise im Verkauf und in der Beratung an den Vertriebs- und Führungsmodellen aus. Eine einheitliche Vorgehensweise, die in der Vertriebsstrategie implementiert ist, führt zu einer qualitativ hochwertigen Beratung und mehr Verkaufserfolg.[632] Ein Element der Vertriebsstrategie einer Sparkasse könnte lauten: „Die Bankfiliale ist und bleibt Hauptvertriebskanal von Finanzdienstleistungen – Wir zeigen Beständigkeit und die Nähe zum Kunden schafft Vertrauen."

[629] Vgl. Abschnitt 4.3.
[630] Vgl. Siemons, (2005), S.44.
[631] Vgl. Keck/Hahn, (2006), S.127 und S.172.
[632] Vgl. Abschnitt 2.1.

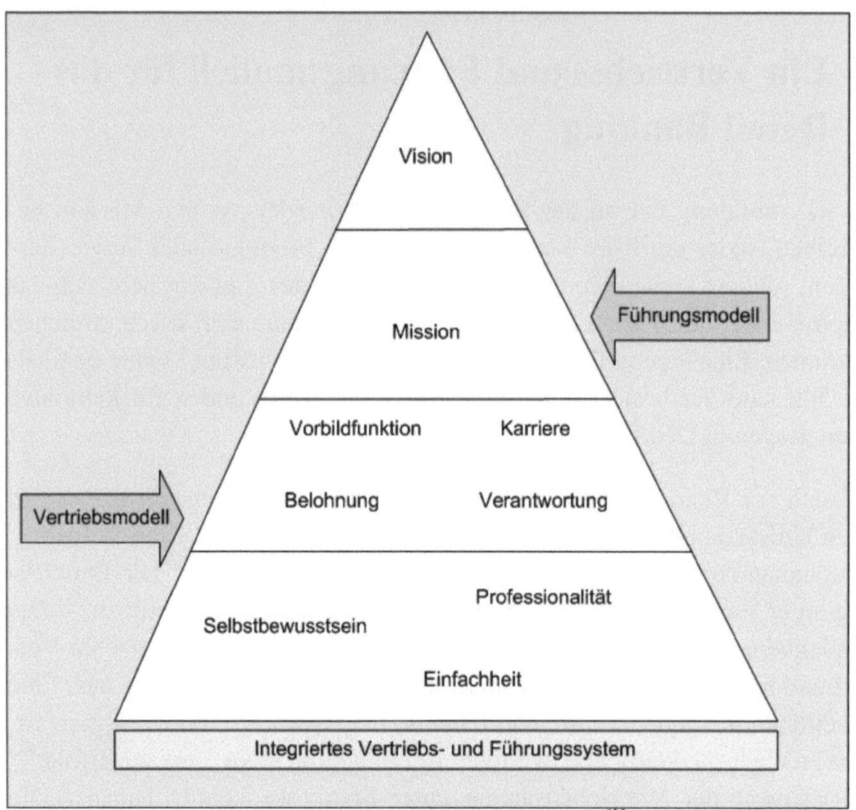

Abbildung 6-1: Integriertes Vertriebs- und Führungssystem[633]

Die Führungs- und Vertriebsmodelle fügen alle Elemente zu einem in sich geschlossenen Gesamtsystem zusammen. Die neben der Pyramide in Abbildung 6-1 dargestellten Vertriebs- und Führungsmodelle können nur erfolgreich umgesetzt werden, wenn sie durch die Basiselemente Professionalität, Einfachheit, Selbstbewusstsein, Vorbildfunktion, Belohnung, Verantwortung und Karriere untermauert sind. Sind diese Voraussetzungen geschaffen, können die Modelle im Sinne der Unternehmensziele und der Kunden umgesetzt werden.[634] D.h., dass in der Praxis für den Berater einfach nachzuvollziehende Prozesse vorliegen, Kundendaten und Neukunden einfach

633 Eigene Darstellung. Vgl. hierzu Siemons, (2005), S.37ff.
634 Vgl. Färber/Hopfner, (2006), S. 52.

und schnell erfasst und ins digitale Computersystem übertragen werden können, ohne dass ein großer Umfang an der Vertriebs- und Verkaufszeit des Mitarbeiters aufgewendet werden müssen. Die Vorbildfunktion kommt z.B. im Hinblick auf die Führungskraft zum Tragen. Sie lebt den Vertrieb selbst vor und beteiligt sich an den Teamzielen, die es zu erreichen gilt. Nicht nur sie trägt dafür die Verantwortung, sondern das gesamte Team. Des Weiteren werden erfüllte und übererfüllte Ziele belohnt. Die Führungskraft stellt sicher, dass die Mitarbeiter je nach Interessen und Engagement die Möglichkeit haben, sich weiterzubilden und sich im Unternehmen weiterzuentwickeln. Diese Themenbereiche werden durch die implementierten Führungs- und Vertriebsmodelle, die seitlich der Pyramide dargestellt sind, strukturiert und sichergestellt. So wird ein integriertes Vertriebs- und Führungssystem geschaffen.

Um ein Gesamtvertriebssystem zu etablieren, muss mittelfristig eine Vertriebskultur geschaffen werden.[635] Die vertriebliche Führung, die Vertriebsaktivitäten der Mitarbeiter und die Vertriebsprozesse führen zu einem Konzept, dass auf Vertrieb und Verkauf von Finanzdienstleistungen fokussiert ist. Abbildung 6-2 stellt die Elemente in einer Pyramide dar.

[635] Vgl. Abschnitt 2.1.

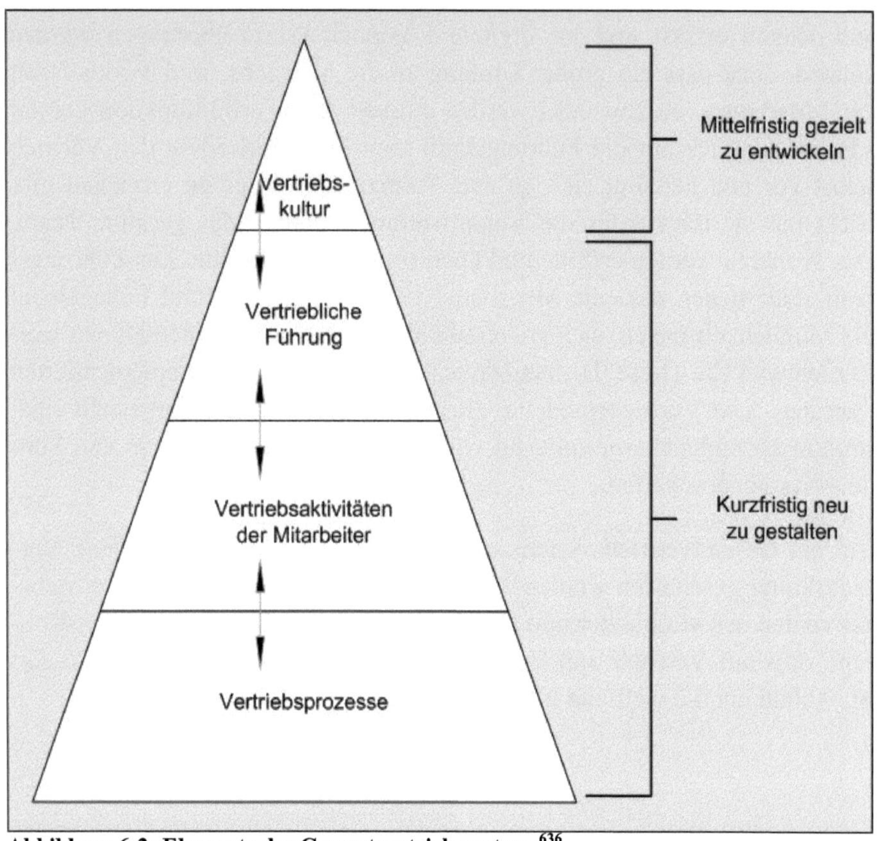

Abbildung 6-2: Elemente des Gesamtvertriebssystems[636]

Die Grundlage der Vertriebsaktivitäten der Mitarbeiter stellen die Vertriebsprozesse dar, die durch die Vertriebsmodelle mit dargestellt worden sind. Die Aktivitäten der Mitarbeiter erfahren eine vertriebliche Führung: z.B. in der Filiale wird der Berater durch den Filialleiter angeleitet. Das Führungsmodell stellt dazu eine Anleitung zur Verfügung. Die drei unteren Ebenen lassen sich durch die Implementierung und Kommunikation der Vertriebs- und Führungsmodelle kurzfristig neu gestalten. Die Vertriebskultur ist abhängig von den Vertriebs- und Führungsmodellen und entwickelt sich durch die Umsetzung der anderen Ebenen.[637] Sie steht somit in einem

---

636 Eigene Darstellung in Anlehnung an Kampmann/Garczorz, (2004), S. 360.

637 Vgl. Steck, (2006), S.62ff. und Ingram et al., (2005), S.150.

interdependenten Verhältnis zu den Vertriebs- und Führungsmodellen. Die Rückkopplungen sind durch die Pfeile zwischen den unterschiedlichen Ebenen angedeutet.

Die in den folgenden Abschnitten 6-3 und 6-10 dargestellten Führungs- und Vertriebsmodelle sollen einen operativen und strategischen Charakter in sich vereinen. Auf der einen Seite geben sie durch den Prozesscharakter vor, welche Aufgaben in welcher Reihenfolge durch welchen Mitarbeiter zu erledigen sind. Auf der anderen Seite werden im Mittelpunkt der Modelle Elemente dargestellt, die vom Unternehmen sichergestellt werden müssen, so dass die Prozesse funktional und gestaltbar sind. Modelle sind Gebilde, mit deren Hilfe Teile und Merkmale realer Situationen und deren Beziehung untereinander dargestellt werden können.[638] Nach *Rieper und Witte* beginnt eine Modellierung damit, eine Liste der Begriffe zu erstellen, die für die Bearbeitung der Aufgabenstellung in erster Linie wichtig sind.[639] Durch diese Elemente und die Verknüpfung der Modelle in der Unternehmensorganisation ergibt sich ein strategischer Charakter.

Der traditionelle Vertrieb im Finanzdienstleistungsmarkt war lange Zeit nur auf den Produktverkauf ausgerichtet, ohne die Kundenwünsche und -bedürfnisse mit einzubeziehen.[640] Die fehlende Strukturierung des Vertriebs und der Führung hat eine effektive Arbeit verhindert. Eine ganzheitliche Sicht der Modelle ist zu befürworten, da die Mitarbeiter und Führungskräfte bei der Steuerung und Kontrolle zum Erreichen der Unternehmensziele unterstützt werden. Die folgenden Vertriebs- und Führungsmodelle sind ein Ansatz, die Vertriebsarbeit für alle Beteiligten in einer Filiale zu systematisieren, um effizient und qualitativ hochwertig beraten zu können. Mit Umsetzung der Modelle können die Finanzinstitute im beschriebenen Wettbewerb bestehen. Durch die Standardisierung können Kosten verringert werden, durch die stetige Kundenbetreuung und Führungsarbeit werden der Umfang und die Qualität der Beratung hoch gehalten. Im ersten Abschnitt des vorliegenden Kapitels, werden die beiden Modelle, wie in Abbildung 6-1 durch die Pfeile links und rechts der Pyramide angedeutet, in der Organi-

[638] Vgl. Witte et al., (1975), S.7.
[639] Rieper/Witte, (2001), S.104.
[640] Vgl. Schmoll, (2005), S.136f.

sationsstruktur verankert.[641] Es werden schließlich Möglichkeiten aufgezeigt, die Modelle miteinander zu verknüpfen, so dass eine zielgerichtete Vertriebsarbeit möglich wird. Im letzen Kapitel werden die vorgestellte Systematik und ihre Umsetzung bei den Finanzdienstleistungsinstituten empirisch untersucht.

6.1 Das Führungsmodell im Retail Banking

Durch das Führungsmodell mit den implementierten Phasen werden die Jahresziele mit den Mitarbeitern und Teams besprochen, festgelegt und vereinbart.[642] Im ersten Schritt werden die Vertriebsergebnisse des Vorjahres analysiert und bewertet. Die Darstellung der Vertriebsziele und der damit verbundenen Maßnahmen zum Erreichen hat Einfluss auf die Identifikation der Mitarbeiter mit deren Zielen. Aufgrund der Tätigkeitsschwerpunkte, die je nach Mitarbeiter im Anlage- oder Finanzierungsbereich liegen können, werden Einzelziele entwickelt und vereinbart.[643] Durch ihre Festlegung unterstützt die Führungskraft die Umsetzungsstrategie der Vertriebsziele.[644]

---

[641] Vgl. Abbildung 6-1 und Abschnitt 2.1.
[642] Vgl. Abschnitt 2.5.
[643] Vgl. Schmoll, (2005), S.165.
[644] Vgl. Abschnitt 3.3.

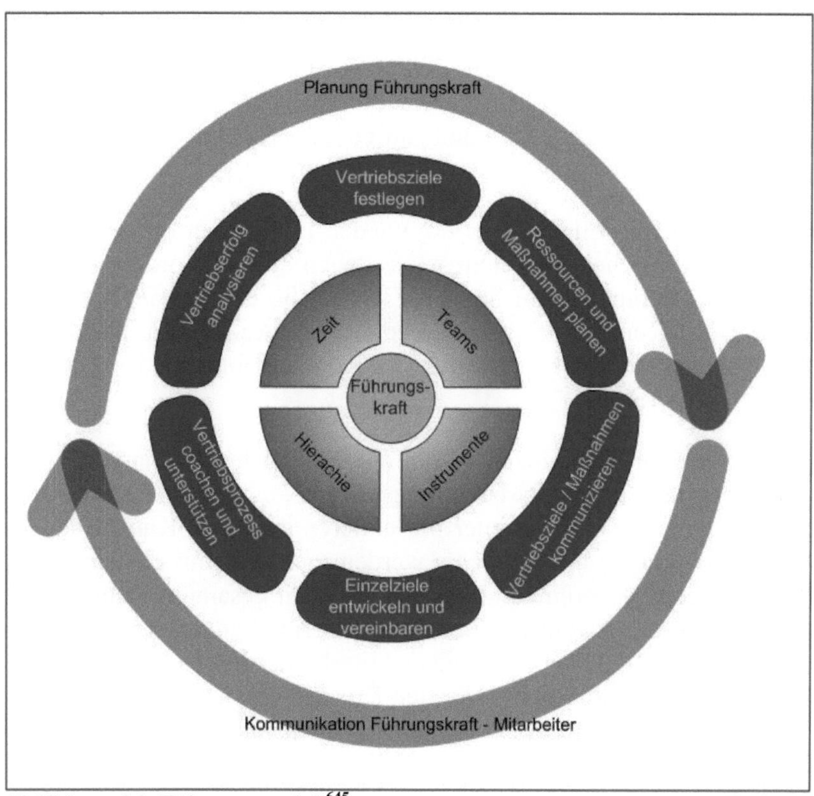

Abbildung 6-3: Führungsmodell[645]

Die Führung setzt sich wie in Abbildung 6-1 sichtbar aus der Planung der Führungskraft und der Kommunikation an die Mitarbeiter zusammen. Die Planung verläuft von der Analyse des Vertriebserfolges über das Festlegen der Vertriebsziele hin zur Planung der Ressourcen und Maßnahmen.[646] Die Kommunikation zwischen Führungskraft und Mitarbeiter findet in den Phasen *Vertriebsziele und Maßnahmen kommunizieren* über die *Entwicklung der Ziele* hin zur *Unterstützung des Vertriebsprozesses* statt.[647] Um diese Aufgaben im Rahmen des Führungsmodells durchführen zu können, müssen organisatorische Strukturen durch die Retail Bank festgelegt und Hilfsmittel zur Verfügung gestellt werden. Dies wird durch die in Abbildung 6-1 ge-

[645] Eigene Darstellung. Zum Führungsprozess vgl. Steck, (2006), S.61 und Siemons, (2005), S.43ff.
[646] Vgl. Steck, 2006, S.61.
[647] Vgl. Abschnitt 3.2.3.

zeigten wesentlichen Faktoren, die zwischen Führungskraft und den einzelnen Führungsschritten abgebildet sind, dargestellt: Hierarchie, Instrumente, Teams und Zeit. Die Faktoren stellen wesentliche Bedingungen dar, die für das Abarbeiten des Vertriebsmodells durch den Verkäufer erfüllt sein müssen.

Der Faktor Zeit spiegelt den Korridor wieder, in dem Vertriebsziele erreicht werden sollen. Wochen- und Jahresziele stehen hier im Vordergrund.[648] Die Führungskraft berücksichtigt bei der Zielvergabe den Zeitaufwand für die Betreuung des Kundenpools, da dieser mit der Anzahl der Kunden, dem Betreuungsaufwand, der Komplexität des Kundenpools und der Akquisition von Neukunden variiert.[649]

Die Mitarbeiter in den Filialen bilden ein oder mehrere Teams. Ein Team sollte aus maximal acht Mitarbeitern bestehen[650], um eine effektive Führung sicherzustellen.[651] Die Mitarbeiter präsentieren sich dem Kunden im Sinne der Vertriebsstrategie als Team. Es werden nicht nur mit einzelnen Mitarbeitern Serviceziele vereinbart, sondern mit dem gesamten Team.[652] Tätigkeiten wie z.B. die Aushilfe am Schalter für die Geldversorgung der Kunden können bei Engpässen von jedem Mitarbeiter durchgeführt werden, so dass Service- und Bedienzeiten für den Kunden durch das Team durchgängig sichergestellt sind: Das Team arbeitet gemeinsam für die Erreichung eines Gesamtvertriebsziels.

Die Hierarchie innerhalb der Organisation stellt sicher, dass die Führungskraft mit Macht ausgestattet ist, Mitarbeiter anzuleiten, zu coachen und Meetings einzuberufen; ohne diese Machtausübung ist keine Lenkung und Steuerung der Mitarbeiter und Teams möglich.

Für diese Lenkung und Steuerung müssen Instrumente vom Unternehmen vorgehalten werden, die es der Führungskraft erlauben, die eigene Vertriebsleistung und die des Teams zu erfassen, zu vergleichen und zu bewer-

---

[648] Vgl. Färber/Hopfner, (2006), S.47 und S.52f.
[649] Vgl. Abschnitt 3.
[650] Vgl. Glatz/Graf-Götz, (2007), S.81 und Abschnitt 3.
[651] Vgl. Abschnitt 3.
[652] Vgl. Abschnitt 3.

ten.[653] Beratungsinstrumente, Vertragsunterlagen und Büromaterial müssen vom Unternehmen zur Verfügung gestellt werden.

Im Mittelpunkt des Kreislaufes steht die Führungskraft. Sie wird mit der Umsetzung des Prozesses sowie mit der Berücksichtigung der Faktoren Zeit, Teams, Hierarchie und Instrumente die Richtung der Vertriebsarbeit lenken können und die Strategie für Teams greifbarer machen.[654] Im Zusammenspiel mit den Instrumenten werden die Leistung der Teams und Mitarbeiter bewertet und honoriert und versetzen die Führungskraft in die Lage informationsgestützte Mitarbeitergespräche zu führen.[655]

[653] Vgl. Abschnitt 3.
[654] Vgl. Abschnitt 2.2.
[655] Vgl. Kobler, (2006), S.103.

6.1.1 Vertriebserfolg analysieren

Der Prozess des Führungsmodells startet mit der in Abbildung 6-4 oben links dargestellten Phase *Vertriebserfolg analysieren* im Bereich *Planung Führungskraft*.

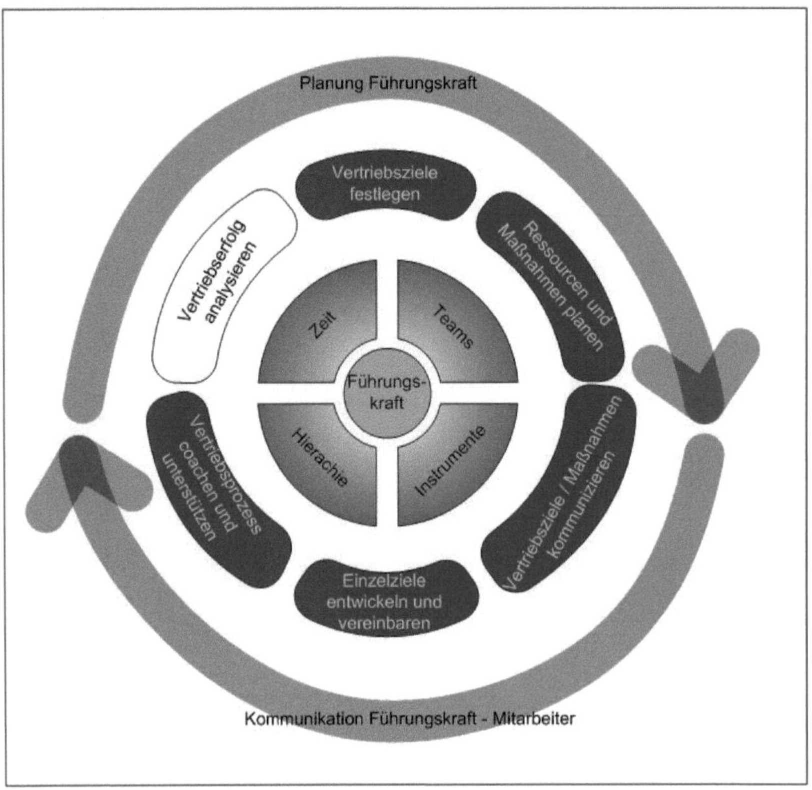

Abbildung 6-4: Führungsmodell Phase 1: Vertriebserfolg analysieren[656]

Ziel der ersten Phase ist die Analyse und Bewertung der Vertriebsergebnisse der Vorperiode.[657] So lassen sich Stärken, Verbesserungsmöglichkeiten und nicht ausgeschöpfte Potenziale im Kunden- und Mitarbeiterportfolio erken-

[656] Eigene Darstellung.
[657] Vgl. Schmoll, (2005), S.165.

nen.[658] Es sei unterstellt, dass mit dem Baufinanzierungsgeschäft auch eine hohe Abschlussrate im Bauspargeschäft einher geht. Der Mitarbeiter hat die Vertriebsziele im Bereich der Baufinanzierung erfüllt, im Bereich des Bausparens jedoch unterdurchschnittliche Leistungen erzielt. Es gilt festzustellen, welches Team und welcher Mitarbeiter unternehmerisch gehandelt hat und die für Privatkredite und Baufinanzierungskredite hohe Margen erzielt hat. Mängel müssen durch die Optimierung, z.B. mit Aus- und Weiterbildungsangeboten, der Mitarbeiterpotenziale behoben werden, um die Bedarfe der Kunden und des Unternehmens besser zu erkennen und abzudecken.[659] Diese Potenziale können im Bereich der Verkaufsfähigkeiten oder im Bereich der Bedarfsanalyse beim Mitarbeiter liegen.[660] Geringe Vertriebsergebnisse im Bereich erklärungsbedürftiger Produkte wie im Bereich der Altersvorsorge können auf eine schlechte Bedarfsanalyse des Beraters hin deuten: Eine Rentenlücke ist bei nahezu jedem Bundesbürger existent.[661] Eine geringe Anzahl von neuen Girokonten und Erstprodukt-Verkäufen kann auf ein gering ausgeprägtes Akquisitionstalent hindeuten.

Ertrags- und Vertriebskennzahlen des Vorjahres unterstützen die Führungskraft, die Stärken und Schwächen des Teams zu analysieren und zu erkennen. Außergewöhnliche Geschäftsabschlüsse wie die Finanzierung eines kapitalintensiven Wohnkomplexes werden mit einbezogen. Die Ergebnisse werden mit den Leistungen anderer Filialen und Führungskräfte in Beziehung gesetzt. Die Stärken und Verbesserungsmöglichkeiten werden durch den Vergleich mit anderen Einheiten transparenter.[662]

Die Analyse des Kundenportfolios ist notwendig, um die Anzahl der Kundenverluste und der Neukunden, die Profitabilität, die Cross-Selling Quote und die Produktdurchdringung je Zielsegment zu bewerten. Ein Back Office Bereich, der monatliche Analysen an die Führungskraft liefert, ist nicht mehr zeitgemäß. CRM Anwendungen ermöglichen heute z.B. einen sofortigen Zugriff auf die Kundendaten einer Bankfiliale; durch eine Detailanalyse

[658] Vgl. Abschnitt 2.2.
[659] Vgl. Abschnitt 3.3.6.
[660] Vgl. Geyer, (2003), S.122.
[661] Vgl. Schnabel, 2003, S.6ff.
[662] Vgl. Abschnitt 6.3 und 2.2.

können Zusammenhänge analysiert werden.[663] So können z.B. Entwicklungskunden im Kundenportfolio identifiziert werden und Maßnahmen erarbeitet werden, um diese zu ertragsstarken Kunden auszubauen.[664]

Durch die Beschreibung und den Vergleich der Leistung kann das eigene Team besser beurteilt werden. Mit dieser Basis gilt es den Zielerreichungsgrad bei produktbezogen als auch bei qualitativen Zielen zu ermitteln. Die Ergebnisse müssen mit der hierarchisch höheren Führungskraft, hier dem jeweiligen Vorgesetzen, und den Mitarbeitern durch einen Ist-Soll Vergleich diskutiert und bewertet werden.

Danach ist der Vertriebserfolg der einzelnen Mitarbeiter zu analysieren: Das Ziel ist die Verdeutlichung des Leistungsstandes sowie des individuellen Zielerreichungsgrads.[665] Dieser Vertriebserfolg stellt im Fall von variablen Gehaltsanteilen die Basis für die Höhe der leistungsorientierten Vergütung dar. Besondere Leistungen, Lernbereitschaft und das Engagement des Mitarbeiters fließen in die Bewertung ein. Ein wesentlicher Faktor der Leistungsbeurteilung ist die Kontinuität. Externe und interne Faktoren, die Einfluss auf die Leistungserbringung haben, wie die Finanzkrise im Jahre 2008, werden berücksichtigt.[666] Dem Mitarbeiter werden in einem letzten Schritt die Perspektiven dargelegt, so dass er dauerhaft motiviert werden kann.[667]

6.1.2 Vertriebsziele beschließen

Inhalt der zweiten Phase ist es, die Jahresvertriebsziele für das Team festzulegen. Abbildung 6-5 zeigt die Phase *Vertriebsziele festlegen* oben im Bereich *Planung Führungskraft*. Phase 1 ist abgeschlossen.

---

[663] Vgl. Heinneccius, (2003), S.133.
[664] Vgl. Abschnitt 2.3 und 4.2.
[665] Vgl. Steck, (2006), S.61.
[666] Vgl. Abschnitt 5.4.
[667] Vgl. Abschnitt 2.5.

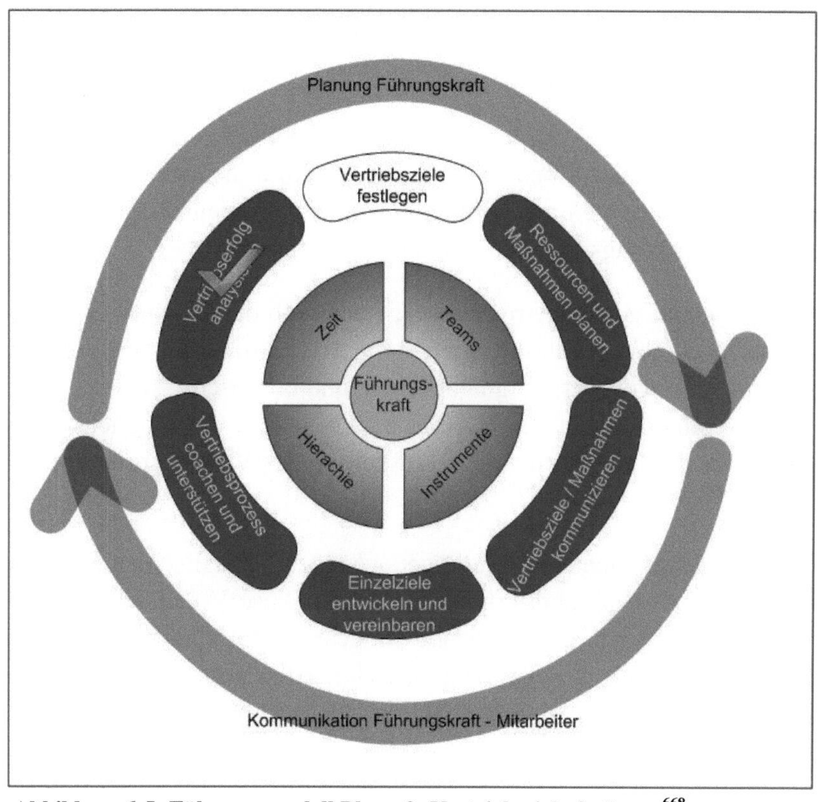

Abbildung 6-5: Führungsmodell Phase 2: Vertriebsziele festlegen[668]

Durch das Festlegen der Jahresvertriebsleistung wird der Grundstein für die Wochen- und Monatsplanung geschaffen, um die Mitarbeiter zu organisieren und zu steuern.[669] Mit den Mitarbeitern können Produktziele auf Ertrags-, Volumens- sowie Mengenebene vereinbart werden.[670] Es wird z.B. eine Anzahl von Bausparverträgen oder das Bausparvolumen mit den Mitarbeitern als Ziel festgelegt. Grundlage dieser Planung ist die im Vorfeld fixierte Vertriebs- und Zielgruppenstrategie.[671] Dazu werden die Ertrags- und Vertriebsergebnisse des Vorjahres und indirekte qualitative Ziele wie

[668] Eigene Darstellung.
[669] Vgl. Färber/Hopfner, (2006), S.47.
[670] Vgl. Abschnitt 3.2 und 2.2.
[671] Vgl. Abschnitt 4.2.2.

Kundenzufriedenheit, Stornoquoten und z.B. Beratungsgespräche pro Kunde mit einbezogen.[672]

Die Jahresvertriebsziele werden informationstechnisch erfasst, so dass rechnerische Wochen- und Monatsziele für das Team transparent gemacht werden. Die Anforderungen auf kurzfristiger Ebene werden für das Vertriebsteam und die Führungskraft deutlich und quantifizierbar.[673]

Aus der zeitanteiligen Zielerreichung, die während der Wochen und Monate einsehbar ist, kann die Führungskraft stetig die Vertriebsleistung des Teams und der Mitarbeiter unterjährig beobachten und bewerten.[674] Der stetige und kurzfristige Abgleich mit den Vertriebszielen schafft die Möglichkeit, dass Mängel schneller erkannt und durch Justierung der Verkaufsprioritäten korrigiert werden.[675]

Die Ziele müssen den Anforderungen genügen, spezifisch, messbar, anspruchsvoll, realistisch und terminiert zu sein. Diese Voraussetzungen stellen sicher, das auf das zu Erreichende hin gearbeitet wird, das Erreichen der Ziele gemessen wird, dass das Ziel eine Herausforderung ist, die Ziele ambitioniert und erreichbar sind und zu einem bestimmten Zeitpunkt realisiert werden sollen.[676]

6.1.3 Ressourcen und Maßnahmen planen

Die Phasen 1 und 2 sind abgeschlossen. In Phase 3 werden im Bereich *Planung Führungskraft* in Abbildung 6-6 die *Ressourcen und Maßnahmen geplant.*

Ziel ist es, das Team durch die Führungsarbeit und einer zielgerichteten Maßnahmenplanung zu befähigen, die Vertriebsziele zu erreichen. Die Führungskraft muss die Rahmenbedingungen schaffen und die Bedarfe der Mitarbeiter erkennen.

---

[672] Vgl. Abschnitt 2.5.
[673] Vgl. Abschnitt 2.3.
[674] Vgl. Abschnitt 6.3.
[675] Vgl. Abschnitt 2.2.
[676] Vgl. Pinnow, (2007), S.281

Auf Grundlage der Mitarbeiterprofile muss eine Zuordnung zu den Kunden erfolgen. Dies beinhaltet, dass erfolgreiche Verkäufer von administrativen Aufgaben entlastet werden; sie müssen die zur Verfügung stehende Zeit für Kundenkontakte nutzen.[677] Es gilt Kundenveranstaltungen und Kundenincentives zu planen. Die Führungskraft muss Maßnahmen zur Entwicklung des Kundenportfolios und zur Steigerung der Cross-Selling Rate entwickeln. Die Öffentlichkeitsarbeit, Mitarbeitercoachings und die Schaffung von Transparenz z.B. durch die Eruierung der Top-10-Kunden pro Mitarbeiter wird durch die Führungskraft angestoßen.[678]

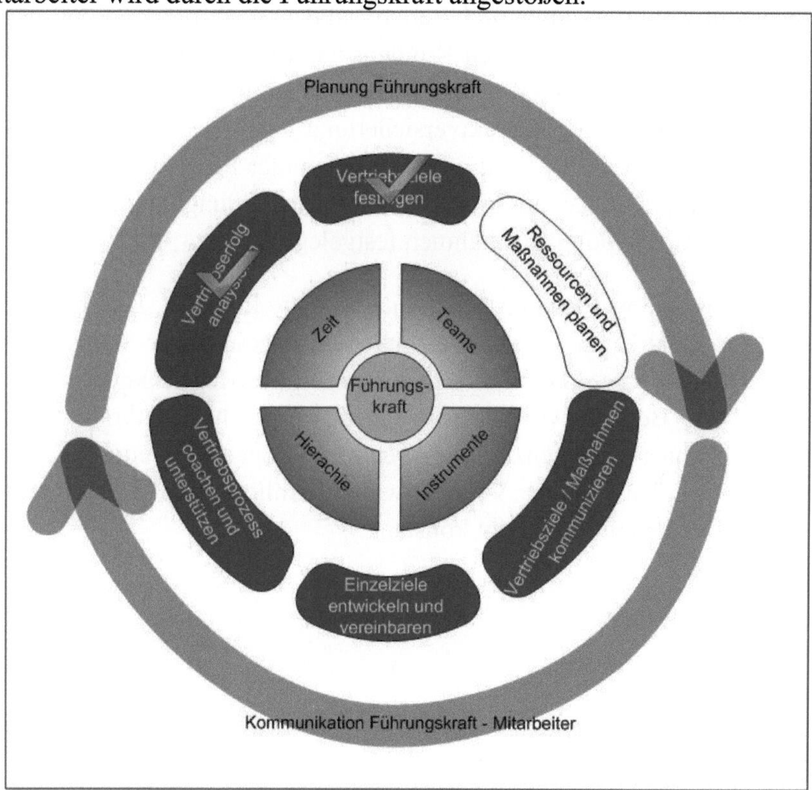

Abbildung 6-6: Führungsmodell Phase 3: Ressourcen und Maßnahmen planen[679]

[677] Vgl. Abschnitt 2.4.
[678] Vgl. Abschnitt 3.3.
[679] Eigene Darstellung.

Die durchzuführenden Maßnahmen und die zugehörigen Handlungen müssen konkret geplant werden, so dass einerseits Überschneidungen und andererseits eine Überlastung der Mitarbeiter ausgeschlossen werden kann. Durch die Einbindung der Mitarbeiter in die Planung wächst die Verbindlichkeit zu den Maßnahmen, das Engagement der Mitarbeiter in der Umsetzung steigt.[680]

Die Führungskraft kennt die Mitarbeiteranzahl, die zur Umsetzung der Ziele zur Verfügung stehen. Sie analysiert, welche Profile die Mitarbeiter aufweisen, wer die Top Verkäufer und Berater sind und ob die Zuordnung des Beraters mit dem zu betreuenden Kundenstamm konform geht.[681] So sollte der Berater, der kleine Unternehmen betreut, Wissen in den Bereichen „betriebliche Altersvorsorge, „Direktversicherung", und Finanzierung" vorhalten. Der Mitarbeitereinsatz wird grundsätzlich unter Einbeziehung der Aufgabenverteilung, Kundenzuordnung, Karriereentwicklung sowie Qualifizierungs- und Weiterbildungsmaßnahmen festgelegt.[682]

Die Vertriebsziele werden den Mitarbeitern nicht oktroyiert. Durch die Diskussion der Ziele kann beispielsweise eine Verlagerung der Schwerpunkte erfolgen.[683] Ein Team und ein Mitarbeiter erhält die Möglichkeit, Vertriebsziele z.B. vom Bereich Altersvorsorge in den Bereich Privatkredite umzuschichten, da hier die Potenziale des Teams und der Mitarbeiter besser angesprochen werden und die Verkaufswahrscheinlichkeiten höher bewertet werden.[684] Das Ertragsziel bleibt konstant.

[680] Vgl. Abschnitt 3.2 und Duderstadt, (2006), S.72.
[681] Vgl. Färber/Hopfner, (2006), S.40.
[682] Vgl. Abschnitt 3.3.6.
[683] Vgl. Färber/Hopfner, (2006), S.52f.
[684] Vgl. Abschnitt 3.2 und 3.3.

6.1.4 Vertriebsziele und Maßnahmen kommunizieren

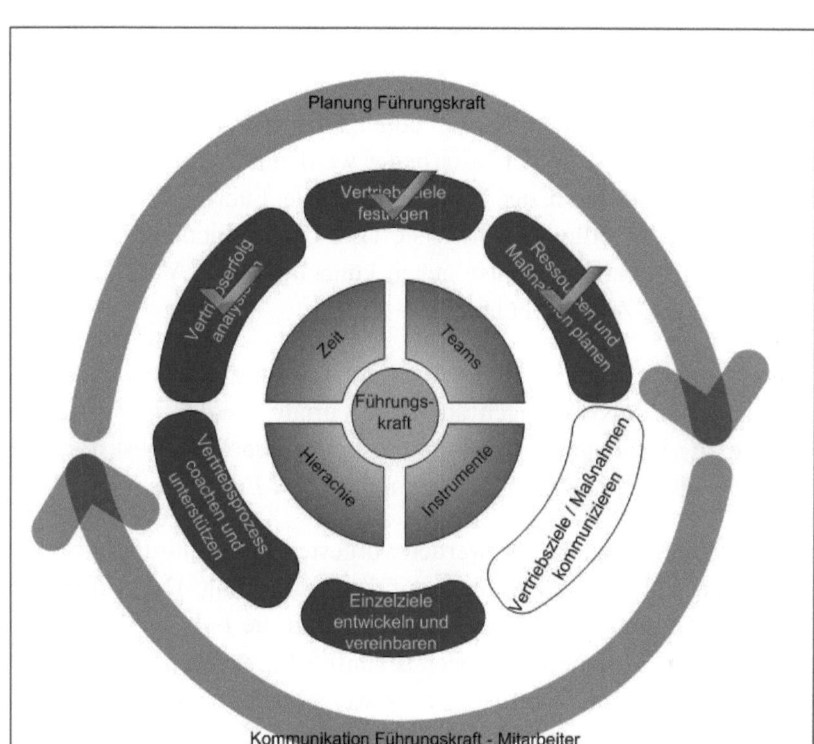

Abbildung 6-7:Führungsmodell Phase 4: Vertriebsziele und Maßnahmen kommunizieren[685]

Die Phasen 1 bis 3 im Bereich „Planung Führungskraft" sind abgeschlossen. In Phase 4 werden die Vertriebsziele und Maßnahmen an Team und Mitarbeiter kommuniziert. Mit Phase 4 beginnt, wie in Abbildung 6-7 dargestellt, die Kommunikation der Ziele durch die Führungskraft an die Mitarbeiter.

---

[685] Eigene Darstellung.

Ziel ist es, dem Team die Vertriebsziele und die damit verbunden Maßnahmen darzustellen.[686] Diese werden im Rahmen einer Jahresauftaktveranstaltung kommuniziert. Ein konstruktives Mitdenken und engagiertes Handeln der Mitarbeiter wird durch eine Identifikation mit den Zielen gefördert. Die Vertriebsziele orientieren sich auch an den von den Mitarbeitern gegebenen Vorschlägen.[687] Die zukünftigen Schwerpunkte werden erläutert und die Planung unter Einbeziehung der vorherigen Diskussion durch die Führungskraft begründet. Die Ideen der Mitarbeiter werden mit einbezogen. Sinnvoll erscheint eine Diskussion der Maßnahmen. Die Führungskraft kommuniziert kein starres Handlungsbündel; sie lässt die Einbindung von weiteren Ideen zu, die innovative Impulse geben können und die Verpflichtung der Mitarbeiter zu den Zielen erhöht.[688]

Die Führungskraft gibt einen Überblick zur Leistung des vergangenen Geschäftsjahrs. Die Auswertungen aus dem Vorjahr werden genutzt, um die Ergebnisse zu visualisieren. Die Führungskraft erklärt zunächst die Schwächen und belegt die konstruktive Kritik anhand der Ergebnisse.[689]

Die neuen Jahresvertriebsziele werden vorgestellt, die Führungskraft erläutert diese und den Weg in Hinblick auf die Realsierung. Die Aufgabenverteilung wird gemeinsam im Team erarbeitet und die Führungskraft arbeitet Ideen mit den Mitarbeitern aus, wer zukünftig besondere Anteile der Vertriebsziele erfüllen kann und bzw. oder welche Kampagnen und Maßnahmen zusätzlich geplant werden.[690]

Die Führungskraft macht transparent, dass sie ein Teil des Vertriebsteams ist und ebenso Ziele zu erreichen hat. Der Erfolg hängt von der Teamarbeit und der Kooperation der Mitarbeiter untereinander ab. Die Ziele und die Verantwortung der Führungskraft werden durch die eigens zu erfüllenden Ergebnisse deutlich gemacht. Diese spiegelt sich in den Verkaufszielen,

---

[686] Vgl. Dahlsten et al., (2005), S.529.
[687] Vgl. Abschnitt 3.2.3.
[688] Vgl. Abschnitt 3.2.
[689] Vgl. Abschnitt 6.3.1.
[690] Vgl. Ingram, (1989), S.30.

dem Sicherstellen der Kundenzufriedenheit und der Entwicklung der Mitarbeiterqualifikation wider.[691]

Die Führungskraft bereitet zur Vorstellung der Jahresziele die Mitarbeiter auf die Vereinbarung der Einzelziele vor. Dazu stimmen die Mitarbeiter der letzten Konstellation der Gesamtvertriebsziele zu. Vorher können keine Einzelziele entwickelt werden. Die jeweilige Zielvereinbarung mit den Mitarbeitern wird später in Einzelgesprächen festgelegt. Die Führungskraft nimmt Bezug auf die Vorjahresergebnisse, den zu betreuenden Kundenstamm und die neuen Vertriebsziele. Die neue Vereinbarung wird auf Basis der Mitarbeiterstärken und deren Entwicklungspotenzial getroffen.[692]

Zusätzlich werden Kundenveranstaltungen in der Filiale geplant. Beratungsfelder wie z.B. Altersvorsorge, Steueroptimierung, Wertpapiere, Immobilien und kleine Geschäftskunden werden durch Informationsabende unterstützt. Die Zielkunden werden persönlich vom Berater eingeladen, weil die persönliche Ansprache die Kundenbindung und die Kaufwahrscheinlichkeit des Kunden erhöht.

Die Planung wird schriftlich festgehalten und jedes Teammitglied gibt durch eine Unterschrift seine Verpflichtung ab, sich für die Teamvertriebsziele einzusetzen. Hierzu zählt auch die verbindliche Abgabe einer Terminquote, die das Team erreichen möchte. Eine Variante ist die Einigung eines Teams innerhalb einer Bankfiliale auf eine feste Anzahl von Beratungsterminen pro Berater und Woche.

6.1.5 Einzelziele entwickeln und vereinbaren

In Phase 5 in Abbildung 6-8 werden im Bereich „*Kommunikation Führungskraft-Mitarbeiter*“ Einzelziele entwickelt und vereinbart.

Ziel ist die Bewertung der Mitarbeiterleistung und die Festlegung eines Bonus, wenn flexible Gehaltsbestandteile implementiert sind.[693] Ein weite-

---

[691] Vgl. Abschnitt 6.3.2.
[692] Vgl. Abschnitt 6.2.
[693] Vgl. Abschnitt 3.3.6 und 3.2.

res Ziel ist, dass die Führungskraft mit den Mitarbeitern die qualitativen und quantitativen Einzelziele für das kommende Geschäftsjahr bespricht und vereinbart.

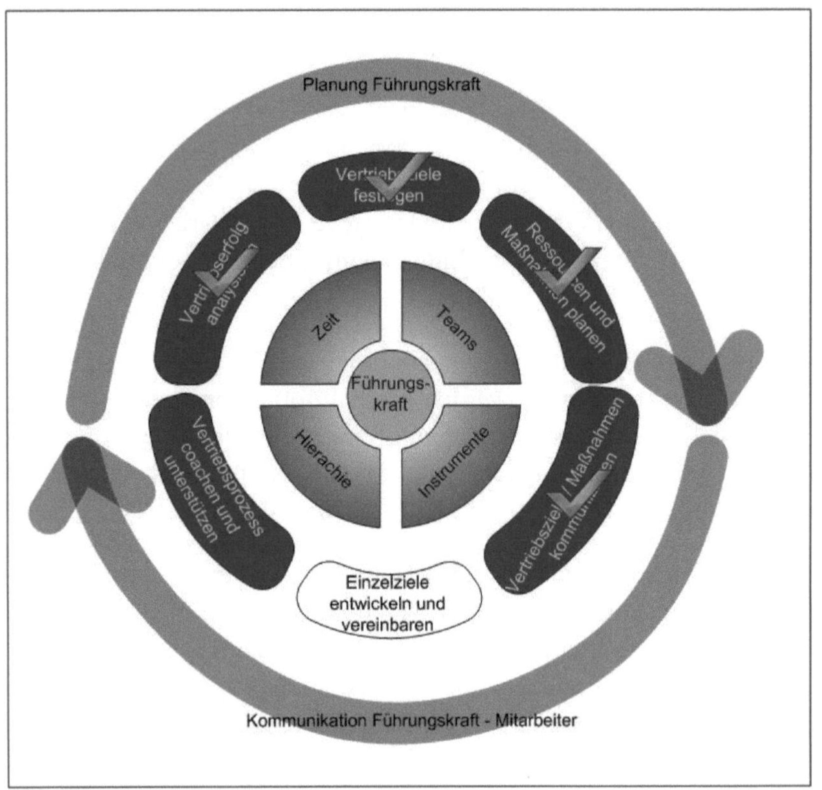

Abbildung 6-8: Führungsmodell Phase 5: Einzelziele entwickeln und vereinbaren[694]

In Einzelgesprächen gibt die Führungskraft einen Rückblick auf die Ergebnisse des einzelnen Mitarbeiters: Der Mitarbeiter soll seine Arbeit zunächst selbst bewerten. Die Einschätzung wird mit der Führungskraft abgeglichen. Die Führungskraft ermutigt den Mitarbeiter zum Dialog und Rückfragen zu der gewonnenen Beurteilung zu stellen.[695] Stärken des Mitarbeiters werden motivierend hervorgehoben und Verbesserungspotenziale werden aufge-

---

[694] Eigene Darstellung.
[695] Vgl. Abschnitt 3.2.1.

zeigt. Herausragende Leistungen wie eine besondere Akquisition werden thematisiert.[696]

Es folgt die Entwicklung und Vereinbarung der Vertriebsziele unter Berücksichtigung der Mitarbeiterprofile, der Einsatzplanung und des Kundenportfolios.[697] Der Mitarbeiter kann seine Zielvorstellungen erklären, diese werden mit den Erwartungen des Unternehmens in Vergleich gesetzt. Die Führungskraft erläutert dem Berater, warum stetige Steigerungsraten von Jahr zu Jahr notwendig sind und Ziele überdurchschnittlich gewachsen sind.[698] So war z.B. im Jahr 2004 durch den Wegfall der Steuerfreiheit für Lebensversicherungen mit einer größeren Anzahl von Abschlüssen zu rechnen, die in die Planung mit einzubeziehen sind.[699] Diese externe Faktoren und Marktgegebenheiten müssen berücksichtigt werden.

Die zwischen der Führungskraft und Mitarbeiter getroffene Vereinbarung wird schriftlich fixiert. Dem Mitarbeiter wird durch graphische Darstellungen seiner Teilziele an den Gesamtzielen, die zukünftige Verantwortung klarer, seine spezifische Position im Team wird deutlich.[700] Beispielsweise werden große Anteile der Bausparziele auch im Baufinanzierungsbereich erbracht. Die Erwartungen an den Verkäufer sind somit eindeutig formuliert.

Die Ziele müssen anspruchsvoll und motivierend gesetzt werden.[701] Das Erreichen der Einzelziele und Teamziele wird durch regelmäßige Gespräche und Teamrunden unterstützt. Die Termine für die Besprechung der Quartals, Ziel- und Leistungsauswertung sind obligatorisch. Die anteilige Zielerreichung wird regelmäßig mit dem Mitarbeiter besprochen.[702]

---

[696] Vgl. Ingram, (1989), S.30.
[697] Vgl. Abschnitt 4.2.2.
[698] Z.B. durch die stetige Inflation, steigende Miet-, Personal- und Energiekosten.
[699] Vgl. Abschnitt 6.3.
[700] Vgl. Herndl, (2005), S.109f.
[701] Vgl. Abschnitt 3.2, 3.3 und Pinnow, (2007), S.181.
[702] Vgl. Abschnitt 3.3.

6.1.6 Vertriebsprozess coachen und unterstützen

In Phase 6, wie in Abbildung 6-9 illustriert, coacht die Führungskraft die Mitarbeiter. Diese Phase ist die letzte im Bereich „*Kommunikation Führungskraft-Mitarbeiter*“:

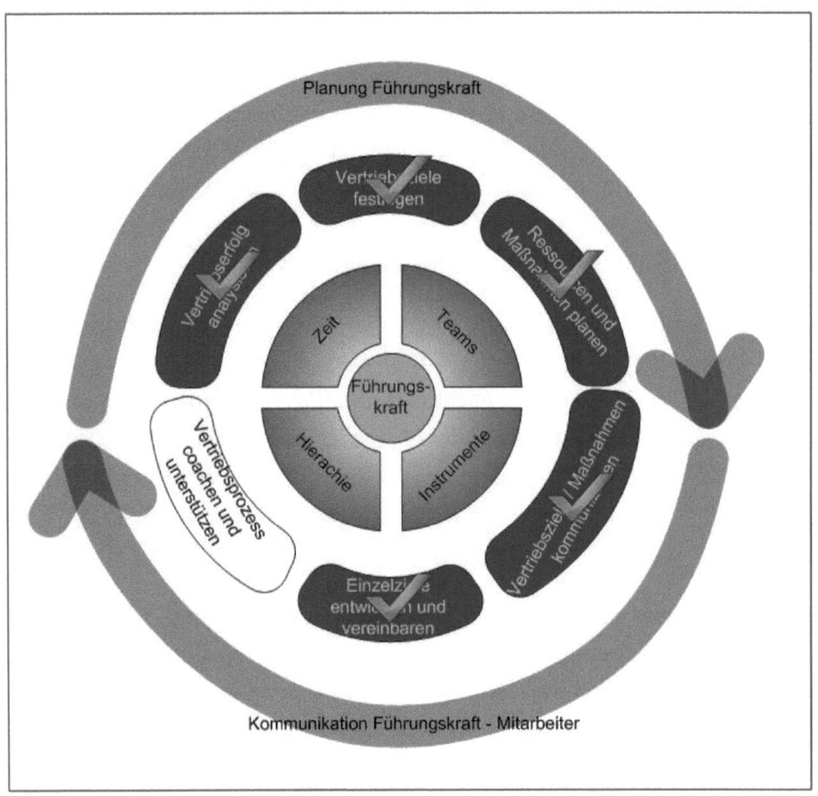

Abbildung 6-9: Führungsmodell Phase 6: Vertriebsprozess coachen und unterstützen[703]

Ziel ist es, die vom Mitarbeiter nicht genutzten Potenzialen z.B. durch Coachings[704] zu aktivieren. Es werden positive Entwicklungsmöglichkeiten

---

[703] Eigene Darstellung.

[704] Coaching bezeichnet einen interaktiven auf bestimmte Personen gerichteten Beratungs- und Betreuungsprozess, der in erster Linie auf die berufliche Rolle des Klienten und damit zusammenhängende aktuelle Anliegen zielt. Etrillard, (2005), S.70.

geschaffen, die zu mehr Vertrauen in die eigenen Fähigkeiten verhelfen. Dazu werden in der Planung feste Termine für Coachings und Seminare festgehalten. Der Mitarbeiter kann durch Weiterbildungen seine Leistung und seine Vertriebspotenziale ausbauen, wenn entsprechende Leistungsformate vorhanden sind; die Rahmenbedingungen dafür werden vom Unternehmen geschaffen.

Die Führungskraft analysiert die einzelnen Vertriebsergebnisse, um festzulegen bei welchem Mitarbeiter ein hoher Bedarf für ein Coaching besteht. Der Leiter entwickelt konkrete Ziele und Maßnahmen zur sukzessiven Entwicklung des Mitarbeiters. Um eine besonders hohe Terminquote zu generieren kann z.B. eine Unterstützung bei Terminvereinbarungen am Telefon helfen. Zu Beginn können einfache Verkaufsziele anvisiert werden, wie z.B. der Verkauf von Kreditkarten, Sparverträge mit Zinssonderaktionen und günstige Wiederanlagen von Fondsauszahlungen,[705] weil hier schnell Erfolgserlebnisse generiert werden.

Das Coaching durch die Führungskräfte hat zum Ziel, die Selbstreflexion und Selbstwahrnehmung der Berater zu stärken. Durch das Mentoring der Führungskraft bei Verkaufsgesprächen können Mängel und Verbesserungsmöglichkeiten in der Beratung gemeinsam analysiert und festgestellt werden.[706] Das Coaching wird nicht nur von der direkten Führungskraft übernommen. Sinnvoll ist die Einbindung von externen Coaches und Trainer. Sie bewerten und organisieren meist objektiv. Beispielhaft kann bei einer mangelnden Einbindung des Produkts Bausparen im Rahmen einer Baufinanzierung die Führungskraft Lösungsvorschläge unterbreiten, wie und wann das Thema in das Gespräch einbezogen werden kann, wenn ein Bedarf beim Kunden vorliegt; dies ist im Bereich der Baufinanzierung in der Regel der Fall.[707]

---

[705] Vgl. Abschnitt 3.3.
[706] Vgl. Herndl, (2005), S.86ff.
[707] Vgl. Abschnitt 4.2.

6.2 Das Vertriebsmodell im Retail Banking

Das Vertriebsmodell, mit einem integrierten Verkaufsprozess und den implementierten Vertriebsphasen, basiert auf der Grundlage der ganzheitlichen Kundenberatung.[708] Das in Abbildung 6-10 dargestellte Vertriebsmodell beschreibt die vom Verkäufer und Kundenberater zu erledigenden Aufgaben, um der Realisierung des Vertriebsauftrags nachzukommen.[709] Im Mittelpunkt des Kreislaufes steht der beratende Verkäufer, der Produkte verkauft und Kunden in Finanzdienstleistungsfragen berät.[710]

Der Kreislauf startet mit der Kundenauswahl und Terminvereinbarung. Es werden zuerst die Kunden angesprochen, bei denen die Kaufwahrscheinlichkeit hoch ist. Der Verkäufer vereinbart einen Termin mit dem Kunden. Vor dem Gespräch hat der Berater bereits Informationen über den Kunden und den zu besprechenden Sachverhalt gesammelt. Es gilt festzustellen, in welcher Lebensphase sich der Kunde befindet und welche Produkte den Kundenbedürfnissen entsprechen.[711] Der Berater nimmt Einsicht in Akten und in die digitale Kundenhistorie, um für sich eine Informationsgrundlage über die gesamte Kundenverbindung zu schaffen und auf Anfragen des Kunden über bestehende Verträge vorbereitet zu sein. Durch eine schnelle Problembehandlung kann dem Kunden so die Kompetenz des Beraters aufgezeigt werden. Im nächsten Schritt erfolgt eine ganzheitliche Potential- und Bedarfsanalyse des Kunden. Diese mündet in einem Angebot und führt im Idealfall zu einem Geschäftsabschluss. Nach der Phase Angebot und Abschluss folgt die After Sales Phase. Folgetermine werden vereinbart, so dass die Möglichkeit besteht, den Kunden über weitere Bedarfe und weiteren Nutzen zu informieren. Eine kompetente Kundenbetreuung führt möglicherweise dazu, dass der Kunde den Berater speziell oder den Vertreter des Unternehmens weiter empfiehlt und neue Kunden gewonnen werden. Der

---

[708] Vgl. Abschnitt 4.
[709] Vgl. Abschnitt 2.4.3.
[710] Vgl. Siemons, (2005), S.52.
[711] Vgl. Abschnitt 4.2.2 und 4.2.3.

Beratungsbedarf wird durch einen Termin nicht abgedeckt. Durch die Nachbearbeitung des Gesprächs werden weitere Beratungsbedarfe des Kunden aufgedeckt und analysiert. Der Vertriebszirkel endet und beginnt mit einer neuen Selektion und der Vereinbarung eines Kundentermins.[712]

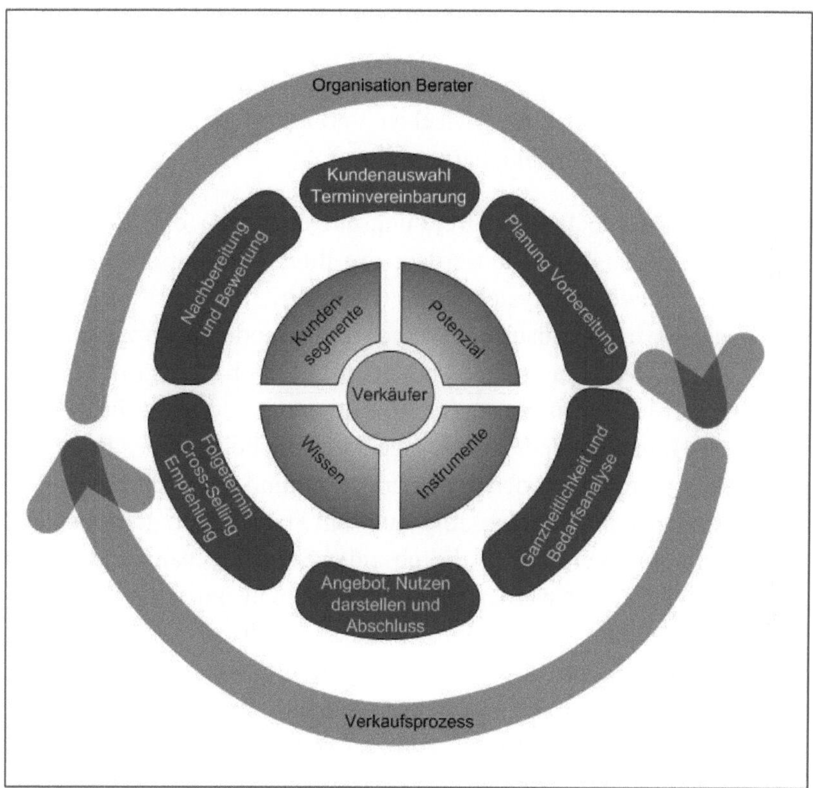

Abbildung 6-10: Vertriebsmodell[713]

Die Kompetenzvermittlung, über die Phase Angebot und Abschluss hin zur Weiterempfehlung, stellt den Verkaufsprozess zwischen Kunden und Berater da. Der Verkaufsprozess beschreibt alle Aktivitäten, die mit der Kontak-

[712] Vgl. Geyer, (2003) und Steck, (2006), S.61
[713] Eigene Darstellung. Zum Vertriebsprozess vgl. Steck, (2006), S.59f. und Siemons, (2005), S.51ff.

tierung von Kunden und Interessenten einhergehen. In der zweiten Hälfte des Vertriebsmodells werden Interessen identifiziert. Die interne Organisation des Beraters, die sich ohne Kundenkontakt vollzieht, erstreckt sich von der Nachbearbeitung bis hin zur Planung und Vorbereitung.[714]

Um diese Aufgaben im Rahmen des Vertriebsmodells durchführen zu können, müssen organisatorische Strukturen durch die Unternehmen festgelegt und Hilfsmittel zur Verfügung gestellt werden; dies wird durch die Kundensegmente, das Wissen, das Potenzial und die Instrumente auf der mittleren Ebene in Abbildung 6-10, die zwischen Verkäufer und den einzelnen Vertriebsschritten abgebildet sind, dargestellt.[715]

Instrumente stellen technische Beratungsanwendungen dar, die dem Verkäufer zur Verfügung gestellt werden; mit ihrer Hilfe wird die finanzielle Situation des Kunden analysiert und visualisiert.[716] Die gemeinsam entwickelten Ergebnisse und Lösungen können dem Kunden dann zur Verfügung gestellt werden. Der Berater wird im Verkauf durch Kampagnen unterstützt, die Kunden werden somit bereits im Vorfeld durch Werbung für das Thema sensibilisiert. Entsprechende Selektionen von Kunden, die z.B. per Brief angeschrieben wurden, werden dem Berater zumindest in schriftlicher Form zur Verfügung gestellt. Die konkrete Auswahl von Kunden gehört dann zum Aufgabenkreis des Verkäufers, die gesamte Selektion kann nicht manuell und allein durchgeführt werden. Das Unternehmen muss durch technische Instrumente und eine informationstechnisch gestützte Kundenverwaltung sicherstellen, dass Selektionen einfach angestoßen werden können, so dass der gesamte Kundenstamm betreut werden kann. Die Kundenhistorie, Produktabschlüsse und die Vertriebswertigkeit von Verträgen können ebenfalls über dieses System durch den Berater erfasst werden.[717]

Die mit dem Kunden abgeschlossenen Verträge werden digitalisiert. Dem Berater werden informationstechnische Programme zur Verfügung gestellt, die es erlauben Vertragsdaten einfach und mit geringem Aufwand aufzu-

---

[714] Vgl. Abschnitt 2.4.
[715] Vgl. Färber/Hopfner, (2006), S.43.
[716] Vgl. Abschnitt 4.2.3.
[717] Vgl. Abschnitt 2.3 und Dirsch/Riekeberg, (2005), S.196.

nehmen. Die Erfassung der Verträge zu den zugehörigen Produkten erfolgt durch Sachbearbeiter im Back-Office Bereich. Die Durchführung von administrativen Aufgaben wird vermieden, da wertvolle Verkaufs- und Beratungszeit verloren geht.

Die Verkaufsergebnisse der Berater werden nach Produktabschluss sofort registriert und sind jederzeit aufrufbar. Dies wird durch ein informationstechnisches System ermöglicht. Im Idealfall wird das gesamte Vertriebsmodell mit den erfassbaren Kennzahlen durch ein CRM-System abgebildet, so dass alle Kunden- und Verkaufsdaten schnell und einfach für Führungskraft und Berater ersichtlich sind.

Des Weiteren stellt es für die Finanzinstitute eine große Herausforderung dar, qualifizierte Mitarbeiter für den Verkauf von Finanzdienstleistungsprodukten zu finden:[718] Der Mitarbeiter ist heute Verkäufer und Berater zugleich. Dementsprechend hohe Anforderungen werden an Führungskräfte und Mitarbeiter gestellt. Den Beratern wird aktuell eine stark steigende Wissensmenge abverlangt. Bis vor einigen Jahre war keine dezidierte Ausbildung für den Beruf des Finanzberaters notwendig. Heute ist diese bei komplexer werdenden Produkten und steigenden Dokumentationsvorschriften zwingend notwendig und nachzuweisen; ohne diese ist eine Kundenberatung juristisch nicht mehr zugelassen. Dies wird im Vertriebskreislauslauf durch den dargestellten Begriff Wissen aufgenommen.[719] Eine Basisausbildung muss absolviert sein. Der beratende Verkäufer soll sich durch dieses Wissen im Vertrieb von Finanzdienstleistungen bewegen können und hohe Potenziale für den Ausbau dieser Vertriebstätigkeit inne haben, um langfristig im Vertrieb zu bestehen und um zukünftig auch komplexere Produktfelder beraten zu können oder sich z.B. zur Führungskraft im Vertrieb weiter entwickeln zu können.

Im Vertrieb sind Vergütungsmodelle mit einer stark erfolgsabhängigen Komponente möglich und werden genutzt, um qualifizierte Mitarbeiter zu gewinnen. Die Leistung des Mitarbeiters wird anhand der Produktverkäufe transparent gemacht. Eine hohe Vertriebsleistung hat hohe Provisionen zur

[718] Vgl. Abschnitt 5.2.2.
[719] Vgl. Abschnitt 2.4.3 und 2.4.4.

Folge. Es gilt Teams zusammenzustellen, die vertriebs- und beratungsstarke Mitarbeiter haben. Es werden Mitarbeiter benötigt, die nicht nur eine qualifizierte Beratung sicherstellen, sondern auch teamorientiert die abteilungsübergreifende Zusammenarbeit fördern. Diese Mitarbeiter müssen an das Unternehmen gebunden werden. Karrierepfade mit einem Anreiz zu langjähriger Betriebszugehörigkeit sind hier typische Stellhebel.[720]

Kundenerwartungen und Renditeziele werden nur mit motivierten und kompetenten Mitarbeitern erfüllt. Die derzeitigen Defizite im Bereich Beratung, die vom Kunden wahrgenommen werden, müssen im Zuge der Etablierung neuer Beratungskonzepte beseitigt werden.[721] Der Mitarbeiter ist dabei der ausschlaggebende Parameter für die Erhöhung der Kundenzufriedenheit. Der Vertriebsmitarbeiter wurde in den letzten Jahren von administrativen Aufgaben entbunden, so dass sich die aktive Vertriebs- und Beratungszeit für die Kunden erhöht. Durch Vertriebsschulung ist die Kompetenz der Mitarbeiter verbessert worden; es ist jedoch selten gelungen, die Mitarbeiter in aktive Verkäufer zu verändern. Gleichzeitig wurde durch massive Kostensenkungsprogramme der Mitarbeiterstamm gekürzt, so dass sich der Berater als Störfaktor wahrnimmt und nicht als Ertragsgenerator.[722]

Die Unzufriedenheit der Bankmitarbeiter ist somit verständlich und führt im internationalen Umfeld zu vergleichsweise schlechten Vertriebsleistungen.[723] Ziel muss es sein die Motivation der Mitarbeiter wieder zu erhöhen, ihre Qualifikationen zu verbessern und insgesamt mehr Verkaufszeit zu schaffen. Die Hebung des Leistungsformats kann durch folgenende Maßnahmen geschehen[724]:

- Durch kontinuierliches Training motivieren
- Karriere- und Entwicklungschancen im Vertrieb sicherstellen
- Das Erledigen von Vertriebs- und Beratungsaufgaben wertschätzen

[720] Vgl. Abschnitt 3.3.6
[721] Vgl. Abschnitt 4.2.3.
[722] Vgl. hierzu Ingram/Schwepker, (1993), S.3-6.
[723] Vgl. Abschnitt 4.1, 4.3 und Keck/Hahn, (2006), S.35.
[724] Vgl. Etrillard, (2005), S. 11-20 und S.63f.

- Durch erfolgsabhängige Bezahlung kurz- und mittelfristig motivieren
- Personal-, Sozial-, Methoden- und Fachkompetenz durch Schulungen ausbauen
- Zur besseren Organisation des Arbeitsplatzes und zur Hilfe bei der Interaktion mit dem Kunden Mitarbeitern einzeln coachen.
- Neue Mitarbeiter nur bei entsprechendem Vertriebsinteresse einstellen. Diese legen ein Verkaufsverhalten und Kundenorientierung an den Tag. Durch eine frühzeitige Karriereplanung der Mitarbeiter systematisch fördern und fordern.
- Mehr Zeit für den Vertrieb durch Umsetzung von Best Practice Ansätzen zur Verfügung stellen.[725]
- Zur Verbesserung der Vertriebsqualität Mitarbeiter neu einstellen.[726]

Mit diesen Maßnahmen kann der Vertrieb produktiver gestaltet werden, Berater bieten den Kunden mehr Beratungsqualität. Dies ist die Voraussetzung für das Etablieren und den Ausbau eines Beratungsstandards und hoher Kundenzufriedenheit.

Das Wissen und die Leistungsbereitschaft stellen die Voraussetzungen für eine potenzielle Karriere im Vertrieb. Es werden hohe und breit gefächerte fachliche Anforderungen gestellt, die jeder Mitarbeiter je nach zu beratendem Kundensegment und Zielgruppe inne hat und darüber hinaus erlernen kann, damit die Aufgaben, die vom Kunden in das Team hineingetragen werden, bewältigt werden. Neben fachlichen sind hohe soziale Fähigkeiten gefordert, da der Berater nicht nur im Team, sondern auch mit unterschiedlichsten Kunden interagiert.[727]

Abbildung 6-11 zeigt eine beispielhafte Darstellung von Wissen eines Mitarbeiters, also den Ausbildungsstand im Bezug auf seine Fähigkeiten, die er aktuell inne. Dies stellt den Ist-Zustand dar. Im Gegensatz dazu werden notwendige Potenziale aufgezeigt, die der Mitarbeiter inne haben sollte, um

[725] Vgl. Bartmann, (2005), S.21ff.
[726] Vgl. Wieneke, (2008), S.27.
[727] Vgl. Abschnitt 2.4.4.

sich positiv zu entwickeln und den Kundenstamm langfristig ausbauen zu können. Je nach Einsatzbereich des Mitarbeiters muss dieser ein Wissen aufweisen, das ihn in die Lage versetzt, die vom Unternehmen, von sich selbst und von den Kunden gestellten Anforderungen zu erfüllen.

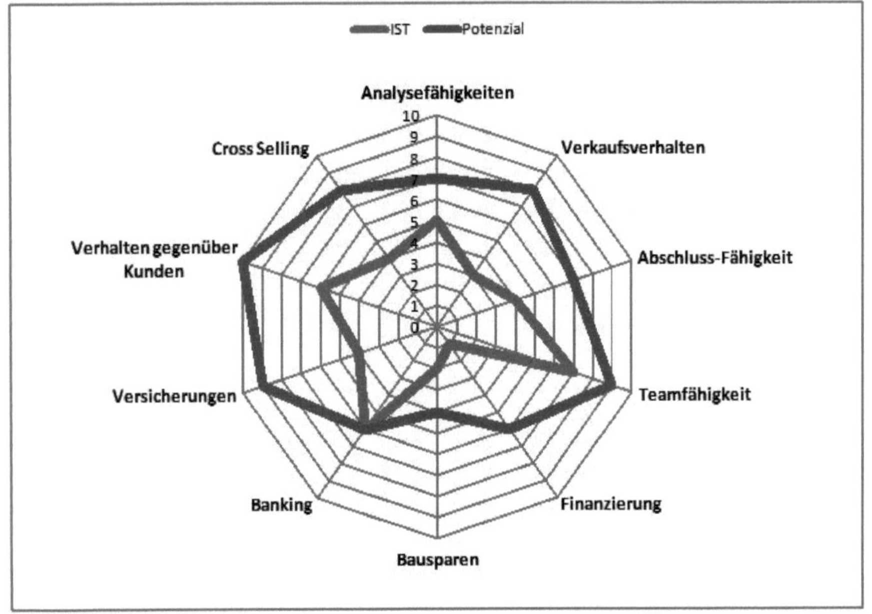

Abbildung 6-11: Wissen und Potenzial der Vertriebsmitarbeiter[728]

Die Abbildung 6-11 zeigt ein beispielhaftes Netzdiagramm[729], dass das Wissen und die Potenziale als einen Vergleich darstellt. Im vorliegenden Beispiel sind dies die Kompetenzen des Beraters für Analysefähigkeit, Verkaufsverhalten, Abschlussfähigkeit, Teamfähigkeit, Finanzierung, Bausparen, Banking, Versicherungen, Verhalten gegenüber Kunden und Cross-Selling. Die Themenbereiche und die Bewertung dieser sollen darüber Aufschluss geben, wie gut der Mitarbeiter in den Produktfeldern, im Bereich des Verkaufens, des Beratens und auch im Hinblick auf die Teamfähigkeit aufgestellt ist. Ein Berater, der z.B. im Bereich Baufinanzierung und auch Finanzierungen von Kleinselbständigen ein zu beratendes Kundensegment hat, sollte besonderes Wissen bei den Produktfeldern Finanzierung und Ver-

[728] Eigene Darstellung in Anlehnung an Suter, (2007), o.S. und Binder, (2003), S.121.

[729] Zum Netzdiagramm vgl. Tan/Fraser, (1998), S.21ff. und Coral et al., (2006), 452ff.

sicherungen haben. Potenziale in diesem Bereich müssen ebenfalls gegeben sein, so dass der Mitarbeiter Karrierepfade in diesem Bereich gehen kann und zukünftig auch komplexere Fragestellungen[730], z.B. für kleinere Unternehmen, bearbeiten und beraten kann. Ausgeprägte Analysefähigkeiten und Teamfähigkeiten sind besonders gefordert, da eine umfangreiche und langfristige Finanzierung mit anderen Abteilungen und Spezialberatern diskutiert werden muss. Ein ausgeprägtes Wissen im Bereich Banking ist eher zu vernachlässigen, da Standardprodukte in diesem Kundensegment weniger nachgefragt werden. Der hier beratende Kunde fragt komplexere Themenbereiche ab.

Das oben dargestellt Netzdiagramm kann zusätzlich für eine qualitative Zielvereinbarung zwischen Führungskraft und Mitarbeiter genutzt werden. Die Führungskraft vereinbart mit dem Mitarbeiter, dass im nächsten Beurteilungszeitraum das Verkaufsverhalten gesteigert werden muss. Durch diese Zielvereinbarung verpflichtet sich der Mitarbeiter, sein Wissen hin zu den Potenzialen auszubauen. Gleichzeitig ist die Führungskraft verpflichtet eine Infrastruktur zu schaffen, die es dem Mitarbeiter erlaubt, sein Wissen und Können auszubauen. Dazu kann die Führungskraft in Beratungsgesprächen zur Seite stehen oder plant entsprechende Weiterbildungsmöglichkeiten durch z.B. Seminare und Verkaufsschulungen gemeinsam mit dem Mitarbeiter.[731]

Eine Neueinstellung z.B. über ein Assessment-Center garantiert nicht, dass ein Mitarbeiter mit hohem Wissen und hohem Potenzial akquiriert werden kann.[732] Allerdings erhöht es die Wahrscheinlichkeit, dass ein Mitarbeiter gewonnen wird, der eher den Anforderungen gewachsen ist. Es ist die Aufgabe des Unternehmens den Berater weiter zu entwickeln.[733]

---

[730] Vgl. Jöri et al., (2007), S.24f.
[731] Vgl. Abschnitt 2.4.4 und 5.2.2. und Siemons, (2005), S.46f.
[732] Vgl. Jöri et al., (2007), S.24f
[733] Vgl. Abschnitt 3.3.6.

Die letzte Voraussetzung für die Umsetzung des Vertriebszirkels ist die Ein- und Zuteilung der Kunden zu einem Berater durch eine Kundensegmentierung.[734]

6.2.1 Kundenauswahl und Terminvereinbarung

Ziel dieser Phase ist das Planen und Steuern des Vertriebserfolges. Der Prozess beginnt gemäß Abbildung 6-12 in der oberen Mitte. Nach *Witte* ist „Planen eine Tätigkeit, die darin besteht, Pläne zu machen". Dies schließt die Festlegung zukünftiger Handlungen und Tätigkeiten mit ein, im Voraus zu beschreiben, was mit welchen Mitteln getan werden soll.[735] Dies geschieht durch eine Kundenselektion und durch das Kontaktieren der Kunden. Die zu erreichenden Vertriebsziele sind mit der Führungskraft festgelegt worden.

In die Selektion fließen Vertriebskampagnen mit ein.[736] Der Mitarbeiter ist im Vorfeld in einer Teamsitzung über anstehende Maßnahmen zu informieren.

Im Idealfall wird zur Selektion des Kundenstamms ein CRM-Modell genutzt, das es erlaubt, durch Filter auf eine einfache Art Kunden zu selektieren, die z.B. bereits eine Baufinanzierung haben, die aber noch keinen Bausparvertrag abgeschlossen haben. Weitere Selektionskriterien können folgende Filter sein: Inanspruchnahme des Dispositionsrahmens, Summe der Spareinlagen oder Depotvolumen.

---

[734] Vgl. Abschnitt 4.2.2.
[735] Vgl. Witte, (1979), S.48.
[736] Vgl. Abschnitt 6.1.

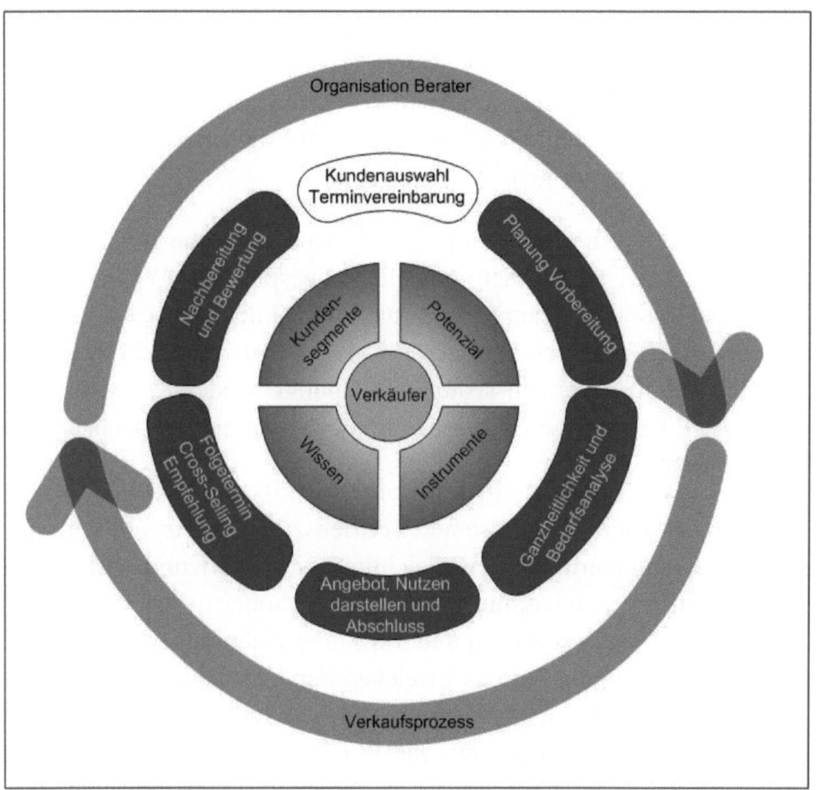

Abbildung 6-12: Vertriebsmodell Phase 1: Kundenselektion und Terminvereinbarung[737]

Der Vertriebsmitarbeiter bearbeitet die durch das Unternehmen generierten Ansprachehinweise.[738] Eigene Selektionen werden von jedem Berater initiiert. Kontakthinweise zu auslaufenden Verträgen oder Beratungsbedarf im Bereich Vorsorge müssen von jedem Berater generierbar sein. Neben Kundenterminen werden potentielle Neukunden und Interessenten als Beratungstermin erfasst. Die selektierten Kunden werden nochmals geprüft und der Berater trifft eine zu kontaktierende Auswahl. Vor dem Kontakt wird die Kundenhistorie geprüft, so dass die Gefahr von Doppelansprachen oder die Ansprache von nicht interessierten Kunden zu einem Themenfeld ausge-

[737] Eigene Darstellung.

[738] Vgl. Abschnitt 2.3.

schlossen werden kann. Die in der Vergangenheit geführten Gespräche und Produktabschlüsse sind im CRM System erfasst, so dass der Verkäufer einen ganzheitlichen Eindruck gewinnen kann. Die eventuelle Übergabe des Kunden an einen anderen Mitarbeiter kann aufgrund der lückenlosen Dokumentation leichter erfolgen.[739]

Der Berater legt Art und Zeitpunkt der Kontaktaufnahme fest. Der Kunde wird via Mail, via Telefon oder persönlich angesprochen. Wenn der Kunde nicht kontaktiert werden kann oder aktuell kein Interesse besteht, wird der Anspracheversuch als Wiedervorlage für die Zukunft gespeichert. Der Kundenbetreuer nimmt zu einem späteren Zeitpunkt wieder Kontakt mit dem Kunden auf. Eine vom Kunden gewünschte Kontaktsperre kann ebenfalls im System erfasst werden.

Der Berater assoziiert anhand seiner Vertriebsziele die Anzahl der zu vereinbarenden Kundentermine, berücksichtigt, wie viele Kunden er zu selektieren und anzusprechen hat, um eine möglichst hohe Anzahl von Terminen zu vereinbaren. Kundenselektion und Terminvereinbarungen sind die wichtigsten Voraussetzungen, um das Erreichen der Vertriebsziele sicherzustellen. Der Berater im Retail Banking sollte 12-15 feste Termine pro Woche planen. Der Terminvorlauf beträgt eine Woche, so dass die aktuelle Woche und die folgende Woche geplant werden können.[740] Durch die Kundenselektion können mehr erfolgsversprechende Termine erreicht werden, da der Berater im Vorfeld Zielgruppe, Kundenverbindung, mögliche Kundeninteressen sowie Kundenhistorie geprüft hat.[741]

Vor der Kontaktaufnahme sollte der Verkäufer die gesammelten Daten zusammentragen, um auf Kundenanfragen adäquat reagieren zu können. Der Termin wird persönlich in der Filiale oder via Telefon verabredet. Eine schriftliche Vereinbarung wird nur im Ausnahmefall versandt. Bei der Terminvereinbarung wird der Kunden über die voraussichtliche Gesprächsdauer und Unterlagenerfordernisse informiert. Das Unternehmen hält dazu Checklisten vor; wenn der Kunde z.B. über das Themenfeld Baufinanzie-

[739] Vgl. Abschnitt 2.3.
[740] Vgl. Siemons, (2005), S.47.
[741] Vgl. Abschnitt 6.3.

rung informiert werden möchte, sind hier umfangreiche Auskünfte über die finanzielle Situation des Kunden notwendig und ebenso detaillierte Informationen zum Kauf oder Neubau einer Immobilie.[742]

Der vereinbarte Termin, der geplante Beratungsinhalt und eventuelle Vertragsabschlüsse mit Art und Umfang werden im CRM System erfasst. Der Termin ist für alle weiteren Teammitglieder in der Kundenhistorie einsehbar, so dass keine Doppelansprachen erfolgen. Bei einem Ausfall des Termins, z.B. wegen einer krankheitsbedingten Verhinderung des Beraters, kann der Kunde informiert werden. Ist ein anderer zum Sachgebiet geschulter Berater vor Ort, wird der Termin von diesem übernommen.[743]

Für den Bereich Vorsorge kann der Kundenberater die Teilnehmerlisten von zurückliegenden Veranstaltungen einsehen, um so einfache Gesprächsaufhänger bei der Kontaktaufnahme mit dem Kunden zu haben. Aktuelle Presseberichte zu den Themen der gesetzlichen Vorsorge, Renten-, Steuer- und Gesundheitsreform werden grundsätzlich eruiert.

Bei Finanzierungen von Kundenwünschen durch Konsumentenkredite sind besonders Kunden mit hohen Inanspruchnahmen des Dispositionskredites interessant. Geschäftsansätze können Kreditverbindlichkeiten bei anderen Instituten oder Zusammenfassungen von Verbindlichkeiten verschiedener Kaufhäuser und Institute sein, um die Finanzen des Kunden durch eine Bankverbindung zu konsolidieren. Der Kunde wird nicht als Bittsteller identifiziert, sondern der Verkäufer bietet ein Angebot an.[744]

6.2.2 Planung und Vorbereitung

Ziel der zweiten Phase „Planung und Vorbereitung" ist die Entwicklung eines Überblicks der aktuellen und zukünftigen Zielrealisierung des Bera-

[742] Vgl. Abschnitt 2.4.4.
[743] Vgl. Abschnitt 2.3.
[744] Vgl. Abschnitt 2.4 und 4.2.1.

ters. Die Ergebnisse der ersten Phase sind Grundlage und Voraussetzung für Phase 2, die in Abbildung 6-13 der ersten Phase folgt.

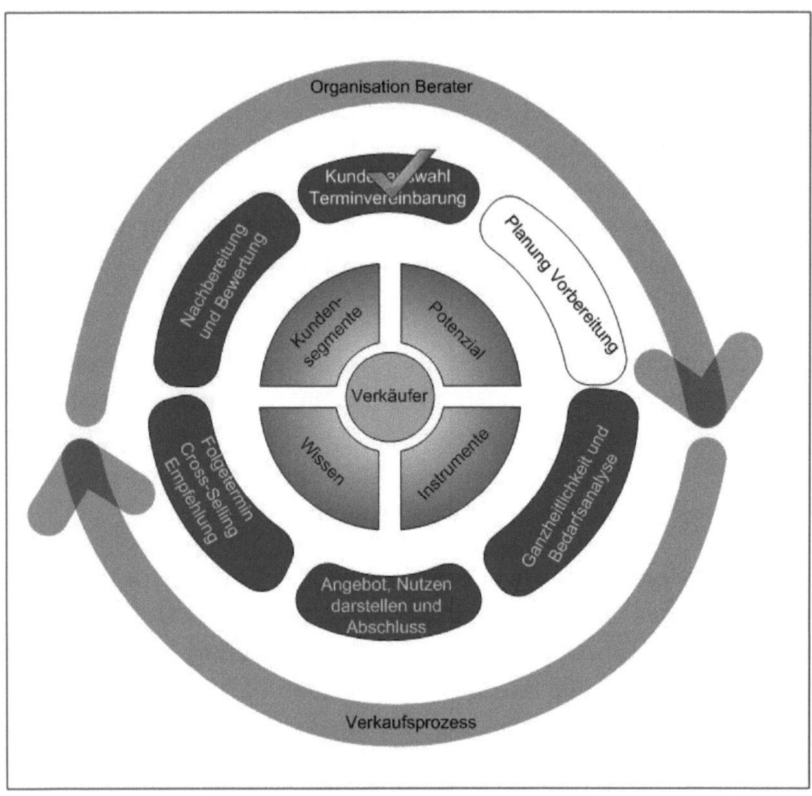

Abbildung 6-13:Vertriebsmodell Phase 2: Planung und Vorbereitung[745]

Die Kundentermine müssen kontinuierlich geplant werden, um einen Beitrag zum Teamerfolg zu leisten. Der Verkäufer erfasst den möglichen Produktabschluss im CRM System.[746] Dies stellt sicher, dass in Kombination mit einer Wertigkeit des zukünftigen Produktabschlusses der Berater und die Führungskraft assoziieren können, ob die Vertriebsziele mit der Quantität und Qualität der vereinbarten Termine erreicht werden können.[747] Im Vordergrund steht nicht die exakte Bestimmung der Erträge durch den mög-

[745] Eigene Darstellung.
[746] Vgl. Abschnitt 2.3 und 6.3.
[747] Vgl. Bütner, (2005), S.225.

lichen Verkauf, sondern dass Termine mit Beratungsthemen bewertbar und messbar sind. Ein Abgleich mit den Mitarbeiterzielen kann genau dann erfolgen, wenn die Messung in der gleichen Einheit erfolgt.[748] Um eine aktuelle Datenbasis zu gewährleisten, erfasst der Berater alle Termine zeitnah. Anhand der vereinbarten Termine und der geplanten Vertragsabschlüsse kann ein aktueller Vertriebsstatus in Abgleich mit den Vertriebszielen für Team und Mitarbeiter entwickelt werden.[749] Wird das vereinbarte Vertriebsziel für die Woche nicht erreicht, ist die Vereinbarung weiterer Termine notwendig. Die regelmäßige Planung der Termine ist die Basis für einen stetigen Vertriebserfolg.

Der Erfolg des Kundengesprächs wird durch eine gute Vorbereitung gesichert. Alle Informationen zu der Kundenverbindung werden zusammengetragen und analysiert. Dazu gehören z.B. Bedürfnisse, Prioritäten, Familienstand, Kinder, Steuerberater, Zielgruppe, aktuelle Finanzprodukte des Kunden und vergangene Gesprächsnotizen.[750]

Ein weiterer Bestandteil der Planungs- und Vorbereitungsphase ist die Kalkulation des Zeitbedarfes und des Gesprächsumfang. Der Berater überschlägt die Dauer für Gesprächsführung und Nachbearbeitung, um die vorgesehenen Themenfelder mit dem Kunden besprechen zu können.[751] Lücken im Kundenprofil sind aufzudecken: Ein fehlender Lebensversicherungsschutz einer Familie muss unbedingt vom Berater thematisiert werden; ein weiterer Mangel kann die unzureichende Berufsunfähigkeitsversicherung sein, die aufgrund der positiven Gehaltsentwicklung des Kunden keinen ausreichenden Schutz zur Wahrung des Lebensstandards mehr bietet. Im Vordergrund steht nicht der Produktverkauf, sondern die Problemstellung des Kunden, die die Absicherung und Erhöhung des Lebensstandards zum Ziel hat.[752]

---

[748] Vgl. Abschnitt 6.3.1.
[749] Ebd.
[750] Vgl. Abschnitt 2.3.
[751] Vgl. Hofbauer/Hellwig, (2005), S.150.
[752] Vgl. Abschnitt 4.2.3.

Es ist zu beachten, dass Erstgespräche mit Interessenten und Neukunden einen größeren Zeitaufwand bedeuten, da die persönliche Informationen des Kunden noch nicht erfasst sind und vor einer Beratung erhoben werden müssen.

Vor Gesprächsbeginn hat der Berater sich über den unternehmerischen Verhandlungsspielraum bei den unterschiedlichen Produkten zu vergewissern. Der Berater informiert sich über aktuelle Zinssätze im Anlage- und Finanzierungsbereich. Das CRM System dient zur Justierung der Angebote, um einen ertragreichen Vertragsabschluss sicher zu stellen. Das entsprechende System bietet dem Berater die Möglichkeit verschiedene Vertragsgestaltung z.B. mit unterschiedlichen Zinssätzen zu prüfen. Es wird unter Eingabe der unterschiedlichen Parameter ersichtlich, welche Vertragsgestaltung besonders ertragsreich für das Unternehmen ist. Im Kreditgeschäft stellt das z.B. die Kombination vom Kreditbetrag, Schufa-Score[753], Laufzeit, Zinssatz und Bearbeitungskosten dar. Es gilt zusätzlich, die Erträge der Gesamtkundenverbindung mit einzubeziehen.

Vor jedem Gespräch werden Produkt- und Kundenkenntnisse aktualisiert. Das Unternehmen muss dazu eine Kommunikationsplattform durch Internet, Intranet, Telefonhotline und Helpdesk bieten, die es gewährleistet, dass der Berater Zugriff auf aktuelle Informationen hat. Dies wird auch durch den Austausch mit Themen- und Produktverantwortlichen gewährleistet, die im Team zu etablieren sind. So hat genau ein Teammitglied sich stets um die Veränderungen im Bausparbereich zu informieren und diese zu kommunizieren. Experten werden zum Gespräch hinzugeholt, wenn spezielle und komplexe Themen zur Debatte stehen, wie z.B. bei einer Direktversicherung im Bereich der betrieblichen Altersvorsorge oder einer gewerblichen Immobilienfinanzierung.[754]

Für den Verkauf von Vorsorgeprodukten müssen die Kontoumsätze nach bereits bestehenden Verträgen bei anderen Instituten durchleuchtet werden. Die Prämien, die über das beim Institut vorhandene Gehaltskonto gebucht werden, geben hier wichtige Informationen und Ansprachehinweise. Anga-

---

753 Zu Scoremodellen vgl. Henking/Bluhm/Fahrmeir, (2006), hier insbesondere S.228f.
754 Vgl. Kremlica/Strothmann/Vedova, (2004), S.10-13.

ben über auslaufende Lebensversicherungen, ausgeschöpfte Sparerfreibeträge[755], Kinder und Enkelkinder können weitere Indizien für den sinnvollen Einsatz von Lebensversicherungen sein. Der Kundenberater kennt die qualitativen Stärken des eigenen Vorsorgeprodukts im Vergleich zu Konkurrenzprodukten, um eventuelle Gegenangebote diskutieren zu können. So kann dem Kunden das Angebot unterbreitet werden, wobei vorliegende Angebote von Wettbewerbern in die Beratung zu integrieren sind: Der Vergleich schafft Transparenz für Berater und Kunden.

Im Bereich des Konsumentenkredites sind Kreditakten, Kontoumsätze und eventuell vorliegende Schufa-Einträge einzusehen. Die Kosten und Einnahmen stellt der Kundenberater bereits in einer Haushaltsrechnung zusammen. Noch beizubringende Informationen wie beispielsweise die jährliche Versicherungsrate des Autos werden aufgenommen.

[755] Durch das Unternehmenssteuerreformgesetzt 2008 wurde die Abgeltungssteuer auf Kapitalerträge zum 01.01.2009 eingeführt. Dabei wurden der Sparerfreibetrag und der für Kapitaleinkünfte geltende Werbungskostenpauschbetrag zu einem einheitlichen Betrag von € 801 bzw. € 1602 für Ehepaare zusammengefasst.

6.2.3 Ganzheitlichkeit und Bedarfsanalyse

Mit Beginn der dritten Phase in Abbildung 6-14 ist die interne Organisation des Verkäufers abgeschlossen und der Verkaufsprozess startet.[756] Ziel der dritten Phase ist die Vermittlung von Kompetenz an den Kunden und die Vorstellung eines ganzheitlichen Beratungsansatzes.

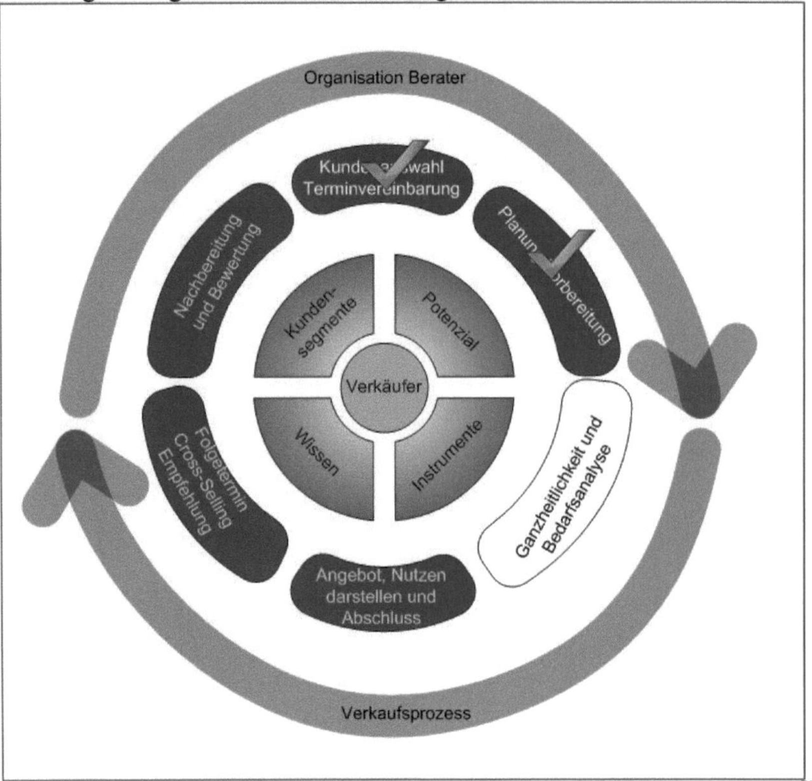

Abbildung 6-14: Vertriebsmodell Phase 3: Ganzheitlichkeit und Bedarfsanalyse[757]

Das Finanzinstitut stellt sicher, dass durch die Auswahl der Mitarbeiter ein Maximum an fachlicher und menschlicher Kompetenz vermittelt werden kann.[758] Entscheidend hängt dies vom Einsatz und der Nutzung technischer Systeme ab, die in der Kundenberatung eingesetzt werden. Insbesondere bei

[756] Vgl. Abschnitt 2.4 und Abschnitt 6.2.
[757] Eigene Darstellung.
[758] Vgl. Abschnitt 6.2

dem Verkauf von Finanzdienstleistungen kann der Berater durch die Systeme seine Qualifikation darstellen und komplexe Sachverhalte in Kombination mit dem persönlichen Wissen erklären und visualisieren. Der Berater sensibilisiert den Kunden für die Beratungsthemen und weckt die Bereitschaft beim Kunden, eine ganzheitliche Beratung durchführen zu lassen.[759] Dies mündet darin, dass der Kunde vorerst einmalig seine gesamten finanzwirtschaftlichen Daten Preis geben muss und Unternehmen und Berater zur Analyse der Lebenssituation mit umfangreichen Informationen ausstattet.

Der Mehrwert des ganzheitlichen Beratungsansatzes kann durch technische Instrumente dargestellt werden oder wird durch den Einsatz durch ein auf die Kundensegmente und Zielgruppen abgestimmtes Broschürensystem vermittelt.[760] Der Berater kann dem Kunden zusätzlich ohne eine technische Umgebung die Vorteile aufzeigen. Je nach Lebenssituation und Bedürfnis des Kunden kann ein Lösungsansatz angeboten werden. Der Kunde nimmt ein individuelles Beratungskonzept wahr, dass explizit für ihn aufgebaut wurde.[761]

Entscheidend ist, dass der Kunde seinen persönlichen Nutzen erkennt. Dabei stellt die ganzheitliche Beratung das eigentliche Produkt dar. Ein Großteil der Bevölkerung fühlt sich durch die vorherrschende Unsicherheit, Rentenlücken und z.B. Pflegebedürftigkeit beunruhigt. D.h. dass die ganzheitliche Beratung allen Kunden zugänglich gemacht werden muss. Durch den Ansatz wird sichergestellt, dass die Ziele des Kunden mit Rücksicht auf die individuelle Situation umgesetzt werden. Die Beratung durch das Finanzinstitut ermöglicht es, dass die monetären Mittel besser gelenkt und genutzt werden, so dass mehr Bedürfnisse des Kunden befriedigt werden können und nicht lediglich ein einzelnes Produkt verkauft wird.[762]

Der Berater muss dazu stetig über die persönliche Lebenssituation und eventuelle Veränderungen informiert werden. Er überzeugt den Kunden, dass das Unternehmen, repräsentiert durch den Berater, einen höheren

---

[759] Vgl. Hildebrand, (2006), S.84.
[760] Vgl. Färber/Hopfner, (2006), S. 35.
[761] Vgl. Siemons, (2005), S.54.
[762] Vgl. Abschnitt 4.2.

Mehrwert schaffen kann als der Kunde durch die Zusammenstellung der einzelnen Produkte selbst erzielen könnte. Dem Kunden wird mit Hilfe der Broschüren und anderen Hilfsmittel verdeutlicht, dass die einzelnen Themen immer im Kontext der Gesamtsituation gesehen werden. Die Kapitallebensversicherung dient zur Schließung der Rentenlücke und stellt gleichzeitig sicher, dass im Todesfall der Hinterbliebene oder die Hinterbliebene versorgt ist. Ein zu geringer Risikoschutz wird durch den Berater analysiert und im Bedarfsfall erhöht.

Eine stärkere Vertrauensbasis zwischen Kunde und Berater kann aufgebaut werden, wenn der Kunde seinen Zusatznutzen durch die Beratung erkennt. Dies hat zur Folge, dass Zusatzinformationen vom Kunden preisgegeben werden, die der Berater für weitere Besprechungen nutzen kann. Die Daten des Kunden werden dokumentiert und analysiert. Sie werden wieder in einem zentralen System erfasst und sind im Idealfall mit den technischen Beratungsanwendungen verbunden, so dass die Informationen übergreifend zur Verfügung stehen. Die Ergebnisse der Beratung werden gemeinsam mit dem Kunden besprochen. Eine Zusendung der Analyse per Post sollte nicht erfolgen, da komplexere Sachverhalte nur in einem persönlichen Beratungsgespräch verdeutlich werden können. Alle Daten und Aktivitäten werden in der Kundenhistorie festgehalten.[763]

Das Ziel dieser Phase ist die Vorbereitung des Produktverkaufs. Es wird nicht gelingen, das Interesse des Kunden lediglich über die Produktvorteile einer Lebensversicherung zu gewinnen. Hierdurch wird nur eine geringe Anregungswirkung erzielt.[764] Der Berater kann viele Kunden zum Thema Lebensversicherung ansprechen und wird auch einige Produkte verkaufen. Sinnvoller ist die Analyse der Kundenziele, um dann die vorteilhafteste Lösung zu präsentieren, die am stärksten mit den Interessen des Kunden korrespondiert.[765]

Im Vorsorgebereich muss der Berater die aktuelle Rentensituation transparent machen. Dies kann durch Berechnung der Rente erfolgen und durch die

---

[763] Vgl. Abschnitt 2.3.
[764] Vgl. Abschnitt 2.4.3.
[765] Vgl. Hildebrand, (2006), S.84.

sich ergebenen Versorgungslücke zum derzeitigen Gehalt. Der Kunde muss die Vielfältigkeit der Vorsorgeprodukte erkennen. Dazu gehören die Inanspruchnahme der staatlichen Förderung im Rahmen der Riester- und Rürup-Rente und die Möglichkeit, die Lebensversicherung als Sparprodukte für die Ausbildung der Kinder zu nutzen. Die Absicherung der eigenen Arbeitskraft über Erwerbs- und Berufsunfähigkeitsversicherung ist obligatorisch.[766]

Im Finanzierungsbereich hat der Berater die Haushaltsrechnung, die die Einnahmen und Ausgaben des Kunden widerspiegelt, detailliert zu besprechen, so dass keine Abweichungen zwischen den tatsächlichen Kosten und dem Vertrag zugrunde gelegtem Budget besteht. Beispielsweise kann die anstehende Geburt eines Kindes die Haushaltsrechnung beeinflussen, so dass die Ausgabe eines Kredites nicht mehr möglich ist.

6.2.4 Angebot und Abschluss

Die vorhergehenden Vorbereitungs- und Analysephasen hatten zum Ziel, dem Kunden ein individuelles Angebot zu unterbreiten, das einen Bedarf aufzeigt und die Bedürfnisse des Kunden befriedigt. Nachdem der Berater das passende Angebot unterbreitet hat, kommt es wie in unten Abbildung 6-15 dargestellt, zum Verkaufsabschluss.

[766] Vgl. Abschnitt 4.2.

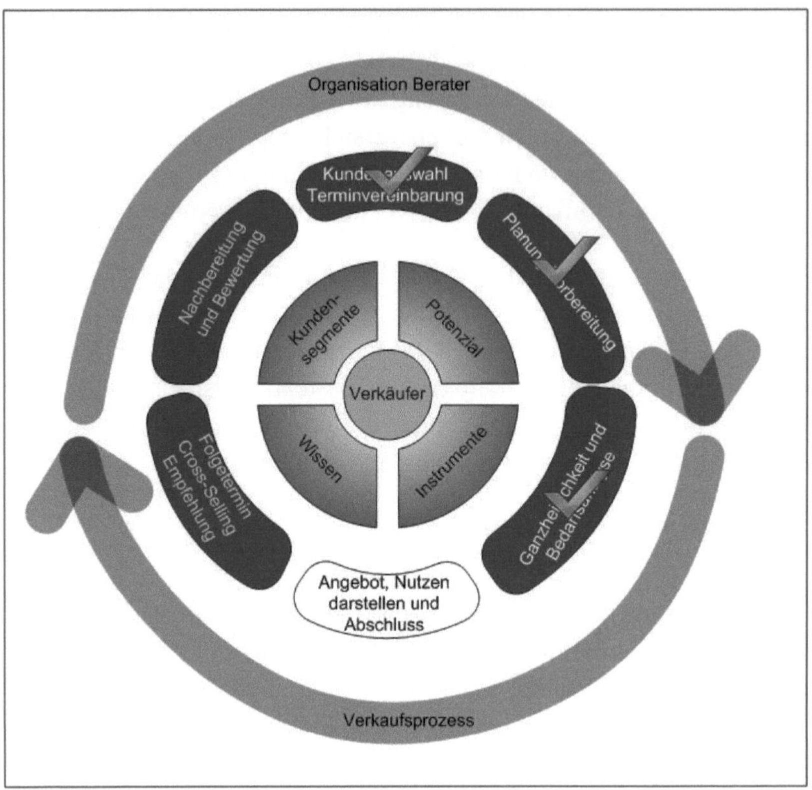

Abbildung 6-15: Vertriebsmodell Phase 4: Angebot und Abschluss[767]

Der Mitarbeiter erläutert die Analyseergebnisse und zeigt dem Kunden entsprechende Empfehlungen auf. Er verdeutlicht die Beratungsansätze und entwickelt Handlungsempfehlungen für den Kunden. Er konkretisiert seine Empfehlungen hinsichtlich des Primärbedarfs. Ein Beispiel stellt die Kapitallebensversicherung dar. Dem Kunden wird aufgezeigt, dass eine Rentenlücke existent und der Schutz der Familie unzureichend ist.[768] Das Produkt befriedigt den Primärbedarf, muss aber auf die individuellen Bedürfnisse des Kunden angepasst werden. Der Berater entwickelt ein konkretes Angebot und legt es dem Kunden vor. Die aufgezeigte Lösung wird immer im Kontext zur Lebens- und Vermögenssituation des Kunden vorgestellt und

[767] Eigene Darstellung.
[768] Vgl. Abschnitt 4.2.

mündet in einem Vertragsangebot. Das Produkt, das den Bedarf abdeckt, wird anhand seiner Merkmale und Vorteile beschrieben, um den Produktnutzen transparent zu machen. Vorschläge und Argumente werden bei der Ausarbeitung des Angebotes berücksichtigt und werden als Alternativangebot entworfen, so dass der Kunde die unterschiedlichen Varianten vergleichen kann.

Im Idealfall entscheidet sich der Kunde für das Angebot, so dass der Vertrag unterschrieben wird. Der Berater erläutert die Vertrags- und Abschlussunterlagen und holt die notwendigen Unterschriften ein. Der Mitarbeiter stellt nochmals die Kompatibilität zwischen Produkt und Bedarf dar, um den Kunden in seiner Entscheidung zu bestätigen. Der Berater informiert den Kunden über die weitere Vorgehensweise und über Unterlagen, die dem Kunden im Nachgang zugehen.

Zögert der Kunde beim Produktabschluss, muss der Berater nochmals korrigierend eingreifen. Der Berater kann dem Kunden weitere Informationen zur Verfügung stellen, so dass der Kunde seine Entscheidung treffen kann. Der Berater muss dazu zielgerichtet nachfragen, welche Informationen dem Kunden zum Produktabschluss fehlen. Sollte kein Vertragsabschluss zustande kommen, wird ein Folgetermin vereinbart. Eventuell sind hier bei Bedarf Ehemann, Ehefrau oder Familienmitglieder zu integrieren.

Auch wenn der Kunde einen Abschluss getätigt hat, wird ein Folgetermin vereinbart. Die Analyseergebnisse, die nicht erörtert werden konnten, und kognitive Dissonanzen des Käufers geben Anlass um sich wieder zu vereinbaren. Der Folgetermin unterstützt den Berater, Stornoquoten gering zu halten, den Kunden im Kauf zu bestätigen und die Kundenbindung weiter zu verstärken.[769]

Im Vorsorgebereich z.B. beim Verkauf von Versicherungen werden in dieser Phase die garantierten und voraussichtlichen Leistungen einer Lebensversicherung besprochen. Eine eingeschlossene Dynamik, welche die zu zahlenden Beiträge jährlich erhöht und somit auch die Ablaufleistung beeinflusst, berücksichtigt die Inflation und die Gehaltsentwicklung des Versi-

[769] Vgl. Hofbauer/Hellwig, (2005), S.180.

cherten. Die Sinnhaftigkeit und Funktionsweise von Dynamik, Laufzeit und Versicherungsschutz wird mit dem Kunden besprochen.[770]

Im Idealfall erkennt der Kunde, dass auch beim Lebenspartner eine Lücke im Bereich der Altersvorsorge besteht und in die Beratung mit einbezogen werden muss. Am Ende werden die Verträge unterzeichnet und der Kunde erhält die Versicherungsdetails ausgehändigt.[771]

Im Rahmen einer Finanzierung wird dem Kunden ein konkreter Vorschlag über Kreditsumme, Laufzeit, Zinssatz, Bearbeitungskosten und Rate unterbreitet. Der Abschluss einer Restschuldversicherung[772] ist sinnvoll, um den Kunden im Fall der Arbeitslosigkeit oder Berufsunfähigkeit von den Forderungen frei zu stellen.

Dem Kunden wird keine starre Lösung präsentiert, die als Bittsteller zu akzeptieren ist, sondern es werden verschiedene mögliche Varianten besprochen, die unterschiedliche Kreditsummen, Laufzeiten und Raten berücksichtigen. Der Kunde wählt eine Version aus. Vor- und Nachteile werden vorgestellt, da sich bei längeren Laufzeiten und gleichem Zinssatz höhere Zinszahlungen für den Kunden ergeben. Die Kreditverträge werden unterschrieben und die für den Kunden vorgesehenen Vertragsexemplare werden übergeben.

---

[770] Vgl. Abschnitt 4.2.

[771] Die Finanzmarktrichtlinien schreiben vor, dass der Beratungsprozess lückenlos dokumentiert archiviert wird.

[772] Eine Restschuldversicherung dient zur Absicherung eines aufgenommen Kredits. Der Kredit wird dann z.B. bei Tod des Kreditnehmers, Arbeitslosigkeit oder auch Arbeitsunfähigkeit durch die Versicherung getilgt. Der Beitrag bzw. Prämie für die Versicherung sinkt während des Versicherungszeitraums.

6.2.5 Folgetermin, Cross Selling und Weiterempfehlung

Das Ziel der fünften Phase ist die Vereinbarung eines Folgetermins, das Cross Selling und eine Weiterempfehlung durch den Kunden. Dies stellt die letze Phase des in Abbildung 6-16 dargestellten Verkaufsprozesses dar.[773]

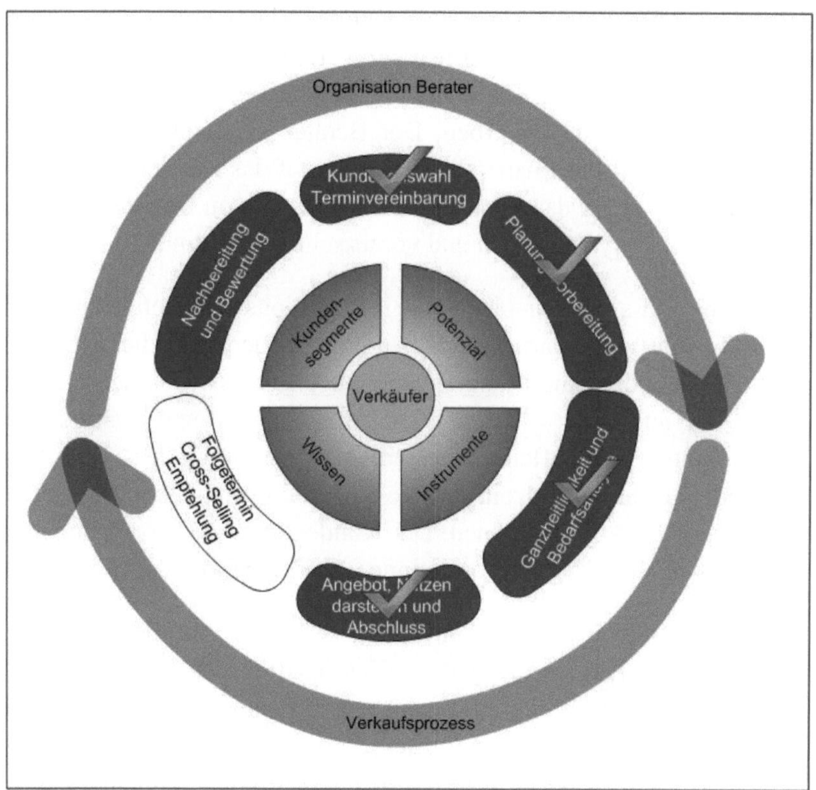

Abbildung 6-16: Vertriebsmodell Phase 5: Folgetermin, Cross Selling und Weiterempfehlung[774]

Ziel ist es im direkten Anschluss an das Gespräch, einen Folgetermin mit dem Kunden vereinbaren. Die unterschiedlichen Intentionen des Folgeter-

[773] Vgl. Abschnitt 2.4.3.
[774] Eigene Darstellung.

mins wurden bereits geklärt. Dies geschieht durch das Aufzeigen weiterer Bedarfe aus den Analyseergebnissen. Es kann sinnvoll für den Kunden sein, im Rahmen einer Hausfinanzierung einen Bausparvertrag abzuschließen, um Kapital zur Tilgung anzusparen und ein günstiges Zinsniveau für eine Anschlussfinanzierung sicherzustellen. Der Berater sensibilisiert den Kunden für weitere Bedarfe. Die in der vorherigen Phase erarbeiteten Analyseergebnisse sind hier dienlich.[775]

Der Berater legt gemeinsam mit dem Kunden die Beratungsschwerpunkte wie Vorsorgen oder Finanzierung fest und vereinbart „Meilensteine" für die künftige Kundenbetreuung.[776] Der Kunde möchte beispielsweise in 8 Jahren eine Eigentumswohnung erwerben. Der Berater kann folglich den Bedarf erkennen und richtet die finanzielle Beratung auf das Ziel aus. Die Meilensteine sind geeignet für das automatische Festlegen von Beratungsterminen. Der Kunde wird so systematisch und vorausschauend betreut.[777]

Der Folgeabschluss wird geplant und informationstechnisch erfasst sowie ein neuer Termin vereinbart. Der Ablauf stellt sicher, dass die Vermögensstrategie des Kunden langfristig geplant und sukzessive umgesetzt wird. Durch die Folgetermine wird die Voraussetzung für eine kontinuierliche Kundenbetreuung geschaffen. Der Berater erhält durch den Folgetermin ausreichende Vorbereitungszeit, um die Kundeninformationen neu aufzuarbeiten und präsentieren zu können. Der Kunde kann die Informationen verarbeiten und kann die Zusatzinformationen im Folgetermin besser bewerten.

Zum Abschluss des Gespräches bittet der Verkäufer um ein Feedback zur Beratungsqualität. Die meist positive Einschätzung des Kunden kann genutzt werden, um eine Weiterempfehlung vom Kunden zu erhalten. Im Regelfall ist der Kunde bei Vertragsabschluss mit der Beratungsleistung des Verkäufers zufrieden und ist bereit, einen potenziellen Neukunden an den Berater zu empfehlen. Ein „Kunden werben Kunden" Programm kann die Weiterempfehlung unterstützen, da der Kunde direkt profitiert. Der Kunde

[775] Vgl. Kruschev, (2003), S.220.
[776] Vgl. Abschnitt 4.2.3.
[777] Vgl. Abschnitt 2.4.

erhält eine Visitenkarte, die er dem Empfohlenen überreichen kann. Der Kunde wird verabschiedet und zum Ausgang der Filiale begleitet.

Eine Vorsorgeberatung kann nicht durch einen einzelnen Beratungstermin gedeckt werden.[778] Ein Folgetermin muss vereinbart werden, um weitere Problemfelder zu besprechen, in dem Lebenspartner und Kinder einbezogen werden, so dass eine ganzheitliche Beratung für eine Familie sichergestellt wird.[779]

Bei der Kreditvergabe ist ein detaillierter Einblick in die Haushaltsrechnung des Kunden gegeben.[780] Es gilt institutsfremde Bausparverträge, Versicherungen und andere Sparverträge zu erkennen und Informationen über die Verträge zu sammeln. Diese Daten bieten zahlreiche Ansatzpunkte für weitere Termine und Beratungsfelder.[781]

6.2.6 Nachbearbeitung und Auswertung

Der Verkaufsprozess ist, wie in Abbildung 6-17 sichtbar, abgeschlossen und das Ziel der folgenden Phase im Bereich „Organisation Berater" ist das Sicherstellen und ein Erhöhen der Quantität und Qualität der Daten. Dazu werden Kundendaten in allen Phasen kontinuierlich erfasst, so dass die Kundenhistorie komplementiert wird und zu besseren Selektionsergebnissen in einem CRM-System führt.[782]

---

[778] Vgl. Kruschev, (2003), S.220.
[779] Vgl. Abschnitt 4.2.3.
[780] Bei einer Kreditanfrage werden meist nach Zustimmung des Kunden kreditrelevanten Informationen bei der Schufa abgefragt. Diese stellt Kernangaben z.B. bereits vorhandene Verbindlichkeiten und Kreditrahmen über Kreditkarten von Privatkunden dar.
[781] Vgl. Kruschev, (2003), S.220.
[782] Vgl. Abschnitt 2.3.

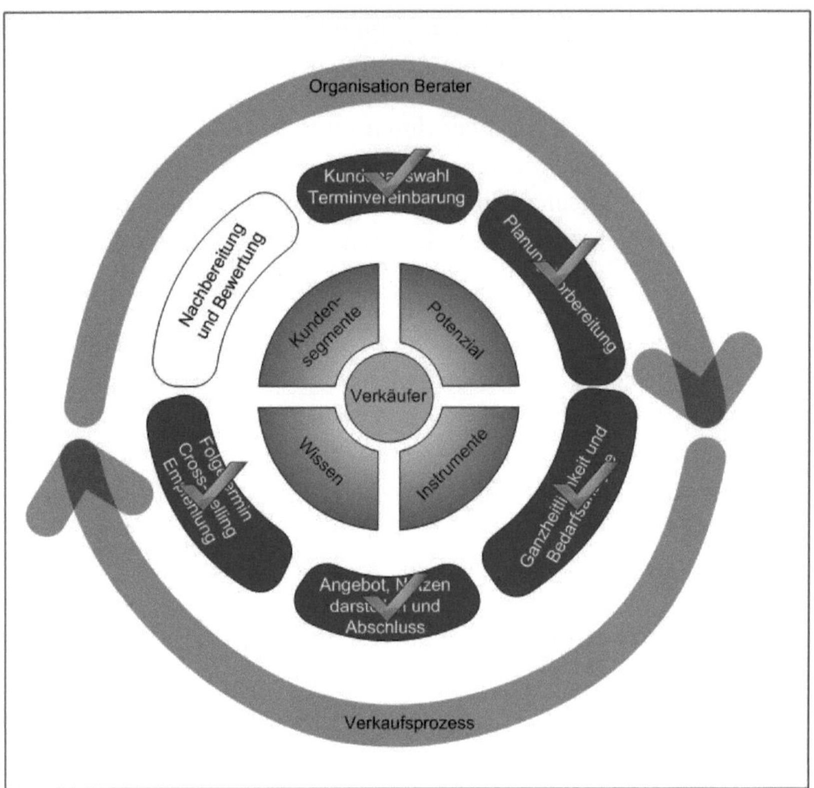

Abbildung 6-17:Vertriebsmodell Phase 6: Nachbearbeitung und Auswertung[783]

Durch die stetige Pflege der Kundendaten wird ein informationstechnischen System performanter.[784] Ein lernendes System lebt durch eine vollständige Dokumentation des Kundengespräches. Die zeitnahe und detailgetreue Nachbearbeitung ist der bestmöglichste Weg, um sich auf den Folgetermin vorzubereiten. Dies ist die Basis für weitere Vertragsabschlüsse und die Festigung der Kundenbeziehung.[785]

Die getätigten Abschlüsse werden in dem CRM System erfasst. Der Berater überprüft den Vertriebsstatus und beginnt weitere Kunden zu selektieren,

[783] Eigene Darstellung.
[784] Vgl. Abschnitt 2.3.
[785] Vgl. Abschnitt 2.3.

um Termine zu vereinbaren. Die Tätigkeit des Beraters beginnt von neuem mit Phase 1.[786]

Im Vorsorgebereich werden Lebensversicherungen anderer Anbieter im CRM System dokumentiert und mit einem Hinweis zur Kontaktaufnahme versehen, der den Kundenberater mit einem neunmonatigen Vorlauf auf den Ablauf des Vertrags hinweist. Der Kundenberater protokolliert weitere Versorgungslücken, die nicht geschlossen werden konnten.

Die durch die Haushaltsrechnung gewonnen Informationen im Finanzierungsbereich werden ebenfalls im CRM System erfasst und die Ablauftermine von Verträgen werden mit Ansprachehinweisen versehen.[787]

6.3 Zusammenspiel von Führung und Vertrieb im Retail Banking

Die Analyse des Wettbewerbs im Finanzdienstleistungsmarkt hat gezeigt, dass zahlreiche Institute um die Gunst des Kunden werben. Die zersplitterte Bankenlandschaft, auch die Fusionen von Postbank und Deutsche Bank sowie Commerzbank und Dresdner Bank, und der Vertrauensverlust in die Banken und die unterdurchschnittliche Marktkonzentration tragen weiter dazu bei, dass keine Entspannung des Wettbewerbs und kein sprunghaftes Ertragswachstum zu erwarten ist.[788]

Hinzu kommt, dass sich die Kundenbedürfnisse in den letzen zehn Jahren stark verändert haben. Die Bedürfnisse der Kunden sind aufgrund unterschiedlichster Lebenssituation in einer komplexeren Welt individueller geworden. Vererbte Vermögen und eine sich schneller ändernde Lebenssituation verlangen den Banken mehr Beratung ab. Der Kunde, der früher 40 Jahre bei einem Arbeitgeber angestellt war und nur ein durchschnittliches Vermögen angespart hat, ist heute nicht mehr existent. Durch die letzen

---

[786] Vgl. Abschnitt 2.4.3 und Abbildung 6-10, S.170.
[787] Vgl. Kirchhoff/Günther, (2003), S.133.
[788] Vgl. Abschnitt 4.3. und Abschnitt 4.4.

Börsencrashs ist der Finanzkrise 2008 und den folgenden Jahren ist der Kunde auf der Suche nach einer seriösen und qualitativ hochwertigen Beratung, die ihn eng in die Lösungsfindung mit einbezieht.[789]
Das Privatkundengeschäft ist hart umkämpft; es gilt in Zukunft profitabler zu arbeiten und die Kunden aktiver anzusprechen und zu beraten als im Vergleich zur Vergangenheit. Die beschriebenen Rahmenbedingungen machen es notwendig, dass die Prozesse und Strukturen verbessert und standardisiert werden. Kostensenkungen durch weitere Filialzusammenlegungen, Filialschließungen oder Abbau des Personals sind ausgeschöpft.[790]

Die neue strategische Ausrichtung muss zum Ziel haben, den Absatz von Produkten im Sinne des Kunden zu steigern. Die Cross Selling Rate der deutschen Bankinstitute mit ca. 2.5 Produkten pro Kunde ist beispielsweise im Vergleich zu dem Finanzdienstleister MLP, der eine Cross Selling Rate von 6,9 Produkten pro Kunden aufweist, kritisch.[791]

Zur Steigerung der Erträge werden systematische Vertriebs- und Führungsaktivitäten gebraucht, die gezielt auf einander abgestimmt sowie auf die Kundenbedürfnisse ausgerichtet werden. Dazu muss der Vertrieb systematisiert werden. Dadurch gewinnt der Vertriebsmitarbeiter mehr Zeit zum Beraten und Verkaufen und wird von administrativen Aufgaben, wie Vertragserfassung oder das Einpflegen von Konto- und z.B. Bausparvertragsdaten, entlastet. Dazu müssen die Vertriebsaktivitäten in einer zielgerichteten und systematischen Folge zusammenhängen.[792] Um die Bedürfnisse des Kunden besser zu erkennen und zu erfüllen, wird nach einem Lebenszyklus orientierten Beratungsansatz mit einer entsprechenden Kundensegmentierung gearbeitet.
Die erste Priorität dieser Strategie ist es, dass die Führung und der Vertrieb auf die Kundenbeziehungen und Erreichung der Unternehmensziele fokussiert sind. Dies wird durch die Führungs- und Vertriebsprozesse sicher gestellt, die sowohl eine ganzheitliche als auch durch die einzelnen Phasen

---

[789] Vgl. Egeler, (2003), S.33f. und Siemons, (2005); S.35.
[790] Vgl. Abschnitt 5.2 und 5.4.
[791] Vgl. MLP, (2008), o.S.
[792] Vgl. Abschnitt 6.2.

operative Sichtweise erlauben. Dazu müssen die Instrumente und Prozesse zusammenwirken.[793]

Eine Balance Scorecard[794] befähigt das Unternehmen, die Umsetzung der strategischen Ziele im Unternehmensalltag zu beobachten. Das System und der Nutzen der Balance Scorecard werden nicht in Frage gestellt; die vorgestellten Modelle stellen Teile einer Scorecard dar. Die Einführung einer umfassenden Scorecard ist jedoch nicht sinnvoll und würde die Vertriebsarbeit zu komplex gestalten. Wichtige Verkaufszeit bei der Erfassung und Bearbeitung sämtlicher Ziele durch den beratenden Verkäufer geht verloren. Die im Vertrieb vorwiegend quantitativen Ziele bieten sich zur Leistungsmessung an und müssen für den Mitarbeiter und die Führungskraft in der Filiale in nachvollziehbare Kennzahlen übersetzt werden, so dass über den Vorstand bis hin zum Berater in der Filiale nachvollzogen werden kann, wie die Umsetzung der Ziele auf den unterschiedlichen Ebenen gelingt.[795] Es ist nicht sinnvoll, detaillierte Erträge und Deckungsbeiträge für alle Produkte zu messen. Vielmehr geht es um die originäre Existenz einer Messung, die z.B. durch ein einfaches Punktesystem sicherstellt, dass ertragreiche Produkte und Verträge in Abgleich mit den Verkaufs- und Beratungszielen sinnvoll gemessen und honoriert werden. Dadurch, dass die Zielerreichung berechenbar wird, können Unternehmensziele festgelegt werden und mit den wirklichen Leistungen abgeglichen werden. Dieser Abgleich kann durch eine informationstechnische Lösung erfolgen; durch die Verknüpfung der Instrumente zwischen Aktivitätsplanung, Verkaufs- und Terminvereinbarungen kann ein täglich aktualisierter Abgleich der Ist- und Plan-Werte erfolgen. Durch diese Aktualität, die allen Mitarbeitern wöchentlich summiert zur Verfügung gestellt wird, erhält der Mitarbeiter einen Zielrahmen, an dem er sich orientiert und der aufgrund seiner Kurzfristigkeit und Einfachheit nicht überfordert. Das Hinarbeiten auf Ziele, die lediglich jährliche Korridore betrachten, schaffen keine Transparenz für den Mitarbeiter, vielmehr können durch die Zeitnähe des Abgleich Führungskräfte gewarnt werden: eine effiziente Führung in Kombination mit Zielvereinbarungen und

[793] Vgl. Kobler, (2006), S.102f.
[794] Vgl. hierzu Kaplan/Norton, (1992).
[795] Vgl. Duderstadt, (2006), S.39.

Bonus wird möglich.[796] Die Größe und Abstraktheit eines Jahresziels ist für das tägliche operative Geschäft wenig dienlich.[797]

6.3.1 Messung und Kommunikation der Vertriebsleistung

Die aus den Vertriebsaktivitäten generierten Verkaufs- und Beratungserfolge müssen den Mitarbeitern und Führungskräften auf den unterschiedlichen Ebenen zur Verfügung gestellt werden. Der Mitarbeiter hat Einblick auf seine umgesetzten und bereits geplanten Ziele, die Führungskraft kann die Verkäufe und die Zielerreichung des Mitarbeiters ebenso einsehen. Zusätzlich stehen dem Filialleiter die Informationen mitarbeiterübergreifend und aggregiert ggf. für das Team und die Filiale zur Verfügung.[798]

Um diese Daten zur Verfügung zu stellen, sind die unterschiedlichen Ebenen und Informationsquellen in einem informationstechnischen System verknüpft.

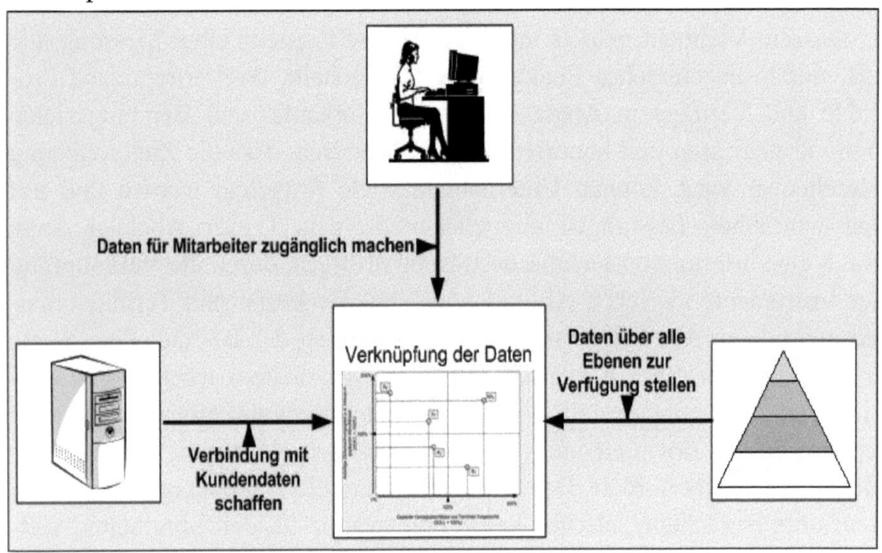

Abbildung 6-18: Verknüpfung der Daten[799]

[796] Vgl. Siemons, (2005), S.47.
[797] Vgl. Abschnitt 3.2.3.
[798] Vgl. Abschnitt 2.2 und 3.3.
[799] Eigene Darstellung.

Abbildung 6-18 zeigt, dass die Daten für den Mitarbeiter, für die Führungskraft sowie der Kunden mit einander verknüpft und anschließend aufbereitet werden, so dass sie für Mitarbeiter, Führungskraft und auf übergeordneter Ebene deutbar sind. Die im Mittelpunkt dargestellt Matrix aggregiert die Verkaufszahlen sowie die Aktivitäten und setzt sie mit den vereinbarten Zielen in Beziehung.[800]

In Tabelle 6-1 sind beispielhaft die Zielwerte pro Mitarbeiter und Kategorie darstellt. Herr Mustermann stellt den Berater im Vertrieb dar; gemäß Tabelle 6-1 ist geplant im Bereich Bausparen ein Jahresziel von 80 abzuschließenden Verträgen zu erreichen. Eine Volumensgröße wird nicht betrachtet, da von einem durchschnittlichen Volumen pro Bausparvertrag ausgegangen werden kann. So wird die Messung vereinfacht. Unter der Annahme, dass Herrn Mustermann 40 Arbeitswochen für den Vertrieb von Finanzdienstleistungen zur Verfügung stehen, ergibt sich unter Einbeziehung des Jahresziels von 80 Verträgen ein Wochenziel von zwei Verträgen.

Zielplanung pro Woche / Jahr Herr Max Mustermann		Woche t		Woche t+1	Jahresziel	Aktuelle Umsetzung Jahresziel
Produkt	**Einheit**	**Ziel pro Woche**	**IST pro Woche**	**Planung**	**Planung**	**IST seit Jahresanfang**
Bausparen	Anzahl in Stück	2	3	1	80	10
Konsumenten-kredite	Volumen in Euro	7.000	5.000	6.000	280.000	50.000
Versicherungen	Volumen in Euro	100.000	120.000	50.000	4.000.000	900.000
Kreditkarten	Anzahl in Stück	3	4	5	120	30
Neukunden	Anzahl in Stück	2	3	0	80	22

Tabelle 6-1: Operationalisieren der Zielwerte pro Mitarbeiter[801]

Gemäß Tabelle 6-1 hat der Berater Herr Mustermann in der aktuellen Woche t bereits drei Verträge abgeschlossen. Seit Jahresanfang sind bereits 8

[800] Vgl. Duderstadt, (2006), S.59.
[801] Eigene Darstellung.

Wochen vergangen. Für die nächste Woche t+1 hat er bereits einen Kundentermin vereinbart, so dass von einem Vertragsabschluss in der Folgewoche auszugehen ist. Die weiteren Kategorien Konsumentenkredite, Versicherungen, Kreditkarten und Neukunden folgen derselben Systematik.

Im Bereich Versicherungen wird das Volumen der Verträge über die Laufzeit berechnet. Ein 37jähriger Mann, der eine Rentenversicherung mit einem Monatsbeitrag von 100 Euro bis zum Rentenalter von 67 Jahren abschließt, generiert ein Volumen von 36.000 Euro. Dies ergibt sich aus der Multiplikation aus den drei Größen Monatsbeitrag in Euro, 12 Monate pro Jahr und 30 Jahre. Der Berater Max Mustermann hätte somit zirka drei der o.g. Versicherungsverträge abzuschließen, um das Wochenziel zu erreichen.

Die unterschiedlichen Trends pro Mitarbeiter oder auch von Führungskräften können so wie in Abbildung 6-19 dargestellt aufbereitet werden. Die X-Achse bildet die Abschlüsse des Mitarbeiters der vergangenen Woche für bereits durchgeführte und geplante Abschlüsse ab und setzt sie mit den vereinbarten Vertriebszielen in Beziehung. Auf der Y-Achse ist der anteilige Zielerreichungsgrad p.a. für die getätigten sowie geplanten Abschlüsse abgetragen. Die Darstellung der Daten erfolgt somit nicht nur vergangenheitsorientiert, sondern durch die Einbindung der Termine in der Folgewoche t+1 auch zukunftsorientiert. Die in Tabelle 6-2 zeigt die Produkte und zugehörigen Abkürzungen der Datenpunkte, die in Abbildung 6-19 dargestellt werden.

Abkürzung Datenpunkt	B_1	K_2	V_3	KK_4	N_5
Produkt	Bausparen	Konsumentenkredite	Versicherungen	Kreditkarte	Neukunden

Tabelle 6-2: Datenpunkte und Produkte[802]

Das System wird zur besseren Verdeutlichung im Folgenden anhand ausgewählter Beispiele transparent gemacht. Die Tendenzen und Darstellung der Datenpunkte orientieren sich an den Werten der Tabelle 6-1.

[802] Eigene Darstellung

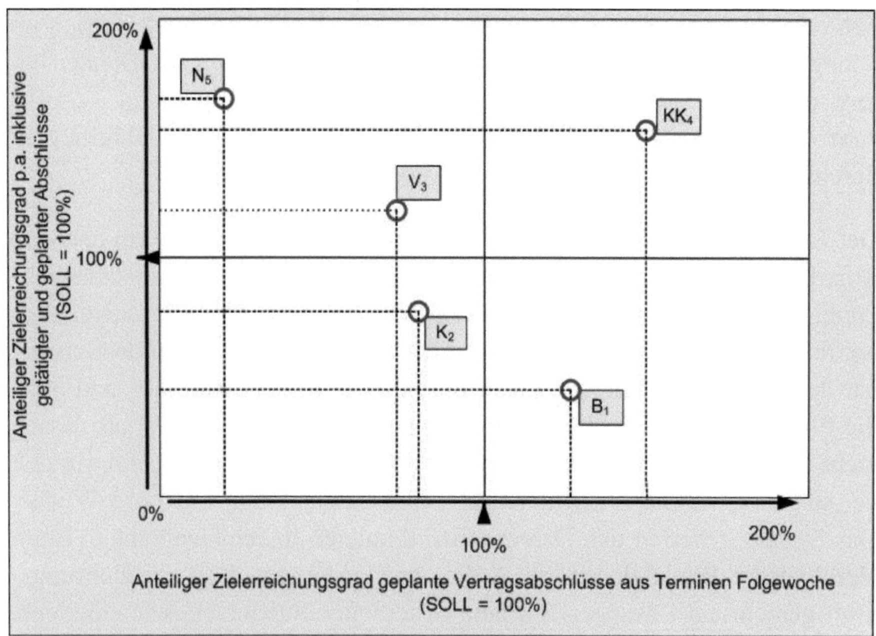

Abbildung 6-19: Erfassung der Vertriebsergebnisse[803]

Der Mitarbeiter hat mit der Führungskraft in der Phase 1 des Führungsmodells Vertriebsziele gemäß Tabelle 6-1 für die Bereiche Versicherungen, Konsumentenkredite, Bausparen, Neukunden und Kreditkarten vereinbart.

Der Datenpunkt KK_4 stellt die derzeitigen und geplanten Leistungen im Bereich Kreditkarten dar. Die Position ergibt sich aus dem Zusammenspiel von X- und Y-Achse. Der Mitarbeiter hat ein jährliches Vertriebsziel von 120 zu verkaufenden Kreditkarten. Pro Woche müssen drei Kreditkarten verkauft werden, um die Vertriebsziele zu 100% zu erreichen. Der Mitarbeiter, der in der aktuellen Woche bereits vier Karten verkauft hat und für die folgende Woche fünf Termine zum weiteren Verkauf vereinbart hat, hat auf der X-Achse über 100% der zukünftigen Vertriebsziele erreicht und hat auch über 100% der aktuell zu erreichenden Vertriebsziele für dieses Segment erfüllt. Somit würde das System den Datenpunkt im idealen oberen rechten Quadranten generieren, wenn seit Jahresanfang die Ziele kontinuier-

[803] Eigene Darstellung

lich erreicht bzw. übererfüllt wurden. Das Feld Kreditkarten würde sich im Schnittpunkt der 100% Linien darstellen für den Fall, dass der Berater bereits drei Kreditkarten verkauft hat, für die Folgewoche t+1 drei Termine zum Thema Kreditkarten geführt werden sollen und seit Jahresbeginn durchschnittlich drei Kreditkarten pro Woche verkauft wurden.

Der Datenpunkt K_2 in Abbildung 6-19 zeigt eine Situation auf, in der vom Mitarbeiter in der Vergangenheit durchschnittlich zu wenige Konsumentenkredite[804] verkauft wurden und die anstehenden Termine nicht ausreichen, um die Vertriebsziele zu realisieren oder sogar über zu erfüllen. In Beispiel hat der Berater erst ein Volumen von 5.000 Euro abgeschlossen und auch die Planung für die Woche t+1 mit einem Volumen von 6.000 Euro lassen nicht auf das Erreichen des Wochenziels hoffen. Die Zielerreichung in den vergangenen Wochen liegt durchschnittlich unter 7.000 Euro pro Woche. Das System generiert den Datenpunkt im unteren linken Quadranten. Beim Verbleib der Produktkategorie in diesem Quadranten muss die Führungskraft gemeinsam Lösungen mit dem Mitarbeiter entwickeln, wie eine Verbesserung erlangt werden kann.

Der Datenpunkt V_3 in Abbildung 6-19 stellt einen Fall dar, wenn zeitanteilig genügend Versicherungen verkauft wurden und das bis heute zu erreichende Vertriebsziel erfüllt wurde – es müssen aber weitere Termine für den Versicherungsbereich mit Kunden vereinbart werden, die auf eine Erfüllung des Ziels hinwirken, so dass die 100 % Zielerreichung aufrecht gehalten werden kann. Diese liegt in der Woche t+1 mit einem Volumen von 50.000 Euro, wie in Tabelle 6-1 dargestellt, unter dem zu erreichenden Wochenziel.

Der Datenpunkt N_5 in Abbildung 6-19 für den Bereich Neukunden stellt eine ähnliche Situation dar. Die geplante Akquisition von Neukunden reicht nicht aus, um den anteiligen Zielerreichungsgrad auch weiter zu erfüllen. In den vergangenen Wochen wurden aber überdurchschnittlich viele Neukunden gewonnen, so dass die aktuellen Zielwerte erfüllt werden. Der Berater

---

[804] Konsumentenkredite sind Kredite, die zur Finanzierung von Konsumgütern an private Haushalte vergeben werden. Der Konsumentenkredit ist ein Ratenkredit. Es werden feste Rückzahlungsmodalitäten, wie z.B. Laufzeit, Rate und Zins, zwischen dem Kreditnehmer und Kreditgeber vertraglich vereinbart.

muss nun stärker versuchen, Neukunden anzusprechen, um auch zukünftig seine Ziele zu erfüllen.

Die Datenpunkten V_3 und N_5 in Abbildung 6-19 siedeln sich im oberen linken Quadranten an. Die Führungskraft kann z.B. zur Verbesserung der Leistung dem Mitarbeiter gemeinsam durchzuführende Beratungsgespräche im Versicherungsbereich oder Unterstützung bei der Telefonakquise von Neukunden anbieten, wenn der abnehmende Trend in den Folgewochen anhält.

Die letzte Konstellation in Abbildung 6-19 stellt der Datenpunkt B_1 dar. Die zukünftigen Termine reichen aus, um die Vertriebsziele im Bereich Bausparen zu erreichen. Die geringe Anzahl der Vertragsabschlüsse in der Vergangenheit und in der Woche t reichen nicht aus um die aktuellen zeitanteiligen Vertriebsziele zu erfüllen. Hier siedelt sich der Datenpunkt B_1 im unteren rechten Quadranten an.

Die sonst abstrakten Daten werden so für Mitarbeiter, Teamleiter und andere Führungskräfte in Abbildung 6-19 visualisiert und besser greifbar. Die dargestellten Analysen sollten auf Mitarbeiter- und Führungsebene zur Verfügung stehen, so dass der einzelne Berater die Ergebnisse und Zielerreichung einsehen kann und entsprechende Maßnahmen für sich einleitet. Die Führungskraft kann die Gliederung der Vertriebsergebnisse für den einzelnen Mitarbeiter, für das gesamte Vertriebsteam und wenn notwendig auch für höhere Ebenen einsehen.

Die folgenden Informationen stellen eine Minimalanforderung dar, die der Führungskraft zur Verfügung gestellt werden. Es gilt die vorher gewonnen Ergebnisse auf der Ebene der Mitarbeiter ebenso auf die Filial- und z.B. Regionsebene zu übertragen. Es gilt mehrere Filialen zu betrachten, Daten zusammen zu fassen und mit den Leistungen der anderen Teams, Filialen und Regionen zu vergleichen. Abbildung 6-20 stellt die Vertriebsergebnisse der einzelnen Wochen dar, die der Führungskraft wöchentlich zur Verfügung gestellt werden. Die Ergebnisse der letzten Woche werden aufbereitet und durch die Einbeziehung der Ziele bewertet. Filiale A hat in Abbildung 6-20 durch den Verkauf von Finanzdienstleistungsprodukten ein Verkaufsziel von 20. Da ein Vertriebsergebnis von 30 vorliegt, ergibt sich eine Differenz zwischen Ist und Soll von plus 50 Prozent. In den folgenden Spalten wird die wöchentliche Zielerreichung für die Kernprodukte Privatkredite, Wertpapiere, Versicherungen und Baufinanzierung betrachtet. Durch die wöchentliche Betrachtung kann die Führungskraft schnell Mängel im Vertriebsablauf erkennen und kurzfristig entgegenwirken; eine Monats- und Quartalsbetrachtung lässt dies nicht zu: Mängel und ein Einbruch der Vertriebszahlen werden zu spät registriert. In Abbildung 6-20 können die unterschiedlichen Produkte abgetragen und bewertet werden. So ist für Filiale C zu erkennen, dass alle Kernprodukte zum Ergebnis beitragen und die Ziele je Produktkategorie weitestgehend erfüllt sind, während Filiale B insgesamt eine positive Planabweichung auf das Gesamtwochenziele aufweist, die einzelnen Produktkategorie jedoch unterschiedlich zum Vertriebsergebnis beitragen. Hier muss die Führungskraft prüfen, ob das Ergebnis auf ein einzelnes Finanzierungsgeschäft zurückzuführen ist. Diese Vermutung könnte durch die hohen Erträge im Bereich Baufinanzierung und Versicherungen gestützt sein, wenn endfällige Darlehen[805] durch Kapitallebensversicherungen getilgt werden sollen. Dies würde das Ergebnis der Filiale C relativieren. Die Terminplanung für die folgenden Wochen muss forciert werden. Filiale D zeigt ein sehr schlechtes Wochenergebnis auf. Auch hier muss die Führungskraft Rücksprache mit den Mitarbeitern der Filiale halten, um Probleme zu erkennen und wenn notwendig entgegen zu wirken. Obwohl vier der fünf Filialen ihr Wochenziel erreichen, wird das Vertriebsziel über alle Filialen nicht erreicht. Die anderen Filialen konnten das schlechte Ergebnis der Filiale D nicht egalisieren. Alle Ergebnisse werden wöchentlich erfasst und an die Mitarbeiter in den Vertriebsteams kommuniziert.

---

[805] Endfällige Darlehen sind Darlehen, die nicht stetig über die Laufzeit getilgt werden, sondern erst am Ende der Laufzeit durch Rückzahlung des Gesamtkreditbetrages. Der Kunde hat während der Laufzeit lediglich die Zinsrate zu bedienen.

Vertriebsergebnis Filialen 22. Kalenderwoche															
	Ergebnis Gesamt in T€			Ergebnis Privatkredite in T€			Ergebnis Wertpapiere in T€			Ergebnis Versicherungen in T€			Ergebnis Baufinanzierung in T€		
Unternehmen	IST	SOLL	Δ	IST	SOLL	Δ	IST	SOLL	Δ	IST	SOLL	Δ	IST	SOLL	Δ
Filiale A	30	20	50%	10	6	67%	10	7	50%	3	4	-25%	7	3	131%
Filiale B	55	50	10%	5	15	-67%	10	15	-33%	20	10	100%	20	10	100%
Filiale C	45	45	0%	11	12	-8%	11	10	10%	16	15	7%	7	8	-13%
Filiale D	75	100	-25%	5	10	-50%	30	50	-40%	25	20	25%	15	20	-25%
Filiale n	10	5	-50%	4	2	100%	2	1	100%	2	1	100%	2	1	100%
Gesamtergebnis	215	220	-2%	35	45	-22%	63	83	-24%	66	50	32%	51	42	21%

Abbildung 6-20: Visualisierung der Vertriebsergebnisse pro Woche[806]

Die anteilige Vertriebsleistung wird durch Abbildung 6-21 transparent gemacht. Auch hier wird die Abweichung zum 100% Soll-Ziel gerundet festgestellt. Die Filiale B übertrifft ihr Gesamtziel um 20.000 Euro bei einem Ziel von 200.000 Euro. Folglich wird das Ziel um 10% überschritten. Filiale n verfehlt das Ziel von 20.000 Euro um 5.000 Euro. Die erreichten 15.000 Euro stellen 75% des Zielwertes dar. Somit verfehlt die Filiale das angestrebte Ziel und liegt -25% hinter dem Sollwert. Der Grad der Abweichungen wird nochmals durch die unterschiedlich gefärbten Felder visualisiert. Eine geringe Abweichung vom Ziel zwischen minus fünf und fünf Prozent wird durch eine gelbe Füllung dargestellt. Eine positive Abweichung, die über fünf Prozent hinaus geht, ist grün hinterlegt. Eine negative Abweichung rot.

[806] Eigene Darstellung.

Vertriebsergebnis Filialen 18. bis 21. Kalenderwoche	Gesamt in T€			Ergebnis 21 KW in T€			Ergebnis 20. KW in T€			Ergebnis 19. KW in T€			Ergebnis 18.KW in T€		
Unternehmen	IST	SOLL	Δ	IST	SOLL	Δ	IST	SOLL	Δ	IST	SOLL	Δ	IST	SOLL	Δ
Filiale A	81	80	0%	21	20	5%	20	20	0%	18	20	-10%	22	20	10%
Filiale B	220	200	10%	55	50	10%	50	50	0%	55	50	10%	60	50	20%
Filiale C	210	180	17%	60	45	33%	100	45	222%	30	45	[illegible]	20	45	[illegible]
Filiale D	405	400	1%	55	100	-45%	100	100	0%	130	100	30%	120	100	20%
Filiale n	15	20	-25%	6	5	20%	4	5	-20%	2	5	-60%	3	5	-40%
Gesamtergebnis	860	880	-2%	197	220	-10%	274	220	25%	235	220	7%	225	220	2%

Abbildung 6-21: Visualisierung der Vertriebsergebnisse pro Woche kumuliert[807]

Es wird sichtbar, dass Filiale A und B in den letzten Wochen konstante Ergebnisse generiert haben, während Filiale D in den Vertriebsleistungen nachgelassen hat und trotz der Zielerreichung einen starken Einbruch in der 21. KW zu verzeichnen hat. Für Filiale C gilt es zu prüfen, ob das gute Gesamtergebnis durch Einzelgeschäfte in der 20. und 21. KW getragen wird oder durch das gesamte Vertriebsteam ein bessere Verkauf und eine bessere Beratung dargestellt werden konnte. Auch diese Ergebnisse sollte in den Vertriebsteams kommuniziert werden. Mängel in der Vertriebsarbeit können so schneller erkannt und behoben werden.

Bei Leitung mehrerer Filialen ist der Einsatz der in Abbildung 6-22 dargestellten Tendenzen durch Pfeile sinnvoll. Die Analysen setzen jeweils die Vertriebsleistung mit der gemäß Zielvereinbarung zu generierenden Vertriebszielen in Beziehung. Der Vergleich unter den Filialen stellt sicher,

[807] Eigene Darstellung.

dass externe Faktoren und Trends, die gegen die allgemeine Vertriebsentwicklung laufen, einbezogen werden können. Die in Abbildung 6-21 dargestellten Informationen geben den Führungskräften Aufschluss über die im aktuellen Geschäftsjahr erbrachten Vertriebsleistungen in den einzelnen Produktfeldern. Die Systematik der vorherigen Abbildung bleibt erhalten. Im Vordergrund stehen die Analyse der Gesamtergebnisse und die Entwicklung der Ergebnisse der vergangenen Kalenderwochen. Die Abbildung kann weiter nach Produkten wie in Abbildung 6-20 justiert werden, so dass sich die Tendenzen für die unterschiedlichen Produkte in den letzten Wochen erkennen lassen.

Für die Steuerung und Kontrolle werden die Vertriebsergebnisse mittels eines Ampeldiagramms auf Filial- und Regionsebene graphisch aufbereitet. Dies garantiert einen schnellen und einfachen Überblick über aktuelle Tendenzen und über die Umsetzung der Unternehmensziele für ein ganzes Geschäftsjahr. Dazu werden in der ersten Spalte - Gesamt in € - die Vertriebsergebnisse der einzelnen Regionen oder Filialen dargestellt. Der erste Pfeil stellt die Ergebnisse der letzten Woche dar, der zweite Pfeil in derselben Zeile zeigt die Tendenz für die aufsummierten Ergebnisse seit Beginn des Geschäftsjahres. Anschließend wird die Abweichung der Gesamtergebnisse von den Zielwerten in Prozent präsentiert. Die folgenden Spalten stellen den gleichen Sachverhalt bezogen auf die unterschiedlichen Produkte dar. In der untersten Zeile werden alle Ergebnisse summiert und durch die Pfeile bewertet. Durch das Ampeldiagramm in Verbindung mit den Pfeilsymbolen kann die Führungskraft erkennen, in welchen Bereichen mehr Führungsarbeit und Unterstützung notwendig ist. Entwicklungen im Vergleich zu anderen Regionen, Filialen sowie Führungskräften werden sichtbar. Die Pfeile folgenden der in Tabelle 6-3 dargestellten Systematik. Eine Abweichung der Vertriebsergebnisse kleiner -5% führt beispielsweise zu einem roten Pfeil, eine Abweichung größer 5% zu einem grünen Pfeil und eine Abweichung zwischen -5% und 5% zu einem gelben Pfeil

Abweichung Ergebnis	< -5 %	$-5\% \leq x \leq 5\%$	> 5%
Kennzeichen	⬇	⇨	⬆

Tabelle 6-3: Kennzeichnung der Abweichungen[808]

Im Rahmen der Finanzkrise sind für das Produkt Wertpapiere starke negative Abweichungen von den Zielwerten aufgetreten. Alle Regionen und Banken waren betroffen. Ein roter Pfeil in allen Bereichen informiert die Führungskraft dann, dass es sich nicht um ein singuläres Problem handelt, sondern z.B. durch externe Effekte alle Einheiten betrifft.

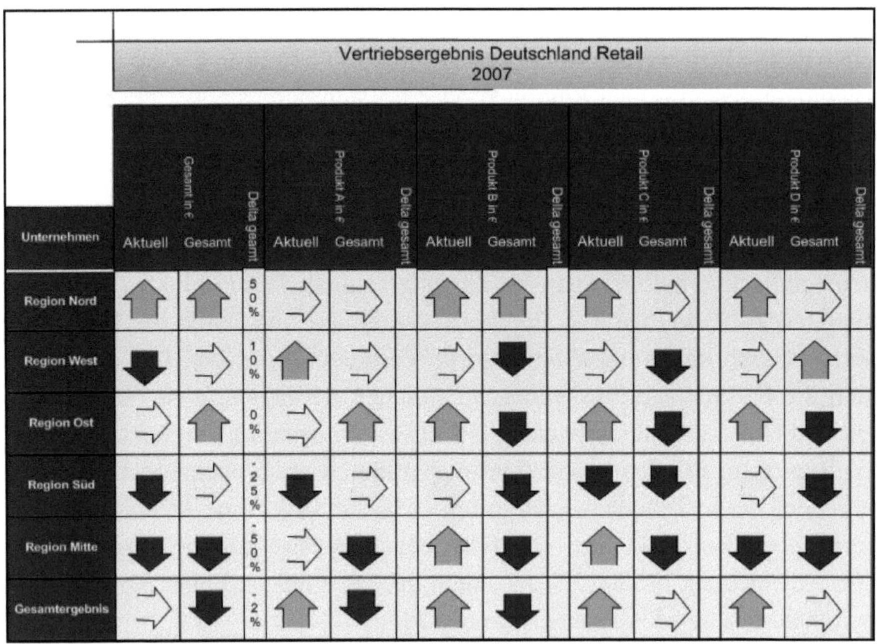

Abbildung 6-22: Ampel- und Pfeildiagramm[809]

[808] Eigene Darstellung.
[809] Eigene Darstellung.

Die Tendenzen, die in Abbildung 6-22 durch gerade, fallende und steigende Pfeile dargestellt sind, können den Führungskräften zusätzlich zur Verfügung gestellt werden, wenn diese mehrere Filialen in einer Region führen, um die Analyse zu vereinfachen. Die Farben und Pfeilrichtungen orientieren sich an der Höhe der Abweichung von den Zielwerten.[810]

Durch das Verknüpfen und Visualisieren der Informationen ist es möglich, die gesamte Vertriebsleistung sowie aufgegliedert nach verschiedenen Produktfeldern zu bewerten. Stärken und Schwächen werden transparent und der Mitarbeiter und die Führungskräfte können schnell und zielorientiert handeln, um eventuelle Mängel zu beheben.[811]

[810] Vgl. Abschnitt 2.
[811] Vgl. Abschnitt 2.2.

6.3.2 Messung und Darstellung der Führungsleistung

Die Qualität der Führung kann auch als Grad der Zielerreichung definiert werden.[812] Führung setzt sich aus der Erfüllung ökonomischer und sozialer Ziele zusammen.[813] Ökonomische Ziele sind quantifizierbar und einfach messbar; soziale Ziele hingegen sind qualitativer Natur und nur mittelbar berechenbar.[814] Das ökonomische Ziel der Führungskraft im Vertrieb ist das Erreichen der Vertriebsziele, welches z.B. durch eine hohe Kundenzufriedenheit unterstützt wird. Diese kann über Befragungen und Tests festgestellt werden. Die Daten sind einfach zu ermitteln und objektiv bewertbar, wenn sie mit den Leistungen in den Vorperioden in Beziehung gesetzt werden. Soziale Ziele sind die Leistungs- und Innovationsbereitschaft, die Identifikation und Loyalität mit der Aufgabe und dem Unternehmen, die Arbeitszufriedenheit und der Grad der Selbstverwirklichung der geführten Mitarbeiter.[815]

Es ist empirisch gesichert, dass Führung die Leistung der Mitarbeiter beeinflusst. Gute Führung spiegelt sich demnach in einer höheren Qualität der erledigten Mitarbeiteraufgaben wieder.[816] Im Folgenden zeigen Tabelle 6-4 und 6-5 in Kombination mit Abbildung 6-23 und 6-24 eine Variante, wie Führung im Vertrieb gemessen werden könnte. Der Führungskraft wird analog zur Messung der Mitarbeiterleistung im Verkauf eine Messung der Führungsarbeit gespiegelt. Es ist ebenfalls empirisch gesichert, dass die Beratungsleistung und die andere Leistungen der Mitarbeiter durch die Führung positiv beeinflusst werden können.[817] Folglich spiegelt sich eine gute Führungsarbeit in der Beratungsqualität und in einer hohen Kundenzufriedenheit, die die Mitarbeiter unmittelbar bewirken. Beratungsqualität und Kundenzufriedenheit können durch regelmäßige Testkäufe und empirische Erhebungen objektiv bewertet werden. Die Stornoquote spiegelt direkt die

---

[812] Vgl. Ingram et al., (2005), S.140.
[813] Vgl. Abschnitt 3.2. und 3.3.
[814] Ebd.
[815] Vgl. Abschnitt 3 und Ingram et al. (2005), Ingram (2004) und Jaramillo, (2009).
[816] Vgl. Abschnitt 3.2. und 3.3.
[817] Vgl. Abschnitt 3.3 und Ingram et al., (2005), S.140.

Beratungsleistung sowie eine enge Kundenbetreuung der Mitarbeiter wieder und kann ebenfalls objektiv bewertet werden. Die Vertriebsleistung des Teams wird über die Messung der Produktverkäufe berechenbar.

Es gilt über eine einfache monatliche Befragung die Daten bei den Mitarbeitern abzurufen. Die Mitarbeiter haben die Möglichkeit den Informationsfluss, die Planung ihrer Weiterbildungen und Karrieren sowie die geplanten Gespräche mit der Führungskraft zu bewerten. Der Parameter ist qualitativ, kann aber über eine einfache Skala in der Befragung der Mitarbeiter quantifiziert werden. Analog zu der Vereinbarung der Vertriebsziele mit den Beratern einigt sich die Führungskraft mit ihrem Vorgesetzten über die zu erreichenden Führungsziele.

Grundsätzlich besteht die Möglichkeit qualitative und quantitative Daten zu erheben. Im Vorfeld wurden meist qualitative Daten vorgestellt. Im Bereich der Führung sollen nun auch qualitative Größen erhoben und betrachtet werden, um den Erfolg der Führungsarbeit sinnvoller bewerten zu können.

Die Tabelle 6-4 zeigt eine Auswahl, anhand derer die Führungsleistung quantifiziert werden kann. Durch die Verwendung einer Skala werden die Leistungen quantifizierbar und auch vergleichbar. Die Beratungsqualität kann über Testkunden abgefragt gefragt werden und die Kundenzufriedenheit über Kundenbefragungen und Marktforschung. Der Faktor Verbindlichkeit wird durch die Mitarbeiter beschrieben. Die Geführten bewerten z.B. die Verbindlichkeit von Terminabsprachen mit der Führungskraft, die Weitergabe von Informationen an das Vertriebsteam und die Unterstützung bei der Vertriebsarbeit.[818]

---

[818] Vgl. Abschnitt 6.1 und 6.2.

Zielplanung pro Monat / Jahr Führungskraft		IST Aktuell	Durchschnitt seit Jahres-anfang	Tendenz	Jahresziel
Faktor	Einheit	Skala 1 - 10			
Beratungs-qualität	Testkunde	3	3	⇨	5
Kunden-zufriedenheit	Kunden-befragung	4	6	⬇	9
Verbindlichkeit	Mitarbeiter-befragung	6	4	⇧	7

Tabelle 6-4: Operationalisieren der Führungsziele Teil 1[819]

Die Führungskraft hat dazu mit dem Vorgesetzen Führungsziele abgestimmt, die über das Jahr erreicht werden sollen. In Tabelle 6-4 ist die Erhöhung der Beratungsqualität für das Vertriebsteam auf 5 vorgesehen, die Kundenzufriedenheit soll auf 9 und die Verbindlichkeit der Führungskraft soll auf 7 im Jahresdurchschnitt gesteigert werden.

In Abbildung 6-23 werden die Umsetzung der Ziele und die vorgegebenen Ziele graphisch dargestellt.

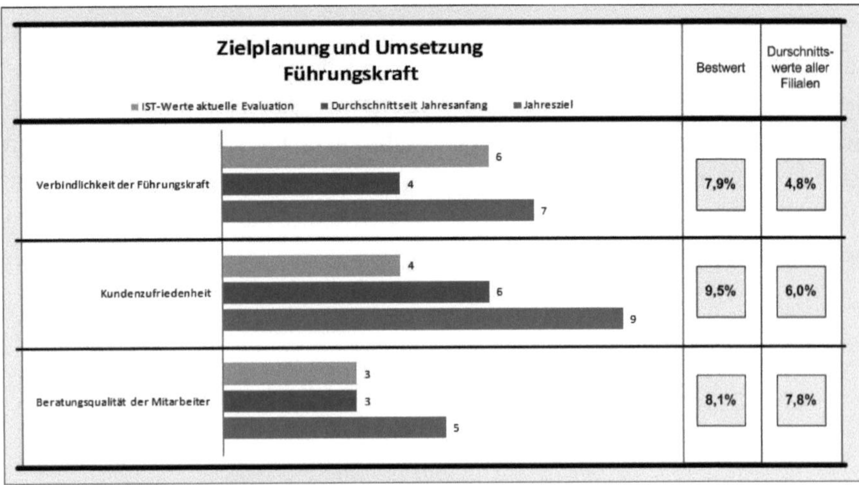

Abbildung 6-23: Visualisierung der Führungsergebnisse Teil 1[820]

---

819 Eigene Darstellung

Zusätzlich können die Informationen so aufbereitet werden, dass die durchschnittlichen Leistungen und besten Leistungen der anderen Führungskräfte dargestellt werden. So wird eine weitere Orientierungshilfe geschaffen und die verschiedenen Benchmarks im Unternehmen werden sichtbar. Die Best Practice Ansätze können dann untereinander besser ausgetauscht werden.[821] In Abbildung 6-23 sind die durchschnittlichen Werte aller Führungskräfte und Teams durch ein Dreieck und die absoluten Bestwerte durch ein Viereck im Durchschnittsbereich seit Jahresanfang abgetragen.

Ebenso können quantitative Kennzahlen beim Verkauf von Finanzdienstleistungsprodukten Aufschluss über die Leistung der Führungskraft geben. Die Führungsleistung kann über einfach zu quantifizierbaren Größen, die in Tabelle 6-5 dargestellt sind, bewertet werden. Die Stornoquote gibt indirekt Aufschluss über die Beratungsqualität der Mitarbeiter, d.h. ob z.B. dem Kunden das Produkt ausreichend transparent beschrieben worden ist, so dass nach dem Kauf keine kognitiven Dissonanzen auftauchen oder mangelnde Anzahl von Folgeterminen vereinbart worden sind.[822] Die Margen im Finanzierungsbereich geben Aufschluss über das betriebswirtschaftliche Handeln des Mitarbeiters. Hier muss die Führungskraft im schlechten Fall die Angebotsgestaltung des Mitarbeiters über Seminare und Schulung verbessern. Zum Schluss wird die Gesamtvertriebsleistung des zu führenden Teams nochmals grafisch dargestellt.

---

[820] Eigene Darstellung
[821] Vgl. Abschnitt 3.3.5.
[822] Vgl. Abschnitt 6.2.5.

Zielplanung pro Monat / Jahr Führungskraft		IST Aktuell	Durchschnitt seit Jahres-anfang	Tendenz	Jahresziel
Faktor	**Einheit**				
Stornoquote	Vertrags-widerrufe in Prozent	1	2,5	↑	Kleiner 4
Margen im Bereich Finanzierung	Prozent	1,5	0,95	↑	2
Abweichung Gesamt-vertriebsziel	Prozent	-5	2	→	5

Tabelle 6-5: Operationalisieren der Führungsziele Teil 2[823]

Gemäß Zielvereinbarung der Führungskraft muss eine Stornoquote von weniger als 4% erreicht werden. Seit Jahresanfang sind gemäß Tabelle 6-5 2,5% der abgeschlossenen Verträge storniert worden. Die aktuelle Situation zeigt ein besseres Bild von 1% auf. Die gleiche Systematik gilt für die Bereiche Margen[824] im Finanzierungsbereich und die Abweichung vom Gesamtvertriebsziel.

Die in Tabelle 6-5 auf der linken Seite aufgelisteten Faktoren werden dann wieder graphisch dargestellt und mit den Durchschnittswerten und Bestwerten in Beziehung gesetzt. Abbildung 6-24 zeigt die beispielhaften Ergebnisse.

---

[823] Eigene Darstellung.

[824] Der Begriff Marge stellt die Spanne zwischen dem Zinssatz zu dem die Bank Geld leiht und dem Zinssatz zu dem die Bank es wieder verleiht dar.

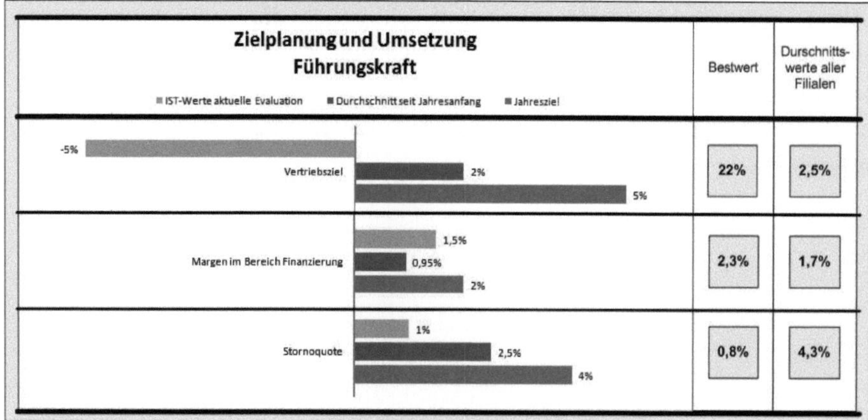

Abbildung 6-24: Visualisierung der Führungsergebnisse Teil 2[825]

Aus Abbildung 6-24 wird ersichtlich, dass die beste Führungskraft derzeit eine positive Planabweichung von 22% seit Jahresanfang erwirtschaftet hat. Der Durchschnittswert über alle Vertriebsteams relativiert diese Sicht jedoch wieder, da die positive Planabweichung seit Jahresanfang 2,5% beträgt und die Führungskraft mit 2% positiver Abweichung nahe an der durchschnittlichen Planabweichung liegt. Die Abweichungen vom Vertriebsergebnis sind beispielhaft in den Abbildungen 6-20 und 6-21 dargestellt worden.

Im Bereich Margen sind große Abstände zu den Durchschnittswerten aller Filialen zu erkennen und auch zum besten Werten. Die Entwicklung der Margen ist positiv, da in der aktuellen Evaluation ein Wert von 1,5% festgestellt wurde.

Im Bereich der Stornoquote sind sehr positive Tendenzen zu erkennen. Während der Durchschnitt aller Vertriebsteams 4,3% beträgt, liegt die eigene Stornoquote bei lediglich 2,5%. Der Bestwert liegt im Beispiel bei 0,8%. Somit erzielt er einen medianen Wert, der fast mittig zwischen Durchschnitt- und Bestwert liegt.

Das vorliegende Modell wurde unter Zuhilfenahme der Theorien zum Vertrieb und Führung entwickelt. Legitimiert wurde es durch Darstellung der

---

[825] Eigene Darstellung.

Markteilnehmer, deren Vorgehen und schließlich durch die Wettbewerbsanalyse nach *Porter*. Für das folgende Kapitel 7 dient das Modell als Gesamthypothese, das im Hinblick auf die Umsetzung in der Praxis überprüft wird. So können Verbesserungsmöglichkeiten für die Unternehmen aufgezeigt werden.

7 Empirische Untersuchung der Vertriebs- und Führungsmodelle im Retail Banking

7.1 Konzeption der empirischen Untersuchung

7.1.1 Forschungsverständnis

Das im vorherigen Kapitel 6 dargestellte Modell soll im vorliegenden Kapitel praxisnah untersucht werden. Dazu wird mit Hilfe von Interviews der Umsetzungsstand in der Praxis analysiert. Das diskutierte Vertriebs- und Führungsmodell dient im Weiteren als Hypothesengrundlage.[826]
Die folgende Studie ist qualitativ. Qualitative Forschung beschäftigt sich mit unterschiedlichen Verhalten von Menschen sowie zwischen Menschen in unterschiedlichen Situationen, die als komplex beschrieben werden können. Dies ist im Bereich des Managements der Fall, da Unternehmen, Führungskräfte und Mitarbeiter mit unterschiedlichen Verhaltensweisen in unterschiedlichen Situationen miteinander arbeiten.[827] Um Erkenntnisse zu entwickeln ist in einer qualitativen Studie intensiver und persönlicher Kontakt notwendig.

Die Studie hat einen explorativen Charakter. Nach *Wollnik* ist Exploration „die erfahrungsvermittelte Spekulation auf der Grundlage theoriegeleiteter Erfahrung. Sie entwickelt, gestützt auf flexible theoretische Interpretationsrahmen, Hypothesen und gegebenenfalls auch Merkmale und Begriffe aus den jeweils vorliegenden Daten, statt aus übergeordneten theoretischen Aussagenzusammenhängen abgeleitete Hypothesen mit den Daten zu konfrontieren."[828] Grundlage der Exploration ist ein qualitativer Informations-

[826] Vgl. Abschnitt 1.2 und 1.3
[827] Vgl. Abschnitt 3.3.
[828] Wollnik, (1977), S.43.

bestand. Mit dieser Basis soll das Informationspotenzial beschrieben und erklärend ausgeschöpft werden.[829]

Vor dem Hintergrund eines theoretischen Vorverständnisses können Ergebnisse gewonnen werden.[830] Ein theoretischer Bezugsrahmen wird trotzdem vorausgesetzt, da eine Gewinnung von Wissen impliziert, dass ein Forscher beim Herantritt an die Realität einen konzeptionellen Bezugsrahmen zugrundelegt.[831] Somit wird eine zielgerichtete Realitätsbetrachtung sichergestellt.[832]

Die Arbeit folgt damit einem Verständnis, dass nach *Kubicek* durch drei grundlegende Prämissen geprägt ist:

- Pragmatisches und praxisorientiertes Wissenschaftsziel: Ziel der Forschung ist das Gewinnen von Aussagen, die nicht nur für Einzelfälle gelten, sondern darüber hinaus Lösungen und Vorschläge für mehrere Unternehmen bieten können.
- Verhaltenswissenschaftliche Perspektive: Es geht auch um Aussagen über verhaltenswissenschaftliche Probleme, die nicht nur die Organisation betreffen, sondern das Verhalten der Individuen und Gruppen innerhalb der Organisation.
- Empirische Forschungsorientierung: Die betriebliche Realität wird durch die empirische Forschung nachvollziehbar erfasst.[833]

Die Studie wurde in der Zeit zwischen Januar 2008 und Juli 2009 durchgeführt. Als Interviewpartner standen Regionalleiter, Filialleiter und Führungskräfte im Privatkundenbereich von Banken und Finanzdienstleistern und zusätzlich Unternehmensberater, die Projekte in diesem Bereich durchführen oder durchgeführt haben, zur Verfügung. Diese wurden zur Wettbewerbssituation, zum Vertrieb von Finanzdienstleistungsprodukten und zur Führung im Finanzdienstleistungssektor befragt.
Tabelle 7-1 gibt einen Überblick der angesprochenen Unternehmen:

---

[829] Vgl. Wollnik, (1977), S.45
[830] Ebd., S.42f.
[831] Vgl. Mayring, (2002), S.65ff. und Duderstadt (2006), S.182.
[832] Vgl. Wollnik, (1977), S.44.
[833] Vgl. Kubicek, (1977), S.5.

Angesprochene Unternehmen der Studie			
1.	Oldenburgische Landesbank Cloppenburg	2.	Volksbank Rheine
3.	Oldenburgische Landesbank Osnabrück	4.	KPMG AG
5.	Commerzbank Osnabrück	6.	buw consulting GmbH
7.	AWD AG	8.	Universität Osnabrück / zeb AG
9.	Volksbank Cloppenburg	10.	MLP AG
11.	Dpa news aktuell	12.	pma:concept
13.	Landessparkasse zu Oldenburg	14.	Sparkasse Osnabrück
15.	tecis AG	16.	Postbank
17.	Hypo-Vereinsbank Osnabrück	18.	Volksbank Osnabrück

Tabelle 7-1: Angesprochene Unternehmen

Insgesamt wurden 18 Unternehmen angesprochen, von denen 16 Unternehmen an der Studie teil nahmen.[834] Die Anzahl, der für die Auswertung einbezogenen Unternehmen, musste aus methodischen Gründen um eins auf 15 reduziert werden.[835] Die Aussagen der Interviewpartner der Nichtbanken wurden gleichberechtigt mit denen der Finanzinstitute bewertet.

7.1.2 Zielsetzung

In den vorangegangenen Kapiteln 2 bis 5 wurden aus theoretischen Perspektiven Vertrieb und Führung betrachtet. Der festgestellte starke Wettbewerb im Retail Banking legitimierte die Entwicklung eines operativen Gesamtsystems für Führung und Vertrieb, das die Unternehmen unterstützen soll,

[834] Die Hypo-Vereinsbank Osnabrück und die Volksbank Osnabrück nahmen nicht an der Studie teil.

[835] Bei Befragung der OLB Cloppenburg konnte keine Führungskraft interviewt werden.

die Vertriebs- und Führungsarbeit effizient und effektiv zu erledigen. Als Grundlage dienten die Kapitel 2 und 3. Im Folgenden soll der Umsetzungsstand in der Praxis durch eine empirische Studie untersucht werden, um Optimierungsvorschläge für den Vertriebs- und Führungsbereich zu entwickeln. Die Aussagen der Wissenschaft zum Wettbewerb im Bereich des Retail Bankings, welche die Entwicklung des Modells motiviert haben, werden ebenfalls überprüft. Im Vordergrund der Befragung steht der im vorherigen Kapitel 6 entwickelte Prototyp für ein Vertriebs- und Führungsmodell. Durch die Studie soll der Umsetzungstand bei den Finanzdienstleistungsinstituten untersucht werden. Hier stellt sich die Frage, in wie weit die Modelle in der Praxis bereits umgesetzt sind. Durch die Befragung findet ein Abgleich zwischen dem Modell und der Praxis statt; die Ergebnisse können Verbesserungsvorschläge für die einzelnen Institute als auch für andere Unternehmen der Finanzdienstleistungsbranche generieren.

7.1.3 Durchführung

Um ein möglichst realitätsnahes Bild zu erhalten, wurden Führungskräfte und Unternehmensberater interviewt, die für die praktische Ausgestaltung und Durchführung der Modelle verantwortlich sind. Dies sind Führungskräfte in den genannten Unternehmen, die Berater und Verkäufer führen und den operativen Wettbewerb im Finanzdienstleistungsbereich kennen und bewerten können.

Alle Teilnehmer wurden bei den Unternehmen vor Ort in einem persönlichen Gespräch interviewt. Zur Durchführung der Gespräche diente ein semi-strukturierter Interviewleitfaden, wodurch die Gesprächspartnern motiviert werden sollten, frei aber themenbezogen über den Wettbewerb im Finanzdienstleistungssektor und die Vertriebs- und Führungsmodelle im eigenen Unternehmen zu sprechen. Ein Interview dauerte durchschnittlich 90 Minuten. Interviewteilnehmer waren jeweils der Initiator dieser Studie und der Unternehmensbeteiligte. Die Gespräche wurden aufgezeichnet. Um eine vertrauensvolle Atmosphäre zu schaffen, wurde den Gesprächspartner bereits im Vorfeld zugesichert, alle Protokolle einsehen zu können und die

Gesprächsaufzeichnungen zur Verfügung gestellt zu bekommen. Eine Kommunikation und Nutzung der Ergebnisse erfolgte nur nach Freigabe der Materialien durch die Interviewten. Der Interviewpartner hatte die Möglichkeit die Protokolle zu ergänzen, zu verbessern und dann freizugeben.[836]

Explorative Forschung zielt auf Entdeckung ab. Zweck der Experteninterviews ist die Suche nach Systemen, Werkzeugen, Methoden und Verfahren, die im operativen Vertrieb von Finanzdienstleistungen eingesetzt werden, um die Mitarbeiter und Führungskräfte im Verkaufs- und Führungsprozess sowie im Kontakt mit den Kunden zu unterstützen.[837]

Dazu wurde in der ersten Phase des Projekts ein integriertes Vertriebs- und Führungsmodell für die Vertriebs- und Führungsarbeit erstellt, das die speziellen Anforderungen und Wettbewerbsbedingungen integriert.[838] Die Ergebnisse der Experteninterviews setzen in den folgenden Abschnitten die Theorie und Praxis in Beziehung.

Als zusätzliche Quellen dienen Daten und Dokumente sowie Einblicke in interne Computersysteme, die von einigen Teilnehmern der Studie überlassen bzw. gewährt wurden. Die Datenerhebung basiert auf einer Vielzahl von quantitativen und qualitativen Daten. Die Datenauswertung geschieht durch eine Interpretation dieser Informationen.

Die Aufbereitung der Ergebnisse, die durch die Datenauswertung generiert werden, erfolgt im folgenden Abschnitt 7.2.

---

[836] Alle Protokolle der Interviews befinden sich auf einer Daten-CD im Anhang.
[837] Vgl. Abschnitt 6.
[838] Vgl. Abschnitt 6.1 und 6.2 und 6.3.

7.2 Ergebnisse der Untersuchung

7.2.1 Tendenzen im Wettbewerb

Das Retail Banking im deutschen Bankenmarkt unterliegt einem sehr dynamischen Wettbewerb. Die Einschätzung der Experten zur aktuellen Wettbewerbssituation ist eindeutig. 15 von 15 Studienteilnehmern bestätigen die hohe Rivalität innerhalb der Finanzdienstleistungsbranche. Kein Experte schätzt, wie in Abbildung 7-1 ersichtlich, die Rivalität lediglich mittel bzw. als gering ein.

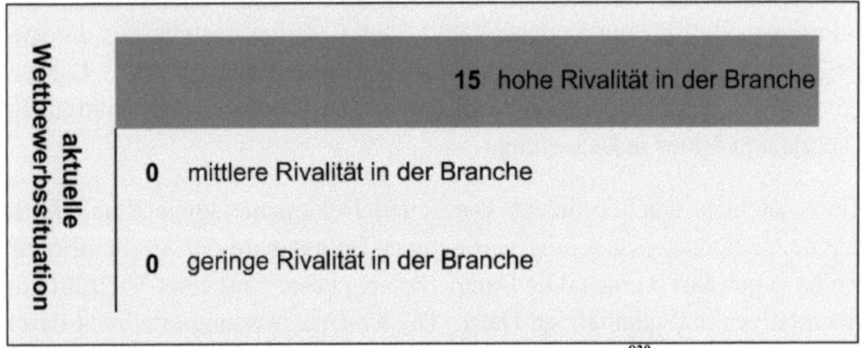

Abbildung 7-1: Studienergebnis aktuelle Wettbewerbssituation[839]

Die Kunden haben individuelle Bedürfnisse, die durch spezielle Produkte und Kundenansprachen gedeckt werden müssen. Gleichzeitig steigt die Preissensibilität der Kunden. Die Kundenloyalität sinkt und Girokonten werden schnell gewechselt.[840] Die Unternehmen sind so einer harten Rivalität innerhalb des Wettbewerbs ausgeliefert.

Die Zeit der Filiale schien aufgrund der im Vergleich zu den Direktbanken schlechten Kostenstruktur zu Ende zu gehen. Hier ist die Tendenz zu beobachten, dass sowohl bei Kunden als auch bei den Kreditinstituten ein Umdenken eingesetzt hat und die Filiale im Rahmen des Vertriebs von Finanzprodukten wieder eine zunehmende Rolle spielt. Der Kunde möchte die

[839] Eigene Darstellung.
[840] Vgl. Abschnitt 4.3 und 5.2.

persönliche Beratung vor Ort nutzen. Bei beratungsintensiven Produkten wünscht dieser wieder einen persönlichen Kontakt und einen verantwortlichen Ansprechpartner, der den Vertragsprozess für ihn anstößt und zum Abschluss führt.[841] Eventuelle Mängel in der Beratung oder in der Vertragsabwicklung können unmittelbar einer Person zugeordnet werden und verschwinden nicht, wie bei einem Abschluss über eine Direktbank, im Internet in einem virtuellen Raum.

Für die Filialbanken ergibt sich insbesondere im Rahmen der Finanzkrise die Möglichkeit, sich auf beratungsintensive Produkte zu konzentrieren und den direkten Wettbewerb mit Standardprodukten zu meiden.[842] Diese können dann im Cross Selling Vorgang verkauft werden, während der Einstieg in eine neue Kundenbeziehung über komplexe Produkte mit qualitativ hochwertiger Beratung erfolgt.

Die Banken haben es in der Vergangenheit versäumt, die Filiale bei komplexen und beratungsintensiven Produkten als Anlaufpunkt für den Kunden zu etablieren. Die Institute haben den Preiskampf mit den Direktbanken gesucht und dabei die Kernkompetenz der persönlichen Beratung vernachlässigt. Im Fall komplexer Produkte besteht die Möglichkeit, sich über die Beratung zu differenzieren. Da die Transparenz der Dienstleistung eingeschränkt ist, wird das Produkt durch die Beratung greifbarer, anschaulicher für den Kunden und höhere Margen können durchgesetzt werden.[843]

Eine Ursache für die geringen Vertriebsergebnisse ist in der schwach ausgeprägten Vertriebsorientierung der Filialen zu sehen und die kaum vorhandenen Verkaufsschulungen. Den Führungskräften im Vertrieb ist bewusst, dass die Mitarbeiter im Bereich des Verkaufes weitergeschult werden müssen. Die Qualität der Beratungsleistung wird im Gegensatz dazu in den meisten Fällen als hoch eingeordnet.[844]

---

[841] Vgl. Kurzzusammenfassung Experteninterviews im Anhang.
[842] Vgl. Abschnitt 5.3.
[843] Vgl. Abschnitt 4.2.1.
[844] Vgl. Elf, 2006, S.11.

Der Wettbewerbsdruck und die –rivalität in der Branche bleiben hoch. Nach den Einschätzungen der befragten Finanzexperten ist auch in Zukunft mit einer weiteren Verschärfung des Wettbewerbs, wie in Abbildung 7-2 ersichtlich, zu rechnen. Nach Einschätzung der Experten wird der Wettbewerb in Zukunft innerhalb der Branche noch weiter zunehmen. Dies vermuten 13 der 15 befragten Experten. Zwei Experten gehen von einem gleichbleibenden Wettbewerb aus. Keiner der beteiligten Studienteilnehmer erwartet eine Verringerung des Wettbewerbs innerhalb der Branche.

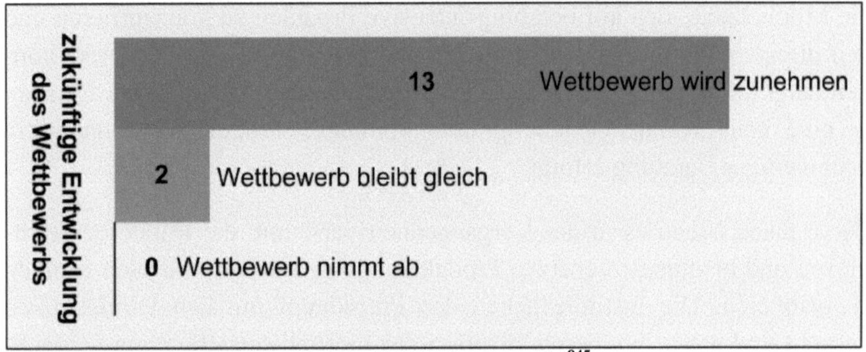

Abbildung 7-2: Studienergebnis Rivalität in der Branche[845]

Hier spielen insbesondere neue Wettbewerber, neue Vertriebskanäle, die zunehmende Kundenmacht bei abnehmender Kundenloyalität und die zunehmende Preissensibilität der Kunden eine wichtige Rolle, die die Finanzinstitute zwingt, sich noch stärker an den Bedürfnissen und Wünschen des Kunden zu orientieren.[846]

Der Wettbewerb ist für die Bereiche Girokonten, Tagesgeldkonten und Privatkredite besonders hoch. Die Produkte werden über den Preis vertrieben, der Verkauf über die Filiale ist zur Vervollständigung der Produktpalette sinnvoll. Die Filialbanken, die ein kostenfreies Girokonto im Angebot haben, arbeiten in diesem Bereich nicht kostendenkend. Nur über die Akquise von Folgegeschäften ist dieses Vorgehen sinnvoll und letztendlich profitabel.

---

[845] Eigene Darstellung.

[846] Vgl. Abschnitt 5.2.3 und Experteninterviews.

Nach Einschätzung der Experten ist auch in Zukunft mit weiteren Filialschließungen zu rechnen. Vor der Finanzkrise im Herbst 2008 und den anstehenden Fusionen und Zusammenschlüssen von Commerzbank und Dresdner Bank sowie Deutsche Bank und Postbank war die Einschätzung, dass der Abbau der Filialen durch die Sparkassen und Volksbanken getragen wird und die privaten Banken ihre Filialzahl zumindest konstant halten.[847] Nun ist davon auszugehen, dass auch die Dresdner Bank, die Commerzbank und die Postbank weitere Filialen schließen. Die Finanzdienstleister werden ihre Repräsentanzen weiter ausbauen, ausländische Wettbewerber werden neue Filialstandorte eröffnen oder durch Zukäufe in den Markt eintreten. Diese Tendenz war bei der Übernahme der Postbank zu beobachten. Hier waren neben der Deutschen Bank auch chinesische Investoren an einem Kauf interessiert. Der AWD wurde durch die schweizerische SWISS übernommen. In der regionalen Fläche wird es einen weiteren Abbau geben, während in den Ballungsräumen mit einer hohen Kundenfrequenz die Filialdichte weiter steigen wird.[848] Wie in Abbildung 7-3 ersichtlich gehen 14 der 15 Experten von weiteren neuen Marktteilnehmern aus.

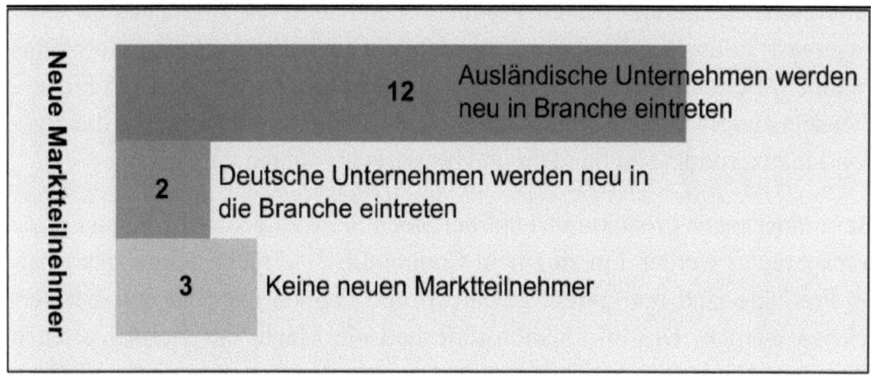

Abbildung 7-3: Studienergebnis Neue Marktteilnehmer[849]

Zwölf der 15 Experten vermuten, dass in Zukunft weitere ausländische Unternehmen in den Wettbewerb eintreten werden. Zusätzlich ist in Abbildung 7-3 ersichtlich, dass zwei Experten weitere deutsche Marktteilnehmer er-

[847] Vgl. Experteninterviews.
[848] Vgl. Abschnitt 4.3 und 4.4 und Experteninterviews.
[849] Eigene Darstellung.

warten. Drei Experten gehen von einer gleichbleibenden Anzahl der Unternehmen aus.

Die traditionellen Marktführer Sparkasse und Volksbank verlieren in diesem Wettbewerb Kunden. Die Kunden verfügen über mehr als eine Kontoverbindung. Die Anzahl der Girokonten pro Kunde steigt. Bei den Sparkassen und Volksbanken bleibt die Anzahl konstant, während z.B. die Commerzbank stetig Kunden und Girokonten hinzugewinnt. D.h. dass die durchschnittliche Anzahl der Giroverbindungen steigt und im Zuge dessen der Marktanteil der Sparkassen und Volksbanken fällt.[850] Der Erfolg der aggressiven Strategie der Commerzbank einhundert Euro für ein Girokonto zu zahlen, bleibt abzuwarten, die Strategie hat aber zur Gewinnung neuer Kunden geführt. Die Entwicklung der Zusatzverkäufe durch die aggressive Akquisitionsstrategie ist derzeit noch nicht analysierbar.[851]

Die Filiale wird in Zukunft wieder ein wichtiger Anlaufpunkt für die Kunden sein. Nach Einschätzung der Experten ist derzeit eine Rückbesinnung der Kunden auf die persönliche Beratung zu beobachten. Im Fokus der Beratung stehen die komplexen Produkte: der Kunde ist zusehends an einer engeren Bindung zur Bank und insbesondere an einem Vertrauensverhältnis zu einem Berater interessiert. Es steigt die Tendenz bei den Kunden Finanzdienstleistungsprodukte wieder unter einem Dach zu sammeln, um die eigenen Finanzprodukte zu bündeln und besser organisieren zu können.

Bei immer mehr Produkten ist auf der einen Seite zu beobachten, dass diese transparenter werden hin zu einem Commodity.[852] Früher beratungsintensive Produkte sind transparent geworden und können über das Internet vertrieben werden. Die Informationstiefe und die Macht des Kunden steigen weiter an, für die Markteilnehmer wird sich der Wettbewerb weiter erhöhen. Insgesamt wird die Kundenmacht durch die Experten mit hoch bewertet. Neun der 15 Experten schätzen diese hoch ein, wobei die Macht der Kunden als weiterhin steigend betrachtet wird. Des Weiteren ist in Abbildung 7-4 ersichtlich, dass fünf der 15 Experten die Macht der Kunden als hoch mit

[850] Vgl. Experteninterviews.
[851] Vgl. Abschnitt 4.3.1 und Experteninterview.
[852] Vgl. Abschnitt 4.2.4.

gleichbleibender Tendenz bewerten. Lediglich ein Experte prognostiziert eine Abnahme der hohen Kundenmacht.

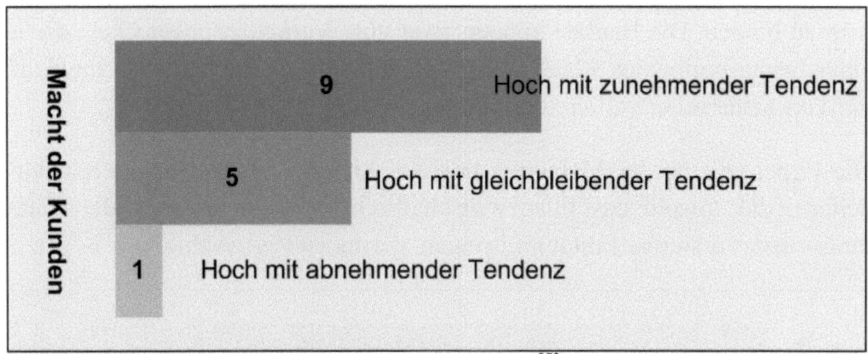

Abbildung 7-4: Studienergebnisse Macht der Kunden[853]

Informierte Kunden holen diverse Angebote ein und konfrontieren die Anbieter mit Konditionen, um für sich bessere Resultate zu erzielen. Auf der anderen Seite ist der bereits angesprochene Trend zu beobachten, dass Kunden eine persönliche und vertrauensvolle Beratung, explizit im Bereich der Baufinanzierung und Altersvorsorge, wieder erhöht nachfragen. Besonders Vorsorgeprodukte sind im Hinblick auf die Themen „steueroptimierte Altersversorge und „Riester und Rürup Rente" beratungsintensive Produkte[854], die die Kunden gezielt in der Filiale nachfragen. Die „Pflicht der Protokollierung der Beratung" schafft aktuell einen weiteren Vorteil für die Filiale. Der Kunde verzichtet daher sogar aufgrund der Nähe und Qualität der Beratung auf ein Produkt eines anderen Anbieters, das z.B. im Fall der Altersvorsorge die höchste Rente verspricht.

Um erfolgreich zu beraten und zu verkaufen, müssen talentierte und gut ausgebildete Mitarbeiter akquiriert werden. Den Sparkassen und Volksbanken ist es aufgrund des Tarifrechts aktuell nicht möglich, die leistungsorientiere Vergütung in dem Maße wie bei privaten Banken und Finanzdienstleistern umsetzen. Der talentierte Verkäufer hat im Allfinanzbereich von AWD

---

[853] Eigene Darstellung.

[854] Eine Finanzmarktrichtlinie (MiFID) stellt durch neue Verhaltens- und Transparenzpflichten sicher, dass die Beratung des Kunden lückenlos dokumentiert und archiviert wird.

AG, mlp AG sowie tecis AG bessere Möglichkeiten, entsprechend seiner Verkaufs- und Beratungsleistung bezahlt zu werden.[855] Dementsprechend schwierig ist es für die etablierten Banken, Topverkäufer an das Unternehmen zu binden. Die Banken können zwar gute Verkäufer ansprechen, die in einer festen regionalen Fläche tätig sein müssen; den aktuellen Kampf um die Top-Mitarbeiter verlieren die Banken aber.

Die Experten sind der Meinung, dass das Angebot an qualifizierten Mitarbeitern, die sowohl das finanzwirtschaftliche Wissen als auch die Beratungs- und Verkaufsaffinität mitbringen, gering ist (vgl. Abbildung 7-5).

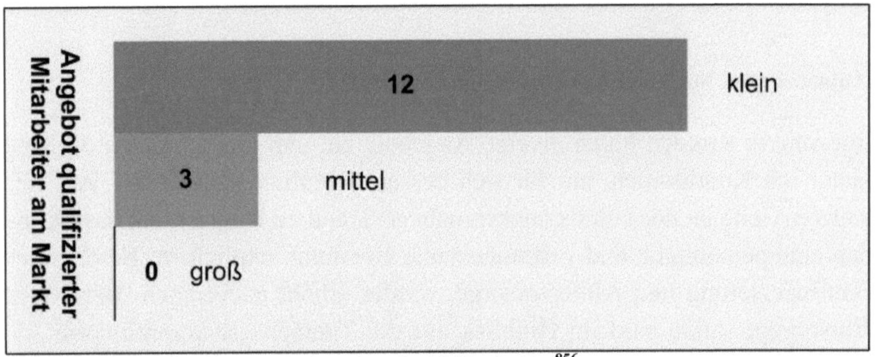

Abbildung 7-5: Studienergebnisse Angebot Mitarbeiter[856]

Zwölf der 15 Experten sehen das Angebot an qualifizierten Mitarbeitern als gering an, drei von 15 Experten beurteilen das Angebot als Mittel und kein Experte bewertet das Angebot als groß.

Auch wenn der Zugriff auf die High Potentials im Vertrieb schwierig ist, müssen die Banken den Vertrieb intensivieren. Die Finanzdienstleister gehen aktiv auf die Kunden zu. Die Banken können das Potenzial des Kundenstammes nur nutzen, wenn das sogenannte Holgeschäft, die aktive Ansprache der Kunden, weiter ausgedehnt wird und die Kunden kontaktiert werden.

---

[855] Vgl. Abschnitt 5.2.2 und Experteninterviews.
[856] Eigene Darstellung.

Mit dieser Aktivierung des Vertriebs wird es im Umfeld der Finanzkrise und der steigenden Wettbewerbsintensität schwierig die Erträge auszubauen. Alle „five forces“ der Wettbewerbsanalyse nach *Porter*, sowohl aus einer theoretischen als auch der hier dargestellten praktischen Sichtweise, bestätigen die Zunahme der Rivalität innerhalb der Branche.[857] Deshalb müssen die Unternehmen weiter Kosten sparen und den anhaltenden Margendruck durch mehr Potenzial im Verkauf abdecken. Die Experten sehen derzeit keine Tendenz für steigende Margen, sondern für eine Vorherrschaft des Preises.

Um trotzdem erfolgreich im Wettbewerb zu bestehen, ist die stringente Abarbeitung der vorgestellte Vertriebs- und Führungsmodelle unersetzlich.

7.2.2 Strategie und Vertrieb

Voraussetzung für einen systematischen Vertrieb ist die Entwicklung einer Vertriebsstrategie als Mittelpunkt zum Unternehmensleitbild sowie einer Vision. Aus der Vertriebsstrategie können Ansprachestrategien, Verkaufskampagnen bis hin zu Führungsgrundsätzen generiert werden.

Bei den Banken und Finanzdienstleistern ist zu beobachten, dass die Unternehmensstrukturen Lücken aufweisen. Eine Strategie ist vorhanden, jedoch ist diese nicht durchgängig auf allen Ebenen umgesetzt. Sowohl Führungskräfte als auch Mitarbeiter beklagen einen fehlenden Handlungsrahmen oder sehen gar Widersprüche zwischen der formulierten Strategie des Unternehmens und dem operativen Geschäft. Die Banken haben zwar die Wichtigkeit der Segmentierung erkannt und gehen auf die unterschiedlichen Segmente wie Individualkunden, Junge Leute, Senioren und Neukunden gezielt zu. Dadurch sind die relevanten Märkte und Segmente der Institute definiert. Beratung und Verkauf werden jedoch separat betrachtet. Die stringente Bearbeitung dieser Märkte erfolgt dann durch definierte Prozesse und Ressourcen. Ein Verkaufen durch qualitativ hochwertige Beratung ist selten, da

---

[857] Vgl. Abschnitt 5.2 und 5.3 und Experteninterviews

folgende strategische Mängel vorherrschen. Nach Chandler gilt „Structure follows Strategy".[858] Um einen Markt und die darin befindlichen Kunden zu bearbeiten, sollte zu allererst die Strategie und erst danach die Ablauf- und Aufbauorganisation zur Erfüllung dieser Strategie umgesetzt werden.

Nach Einschätzung der Experten liegt ein großer Mangel im Bereich „Strategisches Gesamtmodell" vor.

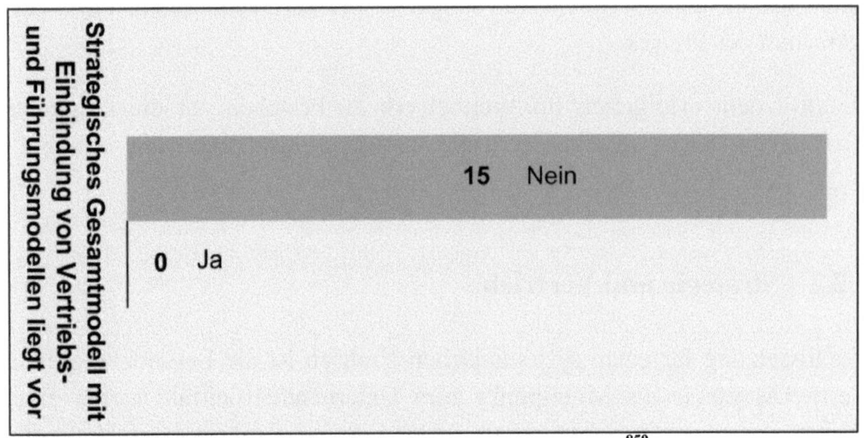

Abbildung 7-6: Studienergebnisse Strategisches Gesamtmodell[859]

Hier bestätigt die Studie die Hypothese, dass kein strategisches Gesamtmodell mit Einbindung der Vertriebs- und Führungsmodelle, wie in Abbildung 7-6, ersichtlich bei den Finanzdienstleistungsunternehmen vorliegt.

In der Vergangenheit konnte im Wettbewerb beobachtet werden, dass die Kostenseite der Institute überproportional stark bewertet wurde. Viele Marktteilnehmer sind der Strategie verfallen, Kunden über den Preis zu akquirieren. Niedrige Preise machen aber nur im Rahmen einer reinen Strategie der Kostenführerschaft Sinn. Die Finanzdienstleistungsinstitute treten aber im Markt als Dienstleistungsunternehmen mit hohem Beratungsstandard auf. Eine absolute Preisführerschaft ist unter dieser Annahme nicht möglich und auch nicht sinnvoll. Vielmehr ist es notwendig geworden, unterschiedlichen Kundenansprüchen gerecht zu werden: Auf der einen Seite

[858] Vgl. Chandler, (1962), hier insbesondere S.62-100 und Burgelman, (1983), S.69.
[859] Eigene Darstellung.

müssen preisgünstige standardisierte Produkte angeboten werden und auf der anderen Seite eine qualitativ hochwertige Beratung.[860]

Den befragten Führungskräften ist bewusst, dass sowohl eine Streben nach Kostenführerschaft als auch das Streben nach einer Differenzierung für das Retail Banking zur Erlangung von Wettbewerbsvorteilen als geeignet anzusehen ist. Das bestätigt die These aus Abschnitt 5, dass im Retail Banking hybride Strategien verfolgt werden sollten, um erfolgreich im Markt agieren zu können.[861] Das Verfolgen einer Nischenstrategie ist aus Sicht der Studienteilnehmer für den Geschäftsbereich des Retail Banking nicht geeignet, um Vorteile im Wettbewerb zu generieren.[862]

Alle Experten bestätigen die Messung der Vertriebsziele, um Erfolg planbar zu machen und der implementierten Wachstumsstrategie nachzukommen. Dazu werden in allen Instituten Vertriebsziele definiert und kontrolliert. Die Art und Weise der Messung und der zeitliche Abstand variieren von einer Wochen- bis hin zu einer Quartalssichtweise.[863]

Alle Führungskräfte betonen, dass die Führungsarbeit über die Berater in den Markt zum Kunden hinausgetragen wird. Umso erstaunlicher ist die geringe strategische Verankerung der Vertriebs- und insbesondere der Führungsmodelle in der Strategie. Alle Institute haben Visionen, Zielsegmente und auch Strategien für das Retail Banking formuliert. Eine strategische Einbindung der Vertriebs- und Führungsmodelle in eine Strategie findet jedoch nur selten statt, so dass eine ganzheitliche Sichtweise fehlt.[864]

7.2.3 Vertrieb

Die Experten bestätigen, wie in Abbildung 7-7 dargestellt, dass von einer weitreichenden und genauen Definition der Vertriebsprozesse auszugehen ist. In keinem Unternehmen fehlt die Definition und Beschreibung der Ver-

---

[860] Vgl. Abschnitt 5.3.

[861] Vgl. Abschnitt 5.3.

[862] Vgl. Abschnitt 5.3 und 4.2.

[863] Vgl. Abschnitt Experteninterviews.

[864] Zur Umsetzung des Vertriebs- und Führungsmodells im Einzelnen vergleiche die folgenden Abschnitte.

triebsprozesse. Die Qualität und die Umsetzung sind, wie in folgender Abbildung 7-7 ersichtlich, unterschiedlich.

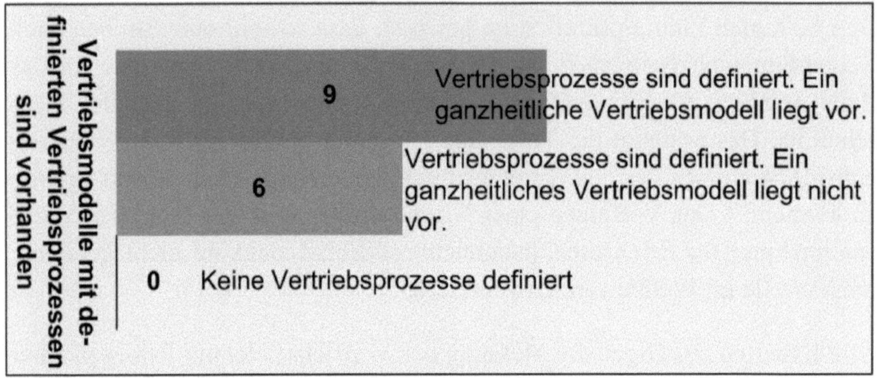

Abbildung 7-7: Studienergebnisse Vertriebsprozesse[865]

Neun der 15 Experten bestätigen, dass die Vertriebsprozesse definiert und auch in ein ganzheitliches Vertriebsmodell gebettet sind. Sechs der 15 Experten gehen davon aus, dass die Vertriebsprozesse definiert sind ohne eine Einbindung in ein ganzheitliches Vertriebsmodell.

Alle Experten bestätigen, dass den Vertriebsprozessen und der Vertriebssteuerung ein hoher Stellenwert zugerechnet wird. Die Anforderungen und die Komplexität der Erfassung und Aufbereitung der Zahlenbasis für den Vertrieb haben zugenommen.

Im Vordergrund steht das Monitoring des Vertriebs, durch das die Geschäftsentwicklungen aufgezeigt werden; dabei sind insbesondere die Durchsetzung, die zielgerichtete Einflussnahme und die Kontrolle der Verkaufs- und Vertriebsaktivitäten zu beobachten.

In den Filialen sind unterschiedliche Ziele definiert. Es kommen Ertrags-, Stück-, Volumen- und seltener Aktivitätsziele zum Einsatz. Die Volumen- und Stückziele spielen bei allen Instituten eine ausschlaggebende Rolle. Die Filialen erhalten genaue Zielvorgaben für die unterschiedlichen Finanzdienstleistungsprodukte wie z.B. Konsumentenkredite oder Bausparverträ-

[865] Eigene Darstellung.

ge. Die Gespräche zeigen die Tendenz auf, dass in Kampagnen detaillierte, auf ein Produkt bezogene Ziele vorgegeben werden. Dies ist der Fall, wenn im Rahmen von Vertriebsmaßnahmen speziell für z.B. einen steueroptimierten Fonds detaillierte Vertriebsleistungen an die Einheiten kommuniziert werden.[866]

Als Trend zeigt sich, dass übergeordnete Produktziele vorgeben werden. Der Kundenberater hat so den Freiraum, diverse Produkte aus einer Produktfamilie zu verkaufen, um die Ziele zu erfüllen und umso besser auf die Kundenbedürfnisse eingehen zu können.

Weiterhin zeigen die Ergebnisse der Interviews, dass der Einfluss von Aktivitätszielen, wie Termine pro Tag und Woche in einem bestimmten Beratungs- und Produktfeld, steigt. Die Institute erkennen die Wichtigkeit, eine Umsetzung ist aber eher gering. Konkrete Aktivitätsziele wie Ansprachеziele und Terminquoten pro Produktfeld sind selten und nach Meinung der Experten schwierig zu messen.[867] Statistische Erfassungen über Ansprachеversuche und tatsächliche Termine können vom Berater manipuliert werden und lassen keine eindeutigen Rückschlüsse zu.

Den Experten ist die Bedeutung qualitativer Ziele bewusst. Eine Berücksichtigung, wie z.B. der Kundenzufriedenheit, findet aber nicht statt. Begründet wird dies mit der nicht möglichen oder zu aufwendigen Messbarkeit. Der Einzug qualitativer Zielgrößen, wie z.B. der Kundenzufriedenheit, ist kurzfristig nicht zu erwarten. Der hohe Aufwand und die komplexe technische Einbindung in ein Messsystem schrecken die Institute ab. Zusätzlich fehlt das durchgängige Verständnis, dass die Kundenzufriedenheit, die Beratungsqualität und der Vertriebserfolg in einem engen Zusammenhang stehen und langfristig zum Erfolg führen.

In Zukunft ist davon auszugehen, dass die Verknüpfung zwischen Aktivitäten- und Vertriebszielen eine stärkere Betrachtung findet. Aktuell werden vereinzelt Aktivitäten und die folgende Umsetzung der Vertriebsziele ge-

---

[866] Einen plastischen Vergleich stellt der Verkauf von Parfüms durch Douglas dar. Hier können Tagesziele vereinbart werden, wenn ein beworbenes Produkt verkauft wird.

[867] Vgl. Experteninterviews.

messen. Eine sinnvolle Verknüpfung findet aber nicht statt. Entweder sind die technischen Voraussetzungen nicht geschaffen oder eine Verknüpfung ist noch nicht geplant. Eine Spiegelung von Aktivitäten mit gekoppelten Verkaufserlösen in die Zukunft ist nicht vorhanden. Eine zukunftsorientiere Analyse liegt in keinem Institut vor.[868]

Die Experten stellen ebenso die Wichtigkeit des Vertriebscontrollings heraus. Aufgabe ist primär die Beschaffung, Bereitstellung und Darstellung von Vertriebsinformationen. Im Vordergrund stehen Soll-Ist-Vergleiche und ein schnelles und aktuelles Berichtswesen. Das Vertriebscontrolling nimmt dazu eine beratende Funktion für die Vertriebssteuerung ein. Es ist Informationsgeber für die Analyse, Verdichtung und Bereitstellung der Informationen. Als Ergebnis könnten dann entsprechende Maßnahmen wie z.B. Coaching und Weiterbildungsmaßnahmen angestoßen werden. Diese Wirkungskette ist aber eher selten.[869]

Die Filiale ist ein sehr dynamischer Teil des Gesamtunternehmens. Technik, Mensch und Prozesse müssen strategisch aufeinander abgestimmt sein, so dass die operative Aufgabe erledigt werden kann.

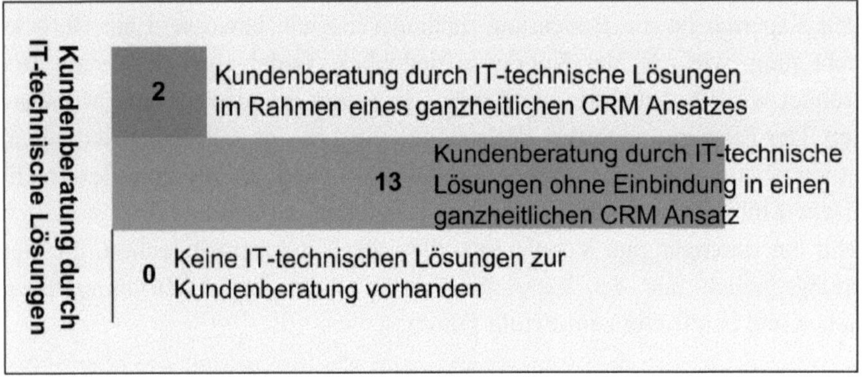

Abbildung 7-8: Kundenberatung durch IT-technische Lösungen[870]

[868] Vgl. Experteninterviews.

[869] Vgl. Abschnitt 3.3.6 und 6.3.1.

[870] Eigene Darstellung.

Der Großteil der Experten bestätigt, dass eine vollständige Verknüpfung der unterschiedlichen Systeme in der Kundenberatung noch nicht geschaffen ist. Alle befragten Institute arbeiten jedoch an der Verbesserung der Systeme. Kundenhistorie, Produktnutzung und Kundenerträge sind im Regelfall nicht miteinander verknüpft. Alle Befragten bestätigen, dass im Rahmen der Kundenberatung IT-technische Lösungen zum Einsatz kommen. Die Einbindung dieser Instrumente im Rahmen eines CRM-Ansatzes ist unterschiedlich.

Lediglich bei zwei Unternehmen sind die Kundendaten, Beratungsinstrumente und Produktinformationen so miteinander verknüpft, dass von einem ganzheitlichen CRM-Ansatz auszugehen ist. Bei 13 der 15 Unternehmen wird, wie in Abbildung 7-8 dargestellt, mit Hilfe von IT-technischen Lösungen ohne Einbindung in einem ganzheitlichen CRM-Ansatz beraten. Kein Unternehmen verzichtet auf den Einsatz IT-technischer Instrumente zur Kundenberatung. Dies schließt nicht aus, dass dem Kunden die vorgestellte Lösung handschriftlich präsentiert und so mit dem Kunden gemeinsam erarbeitet wird. Dieses Vorgehen bestätigen zusätzlich zwei der 15 Experten als Element der Vertriebsstrategie im Rahmen der Kundenberatung.

Die in Kapitel 2 geforderte kundenorientierte Strategie durch ein CRM System wird angestrebt, ist aber noch nicht vollständig realisiert. Die Institute arbeiten an der Verzahnung der Daten des Vertriebscontrollings mit Daten aus dem Data Warehouse. Basisdaten über den Kunden liegen vor. Intelligente Hinweise zur Kundenansprache liegen bei Großbanken, wie z.B. bei der Commerzbank, vor; diese können in größere und performantere Systeme investieren. Informationen über den Wettbewerb und Konditionen der Marktteilnehmer werden nicht zur Verfügung gestellt. Es wird dem Mitarbeiter überlassen, sich zu informieren.

Die Informationsversorgung bei den Instituten ist unterschiedlich. Der Großteil kann auf Informationen des Vertriebserfolges zurückgreifen. Die Ebenen und die Aktualität der Informationen schwanken. Es gibt Teilnehmer der Studie, die über tagesaktuelle Daten verfügen und Unternehmen, die nur monatlich auf kumulierte Ergebnisse und Ist-Soll Vergleiche zurückgreifen. Diese Informationen sind ungenügend, ein Ausbau der Informationssysteme ist notwendig.

Im Regelfall stehen die Informationen nicht auf Mitarbeiterebene zur Verfügung. Die selbständigen Finanzberater bei der MLP AG, beim AWD AG und der tecis AG sind hier aufgrund des Geschäftsmodells und der Organisationsstruktur[871] weiter vorangeschritten. Die Berater werden auf Provisionsbasis bezahlt und eine Erfassung der Ergebnisse je Mitarbeiter ist essentiell für den Berater und die Führungskraft.[872] Die Unternehmen verfügen in diesem Bereich über eine hervorragende Informationsbasis bezüglich einzelner Mitarbeiter.

Bei der Mehrzahl der Kreditinstitute liegt keine Informationsbasis für den einzelnen Mitarbeiter vor. In Einzelfällen werden die Leistungen der Mitarbeiter auf Monats- und Quartalsebene detailliert betrachtet. Alle Institute stellen den Mitarbeitern Auswertungen im Hinblick auf Filial- und Teamrankings zur Verfügung. Der Zyklus schwankt zwischen der monatlichen und quartalsweisen Zurverfügungstellung. Ein Vergleich auf Mitarbeiterebene erfolgt nicht. Dies ist nicht durch eine mangelnde Umsetzung begründet, sondern basiert auf den sinnvollen Bedenken der Arbeitnehmervertreter, die die Mitarbeiter vor einer absoluten Transparenz schützen: Ein Kampf unter den Vertriebsmitarbeitern würde den Teamgedanken unterlaufen.[873]

Zusammenfassend lässt sich feststellen, dass weiterhin großes Verbesserungspotenzial hin zur Aktualität der Informationen besteht. Lediglich drei Bankinstitute konnten Vertriebsinformationen auf Mitarbeiterebene zur Verfügung stellen. Eine tägliche Bereitstellung der Daten ist selten. Für die bessere Selbststeuerung der Mitarbeiter ist zumindest eine wöchentliche Analyse der Vertriebsinformationen notwendig. Diese Informationen sollten auf Mitarbeiterebene zur Verfügung gestellt werden. Ein Vergleich mit anderen Mitarbeitern ist nicht notwendig, da hier der Vergleich der Teamleistung im Vordergrund steht.

---

[871] Vgl. Gorning et al., (2004), S.733ff.

[872] Vgl. Abschnitt 4.3.4 und Experteninterviews.

[873] Vgl. Abschnitt 6.1 und 3.3.

Eine notwendige Weiterentwicklung ist die Bereitstellung von Aktivitätsinformationen, die Thema und Ziel des Beratungstermins berücksichtigen. Diese können für Coaching-Ansatzpunkte genutzt werden, wenn Vergleiche mit anderen Mitarbeitern zugelassen werden.[874] Zwei der 15 Experten bestätigen, dass eine Messung der Termine und Aktivitäten erfolgt. Hierbei kommt ein CRM-System zum Einsatz. Der Großteil der Unternehmen misst, wie in Abbildung 7- 9 dargestellt, die Terminanzahl und die daraus folgenden Aktivitäten. Hier werden Termintreue und z.B. die Abschlussquote betrachtet. Dies erfolgt jedoch ohne Einbindung in einem CRM-System. Fünf von 15 Unternehmen erfassen keine Terminquoten und Aktivitäten der Mitarbeiter.

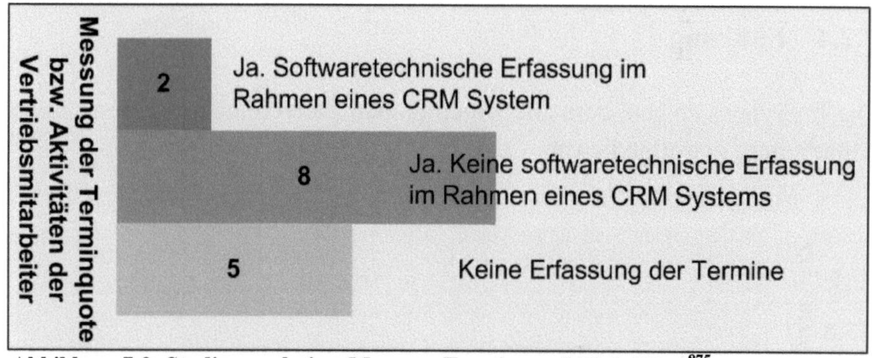

Abbildung 7-9: Studienergebnisse Messung Termine und Aktivitäten[875]

Betriebsräte werden im Regelfall Einwände gegen die Ausweitung der Messung haben. Eine weitere Hürde ist in den Informationssystemen zu finden, die nicht für die Messung von Aktivitäten vorgesehen sind. Hier ist jedoch eine schnelle Anpassung möglich.

Erste Priorität muss die zeitnahe Bereitstellung vertriebsrelevanter Informationen auf Mitarbeiterebene haben, da diese noch nicht zufriedenstellend realisiert ist. Hinzu kommt, dass dem Mitarbeiter bei der Analyse der Ergebnisse kaum Hilfestellung angeboten wird. In Zukunft wird es darauf angekommen, welches Institut fähig und bereit ist, die zeitlichen und infor-

---

[874] Vgl. Abschnitt 3.3.
[875] Eigene Darstellung.

mationstechnischen Ebenen auf Mitarbeiterebene zu verknüpfen und für den Mitarbeiter vereinfacht zu visualisieren. Diese Herausforderung wird aktuell in keinem Institut umgesetzt.[876]

Folglich müssen die Unternehmen weiter an der Verzahnung der unterschiedlichen Informationen arbeiten. Denn Informationen zu Aktivität, Leistung und Abgleich sowie die einfache Kommunikation dieser aggregierten Daten an den Mitarbeiter können über ein System erfolgen; die CRM Strategie bietet dieses an. Genau dann kann der Mitarbeiter seiner Aufgabe zielorientiert nachgehen.

7.2.4 Führung

Die Interviews zeigen, dass alle Unternehmen Zielvereinbarungen mit ihren Mitarbeitern getroffen haben.

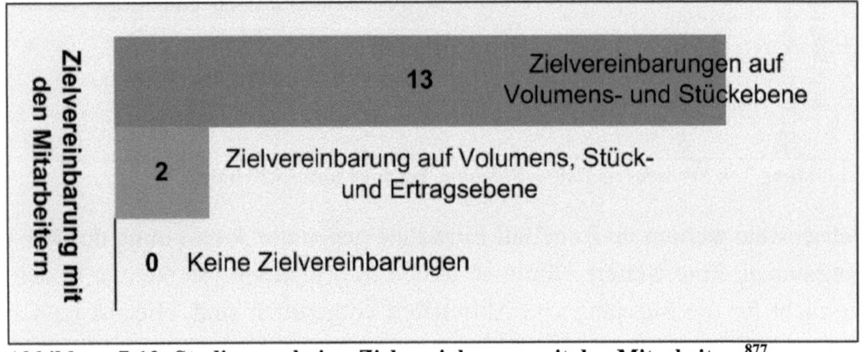

Abbildung 7-10: Studienergebnisse Zielvereinbarung mit den Mitarbeitern[877]

Wie in Abbildung 7-10 ersichtlich sind Unterschiede in der Gestaltung der Zielsysteme zu erkennen. Es werden die Anzahl von abgeschlossenen Verträgen, das Volumen und auch die Erträge gemessen. 13 der 15 Experten treffen Zielvereinbarungen mit den Mitarbeitern auf Volumens- und Stück-

---

[876] Vgl. Experteninterviews und Abschnitt 6.3.
[877] Eigene Darstellung.

ebene. Lediglich zwei Führungskräfte vereinbaren zusätzlich Ertragsziele für Mitarbeiter, die über Volumens- und Anzahlziele hinaus gehen.

Die obligatorische Messung von Erträgen ist jedoch nicht zu befürworten, da eine Ertragsmessung z.B. im Bereich von Kreditkarten nicht sinnvoll erscheint und die prinzipielle Ertragsmessung aller Produkte die Mitarbeiter überfordert. Im Vordergrund steht die Messung von Volumina und Stückzahlen, die Messung von Erträgen ist weiter im Ausbau. Insgesamt bleibt festzuhalten, dass es meist eindeutige Zielvorgaben für die Mitarbeiter gibt; diese werden mindestens quartalsweise abgeglichen. In der Regel werden nach dem Gießkannenprinzip die Ziele aus dem Vorjahr gesteigert und verteilt. Jeder Experte bestätigt jedoch einen Planungsprozess mit den Mitarbeitern.

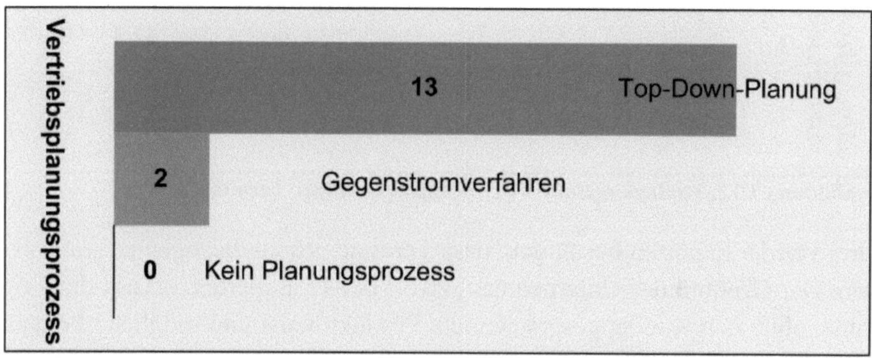

Abbildung 7-11: Studienergebnisse Vertriebsplanungsprozess[878]

Durch Abbildung 7-11 wird erkenntlich, dass 13 der 15 Experten die Ziele nach einem Top-Down-Verfahren mit den Mitarbeitern planen. Hier werden auf höchster Hierarchieebene Zielvorgaben entwickelt. Es folgt eine Verteilung der Ziele bis auf Filialebene bzw. Mitarbeiterebene.[879] Das Gegenstromverfahren bestätigen lediglich zwei Experten. Hier wird ein Vorschlag auf der höchsten Hierarchieebene entwickelt. Im Anschluss erfolgt eine Bottom-Up-Planung durch die unterschiedlichen Marktbereiche.[880]

[878] Eigene Darstellung.
[879] Vgl. Abschnitt 3.4.
[880] Vgl. Duderstadt, (2006), S.202.

Aufgrund der im vorherigen Abschnitt dargestellten Situation beschäftigt sich die Führungskraft mit stark vergangenheitsorientieren Vertriebsanalysen. Sinnvoller ist eine stärker zukunftsorientierte Sichtweise, um die Vertriebstätigkeit auf die kommenden Wochen auszurichten.[881] Abbildung 7-12 macht deutlich, dass kein Unternehmen zukünftige Termine systematisch mit prognostizierbaren Erträgen bewertet.[882]

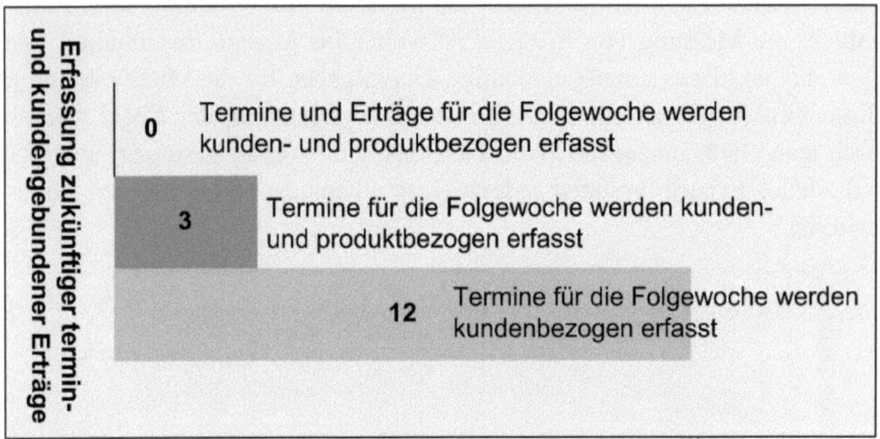

Abbildung 7-12: Studienergebnisse Erfassung zukünftiger Termine[883]

Drei von 15 Experten bestätigen, dass Termine produktbezogen erfasst werden. Der Großteil der Unternehmen, zwölf der 15 Experten, erfasst die Termine, ohne den Kundengesprächen ein Produktthema und mögliche Erträge zuzuweisen.

Im Gegensatz zu den Vertriebsprozessen sind die Führungsprozesse in den Unternehmen weniger transparent oder nicht für den Mitarbeiter nachvollziehbar. Die Experteninterviews haben gezeigt, dass bei lediglich einem Institut die Führungsarbeit durch ganzheitliche Führungsmodelle gestützt und umgesetzt wird.

Somit ist gemäß Abbildung 7-13 lediglich bei einem Unternehmen davon auszugehen, dass die Führungsprozesse in einem ganzheitlichen Führungs-

---

[881] Vgl. Abschnitt 6.3.1.
[882] Vgl. Abschnitt 6.3.
[883] Eigene Darstellung.

modell implementiert sind. Zwei weitere Experten bestätigen, dass die Führungsprozesse definiert sind.

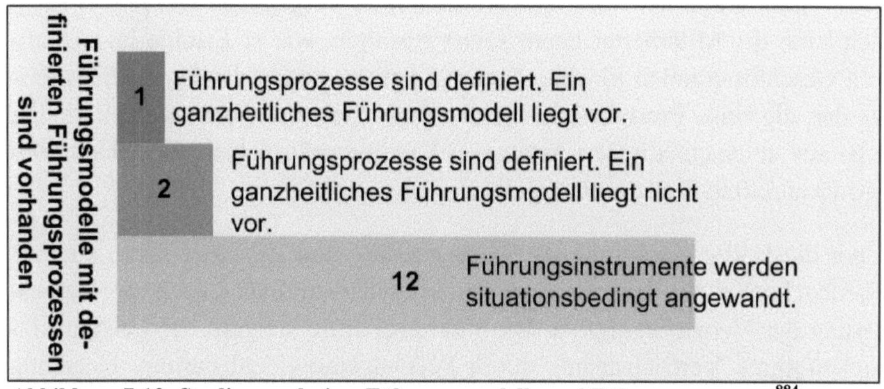

Abbildung 7-13: Studienergebnisse Führungsmodelle und Führungsprozesse[884]

Wie in Abbildung 7-13 ersichtlich ist bei dem Großteil der Unternehmen davon auszugehen, dass Führungsinstrumente situationsbeding angewandt werden, ohne das Führungsprozesse definiert sind und in einem Führungsmodell implementiert sind.

Sicherlich folgen die Führungskräfte in den Unternehmen Routinen und Ritualen, die langfristig für die Mitarbeiter nachvollziehbar und erkennbar sind. Jedoch ist es für alle Institute sinnvoll, den Führungsprozess nicht abstrakt zu lassen, sondern gemäß des Modells in Abschnitt 6.1 zu kommunizieren, so dass sowohl zugehörige Führungskräfte, als auch die Führungskräfte, die neu ins Unternehmen kommen, sich schnell orientieren und einarbeiten können. Durch das Führungsmodell sind Mitarbeiter stärker involviert und können sich besser auf die Führungskraft einstellen. Der Mitarbeiter weiß, welche Bring- und Holschuld zu welchen Zeitpunkten existent ist.[885] Eine Implementierung von Führungsmodellen ist förderlich für die Entwicklung einer Führungskultur im Unternehmen.[886]

[884] Eigene Darstellung.
[885] Vgl. Abschnitt 6.1.
[886] Vgl. Abschnitt 6.3.

Die Genauigkeit der Ziele, die die Führungskraft mit den Vertriebsmitarbeitern bespricht und beschließt, ist hoch und grenzt den Freiraum der Mitarbeiter stark ein, auch wenn nur Produktfelder vorgegeben werden.[887] Folglich kann der Mitarbeiter kaum selbst gestalten, wie er Erträge im operativen Geschäft erzielen möchte. Eine Ausnahme stellen die Finanzdienstleister dar, die keine Produktziele vorschreiben. Sicherlich kann der Mitarbeiter z.B. aus unterschiedlichen Arten von Kreditverträgen wählen, jedoch wird pro Produktfeld die Umsetzung der Ziele erwartet.[888]

Über die Hälfte der befragten Führungskräfte und Experten sehen sich als Feedbackgeber für das operative Tagesgeschäft und als Coach zur Verbesserung der Vertriebstätigkeit. Die Führungskräfte steigern die Leistungsfähigkeit ihres Vertriebsteams durch Feedbackindividualisierung, Coaching und Anpassung der Feedbackhäufigkeit. Dies belegen auch die Studienergebnisse, die in Abbildung 7-14 visualisiert sind. 13 von 15 Experten bestätigen, dass Coaching und Führungsaufgaben in Zukunft noch wichtiger werden, um die Vertriebsmitarbeiter und das Vertriebsteam zum Erfolg zu lenken. Lediglich zwei Experten sehen die Aufgaben in diesem Bereich zukünftig auf einem gleichbleibenden Niveau. Kein Experte geht von einem abnehmenden Trend aus.

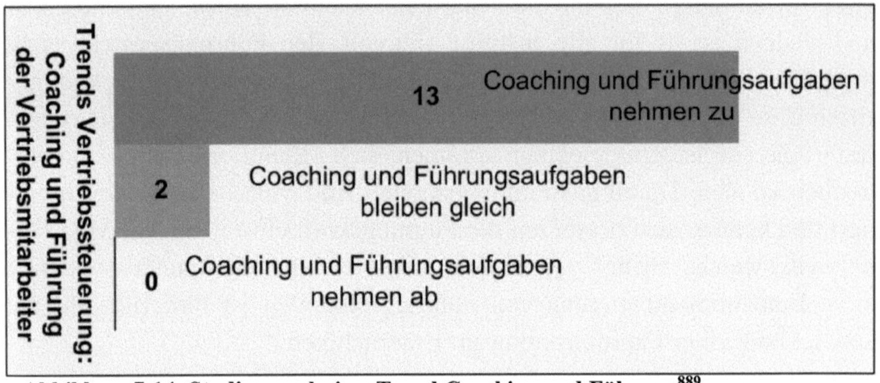

Abbildung 7-14: Studienergebnisse Trend Coaching und Führung[889]

[887] Vgl. Abschnitt 7.2.3.
[888] Vgl. Abschnitt 7.2.3.
[889] Eigene Darstellung.

Bei einem Viertel der Institute ist es jedoch der Fall, dass Gespräche mit den Mitarbeitern nicht regelmäßig geführt werden. Es wird in kurzen, spontanen oder zufälligen Gesprächen über die Team- und Einzelleistung gesprochen. Das Selbstverständnis der Führungskräfte ist im Sinne eines unterstützenden und partizipativen Führungsstils als positiv zu bewerten. Die Experten erkennen zwar die Notwendigkeit von Coaching und Führungsaufgaben, eine entsprechende Umsetzung im Unternehmen erfolgt jedoch nicht automatisch.

Die Konsequenz ist, dass bei dem Großteil der Institute die Einbindung der Mitarbeiter in den Kommunikations- und Zielfindungsprozess mangelhaft umgesetzt ist. Die Kompetenz der Mitarbeiter wird unterschätzt. Der stetige Informationsfluss im Sinn der Führungsmodelle ist optimierbar.

Die Führungskräfte können sich manuell einen Überblick zu den Aktivitäten durch Terminabfragen bei den Mitarbeitern verschaffen. Systematische Vergleiche unter Anwendung IT-unterstützender Informationssystem auf Mitarbeiterebene sind nicht obligatorisch und eher selten. Der erste Mangel ist wieder in der Bereitstellung der Daten auf Mitarbeiterebene zu beobachten:[890] Ein Großteil der Unternehmen kann die Vertriebstätigkeit und die Verkäufe nicht einem einzelnen Mitarbeiter zuordnen.[891] Wenn die Informationen zur Verfügung stehen, ist aufgrund der im Regelfall fehlenden definierten Führungsprozesse nicht sichergestellt, dass systematische und regelmäßige Gespräche zwischen Führungskraft und Mitarbeiter durchgeführt werden. Das liegt auch darin begründet, dass den Führungskräften selbst immer mehr Vertriebsziele auferlegt werden. Nahezu alle Führungskräfte haben Mitarbeiter zu führen und gleichzeitig Vertriebsziele zu erfüllen. Zusätzlich ist zu beobachten, dass die Führungskraft bis zu 15 Mitarbeitern in einer Filiale zu führen hat. Sicherlich muss dieser Vorbild im Vertriebsteam sein;[892] es erscheint also sinnvoll, dass die Finanzinstitute den Führungskräften aufgrund der herausragenden Bedeutung der Führung im Vertrieb unter Einbeziehung kleinere Führungsspannen mehr Zeit für die Betreuung der Mitarbeiter einräumen.

[890] Vgl. Abschnitt 7.2.3.
[891] Vgl. Abschnitt 7.2.3.
[892] Vgl. Abschnitt 3.3.

Die Kreditinstitute geben vereinzelte Führungsrichtlinien aus. Der Trend zeigt sich, dass die Führungskräfte in den Unternehmen und auch direkt in den Filialen über die Führungskultur diskutieren und einen Handlungsbedarf zur Systematisierung erkennen. Es gilt Führungsmodelle zu schaffen und zu kommunizieren. Die Führungsprozesse sind sinnvoll, durch die Etablierung kann im Umgang mit den Kunden ein Wettbewerbsvorteil erzielt werden.[893] Die Rahmenbedingungen, wann etwas wie durch die Führungskraft gemäß eines Führungsprozesses zu tun ist, können und müssen definiert sein. Dieser Zustand stellt jedoch in den Filialen eine Ausnahme dar.

Lediglich ein Institut misst die Kundenzufriedenheit regelmäßig und mehrmals im Jahr. Ein Lösungsansatz liefert die Messung von qualitativen Führungskriterien.[894]

Die Studie zeigt, dass Personal leistungsorientiert eingesetzt wird und alle Führungskräfte eine Ergebnisverantwortung haben, die die Leistungsmotivation steigern soll. Die Expertenbefragung zeigt, dass die leistungsorientierte Vergütung von Mitarbeitern zur Regel geworden ist (vgl. Abbildung 7-15). Elf der befragten Experten sehen den Trend hin zur leistungsorientieren Bezahlung auf Mitarbeiter- und Führungsebene. Vier Unternehmen haben dieses Instrument der Vertriebssteuerung auf der Führungsebene implementiert. Kein Unternehmen bzw. Experte geht von einer Nichtanwendung der leistungsorientierten Vergütung aus.

---

[893] Vgl. Experteninterviews und Abschnitt 6.3.
[894] Vgl. Abschnitt 6.3.2.

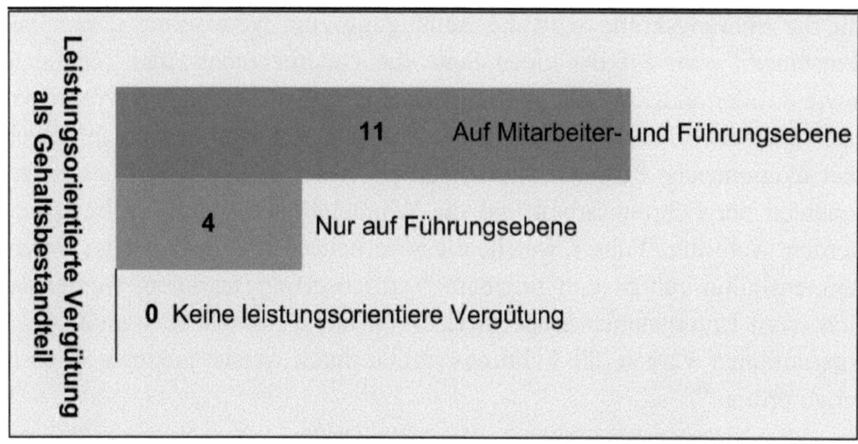

Abbildung 7-15: Studienergebnisse Leistungsorientierte Vergütung[895]

Die Arbeitsbelastung der Führungskräfte und deren Mitarbeiter im Vertrieb des Retail Banking wird durch alle Beteiligten als sehr hoch wahrgenommen. Das Personal der Banken wurde jedoch noch vor kurzer Zeit als wenig leistungsfähig und als träge bezeichnet.[896] Im Vordergrund stand die pflichtbewusste Erledigung der Bankgeschäfte und nicht Leistung und Innovation. Die Experten bestätigen die Wichtigkeit der leistungsorientierten Vergütung als Vertriebsinstrument. Einschränkungen der leistungsorientierten Vergütungen ergeben sich durch tarifrechtliche Unterschiede.

Die veränderten Anforderungen an die Mitarbeiter verlangen den Führungskräften mehr ab. Ziel und Aufgabe der Führung im Retail Banking ist es auch, einen Wandel voranzutreiben.[897] Der Bankangestellte ist beratender Verkäufer geworden und die Führungskräfte nehmen es als ihre Aufgabe wahr, diese Veränderungen zu koordinieren und voranzutreiben. Die Handlungsmuster der Führungskräfte haben sich geändert, um sich an die erhöhte Umweltkomplexität anzupassen.[898]

---

[895] Eigene Darstellung.

[896] Vgl. Ronzal, (2004), S.393f.

[897] Vgl. Abschnitt 5.3 und 5.4.

[898] Vgl. Abschnitt 3.2.

Für die Führungskräfte wird die Befähigung zum Networking immer bedeutsamer[899], um auf der einen Seite die Unternehmens- und Teamziele sowie auf der anderen Seite die individuellen Ziele zu vertreten. Problematisch ist jedoch, dass die Legitimation der Führungskräfte ausschließlich über ökonomische Parameter geschieht. Das führt dazu, dass soziale Komponenten der Führungsarbeit und die Wandelfähigkeit nicht nachgehalten werden. Autoritäre Führer, welche die Mitarbeiter nicht im Sinne der Unternehmenskultur führen und trotzdem Vertriebserfolge erzielen, werden so nicht vom Unternehmen ausgefiltert, wenn nicht zusätzliche Bemühungen unternommen werden, die Führungsqualität durch weiche Faktoren intensiver zu prüfen.[900]

Die Rückkopplung mit den Geführten ist Aufgabe und Ziel zugleich, um den Vertriebserfolg sicherzustellen. Die Führungskraft muss die unterschiedlichen Facetten der Mitarbeiter auf die Vertriebsziele ausrichten und tritt dabei immer mehr als Moderator, Anleiter und Coach auf. Die sachbezogenen Aufgaben der Führungskraft treten immer mehr in den Hintergrund und werden durch die Vermittlungs- und Durchsetzungsfähigkeit ersetzt. Im Mittelpunkt steht der Ausgleich zwischen Steuerung, Machtausübung und Kommunikation.[901]

Um dieser Führungsarbeit gerecht zu werden ist eine stetige Anpassungskompetenz der Führungskräfte an die jeweiligen Situationen notwendig; differenzierte Führungsstile werden im Idealfall beherrscht und können abgerufen werden. Die Analyse der Interviews deutet darauf hin, dass die Veränderungsfähigkeit der Führungsarbeit einen wichtigen Faktor im Vertrieb darstellt.[902] Führungskräfte begeistern durch Anregungen und ihr inspirierendes Verhalten die Mitarbeiter und schaffen so eine Veränderung oder Verbesserung ihrer Vertriebsaktivitäten. Dazu müssen etablierte Sichtweisen aufgebrochen werden und Denkanstöße vermittelt werden. Dies kann nur durch eine Anpassung des Führungsverhaltens an Situation und Person erfolgen. Die Interviews zeigen, dass eine individualisierte Führung im Re-

---

[899] *Englisch für:* Aufbau und Pflege von Beziehungsgeflechten in Gruppen.
[900] Vgl. Abschnitt 3.4. und Färber/Hopfner, (2006), S.46.
[901] Vgl. Abschnitt 3.2.
[902] Vgl. Zusammenfassung Experteninterviews.

tail Banking besonders notwendig ist, da Situationen sich schnell verändern können und in einem interdependenten Verhältnis mit dem Mitarbeiter stehen. Die Führungskräfte proklamieren, dass eine Anpassung an Situation und Mitarbeiter notwendig ist und auch realisiert wird. Eine objektive Beurteilung dieser Veränderung und Anpassung der Führungsarbeit im Vertrieb ist mit dieser Studie nicht möglich und sollte durch eine weitere Forschungsarbeit untersucht werden.

In der aktuellen Situation wird der Druck auf den Vertrieb immer weiter erhöht. Die Führungskräfte sind selbst für die Umsetzung der Verkaufsziele verantwortlich, müssen gleichzeitig eine komplexe Führungsaufgabe bewältigen, haben aber auch dafür zu sorgen, dass die Umsetzung und die Kommunikation kooperativ erfolgt, so dass alle Mitarbeiter im Team zusammenarbeiten und es zu keiner Vertriebsverdrossenheit kommt.[903] Besonders schwierig gestaltet sich die Führungsarbeit bei Finanzdienstleistern wie mlp AG und AWD AG. Durch die Selbständigkeit der Handelsvertreter besteht meist kein direktes Weisungsrecht.[904] Die Führungskraft muss hier besonders über Karrieremöglichkeiten und Weiterbildungsmöglichkeiten intrinsisch motovieren.[905]

Einen grundsätzlich empfehlenswerten Führungsstil für den Vertrieb im Retail Banking gibt es nicht. Es ist besonders auffällig, dass die Führungsarbeit im Vertrieb stark situations- und personenabhängig ist und kurzfristig neu umgesetzt werden muss. Ein Mitarbeiter der im letzten Monat oder Quartal gute Leistungen erbracht hat, muss nicht sofort unter Druck gesetzt werden. Alle Interviewpartner betonen aber auch, dass eine totale Konzentration auf eine starke Harmonie im Team nicht zielführend ist. Ein Wettbewerbsgedanke unterstützt die Teamleistung.

Weiterhin gilt, dass die Führungsarbeit nicht nur eine hohe soziale Kompetenz und Empathie im Hinblick auf den Mitarbeiter erfordert, sondern auch bezüglich der vielfältigen Privatkunden; dies erhöht die Ansprüche an die Führungskraft.

---

[903] Vgl. Experteninterviews und Abschnitt 3.3.
[904] Vgl. Abschnitt 4.3.4.
[905] Vgl. Abschnitt 3.3.6.

Die Führungskraft in der Filiale hat eine sogenannte „Sandwichposition“ zu meistern. Der Vertriebsdruck, der durch viele transparente Ziele dargestellt wird sowie von oberen Managementebenen nach unten weitergeleitet wird, kann durch den Filialleiter nicht an das Team weiter gegeben werden. Die Führungskraft muss diesen Druck in hohem Maße abfedern, um die Motivation des Vertriebsteams nicht zu stark in Mitleidenschaft zu ziehen, selbst wenn die Vertriebsleistungen kritisch sind. Dies ist langfristig nicht umsetzbar, da bei anhaltend schlechter Vertriebsleistung der Druck weiter gegeben werden muss.[906]

Eine Führungskraft, die unterschiedliche Führungsstile anwendet, generiert eine höhere Mitarbeiterzufriedenheit und letztendlich auch eine höhere Kundenzufriedenheit, da die Berater dieses Wohlgefühl an den Kunden weiter vermitteln.

Den Führungskräften müssen zukunftsorientiertere Systeme und prägnante Reports zur Verfügung gestellt werden. Die derzeit zur Verfügung gestellten Daten sind noch zu komplex und wenig aggregiert. Mit Umsetzung dieser Vorschläge müssen die Führungskräfte das Feedback und die Kommunikation stärker an die Situation anpassen und den Führungsstil variieren.[907] Dazu sollten Feedbackinstrumente genutzt sowie die Kommunikation in Anlehnung an die Vertriebs und Führungsmodelle systematisiert werden. Diese Systematisierung ist im Retail Banking noch in einem Anfangsstadium. Die Kommunikation zwischen Führungskraft und Führungskraft sowie zwischen Führungskraft und Mitarbeiter ist nur bedingt zu einem schlüssigen Ganzen ausgestaltet und unter Zuhilfenahme des Führungskreislaufes optimierbar. Die Elemente Führungssysteme, Boni und Feedbacktermine sind integriert. Eine ganzheitliche Sicht ist selten, eine strategische Einbindung der Modelle fehlt.[908]

---

[906] Vgl. Experteninterviews und Abschnitt 3.3.
[907] Vgl. Abschnitt 3.3 und 6.3.
[908] Vgl. Abschnitt 3.4.

8 Zusammenfassung und Ausblick

Ziel der Arbeit war die Erstellung einen strategischen Gesamtmodells, das die Unternehmen unter Zuhilfenahme eines integrierten Vertriebs- und Führungsmodells unterstützt in einem hybriden Wettbewerb mit starker Rivalität nicht nur zu bestehen, sondern durch die Umsetzung auch Wettbewerbsvorteile zu generieren. Die empirische Studie hat gezeigt, dass das entwickelte Modell hilfreich sein kann, um die Unternehmen in diesem Wettbewerb besser aufzustellen.

Der Vertrieb, die Vertriebsprozesse und die Vertriebssteuerung spielen eine besondere Rolle im Retail Banking. Die Umsetzung der in Kapitel 2 vorgestellten Prozesse hat den Bereich beim Vertrieb von Finanzdienstleistungen tief durchdrungen. Die Verzahnung der unterschiedlichen Vertriebsbereiche wie Vertriebsprozesse, Vertriebssteuerung, Vertriebscontrolling und die Kontrolle und Bewertung von Vertriebsaktivitäten im Rahmen eines CRM-Ansatzes ist gering. Es gilt die unterschiedlichen Politiken mit dem Vertrieb sinnvoll technisch miteinander zu verknüpfen.[909]

Die Analyse des Wettbewerbs mit Hilfe der Fives-Forces-Wettbewerbsstrukturanalyse von *Porter* hat gezeigt, dass die vielfältigen Unternehmen, die Finanzdienstleistungen in Deutschland vertreiben, innerhalb der Branche einem starken Wettbewerb ausgesetzt sind. Die Rivalität zwischen den Unternehmen ist hoch und es liegt die Vermutung nahe, dass die Rivalität zwischen den Unternehmen in der Branche weiter steigen wird.

Auf der einen Seite hat sich die Hypothese bestätigt, dass sich die Unternehmen in einem hybriden Wettbewerb befinden[910], der die Unternehmen dazu drängt, für bestimmte Produktbereiche eine Kostenführerschaft anzustreben und für andere Bereiche eine Qualitätsführerschaft. Kunden wollen günstige Standardprodukte wie Giro- und Tagesgeldkonten und gleichzeitig eine qualifizierte Beratung im Bereich z.B. der Altersvorsorge und Berufs-

[909] Vgl. Abschnitt 2.1.5.
[910] Vgl. Abschnitt 5.3.

unfähigkeit. Auf der anderen Seite hat sich bestätigt, dass der Großteil der Unternehmen nicht über ein strategisches Gesamtmodell, dass die Vertriebs- und Führungsmodelle ganzheitlich implementiert hat, verfügt, so das eine Kostenführerschaft und Differenzierungsstrategie effektiv umgesetzt werden kann.

Durch die aufgedeckten Mängel im Bereich der Strategie und der Vertriebs- und der Führungsmodelle ergeben sich Mängel im Zusammenspiel. Gemäß der Aussage der Experten planen die Institute die zu erreichenden Ziele sehr genau. Die Kombination der Organisation, in der die Modelle integriert sind, sowie der Menschen und der Technik zur effizienten Steuerung ist nach Analyse der Interviews optimierbar. Alle Teile müssen sinnvoll in eine Strategie eingebettet werden. In der Realität greifen diese Teile, wie in Abbildung 8-1 dargestellt nicht immer ineinander. Hier kann die Implementierung einer ganzheitlichen CRM Philosophie positiv wirksam werden.

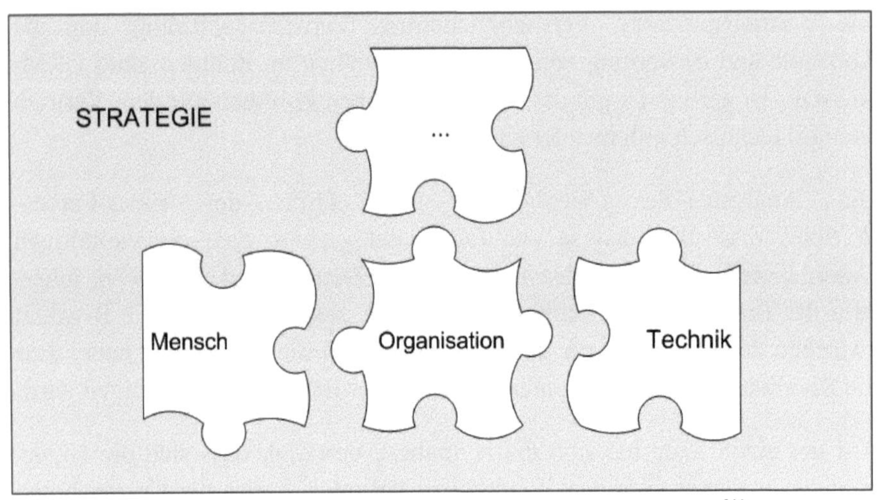

Abbildung 8-1: Zusammenspiel von Organisation, Mensch und Technik[911]

Im Bereich Mensch gilt es das Thema Führung und Führungskultur auszubauen. Führung muss transparenter werden und die Unternehmen müssen dafür sorgen, dass Führungskräfte nicht nur an quantitativen Zielen gemes-

911 Eigene Darstellung.

sen werden, sondern dass qualitative Aspekte mit in die Bewertung der Führungsarbeit einfließen. Hier stimmen die Experten zu, dass Nachholbedarf bei der regelmäßigen Messung der qualitativen Ziele besteht. Der Mensch ist sowohl als Führungskraft als auch als Mitarbeiter die entscheidende Ressource für die Vertriebstätigkeit in der Filiale. Es wird entscheidend für den weiteren Erfolg im intensiven Wettbewerb sein, welches Institut am besten mit den Interessen des Kunden umgehen und diese befriedigen kann. Dies geschieht genau dann, wenn Führungs- und Vertriebsmodelle miteinander verknüpft sind. Die Führungskräfte müssen lernen, Mitarbeiter weiterzuentwickeln und je nach Stärke und Situation zu fördern und zu fordern.[912] Der Großteil der Experten ist sich einig, dass auf diesem Weg die Faktoren Qualität der Beratung, der Mitarbeiter und der Führungskraft ausgebaut werden können. Solange die Elemente Technik, Vertrieb und Führung nebeneinander stehen wird dies nicht gelingen. Die Unternehmen müssen eine aggregierte Zahlenbasis auf allen Ebenen implementieren und gleichzeitig die Führungsleistung messen; erst dann wird der Zusammenhang zwischen guter Führung und Vertriebserfolg transparent. Einen Ansatz dazu liefern die vorgestellten Modelle. Die Umsetzung der Vertriebsmodelle ist bereits weit vorangeschritten. Die Wichtigkeit der Führung ist erkannt, aber eine Systematisierung der Führung fehlt. Somit ist kein optimales Gesamtsystem vorhanden.

In der Umsetzung gekoppelter Vertriebs- und Führungsmodelle ist zukünftig die größte Verbesserungsmöglichkeit zu sehen. Die Systematisierung beider Modelle führt zu einer Kundenfokussierung und somit zu einer höheren Kundenzufriedenheit.

Weitere Optimierungspotenziale ergeben sich im Bereich der zukunftsorientierten Performance-Messung im Bereich der Vertriebsmodelle. Termine, Themen der Termine und mögliche Erträge müssen verbunden werden, um sinnvolle und realistische Prognose zu entwerfen. Zur Messung der Umsetzung der Vertriebsziele kommen Ertrags, Stück- und Volumensgrößen zum Einsatz. Im Vordergrund stehen Stück- und Volumensziele. Die Unternehmen haben jedoch den Bedarf der Ertragsmessung und der Ertragsziele er-

[912] Vgl. Abschnitt 3.

kannt. Erst diese macht eine ertragswertorientierte Kundenberatung möglich, die zukünftig im Fokus der Finanzdienstleistungsinstitute stehen wird.

Ein weiterer starker Erfolgsfaktor ist die Thematisierung und spätere Implementierung von Führungsmodellen, die im Sinne des Vertriebs förderlich für die Schaffung einer Vertriebskultur sind. Mitarbeiter und Führungskräfte erhalten eine höhere Planungssicherheit. Hier sollte eine stärkere qualitative Messung der Führungskräfte erfolgen, die Einbindung der Mitarbeiter in eine Zieldiskussion forciert werden.

Zur Festlegung der Ziele wird weitestgehend nach den Top-Down-Prinzip verfahren. Das Bottom-Up-Verfahren zur Zielvereinbarung wird nur selten genutzt, obwohl es gemäß wissenschaftlicher Meinung das bessere, wenn auch komplexere und aufwendigere Verfahren zur Vereinbarung von Mitarbeiterzielen ist. Sinnvoll wären weitere Untersuchungen zu diesem Themenfeld, die der Frage nachgehen, in wie weit Mitarbeiter und Institute erfolgreicher im Vertrieb sind, wenn Ziele mit dem Top-Down-Verfahren vereinbart wurden. Des Weiteren kann untersucht werden, ob die Mitarbeiter im Hinblick auf das Top-Down Verfahren zufriedener und stärker motiviert sind.

Aufgrund von Datenschutzbestimmungen war es im Rahmen der hier durchgeführten empirischen Studie nicht immer möglich, die IT-Systeme detailliert einzusehen. Auch hier ist es sinnvoll den unterschiedlichen Umsetzungsstand der IT-Systeme zu beschreiben und zu vergleichen. Die Banken kämpfen immer noch mit informationstechnischen Insellösungen, die in den 90er Jahren geschaffen worden sind; die Umsetzung einer ganzheitlichen CRM-Philosophie ist selten umgesetzt. Dementsprechend viel Potenzial zur Verbesserung der Effizienz im Vertrieb ist hier gegeben.

Die Entwicklung der Zusammenschlüsse zwischen Deutsche Bank und Postbank, Commerzbank und Dresdner Bank sowie Allianz und Oldenburgische Landesbank muss weiter im Fokus der Wissenschaft bleiben. Hier gilt es zu klären, wie die Deutsche Bank und Postbank die unterschiedlichen Unternehmenskulturen managen will und wie die weitere Zusammenarbeit der Institute geplant ist. Ebenso gilt es, den Abschluss der Fusion zwischen

Commerzbank und Dresdner Bank sowie die Auflösung der Marke „Dresdner Bank“ zu beobachten. Das Herauslösen der Oldenburgischen Landesbank aus der Dresdner Bank mit der anschließenden Integration in den Allianz Konzern wirft weitere Fragen auf. Mit der Oldenburgischen Landesbank verbleibt eine Universalbank im Allianz Konzern. Die strategische Ausrichtung der Oldenburgischen Landesbank bleibt abzuwarten. Hier ist mit einer regionalen Ausbreitung über den Weser-Ems Bereich zu rechnen. Es gilt die strategische Ausrichtung der OLB im Allianz Konzern zu beobachten.

Im Hinblick auf die Finanzdienstleister ist die kaum mehr vorhandene Unabhängigkeit von AWD, DVAG sowie tecis AG zu bemängeln. Alle Finanzdienstleister werben jedoch auch nach einer Übernahme noch mit ihrer Unabhängigkeit. Der aktuelle letzte unabhängige Key Player unter den Finanzdienstleistern scheint die MLP AG.

Im Bereich der Autobanken ist gerade im Rahmen der Finanzkrise in Zukunft mehr Aufklärung gefragt. Lediglich die Volkswagen Financial Services AG weist ein separates Ergebnis für die hauseigene Bank aus. Die Mercedes-Bank und BMW Bank weisen kein explizites Informationsmaterial zur Lage der Bank aus, sondern integrieren es in den Konzernabschluss. Hier ist in Zukunft mehr Transparenz gefordert.

Letztendlich ist in der Umsetzung gekoppelter Vertriebs- und Führungsmodelle zukünftig die größte Verbesserungsmöglichkeit zu sehen. Die Systematisierung beider Modelle führt zu einer Kundenfokussierung und somit zu einer höheren Kundenzufriedenheit im Rahmen einer hybriden Wettbewerbsstrategie.

Literaturverzeichnis

Aaker, David A. (1988): Developing Business Strategies. 2. Aufl. New York.

Achenbach, Wieland; Lange, Thomas A.; Steffens, Udo (2008): Strategisches Management in Finanzinstituten. In: Steffens, Udo (Hg.): Kompendium Management in Banking & Finance. Frankfurt am Main: Frankfurt School Verl., S. 289–494.

Achilles, Christian (2008): Interne Spannungsfelder – Wer kommuniziert wie? Herausgegeben von Deutscher Sparkassen- und Giroverband. Online verfügbar unter http://www.tagung-interne-kommunikation.de/presentation/_files/achilles.pdf, zuletzt aktualisiert am 23.06.2008, zuletzt geprüft am 25.09.2008.

Ackermann, Josef (2006): Führung in globalen Unternehmen. In: Bruch, Heike; Krummaker, Stefan; Vogel, Bernd; Behse, Maren; Eichenberg, Timm (Hg.): Leadership - Best Practices und Trends. 1. Aufl. Wiesbaden: Gabler, S. 57–63.

Adam, Dietrich; Berens, Wolfgang; Rieper, Bernd, et al. (Hg.) (1996): Betriebswirtschaftliches Controlling. Planung, Entscheidung, Organisation ; Wiesbaden: Gabler.

Adler, Ralph W.; Reid, Jonathan (2008): The effects of Leadership styles and the budget participation on job satisfaction and job performance. In: Asia-Pacific Management Accounting Journal, Jg. 3, H. 1, S. 21–46.

Adrion, Elisabeth (1997): Ertragsorientiertes Retail Banking. Bern [u.a.]: Haupt (Bank- und finanzwirtschaftliche Forschungen, 248).

Ahlert, Dieter (1993): Distribution. In: Wittmann, Waldemar (Hg.): Handwörterbuch der Betriebswirtschaft Teilband 3: R-Z. 5. Aufl. Stuttgart, Sp. 783–806.

Ahlert, Dieter (Hg.) (2002): Exzellenz in Dienstleistung und Vertrieb. Konzeptionelle Grundlagen und empirische Ergebnisse. 1. Aufl. Wiesbaden: Gabler.

Allen, Robert Y.; Spohn, Robert F.; Wilson, I. Herbert (1984): Selling dynamics. New York: McGraw-Hill.

Althans, Mark (2002): Konzeption eines Vertriebscontrolling-Informationssystems für Unternehmen der liberalisierten Elektrizitätswirtschaft. 1. Aufl. Göttingen: Cuvillier.

Anastassiou, Anastassios (1995): Personalführung in Deutschland und Griechenland im Vergleich. München: Hampp.

Andrews, Kenneth R (1980): The concept of corporate strategy. Rev. ed. Homewood, Ill.: Irwin.

Anell, Barbro I.; Wilson, Timothy L. (2001): Channel Structures of International After-Sales Service Networks. In: Journal of Marketing Channels, Jg. 9, H. 1/2, S. 93.

Antoni, Conny (2005): Management by objectives--an effective tool for teamwork? In: International Journal of Human Resource Management, Jg. 16, H. 2, S. 174–184.

Arvidsson, Marcus; Johansson, Curt R.; Ek, Ãsa; Akselsson, Roland (2007): Situational Leadership in Air Traffic Control. In: Journal of Air Transportation, Jg. 12, H. 1, S. 67–86.

Ashley, Allan; Patel, Jayen B. (2003): The Impact of Leadership Characteristics on Corporate Performance. In: International Journal of Value-Based Management, H. 16, S. 211–222.

AWD AG (2006): Geschäftsbericht 2005. Hannover: Herausgegeben von AWD AG.

AWD AG (2007): Geschäftsbericht 2006. Hannover: Herausgegeben von AWD AG.

AWD AG (2008): Geschäftsbericht 2007. Finanzielle Unabhängigkeit erleben. Hannover: Herausgegeben von AWD AG.

AWD Holding AG (2009): Geschäftsbericht 2008. Was bleibt. Was zählt. Was kommt. Hannover: Herausgegeben von AWD Holding AG.

Bacher, Urban (2008): Wem nützt die Filiale. In: bank und markt, H. 5, S. 28–32.

Bachmann, Robert (1995): Nutzen des strategischen Controllings bei der Strategieerarbeitung. Darstellung am Beispiel des Retail Banking. Zürich: Schulthess Polygr. Verl.

Bächstädt, Karl-Heinz; Geldermann, Arnd (2006): Quo vadis, Privatkunde. In: Bankmagazin, H. 5, S. 46–48.

Bankenbericht (2004a): Auf dem Weg zu einem zukunftsfähigen Bankensystem. Online verfügbar unter ww.bankenbericht.de/banken2004/pdf/Bb_Kapitel2a.pdf, zuletzt aktualisiert am 11.05.2004, zuletzt geprüft am 18.06.2009.

Bankenbericht (2004b): Perspektiven des Bankgewerbes in Deutschland. (Mai). Online verfügbar unter www.bankenbericht.de/banken2004/pdf/Bb_Kapitel1.pdf, zuletzt aktualisiert am 10.05.2004, zuletzt geprüft am 18.06.2009.

Bankenverband (2008): Die 100 größten deutschen Kreditinstitute. Online verfügbar unter http://www.bankenverband.de/pic/artikelpic/072009/top100-2008.pdf, zuletzt aktualisiert am 17.09.2009, zuletzt geprüft am 23.10.2009.

Barkawi, Karim; Baader, Andreas; Montanus, Sven (2006): Erfolgreich mit After Sales Services. Geschäftsstrategien für Servicemanagement und Ersatzteillogistik. Online verfügbar unter http://dx.doi.org/10.1007/3-540-34548-5.

Bartels, Günther; Brandt, Holger (2003): Leistung gerecht verteilen. Vor zehn Jahren führte die Volksbank Stadthagen ein leistungs- und erfolgsorientiertes Vergütungsmodell ein. In: Bankinformation, H. 9, S. 49–52.

Bartmann, Dieter (Hg.) (2005b): Innovationen im Retail Banking. Der Weg zum erfolgreichen Privatkundengeschäft. 1. Aufl. Weinheim: Wiley-VCH.

Bartmann, Dieter (Hg.) (2005): Die Industrialisierung des Bankbetriebs. Wie sich Konzepte der Industrie auf die Banken übertragen lassen. 1. Aufl. Weinheim: Wiley-VCH.

Bartmann, Dieter; Niemeyer, Vanessa; Peters, Anja (2008): Retail Banking. 1. Aufl. Frankfurt am Main: Frankfurt School Verlag.

Bass, Bernard M; Stogdill, Ralph Melvin (1990): Bass & Stogdill's handbook of leadership. Theory, research, and managerial applications. 3. Aufl. New York, NY: Free Press.

Bastian, Christina (2000): Mitarbeiterführung im Betrieb: Anreizsysteme auf dem Prüfstand. In: Reichwald, Ralf; Bullinger, Hans-Jörg (Hg.): Vertriebsmanagement. Organisation, Technologieeinsatz, Personal. Stuttgart: Schäffer-Poeschel, S. 293–323.

Bastian, Nicole; Krause, Kora-Cora; Rezmer, Anke (2009): Dresdner-Bank: Das Ende einer Marke. Fusion mit der Commerzbank. Herausgegeben von Handelsblatt. Online verfügbar unter http://www.handelsblatt.com/unternehmen/banken-versicherungen/dresdner-bank-das-ende-einer-marke%3B2033142, zuletzt aktualisiert am 19.07.2009, zuletzt geprüft am 19.07.2009.

Baumgarten, Reinhard (1977): Führungsstile und Führungstechniken. Berlin, New York: de Gruyter.

Baxmann, Ulf G. (2005): Direktbanken sind keine vorübergehende Modeerscheinung. In: Börsen-Zeitung, Ausgabe 195, 11.10.2005, S. B1.

Becker, Fred G.; Fallgatter, Michael J. (2007): Strategische Unternehmungsführung. Eine Einführung ; mit Aufgaben und Lösungen. 3., neu bearb. Aufl. Berlin: E. Schmidt.

Becker, Jörg (1994): Strategisches Vertriebscontrolling. München: Vahlen.

Beeser, Anemone Johanna (2003): Kundenertragswert im Retail Banking. Konzeption und Operationalisierung. Frankfurt am Main. Universität Frankfurt.

Bell, Markus G. (2007): Innovation und Retail Banking in Europa. In: Innovative Ertragsstrategien für Kreditinstitute, S. 27–47.

Bell, Markus G.; Salz, Thomas (2006): Erfolgsrezepte für Vertriebssparkassen. 9 Stellhebel zur Stärkung der Vertriebs- und Ertragskraft. In: Betriebswirtschaftliche Blätter, H. 6, S. 269–274.

Bellmann, Klaus; Himpel, Frank (2008): Fallstudien zum Produktionsmanagement. 2., überarbeitete und erweiterte Auflage. Wiesbaden: Gabler.

Belz, Christian (1999): Internationales Vertriebsmanagement für Industriegüter. Kernkompetenz Vertrieb, Länderselektion und Differenzierung, Minimalmarketing, Benchmarks. St. Gallen: Thexis .

Belz, Christian; Bussmann, Wolfgang F. (2000): Vertriebsszenarien 2005. Verkaufen im 21. Jahrhundert. Wien: Ueberreuter [u.a.].

Belz, Christian; Kuster, Kathrin (1997): Verkaufskompetenz. In: Belz, Christian; Weinhold, Heinz (Hg.): Marktbearbeitung und Distribution. St. Gallen: Verl. Thexis, S. 112–127.

Belz, Christian; Weinhold, Heinz (Hg.) (1997): Marktbearbeitung und Distribution. St. Gallen: Verl. Thexis.

Benkenstein, Martin; Stephan, Anja (2005): Wertorientierte Markenführung von Banken. In: Lange, Thomas A.; Benkenstein, Martin; Eilenberger, Guido (Hg.): Wertmanagement in Banken, 1. Aufl., Wiesbaden: Gabler, S. 255–277.

Berekoven, Ludwig; Eckert, Werner; Ellenrieder, Peter (2001): Marktforschung. Methodische Grundlagen und praktische Anwendung. 9., überarb. Aufl. Wiesbaden: Gabler .

Bergermann, Melanie (2007): Anschluss verloren. In: WirtschaftsWoche, H. 13, S. 66.

Bergermann, Melanie (2008): Volksbanken planen Direktbank-Offensive. Herausgegeben von WirtschaftsWoche. Online verfügbar unter http://www.wiwo.de/finanzen/volksbanken-planen-direktbank-offensive-262465/, zuletzt aktualisiert am 25.01.2008, zuletzt geprüft am 26.05.2009.

Berghaus, Uwe (2009): Genossenschaftsbanken: Ein Drittel des Kundenbedarfs bleibt unerkannt. In: bank und markt, H. 2, S. 34–36.

Bergmann, Thomas; Hake, Andreas (2003): Der Kfz-Finanzdienstleistungsmarkt. Eine Branche in Vorwärtsbewegung. In: Finanzierung, Leasing, Factoring, H. 3, S. 197–206.

Bernet, Beat (Hg.) (1998): Relationship Banking. Kundenbeziehungen profitabler gestalten. Wiesbaden: Gabler.

Bernet, Beat; Schmid, Peter (1995): Retail banking. Visionen, Konzepte und Strategien für die Zukunft. Wiesbaden: Gabler.

Bierl, Josef (2006): Balance-orientiertes Vertriebscoaching. Mit der systemischen Aufstellungsmethode mehr Erfolg für Finanzverkäufer. 1. Aufl. Wiesbaden: Gabler.

Bisani, Fritz (1997): Personalwesen und Personalführung. Der state of the art der betrieblichen Personalarbeit. 4.überarb. Aufl., Wiesbaden: Gabler.

Blake, Robert R; Mouton, Jane Srygley (1972): Besser verkaufen durch GRID. Das Verhaltensgitter als Methode zum optimalen Verkauf in Handel, Industrie u. Dienstleistung. 1. Aufl. Düsseldorf, Wien: Econ.

Blake, Robert R.; McCanse, Anne Adams; Reineke, Ursel (1998): Das GRID-Führungsmodell. 6. Aufl. Düsseldorf: Econ.

Blake, Robert R.; Mouton, Jane S. (1986): High-Tech Management: Back to the Future? In: SAM Advanced Management Journal, Jg. 51, H. 2, S. 4–8.

Blake, Robert R.; Mouton, Jane Srygley (1975): An Overview of the Grid. Organisations can change but, will they? In: Training and Development Journal, H. May, S. 29–37.

Blake, Robert R.; Mouton, Jane Srygley (1982): A Comparative Analysis of Situationalism and 9,9 Management by Principle. In: Organizational Dynamics, Jg. 10, H. 4, S. 20–43.

Blake, Robert R. (1998): Das GRID-Führungsmodell. 6. Aufl. München, Düsseldorf, Wien, New York, Moskau: ECON.

Blanchard, Ken (2004): Leadership and the Bottom Line. In: Executive Excellence, Jg. 21, H. 9, S. 18.

Blanchard, Ken (2008): Situational Leadership. In: Leadership Excellence, Jg. 25, H. 5, S. 19.

Blatter, Peter (2008): Retailbanking: Die Basis für die Bank von morgen schaffen. In: Burger, Christoph; Hagen, Jan U. (Hg.): Strukturumbruch in der Finanzdienstleistungsindustrie. Prozessänderungen als Chance für neue Strategien und Konzepte in Banken. Wiesbaden: Gabler, S. 25–43.

BMW AG (2008): Jahresabschluss der BMW AG. Geschäftsbericht 2007. Herausgegeben von BMW AG. Online verfügbar unter http://www.bmwgroup.com/bmwgroup_prod/d/0_0_www_bmwgrou

p_com/investor_relations/finanzberichte/geschaeftsberichte/2008/_pdf/11204_BMW_AG_Jahresabschluss_dt_10.pdf, zuletzt aktualisiert am 16.03.2009, zuletzt geprüft am 16.07.2009.

BMW AG (2009): Jahresabschluss der BMW AG. Geschäftsbericht 2008. Herausgegeben von BMW AG. Online verfügbar unter http://www.bmwgroup.com/bmwgroup_prod/d/0_0_www_bmwgroup_com/investor_relations/finanzberichte/geschaeftsberichte/2008/_pdf/11204_BMW_AG_Jahresabschluss_dt_10.pdf, zuletzt aktualisiert am 16.03.2009, zuletzt geprüft am 16.07.2009.

Böhmer, Reinhold (2008): Gelber Halbriese. In: WirtschaftsWoche, H. 9, S. 56–58.

Börner, Christoph J. (2000): Strategisches Bankmanagement. Ressourcen- und marktorientierte Strategien von Universalbanken. München: Oldenbourg.

Bortz, Jürgen; Döring, Nicola (2002): Forschungsmethoden und Evaluation. Für Human- und Sozialwissenschaftler. 3., überarb. Aufl. Berlin: Springer .

Brandl, Thomas (2006): Effektives Vertriebscontrolling alle Informationen auf einen Blick. In: Deutscher Controlling-Congress, S. 195–200.

Brauweiler, Hans-Christian (Hg.) (2008): Unternehmensführung heute. München: Oldenbourg.

Breisig, Thomas (1990): Skizzen zur historischen Genese betrieblicher Führungs- und Sozialtechniken. München: Hampp.

Bröckermann, Reiner (2000): Personalführung. Arbeitsbuch für Studium und Praxis. Köln: Wirtschaftsverl. Bachem.

Bruer, Albert (1998): Revolution des Finanzgeschäfts. In: Zeitschrift Führung + Organisation, Jg. 6, H. 368-371.

Brunner, Fabian (2009), Wertstiftende Strategien im Bankgeschäft, Heidelberg, Physica-Verlag.

Bucher, Eugen (2008): Bestimme Fehltritte ausschließen. In: WirtschaftsWoche, H. 35, S. 61.

Bühner, Markus (2004): Einführung in die Test- und Fragebogenkonstruktion. München: Pearson Studium.

Bundesverband der Deutschen Volksbanken und Raiffeisenbanken e.V. (BVR) (2004): Konsolidierter Jahresabschluss des genossenschaftlichen Finanzverbundes 2003. Herausgegeben von BVR. Online verfügbar unter http://www.bvr.de/public.nsf/6FC90BCB6ADBC037C1256F5C0037BF14/$FILE/BVR_konsol_JB_2003.pdf, zuletzt aktualisiert am 07.09.2004, zuletzt geprüft am 16.07.2009.

Bundesverband der Deutschen Volksbanken und Raiffeisenbanken e.V. (BVR) (2005): Konsolidierter Jahresabschluss des genossenschaftlichen Finanzverbundes 2004. Herausgegeben von BVR. Online verfügbar unter http://www.bvr.de/public.nsf/72B8386D25E094AFC1257045004E21D4/$FILE/524989.pdf, zuletzt aktualisiert am 14.07.2005, zuletzt geprüft am 16.07.2009.

Bundesverband der Deutschen Volksbanken und Raiffeisenbanken e.V. (BVR) (2006): Konsolidierter Jahresabschluss des genossenschaftlichen Finanzverbundes 2005. Herausgegeben von BVR. Online verfügbar unter http://www.bvr.de/public.nsf/D6B99E216E4779D5C12571B5002D1352/$FILE/BVR_Jahresabschluss.pdf, zuletzt aktualisiert am 24.07.2006, zuletzt geprüft am 16.07.2009.

Bundesverband der Deutschen Volksbanken und Raiffeisenbanken e.V. (BVR) (2007): Konsolidierter Jahresabschluss des genossenschaftlichen Finanzverbundes 2006. Herausgegeben von BVR. Online verfügbar unter http://www.bvr.de/public.nsf/E1017E8710C7F439C125731A004B84EC/$FILE/KOFiVU.pdf, zuletzt aktualisiert am 13.07.2007, zuletzt geprüft am 16.07.2009.

Bundesverband der Deutschen Volksbanken und Raiffeisenbanken e.V. (BVR) (2008): Konsolidierter Jahresabschluss des genossenschaftlichen Finanzverbundes 2007. Online verfügbar unter http://www.bvr.de/public.nsf/6A5AB14DF7AC4ADDC12574A3004919F5/$FILE/kons_jb_200808_NEU.pdf, zuletzt aktualisiert am 07.08.2008, zuletzt geprüft am 16.07.2009.

Bundesverband deutscher Banken (2009): Ertragslage bei den einzelnen Bankengruppen. Online verfügbar unter http://www.bankenverband.de/pic/artikelpic/032009/ta0903_vw_795

ertrag-bgr.pdf, zuletzt aktualisiert am 10.03.2009, zuletzt geprüft am 25.10.2009.

Bundschuh, Russell G.; Dezvane, Theodore M. (2003): How to make after-sales services pay off. In: McKinsey Quarterly, H. 4, S. 116–127.

Burgelman, Robert A. (1983): A Model of the Interaction of Strategic Behavior, Corporate Context, and the Concept of Strategy. In: The Academy of Management Review, Jg. 8, H. 1, S. 61–70.

Burger, Christoph; Hagen, Jan U. (Hg.) (2008): Strukturumbruch in der Finanzdienstleistungsindustrie. Prozessänderungen als Chance für neue Strategien und Konzepte in Banken. Wiesbaden: Gabler.

Busch, Lars; Klee, Angela; Spiegelberg, Ronald (2005): Potenziale nicht richtig genutzt. In: Bankmagazin, H. 7, S. 42–43.

Buschbeck, Peter (2006): Best Service mit "Swedish Banking". In: Die Bank, H. 10, S. 36–39.

Büschgen, Hans Egon (1999): Grundlagen des Bankmanagements. 2., völlig neu konzipierte Aufl. Frankfurt am Main: Knapp.

Büschgen, Hans Egon; Börner, Christoph J. (2003): Bankbetriebslehre. 4., neu bearb. und erw. Aufl. Stuttgart: Lucius & Lucius.

Butler, John K., JR.; Reese, Richard M. (1991): Leadership Style and Sales Performance: A Test of the Situational Leadership Model. In: Journal of Personal Selling & Sales Management, Jg. 11, H. 3, S. 37–46.

Capgemini (2008): World Retail Banking Report 2007. Herausgegeben von Capgemini. Online verfügbar unter http://www.at.capgemini.com/m/at/tl/World_Retail_Banking_Report_2007.pdf, zuletzt aktualisiert am 11.04.2007, zuletzt geprüft am 16.07.2009.

Chandler, Alfred D. (1962): Strategy and structure. 1962. Cambridge, Mass.: M.I.T. Press.

Chapman, Ed (2005): Cultivating and creating sales leadership. In: Selling, S. 10–11.

Chen, Chee-Cheng; Cheng, Wen-Ying (2007): Customer-focused and product-line-based manufacturing performance measurement. In: The International Journal of Advanced Manufacturing Technology, Jg. 34, H. 11-12, S. 1236–1245.

Churchill, Gilbert A; Ford, Neil M; Walker, Orville C (1985): Sales force management. Planning, implementation, and control. 2. ed. Homewood, Ill.,

Codd, Edgar F. (1993): Providing OLAP to user analysts.

Columbus Trust GmbH (2007): Vertrieb als strategisches Asset, zuletzt aktualisiert am 17.10.2007, zuletzt geprüft am 25.09.2008.

comdirect bank AG (2006): Geschäftsbericht 2005. Wertvolle Beziehungen. Herausgegeben von comdirect bank AG. Online verfügbar unter http://www.comdirect.de/pbl/member/formcenter/download/cd_antrag.pdf?redirected=248966&ePdfInstance=260810, zuletzt aktualisiert am 16.07.2009, zuletzt geprüft am 16.07.2009.

comdirect bank AG (2008): Geschäftsbericht 2007. Mitten im Leben. Herausgegeben von comdirect bank AG. Online verfügbar unter http://www.comdirect.de/pbl/member/formcenter/download/cd_antrag.pdf?redirected=319471&ePdfInstance=455501, zuletzt aktualisiert am 16.07.2009, zuletzt geprüft am 16.07.2009.

comdirect (2009): comdirect GB 2006 - Zahlen 2006. Herausgegeben von comdirect bank AG. comdirect. Online verfügbar unter http://esgb-2006.comdirect.de/cgi-bin/comdirect/show.ssp?report_id=gb2006&language=German&fn=zahlen2006, zuletzt geprüft am 16.07.2009.

comdirect bank AG (2009a): comdirect - Über uns - Investor Relations - Gewinn-/Verlustrechnung. Herausgegeben von comdirect bank AG. Online verfügbar unter http://www.comdirect.de/pbl/cms/cms/company/pages/german/investor_relations/cori1068_ir_guv.html, zuletzt geprüft am 16.07.2009.

comdirect bank AG (2009b): Geschäftsbericht 2008. Herausgegeben von comdirect bank AG. Online verfügbar unter http://www.comdirect.de/pbl/member/formcenter/download/cd_antrag.pdf?redirected=449067&ePdfInstance=73005, zuletzt aktualisiert am 16.07.2009, zuletzt geprüft am 16.07.2009.

Comer, James M. (1975): The Computer, Personal Selling, and Sales Management. In: Journal of Marketing, Jg. 39, H. 3, S. 27–33.

Commerzbank (2005): Geschäftsbericht 2004. Commerzbank Konzern. Frankfurt, M.: Commerzbank AG.

Commerzbank (2006a): Geschäftsbericht 2005. Commerzbank Konzern. Frankfurt, M.: Commerzbank AG.

Commerzbank (2006b): Quartal 3/2006. Commerzbank - die führende deutsche Geschäftsbank. Herausgegeben von Commerzbank. Online verfügbar unter https://www.commerzbank.de/media/aktionaere/service/archive/vortrag/2006/061103_Q3_Journalisten.pdf, zuletzt aktualisiert am 11.02.2006, zuletzt geprüft am 16.07.2009.

Commerzbank (2006c): Analyst Conference. Preliminary Figures. Herausgegeben von Commerzbank. Online verfügbar unter https://www.commerzbank.de/media /aktionaere/service/archive/vortrag/2006/AnalystConference_060215. pdf, zuletzt aktualisiert am 15.02.2006, zuletzt geprüft am 16.07.2009.

Commerzbank (2007a): Bilanzpressekonferenz. Vorläufige Zahlen 2006. Online verfügbar unter https://www.commerzbank.de/media/aktionaere/vortrag/ 2007/070214_Q4_telephone_conference_de.pdf, zuletzt aktualisiert am 13.02.2007, zuletzt geprüft am 16.07.2009.

Commerzbank (2007b): Geschäftsbericht 2008. Commerzbank Konzern. Frankfurt, M.: Commerzbank AG.

Commerzbank (2007c): Geschäftsbericht 2006. Commerzbank Konzern. Frankfurt, M.: Commerzbank AG.

Commerzbank (2008a): Bilanzpressekonferenz. Vorläufige Zahlen 2007. Online verfügbar unter https://www.commerzbank.de/media/aktionaere/vortrag/2008/Praesentation_Presse_140208_de_2.pdf, zuletzt aktualisiert am 13.02.2008, zuletzt geprüft am 16.07.2009.

Commerzbank (2008b): Geschäftsbericht 2007 Commerzbank. Online verfügbar unter https://www.commerzbank.de/media/aktionaere/service/archive/konz

ern/2008/gb2007/GB_2007_komplett_2.pdf, zuletzt aktualisiert am 28.03.2008, zuletzt geprüft am 30.09.2008.

Commerzbank (2008c): Geschäftsbericht 2007. Commerzbank Konzern. Frankfurt, M.: Commerzbank AG.

Coulter, Rebecca Priegert (2005): Getting Things Done: Donalda J. Dickie and Leadership through Practice. In: Canadian Journal of Education, Jg. 28, H. 4, S. 669–699.

Cox, Danny (2006): Sales Leadership. In: Sales & Service Excellence, Jg. 6, H. 9, S. 13.

Cron, William L.; DeCarlo, Thomas E.; Dalrymple, Douglas J. (2006): Dalrymple's sales management. 9. ed. Hoboken, N.J.: Wiley.

Croxford, Hugh; Abramson, Frank; Jablonowski, Alex (2005): The art of better retail banking. Supportable predictions on the future of retail banking. Chichester: J. Wiley.

Dahlsten, Fredrik; Styhre, Alexander; Williander, Mats (2005): The unintendes consequences of management by objectives: the volume growth target at Volvo Cars. In: Leadership & Organization Development Journal, Jg. 26, H. 7, S. 529–541.

Dalrymple, Douglas J.; Cron, William L.; DeCarlo, Thomas E. (2000): Sales management. Concepts and cases. 7. ed. New York: Wiley.

Dalrymple, Douglas J.; Cron, William L.; DeCarlo, Thomas E. (2001): Sales management. Concepts and cases. 7. ed. New York: Wiley.

Dannenberg, Holger (2001): Sales Marketing. How strategies learn to walk. 3. ed. St. Gallen: Verl. Thexis.

Dannenberg, Holger; Zupancic, Dirk (2009): Excellence in sales. Optimising customer and sales management. 1. Aufl. Wiesbaden: Gabler.

Datamonitor (2008a): Commerzbank AG SWOT Analysis. In: Commerzbank AG SWOT Analysis, S. 1–8.

Datamonitor (2008b): Deutsche Bank AG SWOT Analysis. In: Deutsche Bank AG SWOT Analysis, S. 1.

Deking, Ingo; Meier, Roland (2000): Vertriebscontrolling Grundlagen für ein innovatives, anwendungsorientiertes Verständnis. In: Reichwald,

Ralf, Bullinger Hans-Jörg, Vertriebsmanagement, Stuttgart, Schäffer-Poeschel, S. 249–267.

Delvecchio, Susan (2000): Leadership Behaviors of the Industrial Field Sales Force: Equivalent/Differential Treatment of Subordinates. In: Marketing Management Journal, Jg. 10, H. 2, S. 28–40.

DelVecchio, Susan K. (1996): Predicting Sales Manager Control: A Comparison of Control-System and Leadership Approaches. In: Journal of Applied Business Research, Jg. 12, H. 4, S. 100–114.

Deutsche Bank AG (2004): Deutsche Bank - Die Deutsche Bank hat die Integration des Custody Geschäftes der Dresdner Bank erfolgreich abgeschlossen. Deutsche Bank. Online verfügbar unter http://www.deutsche-bank.de/presse/de/content/presse_informationen_2004_2623.htm?month=1, zuletzt aktualisiert am 19.06.2008, zuletzt geprüft am 30.09.2008.

Deutsche Bank AG (2006): Geschäftsbericht 2005. Online verfügbar unter http://www.deutsche-bank.de/ir/de/download/gesamt_db_gb05.pdf, zuletzt aktualisiert am 22.03.2006, zuletzt geprüft am 16.07.2009.

Deutsche Bank AG (2007): Geschäftsbericht 2006. Neue Märkte, neue Möglichkeiten. Online verfügbar unter http://www.deutsche-bank.de/ir/de/download/gesamt_Geschaeftsbericht_2006.pdf, zuletzt aktualisiert am 26.03.2007, zuletzt geprüft am 16.07.2009.

Deutsche Bank AG (2008a): Deutsche Bank PGK AG. Hauptseite der Deutschen Bank Privat- und Geschäftskunden AG. Online verfügbar unter http://www.deutsche-bank.de/pbc/content/index_content.html, zuletzt aktualisiert am 29.09.2008, zuletzt geprüft am 30.09.2008.

Deutsche Bank AG (2008b): Jahresbericht 2007. Kurzfassung. Frankfurt am Main.

Deutsche Bank AG (2008c): Geschäftsbericht 2007. Erfolgreich sein im Wandel. Herausgegeben von Deutsche Bank AG. Online verfügbar unter http://www.deutsche-bank.de/ir/de/download/Geschaeftsbericht_2007_gesamt.pdf, zuletzt aktualisiert am 25.03.2008, zuletzt geprüft am 16.07.2009.

Deutsche Bank AG (2009): Geschäftsbericht 2008. Krise als Chance nutzen. Frankfurt am Main.

Deutsche Bank AG (2009a): Q110 – Die Deutsche Bank der Zukunft in Berlin. Online verfügbar unter www.q110.de, zuletzt aktualisiert am 21.10.2009, zuletzt geprüft am 23.10.2009.

Deutsche Bank Private & Business Clients AG (2004): Erfolg machen - erfolgreich und mit Spaß Termine vereinbaren! Ihr heißer Draht zum Kunden. Frankfurt am Main.

Deutsche Bundesbank, (2003): Bankenstatistik Dezember 2006. Online verfügbar unter http://www.bundesbank.de/download/volkswirtschaft/bankenstatistik/2006/bankenstatistik122006.pdf, zuletzt aktualisiert am 15.01.2003, zuletzt geprüft am 07.10.2008.

Deutsche Bundesbank (2007): Entwicklung des Bankstellennetzes im Jahr 2006. Deutsche Bundesbank. (Bankstellenbericht). Online verfügbar unter http://www.bundesbank.de/download/bankenaufsicht/pdf/bankstellenbericht07.pdf, zuletzt aktualisiert am 07.09.2007, zuletzt geprüft am 24.06.2009.

Deutsche Bundesbank, (2007a): Bankenstatistik Dezember 2007. Online verfügbar unter http://www.bundesbank.de/download/volkswirtschaft/bankenstatistik/2007/bankenstatistik122007.pdf, zuletzt aktualisiert am 15.01.2003, zuletzt geprüft am 07.10.2008.

Deutsche Bundesbank (2008a): Bankenstatistik Dezember 2008. (Dezember). Online verfügbar unter http://www.bundesbank.de/download/volkswirtschaft/ bankenstatistik/ 2008 /bankenstatistik122008.pdf, zuletzt aktualisiert am 22.12.2008, zuletzt geprüft am 24.06.2009.

Deutsche Bundesbank (2008b): Entwicklung des Bankstellennetzes im Jahr 2007. Deutsche Bundesbank. (Bankstellenbericht). Online verfügbar unter http://www.bundesbank.de/download/bankenaufsicht/pdf/bankstellenbericht08.pdf, zuletzt aktualisiert am 31.07.2008, zuletzt geprüft am 24.06.2009.

Deutsche Bundesbank, (2008c): Bankstellenstatisik 2008. Online verfügbar unter http://www.bundesbank.de/download/bankenaufsicht/pdf/bankstellen

statistik08.pdf, zuletzt aktualisiert am 31.07.2008, zuletzt geprüft am 07.10.2008.

Deutsche Kreditbank Berlin (2005): Geschäftsbericht 2004. Herausgegeben von Deutsche Kreditbank Berlin. Online verfügbar unter http://www.dkb.de/download/dkb_in_zahlen/dkb_gb_2004.pdf, zuletzt aktualisiert am 08.03.2005, zuletzt geprüft am 19.07.2009.

Deutsche Kreditbank Berlin (2006): Geschäftsbericht 2005. Herausgegeben von Deutsche Kreditbank Berlin. Online verfügbar unter http://www.dkb.de/download/dkb_in_zahlen/dkb_gb_2005.pdf, zuletzt aktualisiert am 27.02.2006, zuletzt geprüft am 19.07.2009.

Deutsche Kreditbank Berlin (2007): Geschäftsbericht 2006. Herausgegeben von Deutsche Kreditbank Berlin. Online verfügbar unter http://www.dkb.de/download/dkb_in_zahlen/dkb_gb_2006.pdf, zuletzt aktualisiert am 07.03.2007, zuletzt geprüft am 19.07.2009.

Deutsche Kreditbank Berlin (2008): Geschäftsbericht 2007. Herausgegeben von Deutsche Kreditbank Berlin. Online verfügbar unter http://www.dkb.de/download/dkb_in_zahlen/dkb_gb_2007.pdf, zuletzt aktualisiert am 31.03.2008, zuletzt geprüft am 19.07.2009.

Deutsche Kreditbank Berlin (2009): Investor Relations - Deutsche Kreditbank AG. Herausgegeben von Deutsche Kreditbank Berlin. Online verfügbar unter http://www.dkb.de/groups/investor_relations/, zuletzt aktualisiert am 19.07.2009, zuletzt geprüft am 19.07.2009.

Deutsche Postbank AG (2006): Geschäftsbericht 2005 Konzern. Herausgegeben von Deutsche Postbank AG, zuletzt aktualisiert am 07.03.2008, zuletzt geprüft am 16.07.2009.

Deutsche Postbank AG (2007): Geschäftsbericht 2006 Konzern. Herausgegeben von Deutsche Postbank AG, zuletzt aktualisiert am 07.03.2008, zuletzt geprüft am 16.07.2009.

Deutsche Postbank AG (2008a): Geschäftsbericht 2007 Konzern. Herausgegeben von Deutsche Postbank AG, zuletzt aktualisiert am 07.03.2008, zuletzt geprüft am 16.07.2009.

Deutsche Postbank AG (2008b): Postbank Investor Relations - Nachrichtenansicht. Herausgegeben von Deutsche Postbank AG. Online verfügbar unter https://ir.postbank.de/cgi-bin/show.ssp?id=222&companyName=postbank

&newsID=460073&language=German, zuletzt geprüft am 16.07.2009.

Deutsche Postbank AG (2008c): Jahresabschluss zum 31. Dezember 2007 und Lagebericht für das Geschäftsjahr 2007. Bonn.

Deutsche Postbank AG (2009a): Postbank Investor Relations - Mehrjahresübersicht. Herausgegeben von Deutsche Postbank AG. Online verfügbar unter https://ir.postbank.de/cgi-bin/show.ssp?id=1420&companyName =postbank&language=German, zuletzt geprüft am 16.07.2009.

Deutsche Postbank AG (2009b): Postbank: Unternehmensporträt. Herausgegeben von Deutsche Postbank AG. Online verfügbar unter http://www.postbank.de/-snm-0184304830-1247749465-002210000e-0000000164-1247752738-enm-post-bank/wu_die_postbank.html;jsessionid=FA0B24050C6FD7791127D039C5C367223586.b127, zuletzt aktualisiert am 28.05.2009, zuletzt geprüft am 16.07.2009.

Deutsche Postbank AG (2009c): Postbank: Strategie. Herausgegeben von Deutsche Postbank AG. Online verfügbar unter http://www.postbank.de/-snm-0184304830-1247749465-002210000e-0000000164-1247752836-enm-post-bank/wu_strategie.html;jsessionid=FA0B24050C6FD7791127D039C5C367223586.b127, zuletzt aktualisiert am 28.05.2009, zuletzt geprüft am 16.07.2009.

Deutsche Postbank AG (2009d): Postbank: Postbank in Zahlen. Herausgegeben von Deutsche Postbank AG. Online verfügbar unter http://www.postbank.de/-snm-0184304830-1247749465-002210000e-0000000164-1247752738-enm-post-bank/wu_postbankinzahlen.html;jsessionid=FA0B24050C6FD7791127D039C5C367223586.b127?trackingid=ql-wu-postbank-in-zahlen, zuletzt aktualisiert am 28.05.2009, zuletzt geprüft am 16.07.2009.

Deutsche Postbank AG (2009e): Postbank: Geschäftsfelder. Herausgegeben von Deutsche Postbank AG. Online verfügbar unter http://www.postbank.de/-snm-0184304830-1247749465-

002210000e-0000000164-1247752872-enm-post-bank/wu_geschaeftsfelder.html;jsessionid=FA0B24050C6FD779112 7D039C5C367223586.b127, zuletzt aktualisiert am 28.05.2009, zuletzt geprüft am 16.07.2009.

Deutscher Sparkassen- und Giroverband (2006): Geschäftszahlen 2005. Berlin.

Deutscher Sparkassen- und Giroverband (2007): Gut. Das Gesellschaftliche Engagement der Sparkassen Finanzgruppe. Berlin (2).

Deutscher Sparkassen- und Giroverband (2007a): Geschäftszahlen 2006. Berlin.

Deutscher Sparkassen- und Giroverband (2007b): Märkte 2007. Herausgegeben von Deutscher Sparkassen- und Giroverband. Online verfügbar unter http://www.dsgv.de/download/Publikationen/Maerkte_2007_dt.pdf, zuletzt aktualisiert am 11.06.2008, zuletzt geprüft am 16.07.2009.

Deutscher Sparkassen- und Giroverband (2007c): Märkte 2006. Online verfügbar unter http://www.sparkassen-finanzgruppe.de/owx_medien/media13/1350.pdf, zuletzt aktualisiert am 03.07.2007, zuletzt geprüft am 25.09.2008.

Deutscher Sparkassen- und Giroverband (2008): Geschäftszahlen 2007. Online verfügbar unter http://www.dsgv.de/download/Publikationen/Geschaeftszahlen2007.pdf, zuletzt aktualisiert am 06.06.2008, zuletzt geprüft am 16.07.2009.

Deutscher Sparkassen- und Giroverband (2009a): Fakten, Analysen, Positionen. Herausgegeben von Deutscher Sparkassen- und Giroverband. Online verfügbar unter http://www.sparkasse.de/_download_gallery/files/fakten-analysen-positionen_37-08.pdf, zuletzt aktualisiert am 18.09.2008, zuletzt geprüft am 16.07.2009.

Deutscher Sparkassen- und Giroverband (2009b): Geschäftszahlen. Herausgegeben von DSGV. Online verfügbar unter http://www.dsgv.de/download/Publikationen/Geschaeftszahlen2008.pdf, zuletzt aktualisiert am 08.07.2009, zuletzt geprüft am 16.07.2009.

Die Bank (2006): Die 100 größten deutschen Kreditinstitute 2005. Herausgegeben von Die Bank. Online verfügbar unter http://www.die-bank.de/archiv, zuletzt aktualisiert am 11.12.2008, zuletzt geprüft am 19.07.2009.

Die Bank (2007): Die 100 größten deutschen Kreditinstitute 2006. Herausgegeben von Die Bank. Online verfügbar unter http://www.die-bank.de/archiv, zuletzt aktualisiert am 11.12.2008, zuletzt geprüft am 19.07.2009.

Die Bank (2008): Die 100 größten deutschen Kreditinstitute 2007. Herausgegeben von Die Bank. Online verfügbar unter http://www.die-bank.de/archiv, zuletzt aktualisiert am 11.12.2008, zuletzt geprüft am 19.07.2009.

Diez, Willi; Merten, Christian Frederik (2006): Die Zukunft der automobilwirtschaftlicher Finanzdienstleistungen. Ergebnisse einer empirischen Erhebung. In: Finanzierung, Leasing, Factoring, H. 3, S. 118–124.

Diller, Hermann (Hg.) (2001): Vahlens Großes Marketing Lexikon. Band 2: M-Z. 2 Bände. München: Vahlen.

Dinesh, David; Palmer, Elaine (1998): Management by objectives and the Balanced Scorecard: Will Rome fall again? In: Management Decision, Jg. 36, H. 5/6, S. 363.

DiVanna, Joseph A. (2004): The future of retail banking. Delivering value to global customers. Basingstoke: Palgrave Macmillan.

Dixon, Andrea L.; Spiro, Rosann L.; Jamil, Maqbul (2001): Successful and Unsuccessful Sales Calls: Measuring Salesperson Attributions and Behavioral Intentions. In: Journal of Marketing, Jg. 65, H. 3, S. 64–78.

Dresdner Bank AG (2006): Geschäftsbericht 2005. Herausgegeben von Dresdner Bank AG. Online verfügbar unter http://www.dresdnerbank.de/dresdner-bank/zahlen-und-fakten/geschaeftsbericht/_downloads/geschaeftsbericht2005/15-bericht2005.pdf, zuletzt aktualisiert am 29.03.2006, zuletzt geprüft am 16.07.2009.

Dresdner Bank AG (2007a): Facts & Figures 2007. Online verfügbar unter http://www.dresdner-bank.com/content/03_unternehmen/01_zahlen_fakten/img/factsheet_english.pdf, zuletzt aktualisiert am 01.11.2007.

Dresdner Bank AG (2007b): Dresdner Bank Konzern Finanzbericht 2006. Herausgegeben von Dresdner Bank AG. Online verfügbar unter http://www.dresdnerbank.de/dresdner-bank/zahlen-und-fak-ten/geschaeftsbericht/_downloads/finanzbericht2006/bericht2006.pdf, zuletzt aktualisiert am 14.03.2007, zuletzt geprüft am 16.07.2009.

Dresdner Bank AG (2008): Dresdner Bank Konzern Finanzbericht 2007. Herausgegeben von Dresdner Bank AG. Online verfügbar unter http://www.dresdnerbank.de/dresdner-bank/zahlen-und-fak-ten/geschaeftsbericht/_downloads/finanzbericht2007/bericht2007.pdf, zuletzt aktualisiert am 29.02.2008, zuletzt geprüft am 16.07.2009.

Dresdner Bank AG (2008a): Dresdner-Bank-Kurzprofil - Dresdner Bank AG Corporate Website. Online verfügbar unter http://www.dresdner-bank.de/dresdner-bank/zahlen-und-fakten/kurzprofil/index.html, zuletzt aktualisiert am 04.09.2008, zuletzt geprüft am 30.09.2008.

Dresdner Bank AG (2008b): Eckdaten Dresdner Bank. Online verfügbar unter http://www.dresdner-bank.de/dresdner-bank/zahlen-und-fakten/geschaeftsbericht/_downloads/finanzbericht2007/00-eckdaten.pdf, zuletzt aktualisiert am 29.02.2008, zuletzt geprüft am 30.09.2008.

Dresdner Bank AG (2009): Dresdner Bank Konzern Finanzbericht 2008. Herausgegeben von Dresdner Bank AG. Online verfügbar unter http://www.dresdnerbank.de/dresdner-bank/zahlen-und-fakten/geschaeftsbericht/_downloads/08-finanzbericht-konzern.pdf, zuletzt aktualisiert am 05.02.2009, zuletzt geprüft am 16.07.2009.

Dubinsky, Alan J.; Childers, Terry L.; Skinner, Steven J.; Gencturk, Esra (1988): Impact of Sales Supervisor Leadership Behavior on Insurance Agent Attitudes and Performance. In: The Journal of Risk and Insurance, Jg. 55, H. 1, S. 132–144.

Dubinsky, Alan J.; Jolson, Marvin A.; Anderson, Rolph E.; Mehta, Rajiv (2001): Salesperson Failure: A Case of Sales Manager Risk and Responsibility. In: Risk Management, Jg. 3, H. 2, S. 17–28.

Dubinsky, Alan J.; Yammarino, Francis J.; Jolson, Marvin A.; Spangler, William D. (1995): Transformational Leadership: An Initial Investigation in Sales Management. In: Journal of Personal Selling & Sales Management, Jg. 15, H. 2, S. 17–31.

Dubs, Peter (1998): Strategisches Kundenmanagement und Retention Marketing im Retail Banking. In: Bernet, Beat (Hg.): Relationship Banking. Kundenbeziehungen profitabler gestalten. Wiesbaden: Gabler, S. 69–89.

Duderstadt, Stefan (2005): Strategisches und operatives Vertriebscontrolling als Basis für eine effektive Vertriebssteuerung von Banken. Dargestellt am Beispiel des Retailbanking. Wiesbaden: Gabler.

Duderstadt, Stefan (2006): Wertorientierte Vertriebssteuerung durch ganzheitliches Vertriebscontrolling. Konzeption für das Retailbanking. 1. Aufl. Wiesbaden: Dt. Univ.-Verlag.

Duttenhöfer, Stephan; Keller, Bernhard (2004): Handbuch Vertriebsmanagement Finanzdienstleistungen. Analyse, Umsetzung und Perspektiven bei Banken und Sparkassen. Frankfurt am Main: Knapp.

DVAG (2005): Geschäftsbericht, Frankfurt am Main, Herausgegeben von Deutsche Vermögensberatung AG

DVAG (2006): Geschäftsbericht, Frankfurt am Main, Herausgegeben von Deutsche Vermögensberatung AG

DVAG (2006): Zahlen und Fakten. Herausgegeben von Deutsche Vermögensberatung AG. Online verfügbar unter http://www.dvag.com/ueberuns/ZahlenundFakten, zuletzt geprüft am 14.02.2008.

DVAG (2006a): Die Vermögensberatung. Ein Markt mit Zukunft. Herausgegeben von Deutsche Vermögensberatung AG. Online verfügbar unter http://www.dvag.com/FILES/DVAG_GB1-45.pdf, zuletzt geprüft am 12.06.2009.

DVAG (2007): Geschäftsbericht, Frankfurt am Main, Herausgegeben von Deutsche Vermögensberatung AG.

DVAG (2008): Geschäftsbericht, Frankfurt am Main, Deutsche Vermögensberatung AG.

Effert, Detlef (2004): Verkaufen mit System. In: Effert, Detlef (Hg.): Wettbewerb der Vertriebssysteme. Strategien und Lösungen für das Privatkundengeschäft der Banken. 1. Aufl. Wiesbaden: Gabler, S. 297–307.

Effert, Detlef (Hg.) (2004): Wettbewerb der Vertriebssysteme. Strategien und Lösungen für das Privatkundengeschäft der Banken. 1. Aufl. Wiesbaden: Gabler.

Effert, Detlef (2005): Ansprachestrategien als Schlüssel zu mehr Erfolg. In: Effert, Detlef (Hg.): Erfolgreiche Vertriebsstrategien in Banken. Von den Besten profitieren. 1. Aufl. Wiesbaden: Gabler, S. 169–182.

Effert, Detlef (Hg.) (2005): Erfolgreiche Vertriebsstrategien in Banken. Von den Besten profitieren. 1. Aufl. Wiesbaden: Gabler.

Effert, Detlef (2006): Erfolgreiches Verkaufen mit den richtigen Ansprachestrategien. In: Effert, Detlef; Hanreich, Wilfried (Hg.): Ganzheitliche Beratung bei Banken. Modeerscheinung oder Erfolgskonzept? 1. Aufl. Wiesbaden: Gabler, S. 155–166.

Effert, Detlef (2006): Ganzheitliche Beratung bei Banken. Modeerscheinung oder Erfolgskonzept? 1. Aufl. Wiesbaden: Gabler.

Effert, Detlef; Hanreich, Wilfried (Hg.) (2006): Ganzheitliche Beratung bei Banken. Modeerscheinung oder Erfolgskonzept? 1. Aufl. Wiesbaden: Gabler.

Effert, Detlef; Wunder, Markus (Hg.) (2006): Dialog-Center-Lösungen für Banken. Strategien und Praxis. Wiesbaden: Gabler.

Ehrlich, Bernard (2005): Die Effizienz im Vertrieb steigern. In: Bankmagazin, H. 7, S. 44–45.

Eichelmann, Thomas; Duderstadt, Stefan (2005): An den Kundenpotenzialen ausgerichtetes Vertriebs-Controlling. In: Wertmanagement in Banken, S. 3–29.

Eichhorn, Franz-Josef (1999): Neue Vertriebsformen für Finanzdienstleistungen im Privatkundengeschäft. Stuttgart: Dt. Sparkassen-Verl.

Eilenberger, Guido (1997): Bankbetriebswirtschaftslehre. Grundlagen, internationale Bankleistungen, Bank-Management. 7., durchges. Aufl. München: Oldenbourg .

Eim, Alexander (2004): Das Drei-Säulen-System der deutschen Kreditwirtschaft unter besonderer Berücksichtigung des Genossenschaftlichen Finanzverbundes.

Emel, Gül Gökay; Taskin, Çagatan (2008): A two-stage approach for improving service management in retail banking. In: Operations research proceedings 2007, S. 257–262.

End, Vera (2005a): Kalkulierter Vertriebserfolg. In: salesBusiness, H. 12, S. 44–47.

End, Vera (2005b): Performance zählt. In: salesBusiness, H. 10, S. 16–19.

End, Vera (2005c): Nach dem Kauf ist vor dem Kauf. In: salesBusiness, H. 11, S. 24–26.

End, Vera (2006a): Der Vertrieb braucht Information. In: salesBusiness, H. 01/02, S. 40–43.

End, Vera (2006b): Ergebnisorientierte Vertriebssteuerung. In: salesBusiness, H. 12, S. 14–17.

Engstler, Martin (2006): Strategien im Finanzvertrieb – Innovationen für die Kundeninteraktion. In: Effert, Detlef; Wunder, Markus (Hg.): Dialog-Center-Lösungen für Banken. Strategien und Praxis. Wiesbaden: Gabler , S. 105–122.

Erath, Klaus (2009): Aktivitätencontrolling optimieren durch Abbau von Komplexität. In: Betriebswirtschaftliche Blätter, H. 2, S. 83–87.

Ernst & Young (2003): Banken in Deutschland: Quo vadis? München.

Eßing, Matthias (2005): Mitarbeiter gezielt fördern. In: salesBusiness, H. 12, S. 50–53.

Etrillard, Stéphane (2005): Vertriebsmotivation und Vertriebssteuerung. So bringen Sie Ihren Vertrieb auf Vordermann. Göttingen: Business Village.

Etzel, Michael J.; Ivancevich, John M. (1974): Management by Objectives in Marketing: Philosophy, Process, and Problems. In: Journal of Marketing, Jg. 38, H. 4, S. 47–55.

Färber, Bernd; Hopfner, Wilfried (2006): Vertriebsintensivierung - Privatkundenstrategie 2012. In: Effert, Detlef; Hanreich, Wilfried (Hg.):

Ganzheitliche Beratung bei Banken. Modeerscheinung oder Erfolgskonzept? 1. Aufl. Wiesbaden: Gabler, S. 33–53.

Felzen, Harald (2009): Verhaltensänderungen durch Anreize und ein systematisches Training. In: Betriebswirtschaftliche Blätter, H. 2, S. 72–77.

Ferrell, O. C.; Johnston, Mark W.; Ferrell, Linda (2007): A Framework for Personal Selling and Sales Management Ethical Decision Making. In: Journal of Personal Selling & Sales Management, Jg. 27, H. 4, S. 291–299.

Fey, Gerrit (2006): Banken zwischen Wettbewerb, Selbstkontrolle und staatlicher Regulierung. Eine ordnungsökonomische Analyse. Stuttgart: Lucius & Lucius.

Fleishman, Edwin A. (1953): The measurement of leadership attitudes in industry. In: Journal of Applied Psychology., Jg. 37, H. 3, S. 153–158.

Fleiß, Sabine (2006): Persönlicher Verkauf. In: Kleinaltenkamp, Michael; Plinke, Wulff; Jacob, Frank; Söllner, Albrecht (Hg.): Markt- und Produktmanagement. Die Instrumente des Business-to-Business-Marketing. 2., überarbeitete und erw. Auflage. Wiesbaden: Gabler, S. 549–627.

Fleiß, Sabine (2006): Vertriebsmanagement. In: Kleinaltenkamp, Michael; Plinke, Wulff; Jacob, Frank; Söllner, Albrecht (Hg.): Markt- und Produktmanagement. Die Instrumente des Business-to-Business-Marketing. 2., überarbeitete Auflage. Wiesbaden: Gabler, S. 369–494.

Fockenbrock, Birgit; Classen, Frank (2004): Systematische Führung von Finanzplanungsgesprächen. Pilotprojekt des westfälisch-lippischen Verbands. In: Betriebswirtschaftliche Blätter, H. 6, S. 265–267.

Formaxx AG (2008): FORMAXX Home. Online verfügbar unter http://www.formaxx.de/unternehmen/formaxx-ag.html, zuletzt geprüft am 23.10.2009.

Franken, Swetlana (2007): Verhaltensorientierte Führung. Handeln, Lernen und Ethik in Unternehmen /. 2., überarb. und erw. Aufl. Wiesbaden: Gabler.

Frey-Broich, M. (2007): Auf neuen Wegen, Kurs. In: Die Zeitung für die Finanzdienstleistungen, H. 10, S. 64.

Frielitz, Claudia; Hippner, Hajo.; Martin, Stephan; Wilde, Karl D. (2000): Customer Relationship Management - Nutzen, Komponenten und Trends. In: Wilde, K. D.; Hippner, H. (Hg.): CRM 2000, absatzwirtschaft. Düsseldorf .

Fritz, Wolfgang (1988): Unternehmensziele und strategische Unternehmensführung: neuere Resultate der empirischen Zielforschung und ihre Bedeutung für das strategische Management und die Managementlehre. In: Die Betriebswirtschaft, Jg. 48, H. 5, S. 567–586.

Fromme, Herbert (2008): Maschmeyer kapert Rivalen MLP. In: Financial Times Deutschland, 14.08.2008, S. 1.

Fry, Joseph N.; Killing, J. Peter (2000): Strategic analysis and action. 4th ed. London: Prentice-Hall Canada; Prentice-Hall International.

Funk, Wilfried (Hg.) (2008): Internationale Rechnungslegung und internationales Controlling. Herausforderungen - Handlungsfelder - Erfolgspotenziale. 1. Aufl. Wiesbaden: Gabler.

Gajo, Marianne (2007): World Retail Banking Report 2007. In: Die Aktien-gesellschaft, H. 12, S. R276-R278.

Gale, Mike; Clay, Julian (2000): The Sales Manager's Desktop Guide. Ipswich, MA: Thorogood Publishing Ltd.

Gälweiler, Aloys (1986): Unternehmensplanung. Grundlagen und Praxis. Frankfurt/Main: Campus Verlag.

Gardener, Edward; Howcroft, Barry; Willimams, Jonathan (1999): The new retail banking revolution. In: The Service Industries Journal, Jg. 19, H. 2, S. 83–100.

Gazdar, Kaevan; Habisch, André; Kirchhoff, Klaus Rainer, et al. (Hg.) (2006): Erfolgsfaktor Verantwortung. Corporate Social Responsibility professionell managen. Berlin, Heidelberg: Springer.

Gehrke, Wolfgang (2005): Die deutschen Banken haben noch Nachholbedarf. In: Bankmagazin, H. 7, S. 24–25.

Geilen, Bernd (2006): Direktbanken als Herausforderung für Genossenschaftsbanken. Herausgegeben von ING DiBa. Online verfügbar unter http://www.genosem.uni-koeln.de/fileadmin/Uploads/Forschung/Forum/geilen.pdf, zuletzt aktualisiert am 15.12.2006, zuletzt geprüft am 19.07.2009.

Genossenschaftsverband Frankfurt (2005): 2004 2005. Kompetenzzentrum für Unternehmensführung. Frankfurt am Main.

Gerke, Wolfgang; Schmidt, Helmut (2003): Den Bankkunden neu entdecken. Eine Erfolgsstory. Frankfurt am Main: Knapp.

Glatz, Hans; Graf-Götz, Friedrich; Glatz-Graf-Götz (2007): Handbuch Organisation gestalten. Für Praktiker aus Profit- und Nonprofit-Unternehmen, Trainer und Berater. Weinheim: Beltz.

Godefroid, Peter (1999): Vertriebsmanagement. In: Business-to-Business-Marketing : Handbuch für Vertrieb, Technik, Service, S. 273–292.

Goedeckemeyer, Karl-Heinz (2006): Die direkte Konkurrenz. In: Bankmagazin, H. 8, S. 16–22.

Goehrmann, Klaus E. (1984): Verkaufsmanagement. Stuttgart: Kohlhammer.

Goeken, Matthias (2006): Entwicklung von Data-Warehouse-Systemen. Anforderungsmanagement, Modellierung, Implementierung. 1. Aufl. Wiesbaden: Dt. Univ.-Verl..

Gorman, Walter (1979): Selling. Personality, persuasion, strategy. New York: Random House.

Gornig, Gilbert H.; Meurer, Dieter; Reinhardt, Frank; Klatt, Norbert (2004): Der unabhängige Allfinanz-Vertrieb. Unter Berücksichtigung hierarchischer Vertriebssysteme. Frankfurt am Main: Lang.

Graeff, Claude L. (1997): Evolution of situational leadership theory: A critical review. In: Leadership Quarterly, Jg. 8, H. 2, S. 153–170.

Greife, Wolfgang; Simons, Lothar (2004): Strategisches und wertorientiertes Management in Sparkassen. In: Schäfer, Bernhard (Hg.): Handbuch Regionalbanken. 1. Aufl. Wiesbaden: Gabler, S. 195–218.

Grikscheit, Gary Michael; Cash, Harold C.; Crissy, William Joseph Eliot (1981): Handbook of selling. Psychological, managerial, and marketing bases. New York: Wiley.

Grundy, Tony (2006): Rethinking and reinventing Michael Porter's five forces model. In: Strategic Change, Jg. 15, H. 5, S. 213–229.

Grussert, Hans (2006): Strategien im Retail Banking. Finanzdienstleister im veränderten Wettbewerb. Köln: Bank-Verlag.

Grutzeck, Markus (2004): Vertriebsziele definieren. Online verfügbar unter http://www.vertriebsprozess.info/html/theorie_vertriebsziele_definieren.htm, zuletzt aktualisiert am 12.08.04, zuletzt geprüft am 26.06.2009.

Gündling, Christian (2002): Erfolg durch Direktmarketing. Praxishandbuch für mittelständische Unternehmen im B-to-B. Neuwied: Luchterhand.

Haasis, Heinrich (2006): Die Zusammenarbeit von Landesbanken und Sparkassen - ein Erfolgsmodell für die Sparkassen-Finanzgruppe? In: Tietmeyer, Hans; Rolfes, Bernd. (Hg.): Die strukturelle Ertragsschwäche der Banken. Beiträge des Duisburger Banken-Symposiums. Wiesbaden: Gabler, S. 18–33.

Haasis, Heinrich (2007): Sparkassen - Respekt für die Postbank. In: bank und markt, H. 7, S. 22–41.

Habisch, André (2006): Die Deutsche Bank ist besser als ihr Ruf. In: Gazdar, Kaevan; Habisch, André; Kirchhoff, Klaus Rainer; Vaseghi, Sam (Hg.): Erfolgsfaktor Verantwortung. Corporate Social Responsibility professionell managen. Berlin, Heidelberg: Springer, S. 137–140.

Habscheid, Stephan; Günter Voß, G; Holly, Werner; Kleemann, Frank; Matuschek, Ingo (2006): Über Geld spricht man… Kommunikationsarbeit und medienvermittelte Arbeitskommunikation im Bankgeschäft. Online verfügbar unter http://dx.doi.org/10.1007/978-3-531-90266-1, zuletzt geprüft am 21.08.2009.

Hacker, Wolfgang (2007): Funktionalstrategieformation. 1. Aufl. Lohmar: Eul (Produktionswirtschaft und Industriebetriebslehre, 18).

Hahn, Marco; Keck, Markus (2008): Integration der Vertriebswege im Retail Banking. Herausforderungen des Multi-Channel-Managements. In: Customer Relationship Management, S. 91–106.

Hakenes, Hendrik (2004): Der Vorteil von Autobanken, Vertrauen in die Marke herstellen. Tochterbanken als Signal für Produktqualität. In: Finanzierung, Leasing, Factoring, H. 2, S. 87–91.

Hamburger Sparkasse (2008): Haspa. Meine Bank. Online verfügbar unter http://www.haspa.de/, zuletzt aktualisiert am 22.10.2008, zuletzt geprüft am 23.10.2008.

Hammer, R. (1984): Aus- und Weiterbildung von Führungskräften in der Unternehmenspraxis: Leitfaden für Klein- und Mittelbetriebe. Ehningen.

Handelsblatt (2005): BMW-Bank plant kräftiges Wachstum - Unternehmen - Banken + Versicherungen - Handelsblatt.com. Herausgegeben von Handelsblatt. Online verfügbar unter http://www.handelsblatt.com/unternehmen/banken-versicherungen/bmw-bank-plant-kraeftiges-wachstum%3B906416, zuletzt aktualisiert am 19.07.2009, zuletzt geprüft am 19.07.2009.

Hansen, H. (2002): Allfinanzkonzepte auf dem Prüfstand. In: Die Aktiengesellschaft, H. 9, S. R356-R360.

Hansen, Herbert (2006): Stürmische Zeiten. In: Die Bank, H. 1, S. 32–36.

Harbauer, Karl; Hören, Martin von (2004): Modell mit variablem Bonus. Ein praxisorientiertes Zusatzvergütungssystem. In: Betriebswirtschaftliche Blätter, H. 7, S. 365–370.

Harengel, J.; Hess, T. (1999): Entwicklung einer Balanced Scorecard - untersucht am Beispiel des Retailgeschäfts einer Bank. In: Kostenrechnungspraxis, Jg. 43, H. 4, S. 239–245.

Harengel, Jürgen: Die balanced Scorecard als Instrument des Banken-Controlling. Konstanz. Universität Konstanz.

Hassmann, Volker (2004): Der Verkauf muss besser werden. In: salesBusiness, H. 11, S. 8–12.

Hassmann, Volker (2005): Führung heißt Leistung fördern. In: salesBusiness, H. 12, S. 48–49.

Hauser, Jürgen (2007): bAV erfolgreich verkaufen. So überwinden Sie alle Hürden der Entgeltumwandlung. Online verfügbar unter http://dx.doi.org/10.1007/978-3-8349-9393-9, zuletzt geprüft am 21.09.2009.

Häuser, Franz (2008): Bankrecht. Textausgabe ; [KreditwesenG, BörsenG, WertpapierhandelsG, AGB-Banken/Sparkassen, Investmentgesetz, Pfandbriefgesetz, Wertpapierprospektgesetz, Kapitalanleger-MusterverfahrensG]. München: Dt. Taschenbuch-Verl..

Hax, Arnoldo; Majluf, Nicolas (1996): The strategy concept and process. A pragmatic approach. 2. ed. Upper Saddle River, NJ: Prentice-Hall.

HB Research (2008): Wer mit wem-so könnte eine Neuordnung des deutschen Bankensektors aussehen. Filialen, Privatkunden und Bilanzsumme. In: Handelsblatt, Ausgabe 99, 26.05.2008, S. 28.

Heckhausen, Jutta; Heckhausen, Heinz (2008): Motivation and action. Cambridge [u.a.]: Cambridge Univ. Press.

Heinen, E. (1984): Betriebswirtschaftliche Führungslehre. Grundlagen - Strategien - Modelle; ein entscheidungstheoretischer Ansatz. 2. Aufl. Wiesbaden.

Hellenkamp, Detlef (2006): Bankvertrieb. Privatkundengeschäft der Kreditinstitute im Wandel. 1. Aufl. Lohmar: Eul.

Helmke, Stefan (Hg.) (2003): Effektives Customer Relationship Management. Instrumente - Einführungskonzepte - Organisation. 3., überarb. und erw. Aufl. Wiesbaden: Gabler.

Helmke, Stefan (Hg.) (2008): Effektives Customer Relationship Management. Instrumente, Einführungskonzepte, Organisation. 4., vollst. überarb. Aufl. Wiesbaden: Gabler.

Helmke, Stefan; Uebel, Matthias; Dangelmaier, Wilhelm (2008): Grundsätze des CRM-Ansatzes. In: Helmke, Stefan (Hg.): Effektives Customer Relationship Management. Instrumente, Einführungskonzepte, Organisation. 4., vollst. überarb. Aufl. Wiesbaden: Gabler, S. 3–24.

Hempel, Kay (1995): Die Leistungsprogrammerweiterung der Postbank. Ökonomische Aspekte der Einführung zusätzlicher Bankdienstleistungen. Wiesbaden: Dt. Univ.-Verl. (Gabler Edition Wissenschaft).

Henking, Andreas; Bluhm, Christian; Fahrmeir, Ludwig (2006): Kreditrisikomessung. Statistische Grundlagen, Methoden und Modellierung. Berlin, Heidelberg: Springer-Verlag.

Hentschel, Thomas (2000): Strategisches Vertriebscontrolling für den automobilen Mittelstand. Analyse der Händlerstruktur und Möglichkeiten zur Implementierung neuer Systeme. Sonderausgabe., 2. Aufl. Berlin: dissertation.de Verl. im Internet.

Herndl, Karl (2005): Führen im Vertrieb. So unterstützen Sie Ihre Mitarbeiter direkt und konsequent. 2. Aufl. Wiesbaden: Gabler.

Herrndorf, Ulrich (2005): Strukturelle Veränderungen im Bankgewerbe - Herausforderungen für das Personalmanagement. In: Bartmann, Dieter (Hg.): Die Industrialisierung des Bankbetriebs. Wie sich Konzepte der Industrie auf die Banken übertragen lassen. 1. Aufl. Weinheim: Wiley-VCH, S. 145–175.

Hersey, Paul (1980): Perspectives in leader effectiveness. Athens, Ohio: Center for Leadership Studies.

Hersey, Paul; Blanchard, Kenneth H. (1969): Management of organizational behavior. Utilizing human resources. Englewood Cliffs NJ: Prentice-Hall.

Hersey, Paul; Blanchard, Kenneth H. (1977): Management of organizational behavior. Utilizing human resources. 3rd ed. Englewood Cliffs, NJ: Prentice-Hall.

Hersey, Paul; Blanchard, Kenneth H. (1981): So You Want To Know Your Leadership Style? In: Training & Development Journal, Jg. 35, H. 6, S. 34.

Hersey, Paul; Blanchard, Kenneth H. (1982a): Leadership Style: Attitudes and Behaviors. In: Training & Development Journal, Jg. 36, H. 5, S. 50–52.

Hersey, Paul; Blanchard, Kenneth H. (1982b): Management of organizational behavior. Utilizing human resources. 4th ed. Englewood Cliffs NJ: Prentice-Hall.

Hersey, Paul; Blanchard, Kenneth H. (1988): Management of organizational behavior. Utilizing human resources. 5. ed. Englewood Cliffs NJ: Prentice-Hall.

Hersey, Paul; Blanchard, Kenneth H.; Johnson, Dewey E. (2008): Management of organizational behavior. Leading human resources. 9. ed., internat. ed. Upper Saddle River, NJ: Pearson Prentice Hall.

Herzberg, Frederick (2003): One More Time: How Do You Motivate Employees? In: Harvard Business Review, Jg. 81, H. 1, S. 86.

Hesse, Josef; Huckemann, Matthias (2002): Erfolgsfaktoren des Vertriebs. In: Ahlert, Dieter (Hg.): Exzellenz in Dienstleistung und Vertrieb. Konzeptionelle Grundlagen und empirische Ergebnisse. 1. Aufl. Wiesbaden: Gabler, S. 61–88.

Hiemeyer, Jochen; Schneiderbauer, Dieter (2004): Selling for Profit: Wachstum durch den Vertrieb realisieren. Herausgegeben von Mercer Management Consulting. (Spektrum). Online verfügbar unter http://www.oliverwyman.com/de/pdf_files/OW_Spektrum1_2004.pdf , zuletzt geprüft am 21.08.2009.

Hildebrand, Sabine (2006): Ganzheitliche Beratung in der VR-Bank Schwalm-Eder. Ein Erfahrungsbericht. In: Effert, Detlef; Hanreich, Wilfried (Hg.): Ganzheitliche Beratung bei Banken. Modeerscheinung oder Erfolgskonzept? 1. Aufl... Wiesbaden: Gabler, S. 81–95.

Hill, Wilhelm; Fehlbaum, Raymond; Ulrich, Peter (1981): Ziele, Instrumente und Bedingungen der Organisation sozialer Systeme. 3., verb. Aufl. Bern: Haupt.

Hinterhuber, Hans H.; Raich, Margit (2006): Leadership als zentrale Kompetenz in und von Unternehmen. In: Bruch, Heike; Krummaker, Stefan; Vogel, Bernd; Behse, Maren; Eichenberg, Timm (Hg.): Leadership - Best Practices und Trends. 1. Aufl. Wiesbaden: Gabler, S. 49–56.

Hipper, Hajo; Wilde, Klaus (2003): CRM ein Überblick. In: Helmke, Stefan (Hg.): Effektives Customer Relationship Management. Instrumente - Einführungskonzepte - Organisation. 3., überarb. und erw. Aufl. Wiesbaden: Gabler, S. 3–37.

Hippner, Hajo (2007): Komponenten und Potenziale eines analytischen Customer Relationship Management. CRM. Online verfügbar unter http://www.springerlink.com/content/t83w6746l8p7543m/fulltext.pdf , zuletzt aktualisiert am 25.05.2007, zuletzt geprüft am 07.07.2008.

Hirzel Leder und Partner (Hg.) (1997): Fokussiertes Business Design. Wiesbaden: Gabler.

Hofbauer, Günter; Hellwig, Claudia (2005 erschienen 2004): Professionelles Vertriebsmanagement. Der prozessorientierte Ansatz aus Anbieter- und Beschaffersicht. Erlangen: Publicis Corp.

Hofmann, Alexander (2005): Direkt Banking revolutioniert Bankgeschäfte. In: Börsen-Zeitung, Ausgabe 195, 11.10.2005, S. B2.

Hofmann, Jürgen (2007): Rationell verkaufen. In: Die Bank, H. 12, S. 58–60.

Holley, Andy; Leopold, Petra (2006): Best Practice bei Finanzdienstleistern. In: Die Bank, H. 2, S. 33–37.

Hollmann, Robert W.; Tansik, David A. (Oct., 1977): A Life Cycle Approach to Management by Objectives. In: The Academy of Management Review, Jg. 2, H. 4, S. 678–683.

Homburg, Christian; Schäfer, Heiko; Schneider, Janna (2003): Sales excellence. Vertriebsmanagement mit System. Wiesbaden: Gabler.

Homburg, Christian; Schäfer, Heiko; Schneider, Janna (2006): Sales Excellence. Vertriebsmanagement mit System. Wiesbaden: Gabler.

Hopfenbeck, Waldemar (2002): Allgemeine Betriebswirtschafts- und Managementlehre. Das Unternehmen im Spannungsfeld zwischen ökonomischen, sozialen und ökologischen Interessen. 14. Aufl. München: Redline Wirtschaft bei Verl. Moderne Industrie.

Hoppen, Dieter (1999): Vertriebsmanagement. Steuerung des Firmenkundengeschäfts im Inland und im Export ; Lehrbuch und Nachschlagewerk. München: Oldenbourg.

Horn, Christian; Drewes, Guido (2003): Fremdprodukte im Vertrieb: bislang nur halbherzig. In: bank und markt, H. 10, S. 27–31.

Horn, Christian; Seisreiner, Ralf (2008): Retail Banking in Deutschland. Unternehmerischer Spagat zwischen Wachstum und Effizienz. Düsseldorf: Droege und Comp.

Horváth, Péter (2002): Performance Controlling. Strategie, Leistung und Anreizsystem effektiv verbinden. Stuttgart: Schäffer-Poeschel.

Hughes, George David; Singler, Charles H. (1983): Strategic sales management. Reading, Mass.: Addison-Wesley.

ICICI Bank (2008): ICICI Bank - Home. Online verfügbar unter http://www.icicibank.de/, zuletzt aktualisiert am 05.10.2009, zuletzt geprüft am 23.10.2009.

Im Brahm, Karl-Martin (2003): Ertrags- und kundenorientiertes Vertriebsmanagement das Beispiel Sparkassen Broker. In: Wiedmann, Klaus-Peter (Hg.): Ertragsorientiertes Zielkundenmanagement für Finanzdienstleister. Innovative Strategien, Konzepte, Tools. 1. Aufl. Wiesbaden: Gabler, S. 337–354.

ING DiBa (2006): Das Geschäftsjahr 2005. Just a fair deal. Herausgegeben von ING DiBa. Online verfügbar unter https://www.ing-diba.de/imperia/md/content/www/presse/content/ing_diba_bericht_2005_.pdf, zuletzt aktualisiert am 05.04.2006, zuletzt geprüft am 16.07.2009.

ING DiBa (2007): Das Geschäftsjahr 2006. Im Dialog mit Kunden und Medien. Herausgegeben von ING DiBa. Online verfügbar unter https://www.ing-diba.de/imperia/md/content/www/presse/content/ing_diba_bericht_2006_.pdf, zuletzt aktualisiert am 23.02.2007, zuletzt geprüft am 16.07.2009.

ING DiBa (2008): Das Geschäftsjahr 2007. A great place to work. Herausgegeben von ING DiBa. Online verfügbar unter https://www.ing-diba.de/imperia/md/content/www/presse/content/ing_diba_jahresbericht_2007.pdf, zuletzt aktualisiert am 18.03.2008, zuletzt geprüft am 16.07.2009.

ING DiBa (2009): ING DiBa 2008 Geschäftsbericht. Wir übernehmen FAIRantwortung. Herausgegeben von ING DiBa. Online verfügbar unter https://www.ing-diba.de/imperia/md/content/www/presse/content/ ing_diba_ jahresbericht_2008.pdf, zuletzt aktualisiert am 18.03.2009, zuletzt geprüft am 16.07.2009.

Ingram, Thomas N.; LaForge, Raymond W.; Locander, William B.; MacKenzie, Scott B.; Podsakoff, Philip M. (2005): New Directions in Sales Leadership Research. In: Journal of Personal Selling & Sales Management, Jg. 25, H. 2, S. 137–154.

Ingram, Thomas N.; LaForge, Raymond W.; Schwepker, Charles H., JR. (2007): Salesperson Ethical Decision Making: The Impact of Sales Leadership and Sales Management Control Strategy. In: Journal of Personal Selling & Sales Management, Jg. 27, H. 4, S. 301–315.

Ingram, Thomas N.; Lee, Keun S.; Skinner, Steven J. (1989): An Empirical Assessment of Salesperson Motivation, Commitment, and Job Outcomes. In: Journal of Personal Selling & Sales Management, Jg. 9, H. 3, S. 25.

Jago, Arthur G. (1982): Leadership: perspectives in theory and research. In: Management Science, Jg. 28, H. 3, S. 315–336.

Jahnke, Bernd; Bawidamann, Horst; Kern, Martin (2001): Customer Relationship Management im E-Commerce. Arbeitsberichte zur Wirtschaftsinformatik, Bd. 23. Tübingen.

Jahns, Christopher (Hg.) (2003): Handbuch Management: mit Best Practice zum Managementerfolg. Stuttgart: Schäffer-Poeschel.

Jauernig, Christof (2005): Führungssysteme im Franchising von Banken. Anforderungen Auswahl und Umsetzung im Privatkundengeschäft. Stuttgart: Ibidem-Verl..

Jeuschede, Gerhard (1989): Führungstechniken. Wiesbaden: Gabler.

Johannsen, W.; Stegmaier, R. (2002): Retail Banking: Kunden binden, Produktivität steigern. In: absatzwirtschaft, H. 1, S. 32–39.

Johansen, Barry-Craig P. (1990): Situational Leadership: A Review of the Research. In: Human Resource Development Quarterly, Jg. 1, H. 1, S. 73–85.

Johnston, Mark W.; Ferrell, O. C.; Darmon, Rene (2007): Introduction: Special Issue on Sales Force Ethics--Strategic Implementations and Leadership Challenges. In: Journal of Personal Selling & Sales Management, Jg. 27, H. 4, S. 289–290.

Jüde, Peter (2009): Im Namen des Nutzers. Die Erfolgsgeschichte der Direktbanken. Herausgegeben von VR-Networld. Online verfügbar unter http://www.vr-media-online.de/flash/bati_509/eBook/pdf/Banken@Internet_2009_2.pdf, zuletzt aktualisiert am 09.06.2009, zuletzt geprüft am 19.07.2009.

Jung, Hans (2007): Controlling. 1.Auflage München: Oldenbourg.

Kahl, Enrico (2006): Mobiler Außendienst zur Stärkung der Vertriebskraft einer Regionalbank. In: Tietmeyer, Hans; Rolfes, Bernd. (Hg.): Die strukturelle Ertragsschwäche der Banken. Beiträge des Duisburger Banken-Symposiums. Wiesbaden: Gabler, S. 72–98.

Kampmann, Stefan; Garczorz, Ingo (2004): Neue Strukturen allein sind kein Erfolgsgarant. Erfolgreiche Sparkassen pflegen vertriebliche Führung. In: Betriebswirtschaftliche Blätter, H. 7, S. 360–364.

Karsch, Werner (2007a): Auf Wachstumskurs. In: Die Bank, H. 8, S. 34–37.

Karsch, Werner (2007b): Wettlauf im Web. In: Die Bank, H. 12, S. 46–51.

Karsch, Werner (2007c): Direct Banking in Deutschland. Wettlauf im Web. In: Die Bank, H. 12, S. 46–51.

Kassow, Achim (2006): Online meets Offline. Die one-to-one-bank für den modernen Anleger. In: Tietmeyer, Hans; Rolfes, Bernd (Hg.): Banken auf der Suche nach strategischem Profil. 1. Aufl. Wiesbaden: Gabler, S. 47–55.

Kaufmann, Stephan (2008): Deutsche Bank trotzt der Finanzmarktkrise. Berliner Verlag GmbH. Online verfügbar unter http://www.berlinonline.de/berliner-zeitung/archiv/.bin/dump.fcgi/2008/0208/wirtschaft/0013/index.html, zuletzt aktualisiert am 08.02.2008, zuletzt geprüft am 23.10.2009.

Keck, Markus; Hahn, Marco (2006): Integration der Vertriebswege. Herausforderung im dynamischen Retail Banking. 1. Aufl. Wiesbaden: Gabler.

Keim, Ralf (2006): Zusammenhang zwischen Führungsverhalten und messbarer Performance. Eine empirische Untersuchung im deutschen Retail Banking. Frankfurt am Main [u.a.]: Lang.

Keim, Ralf (2009): Filialleiter im Retail Banking: Führung & Performance. In: Die Bank, H. 2, S. 50–53.

Kerr, Steve (2003): Zahlen haben kurze Beine. In: Harvard Businessmanager, H. 4, S. 96–105.

Kirsch, Werner (1997): Wegweiser zur Konstruktion einer evolutionären Theorie der strategischen Führung. Kapitel eines Theorieprojekts. 2., überarb. und erw. Fassung. Herrsching: Kirsch.

Kiwus, Dieter (2007): Mehr Verkaufserfolg durch Selbstcoaching. Überflügeln Sie sich selbst: in 21 Tagen zum Quantensprung. Online verfügbar unter http://dx.doi.org/10.1007/978-3-8349-9387-8, zuletzt geprüft am 21.08.2009.

Klein, Mathias; Tieftrunk, Andreas; Stobbe, Susanne (2002): Integriertes Vertriebscontrolling auf Basis des Balanced Scorecard-Ansatzes. Braunschweig/Wolfenbüttel.

Klein, Werner (2007): Fokus Vertriebserfolg. In: Die Bank, H. 9, S. 76–79.

Klein, Wolfgang (2005): Best Practice im Retail Banking: Aufholen ist möglich. In: bank und markt, H. 7, S. 21–25.

Klein, Wolfgang (2006): Die strukturelle Ertragsschwäche der Banken. In: Tietmeyer, Hans; Rolfes, Bernd. (Hg.): Die strukturelle Ertragsschwäche der Banken. Beiträge des Duisburger Banken-Symposiums. Wiesbaden: Gabler, S. 59–70.

Klein, Wolfgang (2007): Die Wiederentdeckung des Privatkunden. In: bank und markt, H. 7, S. 16–18.

Kleinaltenkamp, Michael (2006): Auswahl von Vertriebswegen. In: Kleinaltenkamp, Michael; Plinke, Wulff; Jacob, Frank; Söllner, Albrecht (Hg.): Markt- und Produktmanagement. Die Instrumente des Business-to-Business-Marketing. 2., überarbeitete und erw. Auflage. Wiesbaden: Gabler, S. 321–367.

Kleinaltenkamp, Michael; Plinke, Wulff; Jacob, Frank, et al. (Hg.) (2006): Markt- und Produktmanagement. Die Instrumente des Business-to-Business-Marketing. 2., überarbeitete und erw. Auflage. Wiesbaden: Gabler.

Kobler, Bernard (2006): Das Erfolgsgeheimnis im Retail Banking. Menschen plus Prozesse plus IT. In: Ganzheitliche Beratung bei Banken, S. 97–103.

Kobler, Bernard (2006): Das Erfolgsgeheimnis im Retail Banking: Menschen plus Prozesse plus IT. In: Effert, Detlef; Hanreich, Wilfried (Hg.): Ganzheitliche Beratung bei Banken. Modeerscheinung oder Erfolgskonzept? 1. Aufl… Wiesbaden: Gabler, S. 97–103.

Koch, Walter J. (2006): Zur Wertschöpfungstiefe von Unternehmen. Die strategische Logik der Integration. Online verfügbar unter http://dx.doi.org/10.1007/978-3-8350-9665-3, zuletzt geprüft am 21.08.2009.

Kohler, Richard (Hg.) (1977): Empirische und handlungstheoretische Forschungskonzeptionen in der Betriebswirtschaftslehre. Stuttgart.

Köhler, Matthias; Lang, Gunnar (2008): Trends im Retail Banking: Die Bankfiliale der Zukunft - Ergebnisse einer Umfrage unter Finanzexperten. Herausgegeben von ZEW.

Köhler, Richard (2001): Vertriebscontrolling. In: Diller, Hermann (Hg.): Vahlens Großes Marketing Lexikon. Band 2: M-Z. 2 Bände. München: Vahlen, S. 1804–1805.

Koot, Christian (2005): Kundenloyalität, Kundenbindung und Kundenbindungspotential. Modellgenese und empirische Überprüfung im Retail Banking. 1. Aufl. München: Hut.

Korndörfer, Wolfgang (1988): Unternehmensführungslehre. Einführung, Entscheidungslogik, soziale Komponenten im Entscheidungsprozeß. 6., verb. Aufl. Wiesbaden: Gabler.

KPMG (2002): Der lange Weg zum Kunden. Die Zukunft des Vertriebs im Retail Banking. Unveröffentlichtes Manuskript, 2002.

KPMG (2007): Mythos Filiale - was Bankkunden wirklich erwarten! Ergebnisse einer Privatkundenbefragung zur Zukunft des filialfokussierten Bankvertriebs. Frankfurt am Main: n.a.

Krabichler, Thomas; Krauß, Ingo (2003): Konsolidierung im europäischen Bankenmarkt. die Länder der EU im Vergleich. Regensburg.

Krafft, Manfred (2000): Vertriebscontrolling - Status quo und Anforderungen an moderne Systeme. In: Zerres, Michael Peter (Hg.): Handbuch Marketing-Controlling. 2., erw. Aufl. Berlin: Springer, S. 55–65.

Krafft, Manfred (2001): Vertriebscontrolling. In: Reinecke, Sven (Hg.): Handbuch Marketingcontrolling. Marketing als Motor von Wachstum und Erfolg. Frankfurt am Main: Wirtschaftsverl., S. 500–519.

Krafft, Manfred (2005): Innovatives Vertriebsmanagement - der Vertrieb als wichtigste Schnittstelle zwischen Unternehmen und Kunden. In: Meffert, Heribert (Hg.): Effizienzsteigerung in der Kundenbearbeitung : Herausforderungen an die Vertriebssteuerung. Münster, S. 9–18.

Krämer, Christian; Halstrick, Philipp (2007): Dresdnerbank bleibt Sorgenkind. In: Manager Magazin. Online verfügbar unter http://www.manager-magazin.de/geld/artikel/0,2828,516334,00.html, zuerst veröffentlicht: 09.11.2007, zuletzt geprüft am 12.06.2009.

Krauß, Hans-Ulrich; Alves, Mrio (2004): Das richtige IT-Instrument für die erfolgreiche ganzheitliche Finanzberatung und das Kundenmanagement. In: Effert, Detlef (Hg.): Wettbewerb der Vertriebssysteme. Strategien und Lösungen für das Privatkundengeschäft der Banken. 1. Aufl. Wiesbaden: Gabler, S. 325–338.

Krech, Jörg (1998): Grundriß der strategischen Unternehmensplanung. München: Oldenbourg.

Kreikebaum, Hartmut (1989): Strategische Unternehmensplanung. 3., erw. Aufl. Stuttgart: Kohlhammer.

Kreikebaum, Hartmut; Suffel, Winfried (1981): Der Entwicklungsprozeß der strategischen Planung. Thun.

Kubicek, Herbert (1977): Heuristische Bezugsrahmen und heuristisch angelegte Forschungsdesigns als Elemente einer Konstruktionsstrategie empirischer Forschung. In: Kohler, Richard (Hg.): Empirische und handlungstheoretische Forschungskonzeptionen in der Betriebswirtschaftslehre. Stuttgart, S. 3–36.

Kühn, Frank; Grandke, Reinhard (1997): Kundennutzen in der Leistungserstellung verankern. In: Hirzel Leder und Partner (Hg.): Fokussiertes Business Design. Wiesbaden: Gabler, S. 133–148.

Kühner, Anna (2009): Mitarbeiter brauchen Perspektiven. In: Bankmagazin, H. 1, S. 56–58.

Kunadt, Rainer (2005): Erfolgreiche Vertriebsarbeit im Retailgeschäft einer Genossenschaftsbank. In: Effert, Detlef (Hg.): Erfolgreiche Vertriebsstrategien in Banken. Von den Besten profitieren. 1. Aufl. Wiesbaden: Gabler, S. 153–167.

Kunadt, Rainer (2008): Der genossenschaftliche Bankenverbund: Konstanten im Weiterentwicklungsprozess. In: Zeitschrift für das gesamt Kreditwesen, Jg. 23, S. 1228–1230.

Lamberti, Hermann-Josef (2006): Sourcingentscheidungen entlang der Wertschöpfungsprozesse der Deutschen Bank. In: Schweickart, Nikolaus; Töpfer, Armin (Hg.): Wertorientiertes Management. Werterhaltung, Wertsteuerung, Wertsteigerung ganzheitlich gestalten ; mit 12 Tabellen. Berlin: Springer, S. 301–315.

Lange, Thomas A.; Benkenstein, Martin; Eilenberger, Guido (Hg.) (2005): Wertmanagement in Banken. Festschrift zum 65. Geburtstag von Guido Eilenberger. 1. Aufl. Wiesbaden: Gabler.

Lattmann, Charles (1982): Die verhaltenswissenschaftlichen Grundlagen der Führung des Mitarbeiters. Bern: Haupt.

Lavington, Camille; Losee, Stephanie (1997): You've Only Got Three Seconds. New York: Doubleday.

Lebert, Rolf (2008): Commerzbank attackiert Sparkassen. In: Financial Times Deutschland, 21.08.2008, S. 3.

Leichtfuß, Reinhold (2001): Entwicklungstendenzen im Retail Banking in Europa. In: Handbuch der europäischen Finanzdienstleistungsindustrie, S. 373–384.

Leichtfuß, Reinhold; Grebe, Michael; Schmidt-Richter, Raphael (2007): Zukunft des Retail Banking. Welche Geschäftsmodelle versprechen Gewinn? In: Die Bank, H. 12, S. 40–45.

Leichtfuß, Reinhold; Schmidt-Richter, Raphael (2007): Kampf um Kunden. Strukturwandel im deutschen Retail Banking. In: Die Bank, H. 7, S. 28–32.

Leigh, Thomas W.; Pulling, Ellen B.; Corner, Lucette B. (2001): The Top Ten Sales Articles of the 20th Century. In: Journal of Personal Selling & Sales Management, Jg. 21, H. 3, S. 217–227.

Liebmann, Hans-Peter; Zentes, Joachim (2001): Handelsmanagement. München: Vahlen.

Limbeck, Martin (2007): Das neue Hardselling. Verkaufen heißt verkaufen - So kommen Sie zum Abschluss. 2., ergänzte Auflage. Wiesbaden: Gabler.

Lingenfelder, Michael (Hg.) (1999): 100 Jahre Betriebswirtschaftslehre in Deutschland. München: Vahlen.

Link, Jörg (Hg.) (1997): Handbuch Database Marketing. 2. Aufl. Ettlingen: IM-Fachverl. Marketing-Forum.

Link, Jörg (2000): Wettbewerbsvorteile durch Online Marketing. Die strategischen Prespektiven elektronischer Märkte ; mit 5 Tabellen. 2., überarb. und erw. Aufl. Berlin: Springer.

Link, Jörg; Hildebrand, V.G. (1997): Grundlagen des Database Marketing. In: Link, Jörg (Hg.): Handbuch Database Marketing. 2. Aufl. Ettlingen: IM-Fachverl. Marketing-Forum, S. 13–36.

Litzcke, Sven Max; Schuh, Horst; Litzcke-Schuh (2007): Stress, Mobbing und Burn-out am Arbeitsplatz. 4., vollst. überarb. Aufl. Heidelberg: Springer.

Lojewski, Ute von (1996): Controlling im Veranstaltungswesen. In: Adam, Dietrich; Berens, Wolfgang; Rieper, Bernd; Witte, Thomas (Hg.): Betriebswirtschaftliches Controlling. Planung, Entscheidung, Organisation ; Wiesbaden: Gabler, S. 139–166.

Lukasczyk, K. (1960): Zur Theorie der Führerrolle,. In: Psychologische Rundschau, H. 11, S. 179–188.

Lutzky, Christian (2007): Kaufakzeleration bei konsumentengerichteter Verkaufsförderung. 1. Aufl. Wiesbaden: Gabler.

Macharzina, Klaus; Wolf, Joachim (2005): Unternehmensführung. Das internationale Managementwissen ; Konzepte - Methoden - Praxis. 5., grundlegend überarb. Aufl. Wiesbaden: Gabler.

Malik, Fredmund (2001): Führen, Leisten, Leben. Wirksames Management für eine neue Zeit. 9. Aufl. Stuttgart: DVA.

Maslow, Abraham H. (1987): Motivation and personality. 3. ed. New York [u.a.]: Longman.

Mason, John L. (2007): The Low Prestige of Personal Selling. Online verfügbar unter http://www.jstor.org/stable/pdfplus/1249694.pdf, zuletzt aktualisiert am 04.10.2007, zuletzt geprüft am 16.07.2008.

Mathews, Jose (2006): Leader relations model: An alternative approach to the traditional process of leadership. In: Vision, Jg. 10, H. 4, S. 37–48.

Mayring, Philipp (2002): Einführung in die qualitative Sozialforschung. Eine Anleitung zu qualitativem Denken. 5., überarb. und neu ausgestattete Aufl. Weinheim: Beltz.

McDonald, Oonagh; Keasey, Kevin (2002): The future of retail banking in Europe. Aview from the top. Chichester: Wiley.

McKee, Rachel; Carlson, Bruce (2000): Mut zum Wandel. Das GRID-Führungsmodell. Düsseldorf: Econ.

McKinsey (2001): The war for talent. Organization and Leadership Practice. Herausgegeben von McKinsey & Company. Online verfügbar unter http://www.mckinseyquarterly.com/Organization/Talent/The_war_for_talent_part_two_1035, zuletzt geprüft am 12.08.2008.

Meffert, Heribert (Hg.) (2005): Effizienzsteigerung in der Kundenbearbeitung : Herausforderungen an die Vertriebssteuerung. Münster (Dokumentationspapier / Wissenschaftliche Gesellschaft für Marketing und Unternehmensführung.

Meffert, Heribert; Backhaus, Klaus; Becker, Jörg (2001): Vertriebsmanagement im Wandel. Strategien im Spannungsfeld zwischen klassischem Vertrieb und E-Commerce ; Münsteraner Führungsgespräch (Hg.). Münster: Wiss. Ges. für Marketing und Unternehmensführung (Dokumentationspapier / Wissenschaftliche Gesellschaft für Marketing und Unternehmensführung e.V., Nr. 146).

Meffert, Heribert; Burmann, Christoph; Kirchgeorg, Manfred (2008): Marketing. Grundlagen marktorientierter Unternehmensführung ; Konzepte - Instrumente - Praxisbeispiele. Wiesbaden: Gabler.

Meffert, Heribert; Burmann, Christoph; Koers, Martin (Hg.) (2002): Markenmanagement – Grundfragen der identitätsorientierten Markenführung. Wiesbaden: Gabler.

Meffert, Heribert; Giloth, Mathias (2002): Aktuelle markt- und unternehmensbezogene Herausforderungen an die Markenführung. In: Meffert, Heribert; Burmann, Christoph; Koers, Martin (Hg.): Markenmanagement – Grundfragen der identitätsorientierten Markenführung. Wiesbaden: Gabler, S. 99–132.

Mercedes-Benz Bank AG (2009): Einbindung der Mercedes-Benz Bank in die Daimler AG. Kennzahlen. Herausgegeben von Mercedes-Benz Bank AG. Online verfügbar unter http://www.mercedes-benz-bank.de/intrade/cms/Kennzahlen.html? linkArea=navi, zuletzt geprüft am 16.07.2009.

Mercer (2003): Deutsche Banken: Der Weg zurück in die europäische Spitzenklasse. Unveröffentlichtes Manuskript, Januar 2003, München.

Mercer Management Consulting (2004): Spektrum. München.

Meyer, Carl W. (1974): Vertrieb. In: Tietz, Bruno (Hg.): Handwörterbuch der Absatzwirtschaft. Stuttgart: Schäffer-Poeschel, S. 2103–2116.

Michael Schroth (2006): Customer Satisfaction with Commerzbank's Retail Banking. In: Huber, Margit (Hg.): Customising stakeholder management strategies. Concepts for long-term business success. Berlin: Springer .

Mihm, Oliver (2009): Differenzierungsstrategien im Preiswettbewerb: Höhere Margen sind möglich. In: Die Bank, S. 38–43.

Milewski, Michael (2007): Die Postbank zieht weiter Kreise. In: absatzwirtschaft, H. Sonderheft Marken 2007, S. 120–122.

Miller, Robert B.; Heiman, Stephen E. (1989): Strategisches Verkaufen. Die praxiserprobte Miller-Heiman-Methode, um komplexe Verkaufsvorgänge erfolgreich zu bearbeiten. 2., durchges. Aufl. Landsberg: Verl. Moderne Industrie.

Miller, William (2001): ProActive sales management. How to lead, motivate, and stay ahead of the game. New York: Amacom.

Miller Heiman (2004): The 2004 Sales Effectiveness Study. Online verfügbar unter http://www.branchometrist.com/pdf/3PRExSum2004Sales%20Effect Study.pdf, zuletzt aktualisiert am 25.02.2004, zuletzt geprüft am 24.06.2009.

Mintzberg, Henry (1987): The Strategy Concept I: Five Ps For Strategy. In: California Management Review, Jg. 30, H. 1, S. 11–24.

MLP AG (2008): Geschäftsbericht 2007. Wandel gestalten, Chancen nutzen. Herausgegeben von MLP AG. Online verfügbar unter http://reports2.equitystory.com/mlp/annual/2007/gb/German/pdf/MLP_gb2007_de.pdf, zuletzt aktualisiert am 26.03.2008, zuletzt geprüft am 16.07.2009.

MLP AG (2008a): Kennzahlen MLP Konzern. Herausgegeben von MLP AG. Online verfügbar unter http://reports2.equitystory.com/mlp/annual/2007/gb/German/pdf/

MLP_kennzahlen_07.pdf, zuletzt aktualisiert am 26.03.2008, zuletzt geprüft am 16.07.2009.

MLP AG (2008b): MLP Geschäftsbericht 2007 - Gewinn- und Verlustrechnung. Herausgegeben von MLP AG. Online verfügbar unter http://reports2.equitystory.com/cgi-bin/show.ssp?companyName=mlp&language= German&report_id=gb-2007&id=75, zuletzt geprüft am 16.07.2009.

MLP AG (2008c): MLP Geschäftsbericht 2007 - Segmentberichterstattung. Herausgegeben von MLP AG. Online verfügbar unter http://reports2.equitystory.com/cgi-bin/show.ssp?companyName=mlp&language =German&report_id=gb-2007&id=7527, zuletzt geprüft am 16.07.2009.

Möbus, Matthias (2000): Vertriebscontrolling. In: Handbuch Marketing-Controlling, S. 301–308.

Moormann, Jürgen; Schmidt, Günter (2007): IT in der Finanzbranche. Management und Methoden, Berlin: Springer.

Müller, Armin (2008): Anlageberatung bei Retailbanken. Einfluss auf das Anlageverhalten und die Performance von Kundendepots. Berlin: Springer

Müller, Benjamin (2007): Porters Konzept generischer Wettbewerbsstrategien. Präzisierung und empirische Überprüfung. Wiesbaden: Deutscher Universitäts-Verlag.

Müller, Bernhard R. (1997): Bedürfnisorientierte Unternehmenspolitik am Beispiel von Universalbanken in Deutschland. Lohmar: Eul.

Müller, Stephan; Schneider, Mike (2006): Zwischen Kostendegression und Kundennähe - Welche Unternehmen haben Zukunft? In: Tietmeyer, Hans; Rolfes, Bernd (Hg.): Banken auf der Suche nach strategischem Profil. Beiträge des Duisburger Banken-Symposiums. 1. Aufl. Wiesbaden: Gabler, S. 3–30.

Müller-Tronnier, Dirk (2007): Darf es noch etwas sein? Chancen und Herausforderungen im Retail Banking. Herausgegeben von Ernst & Young. Online verfügbar unter http://www.ey.com/Publication/vwLUAssets/ Bankenstudie_Deutschland_2007/$file/Studie_Bankenstudie_2007.pdf, zuletzt aktualisiert am 27.09.2007, zuletzt geprüft am 16.07.2009.

Mummert, Christoph; Moser, Benjamin; Nic, Martina (2003/2004): Banking der Zukunft-die Entwicklung des Retailbanking im Spannungsfeld von Kundenwünschen und Rentabilitätsanforderungen. Beitrag zum Postbank Finance Award 2003/2004. Universität Hohenheim, Institut für Betriebswirtschaftslehre.

Nagl, Anna (2006): Der Businessplan. Geschäftspläne professionell erstellen Mit Checklisten und Fallbeispielen, Berlin: Springer.

Neuberger, Oswald (1985): Führung. Ideologie, Struktur, Verhalten. 2., durchges. Aufl. Stuttgart: Enke.

Neuberger, Oswald (2002): Führen und führen lassen. Ansätze, Ergebnisse und Kritik der Führungsforschung. 6., völlig neu bearb. und erw. Aufl. Stuttgart: Lucius & Lucius.

Niemeyer, Vanessa (2003): Virtuelle Beratung. Kundenbegleitung im elektronischen Vertrieb der Finanzdienstleister. Heidelberg: Physica-Verl..

Niemeyer, Vanessa; Nirschl, Marco (2006): Vertriebsstärke im Retail Banking. Die entscheidenden Hebel zum Vertriebserfolg. Herausgegeben von Universität Regensburg. ibi Reasearch an der Universität Regensburg GmbH.

Nieschlag, Robert; Dichtl, Erwin; Hörschgen, Hans; Nieschlag-Dichtl-Hörschgen (2002): Marketing. 19. Aufl. Berlin: Duncker & Humblot.

Nirschl, Marco (2006): Erfolgsfaktoren der Vertriebsstärke und deren Gestaltung im Retail Banking. In: Banking and Information Technology, Jg. 7, H. 4, S. 9–20.

Nirschl, Marco; Wild, Oliver; Wimmer, Andreas (2004): Vertriebsstrategien im Retailgeschäft (I): Positionierung im Spannungsfeld zwischen Direct Banking und Allfinanzvertrieb. In: Die Bank, H. 4, S. 300–304.

Northouse, Peter (1997): Leadership. Theory and practice. Thousand Oaks, Calif.: Sage.

Nußbeck, Ulrich (2005): Das strukturierte Ergebnisgespräch. In: salesBusiness, H. 12, S. 28–32.

O´Connor, Aidan (2005): Trade, Investment and Competition in International Banking, London, New York: Palgrave.

o.V. (2007c): Commerzbank bewirbt kostenloses Girokonto. In: bank und markt, H. 1, S. 12.

o.V. (2004b): Die Postbank und andere Retailer. In: Kreditwesen, Ausgabe 11, 2004b, S. 2–3.

o.V. (2002): Allianz, Dresdner Bank Restructure PE. In: Buyouts, Jg. 15, H. 10, S. 21.

o.V. (2005): Miller Heiman Studie zur Verkaufseffizienz 2005. Online verfügbar unter http://key2performance.com/fileadmin/user_upload/public-relations/Whitepaper-dt/Die%20drei%20gr%F6%DFten%20Herausforderungen%20f%FCr%20Vertriebsleiter.pdf, zuletzt aktualisiert am 08.08.2005, zuletzt geprüft am 24.06.2009.

Oechsler, Walter A. (2003): Zielführend. Organisatorische und rechtliche Aspekte von Zielvereinbarungen. In: Bankinformation, H. 9, S. 36–40.

Oehler, Andreas (2005a): Retail Banking. Wettbewerb und Kundenerwartungen. In: Finanz-Betrieb, Jg. 7, H. 2, S. 83–92.

Oehler, Andreas (2005b): Zufriedenheit im Retail Banking? Erfolgsfaktoren des Banking der Zukunft. In: E-Finance, S. 151–192.

Oehler, Andreas (1995): Eine Analyse des Wettbewerbs im Privatkundengeschäft der Universalbanken. In: Sparkasse, Jg. 112, H. 3, S. 125–130.

Oehler, Andreas (2004): Retail Banking. Status quo und Entwicklungsperspektiven. Bamberg: Univ. Lehrstuhl für Betriebswirtschaftslehre.

Ott, Markus (2006): Bedarfsansatz versus Produktverkauf: Was sagen die Praktiker. In: Effert, Detlef; Hanreich, Wilfried (Hg.): Ganzheitliche Beratung bei Banken. Modeerscheinung oder Erfolgskonzept? 1. Aufl. Wiesbaden: Gabler, S. 67–79.

Otto Hanning & Company (2005): Herausforderungen deutscher Retail Banken oder: Was können deutsche Retail Banken von internationalen Wettbewerbern lernen? Herausgegeben von HfB-Business School of Finance & Management. Frankfurt.

Pater, H. G.; Richard, M. S. (1994): Qualitätsmanagementsysteme in Unternehmen. Potenziale für die Logistik. In: Die Betriebswirtschaft, Jg. 35, H. 4, S. 26–32.

Peemöller, Volker H. (1997): Controlling. Grundlagen und Einsatzgebiete. 3. Aufl. Herne: Verl. Neue Wirtschafts-Briefe.

Pelzel, Robert F. (2006): Vertriebsmanagement - Konzepte für Medienprodukte und die Distributionswege der Medien. In: Scholz, Christian (Hg.): Handbuch Medienmanagement. Berlin: Springer, S. 715–734.

Pepels, Werner (2006): Vertriebsmanagement in Theorie und Praxis. 1. Aufl. München: Oldenbourg.

Perlitz, Manfred (2000): Internationales Management. 4., bearb. Aufl. Stuttgart: Lucius & Lucius.

Petzel, Erhard (Hg.) (2005): E-Finance. Technologien, Strategien und Geschäftsmodelle; 1. Aufl. Wiesbaden: Gabler.

Phillips, Janet Favero (1992): Predicting Sales Skills. In: Journal of Business & Psychology, Jg. 7, H. 2, S. 151–160.

Pinnow, Daniel F. (2007): Führen. Worauf es wirklich ankommt. 2., überarbeitete Aufl. Wiesbaden: Gabler.

Pond, Keith; Lipscombe, Geoffrey (2007): Retail banking. New ed. Canterbury: Global Professional.

Porter, Lyman W.; Lawler, Edward E. (1968): Managerial attitudes and performance. Homewood, Ill.: Irwin.

Porter, Lyman W.; Lawler, Edward E.; Hackman, J. Richard (1981): Behavior in organizations. International student ed. Auckland: MacGraw-Hill.

Porter, Michael E. (1979): How Competitive Forces Shape Strategy. In: Harvard Business Review, Jg. 57, H. 2, S. 137–156.

Porter, Michael E. (1983): Wettbewerbsstrategie, Methoden zur Analyse von Branchen und Konkurrenten. 1. Aufl. Frankfurt am Main: Campus Verlag.

Porter, Michael E. (1985): Competitive Advantage, New York: Free Press 1985. 1. Aufl. New York: Free Press.

Porter, Michael E. (1986): Competition in global industries. In: Porter, M. E.; Fuller, M. B. (Hg.): Coalitions and Global Strategy. Boston Mass.: Harvard Business School Press, S. 315–343.

Porter, Michael E.; Fuller, M. B. (Hg.) (1986): Coalitions and Global Strategy. Boston Mass.: Harvard Business School Press.

Porter, Michael E. (1989): Globaler Wettbewerb. Strategien der neuen Internationalisierung. Wiesbaden: Gabler.

Porter, Michael E. (1992): Wettbewerbsstrategie: Methoden zur Analyse von Branchen und Konkurrenten. 7. Aufl. Frankfurt am Main: Campus Verlag.

Porter, Michael E. (1996): What Is Strategy? In: Harvard Business Review, Jg. 74, H. 6, S. 61–78.

Porter, Michael E. (2000): Wettbewerbsvorteile. Spitzenleistungen erreichen und behalten. Frankfurt am Main: Campus Verlag.

Porter, Michael E. (2001): Strategy and the Internet. In: Harvard Business Review, Jg. 79, H. 3, S. 62–78.

Porter, Michael E. (2008): The five competitive forces that shape strategy. In: Harvard Business Review, Jg. 86, H. 1, S. 78–93.

Postbank (2006): Strategie. Herausgegeben von Postbank. Online verfügbar unter http://www.postbank.de/-snm-0184304830-1251266500-05f8800015-0000001147-1251278063-enm-postbank/wu_strategie.html;jsessionid =B53FFDE5CDB60501CEFA6EBD9BD7CAB721EC.b127, zuletzt geprüft am 26.08.2009.

Postbank (2008a): Die Postbank-eine der größten Privatkundenbanken Deutschlands. Herausgegeben von Postbank. Online verfügbar unter http://www.postbank.de/postbank/wu_die_postbank.html, zuletzt geprüft am 10.03.2008.

Postbank (2008b): Postbank: Geschäftsfelder. Online verfügbar unter http://www.postbank.de/-snm-0184304830-1222779850-05f7f00018-0000000013-1222780080-enm-postbank/wu_geschaeftsfelder.html; jsessionid=1D2C7E63FF87D1A30269DC04E1E9EF178B6F.b127, zuletzt geprüft am 30.09.2008.

Postbank (2008c): Postbank: Im Profil. Online verfügbar unter http://www.postbank.de/-snm-0184304830-1222779850-05f7f00018-0000000013-1222780077-enm-postbank/wu_profil.html;jsessionid =1D2C7E63FF87D1A30269DC04E1E9EF178B6F.b127, zuletzt geprüft am 30.09.2008.

Potthoff, Erich; Steigerwald, Heinrich J. (Hg.) (1978): RKW-Handbuch Führungstechnik und Organisation. Berlin: Erich Schmidt (Band 1).

Potthoff, Erich; Steigerwald, Heinrich J. (Hg.) (1978a): RKW-Handbuch Führungstechnik und Organisation. Berlin: Erich Schmidt (Band 2).

Potthoff, Erich; Steigerwald, Heinrich J. (Hg.) (1978b): RKW-Handbuch Führungstechnik und Organisation. Berlin: Erich Schmidt (Band 3).

Potthoff, Erich; Steigerwald, Heinrich J. (Hg.) (1978c): RKW-Handbuch Führungstechnik und Organisation. Berlin: Erich Schmidt (Band 4).

Prahalad, Coimbatore K.; Doz, Yves L. (1987): The multinational mission. Balancing local demands and global vision. New York: Free Press [u.a.].

Pratz, Andreas; Baldeweg, Ralf (2007): Retail Banking. Auf Wachstum ausrichten. In: Die Bank, H. 1, S. 34–37.

Pufahl, Mario (2006): Vertriebscontrolling. So steuern Sie Absatz, Umsatz und Gewinn. 2., erw. Aufl. Wiesbaden: Gabler.

Pufahl, Mario; Happe, Guido (2004): Innovatives Vertriebsmanagement. Trends, Branchen, Lösungen. Wiesbaden: Gabler.

Quinn, James Brian (1980): Strategies for change. Logical incrementalism. Homewood, Ill.: Irwin.

Raab, Gerhard; Lorbacher, Nicole (2002): Customer Relationship Management. Aufbau dauerhafter und profitabler Kundenbeziehungen; Heidelberg: Sauer.

Rangaswamy, Arvind; Sinha, Prabhak Ant; Zoltners, Andris (1990): An integration model-based approach for sales force structuring. In: Marketing Science, Jg. 9, H. 4, S. 279–298.

Rauert, Hanns T. (1998): Vertriebscontrolling. Marktorientierte Unternehmensführung durch Vertriebscontrolling. 1. Aufl. Siegen: Böschen.

Raus, Christoph; Funk, Wilfried (2008): Wertorientiertes Vertriebscontrolling in einem internationalen Automobilkonzern. Konzept für ein anwendungsorientiertes Verständnis. In: Funk, Wilfried (Hg.): Internationale Rechnungslegung und internationales Controlling. Herausforderungen - Handlungsfelder - Erfolgspotenziale. 1. Aufl. Wiesbaden: Gabler, S. 225–251.

Recklies, Dagmar (2001): Porters 5 forces. The Manager. Online verfügbar unter www.themanager.org/pdf/p5f.pdf, zuletzt geprüft am 18.06.2009.

Reicherter, Matthias (2000): Fusionsentscheidung und Wert der Kreditgenossenschaft. Wiesbaden: Gabler [u.a.].

Reichwald, Ralf; Bullinger, Hans-Jörg (Hg.) (2000): Vertriebsmanagement. Organisation, Technologieeinsatz, Personal. Stuttgart: Schäffer-Poeschel.

Reihlen, Markus (1997): Entwicklungsfähige Planungssysteme. Grundlagen, Konzepte und Anwendungen zur Bewältigung von Innovationsproblemen. Wiesbaden: Dt. Univ.-Verl..

Reinecke, Sven (Hg.) (2006): Handbuch Marketing-Controlling. Effektivität und Effizienz einer marktorientierten Unternehmensführung. 2. Aufl. Wiesbaden: Gabler (Thexis).

Renkel, Heinz-Peter; Strom, Karl (2007): Herausforderungen und Tendenzen automobiler Finanzdienstleistungen. Kunden wünschen sorgenfreie Mobilität. In: Finanzierung, Leasing, Factoring, Jg. 54, H. 4, S. 157–159.

Renker, Clemens (2004): Vertriebsmanagement. Konzept, Prozess, Kultur; Grundlagen ganzheitlich vertikalen Marketings. Görlitz: Neisse-Verl..

Rensch, Peter (2009): Banken-IT-Studie 2009: Trends in der Prozessoptimierung. In: Bankmagazin, H. 3, S. 56.

Rentzsch, Hans-Peter (1995): Welches sind die Erfolgsfaktoren der Vertriebssteuerung? In: vdi, H. 1222, S. 97–116.

Rieg, Peter (1999): Prozeßkostenrechnung und prozeßorientiertes Benchmarking in der Instandhaltung. In: krp, H. 1/99, S. 39–46.

Rieper, Bernd; Witte, Thomas (2001): Grundwissen Produktion. Produktions- und Kostentheorie. 4., neubearb. Aufl. Frankfurt am Main: Lang.

Riese, Cornelius; Thießen, Friedrich (2006): Industrialisierung von Banken. Grundlagen, Ausprägungen, Wirkungen. 1. Aufl. Wiesbaden: Dt. Univ.-Verl..

Rinker, Andreas (1997): Anreizsysteme in Kreditinstituten. Gestaltungsprinzipien und Steuerungsimpulse aus Controllingsicht. Frankfurt am Main: Knapp.

Röckemann, Christian; Gröflin, Joris (2004): Die Transformation weiter konsequent vorantreiben. In: Bankmagazin, H. 4, S. 48–49.

Rodgers, Robert; Hunter, John E. (1991): Impact of management by objectives on organizational productivity. In: Journal of Applied Psychology, Jg. 76, H. 2, S. 322–336.

Rolfes, Bernd; Bruhn, Manfred (1997): Das Privatkundengeschäft - die Achillesferse deutscher Kreditinstitute. Münsteraner Top-Management-Seminar (Hg.). Frankfurt am Main: Knapp.

Rolfes, Bernd. (2006): Wachstumsgrenzen im Bankgeschäft und ihre Folgen. In: Tietmeyer, Hans; Rolfes, Bernd. (Hg.): Die strukturelle Ertragsschwäche der Banken. Wiesbaden: Gabler, S. 100–122.

Ronzal, Wolfgang (2004): Den Wettbewerb der Banken gewinnt, wer die besseren Verkäufer hat. In: Effert, Detlef (Hg.): Wettbewerb der Vertriebssysteme. Strategien und Lösungen für das Privatkundengeschäft der Banken. 1. Aufl. Wiesbaden: Gabler, S. 391–402.

Ronzal, Wolfgang (2006): Woran scheitern Beratungskonzepte. In: Effert, Detlef; Hanreich, Wilfried (Hg.): Ganzheitliche Beratung bei Banken. Modeerscheinung oder Erfolgskonzept? 1. Aufl. Wiesbaden: Gabler, S. 215–229.

Rosenstiel, Lutz von; Regnet, Erika; Domsch, Michel E. (1993): Führung von Mitarbeitern. Handbuch für erfolgreiches Personalmanagement. 2., überarb. und erw. Aufl. Stuttgart: Schäffer-Poeschel.

Russ, Frederick A.; MeNeilly, Kevin M.; Comer, James M. (1996): Leadership, Decision Making and Performance of Sales Managers: A Multi-Level Approach. In: Journal of Personal Selling & Sales Management, Jg. 16, H. 3, S. 1–15.

Russell, Frederic Arthur; Beach, Frank H.; Buskirk, Richard H. (1982): Selling. Principles and practices. 11. ed., intern. student ed. Auckland: McGraw-Hill.

Sabel, H. (1999): Geschichte des Marketing in Deutschland. In: Lingenfelder, Michael (Hg.): 100 Jahre Betriebswirtschaftslehre in Deutschland. München: Vahlen, S. 169–180.

Sales Business (2003): Trends im Sales Management. Die wachsende Bedeutung des Vertriebsmanagement im Unternehmen. 3. Aufl. Wiesbaden: Betriebswirtschaftlicher Verlag Gabler.

Sarrazin, Jürgen (1998): "Über Geld spricht man nicht". Banken und Öffentlichkeit. In: Süchting, Joachim; Heitmüller, Hans-Michael (Hg.): Handbuch des Bankmarketing. 3., völlig überarb. und erw. Aufl. Wiesbaden: Gabler, S. 413–429.

Schierenbeck, Henner (2003): Grundlagen, Marktzinsmethode und Rentabilitäts-Controlling. 8., überarb. und erw. Aufl. Wiesbaden: Gabler.

Schildbach, Jan (2008): Banken in Europa: Die stille (R)Evolution. Herausgegeben von Deutsche Bank Research. Deutsche Bank Research.

Schimmelmann, Wulf von (2005): Retailbanking. Kundenwünsche und Rentabilität. Frankfurt am Main: FAZ-Inst. für Management- Markt- und Medieninformationen.

Schimmelschmidt, Claudia (2005): Die Kunst des Verkaufens. In: Die Bank, H. 5, S. 76–81.

Schleef, Michael; Kanzler, Thomas; Kraus, Wigbert; Fuchs, Oliver A. (2008): Vertriebsmanagement in Finanzinstituten. In: Steffens, Udo (Hg.): Kompendium Management in Banking & Finance. Frankfurt am Main: Frankfurt School Verl., S. 581–668.

Schlierbach, Helmut (2003): Das Sparkassenrecht in der Bundesrepublik Deutschland. 5., neu bearb. u. aktual. Aufl. Stuttgart: Dt. Sparkassen Verl.

Schmidt, Bettina (2005): Vertriebscontrolling im Retailgeschäft der Banken. Informationsgewinn durch mikrogeographische Daten. Aachen: Shaker.

Schmidt, Roland; Bach, Volker; Österle, Hubert (2008): CRM bei Banken: Vom Produkt zum Prozeßportal. In: Helmke, Stefan (Hg.): Effektives Customer Relationship Management. Instrumente, Einführungskonzepte, Organisation. 4., vollst. überarb. Aufl. Wiesbaden: Gabler, S. S.73-88.

Schmitz, Christian (2006): Internationales Vertriebsmanagement für Industriegüter. Handlungsimplikationen aus dem Blickwinkel internationaler Tochtergesellschaften und Vertretungen. Berlin: Springer.

Schmoll, Anton (2005): Vertriebsprozesse im Firmenkundengeschäft optimieren. In: Effert, Detlef (Hg.): Erfolgreiche Vertriebsstrategien in Banken. Von den Besten profitieren. 1. Aufl. Wiesbaden: Gabler, S. 135–167.

Schnabel, Reinold (2003): Die Rentenlücke wächst. Deutsches Institut für Altersvorsorge. Online verfügbar unter http://www.goodlife-uk.de/downloads/pdf/Rentenluecke.pdf, zuletzt aktualisiert am 28.07.2003, zuletzt geprüft am 28.10.2009.

Schoening, Stephan (2005): Strategien für deutsche Direktbanken. In: Das Wirtschaftsstudium, H. 34, S. 1043–1049.

Schögel, Marcus; Asal, Robert (Hg.) (2002): eCRM. Mit Informationstechnologien Kundenpotenziale nutzen. 1. Aufl. Düsseldorf: Symposion.

Scholz, Christian (1994): Personalmanagement. Informationsorientierte und verhaltenstheoretische Grundlagen. 4., verb. Aufl. München: Vahlen.

Scholz, Christian (Hg.) (2006): Handbuch Medienmanagement. Berlin: Springer.

Schönfels, Rüdiger (2009): Strukturvertriebe. Der beste Anwerber. In: WirtschaftsWoche, H. 44, S. S.148.

Schreyögg, Astrid (2008): Coaching für die neu ernannte Führungskraft. 1. Aufl. Wiesbaden: VS Verlag für Sozialwissenschaften.

Schroeder-Wildberg, Uwe (2005): Qualität sichert Werte. MLP. Online verfügbar unter www.mlp.de/homepage/servlet/contentblob/10754/data/praesentation.pdf, zuletzt aktualisiert am 20.06.2005, zuletzt geprüft am 18.06.2009.

Schüller, Anne M. (2006): Kunden begeistern und binden. In: Bankmagazin, H. 7, S. 42–45.

Schuster, Bernd (2005): Herausforderungen einer veränderten Unternehmensumwelt für das Geschäftsmodell einer Bank. In: Lange, Thomas A.; Benkenstein, Martin; Eilenberger, Guido (Hg.): Wertmanagement in Banken. 1. Aufl. Wiesbaden: Gabler, S. 279–298.

Schwanitz, Johannes; Kipker, Ingo; Levermann, Volker (2002): Vertriebssteuerung und Kostenmanagement. In: Bankmagazin, H. 7, S. 30–32.

Schweickart, Nikolaus; Töpfer, Armin (Hg.) (2006): Wertorientiertes Management. Werterhaltung, Wertsteuerung, Wertsteigerung ganzheitlich gestalten; Berlin: Springer. Zu hohe Kosten, zu viele Filialen. In: Geldinstitute, H. 6-7, S. 19.

Schweitzer, Marcell; Küpper, Hans-Ulrich (2003): Systeme der Kosten- und Erlösrechnung. 8., überarb. und erw. Aufl. München: Vahlen.

Schwepker, Charles H., JR.; Ingram, Thomas N. (1996): Improving Sales Performance Through Ethics: The Relationship Between Salesperson Moral Judgment and Job Performance. In: Journal of Business Ethics, Jg. 15, H. 11, S. 1151–1160.

Seifert, Frank (2005b): Die Wettbewerbspotenziale von Bankmergern im Retail Banking. In: Bartmann, Dieter (Hg.): Innovationen im Retail Banking. Der Weg zum erfolgreichen Privatkundengeschäft. 1. Aufl. Weinheim: Wiley-VCH, S. 71–96.

Sen, Ferhan (2001): Vertrauen schaffen. In: Direkt Marketing, H. 9, S. 68–69.

Severin, Christin (2005): Newcomer erschrecken Traditionsbanken nicht. In: Börsen-Zeitung, Ausgabe 195, 11.10.2005, S. B3.

Shane, Scott A.; Herold, David M.; House, Robert J. (1996): Situational Determinism-One Step Forward, Two Steps Back? In: The Academy of Management Review, Jg. 21, H. 2, S. 343–345.

Shea, Christine M. (1999): The Effect of Leadership Style on Performance Improvement on a Manufacturing Task. In: Journal of Business, Jg. 72, H. 3, S. 407–422.

Shoemaker, Mary E. (1999): Leadership Practices in Sales Managers Associated with the Self-Efficacy, Role Clarity, and Job Satisfaction of Individual Industrial Salespeople. In: Journal of Personal Selling & Sales Management, Jg. 19, H. 4, S. 1–19.

Shoemaker, Mary E. (2003): Leadership Behaviors in Sales Managers: A Level Analysis. In: Journal of Marketing Theory & Practice, Jg. 11, H. 2, S. 17–29.

Siaw, Irene; Yu, Alec (2004): An Analysis of the Impact of the Internet on Competition in the Banking Industry, using Porter's Five Forces Model. In: International Journal of Management, Jg. 21, H. 4, S. 514–523.

Siebert, Jörg (2006): Führungssysteme zwischen Stabilität und Wandel. Ein systematischer Ansatz zum Management der Führung. 1. Aufl. Wiesbaden: Dt. Univ.-Verl..

Sieck, Hartmut; Goldmann, Andreas (2007): Erfolgreich verkaufen im B2B. Wie Sie Kunden analysieren, Geschäftspotenziale entdecken und Aufträge sichern. 1. Aufl. Wiesbaden: Gabler.

Siemons, Christoph (2005): Wertschaffung durch systematischen Vertrieb am Beispiel der Deutsche Bank Privat- und Geschäftskunden AG. In: Lange, Thomas A.; Benkenstein, Martin; Eilenberger, Guido (Hg.): Wertmanagement in Banken. 1. Aufl. Wiesbaden: Gabler, S. 31–57.

Siemons, Christoph; Eilenberger, Guido (2003): Wertschaffung durch systematischen Vertrieb. Rostock: Univ. Wirtschafts- und Sozialwiss. Fakultät.

Silverthorne, Colin; Wang, Ting-Hsin (2001): Situational Leadership Style as a Predictor of Success and Productivity Among Taiwanese Business Organizations. In: Journal of Psychology, Jg. 135, H. 4, S. 399–412.

Skiera, Bernd (2004): Status Quo im Retailbanking in Deutschland 2003. Online verfügbar unter www.marketing.uni-frankfurt.de/fileadmin/Publikationen/2003-Status-Quo-Retailbanking.pdf, zuletzt aktualisiert am 21.10.2004, zuletzt geprüft am 18.06.2009.

Sonntag, Karlheinz (2003): Zielvereinbarungen erfolgreich umsetzen. Lösungen aus organisationspsychologischer Perspektive. In: Bankinformation, H. 9, S. 45–48.

Span, Bernd; Gechter, Sascha (2007): Das Leadership Kompetenzmodell der Dresdner Bank Gruppe. In: Jochmann, Walter; Gechter, Sascha (Hg.): Strategisches Kompetenzmanagement. Berlin, Heidelberg: Springer, S. 201–211.

Sparkassen Finanzgruppe (2008): Organigramm Sparkassen Finanzgruppe 2007.

Sparkassen Finanzgruppe (2009a): Das Profil. Herausgegeben von Deutscher Sparkassen- und Giroverband.

Sparkassen Finanzgruppe (2009b): Der Finanzbericht. Herausgegeben von Deutscher Sparkassen- und Giroverband.

Sparkassen Finanzgruppe (2009c): Geschäftszahlen. Herausgegeben von Deutscher Sparkassen- und Giroverband.

Staehle, Wolfgang H.; Conrad, Peter; Sydow, Jörg (1999): Management. Eine verhaltenswissenschaftliche Perspektive. 8. Aufl. München: Vahlen.

Stahl, Ernst (2005): Strategische Positionierung in einem veränderten Wettbewerb. Regensburg: Universitätsverl..

Steck, Bernhard (2006): Vertriebssparkasse - der Weg zu noch mehr Kundennähe. In: Effert, Detlef; Hanreich, Wilfried (Hg.): Ganzheitliche Beratung bei Banken. Modeerscheinung oder Erfolgskonzept? 1. Aufl. Wiesbaden: Gabler, S. 55–65.

Steinle, Claus (1978): Führung. Grundlagen, Prozesse und Modelle der Führung in der Unternehmung. Stuttgart: Poeschel.

Steinmann, Horst; Schreyögg, Georg; Koch, Jochen (2005): Management. Grundlagen der Unternehmensführung ; Konzepte, Funktionen, Fallstudien. 6., vollst. überarb. Aufl. Wiesbaden: Gabler.

Stempfle, Lothar; Zartmann, Ricarda (2008): Aktiv verkaufen am Telefon. Interessenten gewinnen - Kunden überzeugen - Abschlüsse erzielen. Wiesbaden: Gabler.

Stenner, Frank (2008): Integrierte Finanzdienstleistung in der Automobilwirtschaft. Die Bedeutung des integrierten Leistungsangebots. In: Finanzierung, Leasing, Factoring, Jg. 55, H. 2, S. 67–72.

Stöß, Irina (2008): Globalisierung als strategisches Erfolgskonzept. Eine theoretische und empirische Analyse der Banken im Wettbewerb. Wiesbaden: Dt. Univ.-Verl.

Sträter, Jens (2005): Der Customer-Lifetime-Value von Privatkunden im Finanzdienstleistungssektor. Modellaufbau und Anwendung an der Kundengruppe Hochschulabsolventen wirtschaftswissenschaftlicher Fakultäten. Frankfurt am Main: Knapp.

Strong, James T. (1992): Leaders in Selling and Sales Management: John Cameron Aspley and the Dartnell Corporation. In: Journal of Personal Selling & Sales Management, Jg. 12, H. 1, S. 65.

Sturtzkopf, Jochen; Miekley, Falk H. (2006): Aufbrechen klassischer Wertschöpfungsketten — Die Rolle der unabhängigen Finanzdienstleister im Privatkundengeschäft. In: Tietmeyer, Hans; Rolfes, Bernd (Hg.): Banken auf der Suche nach strategischem Profil. 1. Aufl. Wiesbaden: Gabler, S. 121–132.

Süchting, Joachim; Heitmüller, Hans-Michael (Hg.) (1998): Handbuch des Bankmarketing. 3., völlig überarb. und erw. Aufl. Wiesbaden: Gabler.

Swoboda, Uwe C. (2001): Retail Banking und Private Banking. Zukunftsorientierte Strategien im Privatkundengeschäft. 1. Aufl. Frankfurt am Main: Bankakad.-Verl.

Szallies, Rüdiger (2004): Retail Banking in der Bewährungsprobe - die neuen Herausforderungen im Privatkundengeschäft. In: Effert, Detlef (Hg.): Wettbewerb der Vertriebssysteme. Strategien und Lösungen für das Privatkundengeschäft der Banken. 1. Aufl. Wiesbaden: Gabler, S. 3–18.

Teske, Peter; Wilgeroth, Dagmar (2007): Direktbanken im Wettbewerb: Hauptvorteil Onlinebezug. In: bank und markt, H. 3, S. 28–31.

Theurl, Theresia; Schweinsberg, Andrea (2004): Neue kooperative Ökonomie. Moderne genossenschaftliche Governancestrukturen. Tübingen: Mohr Siebeck.

Thomas, Damian A. (2007): Sales Leadership. It`s how we achieve organic growth. In: Sales & Service Excellence, Jg. 7, H. 2, S. 1–2.

Thomaszik, Bernd (2004): Keine Solo-Rolle für die Mannschaft im Verkauf. In: absatzwirtschaft, Jg.47, H. 10, S. 30–39.

Thomaszik, Bernd (2005): Die Aufholjagd beginnt. In: absatzwirtschaft, H. 7, S. 30–34.

Tietmeyer, Hans; Rolfes, Bernd (Hg.) (2006): Banken auf der Suche nach strategischem Profil. Beiträge des Duisburger Banken-Symposiums. 1. Aufl. Wiesbaden: Gabler.

Tietmeyer, Hans; Rolfes, Bernd. (Hg.) (2006): Die strukturelle Ertragsschwäche der Banken. Beiträge des Duisburger Banken-Symposiums. Wiesbaden: Gabler.

Tietz, Bruno (Hg.) (1974): Handwörterbuch der Absatzwirtschaft. Stuttgart: Schäffer-Poeschel.

Tigges, Philipp; Eckermann, Kim; Blaufelder, Christopher (2009): Finanzvertrieb: Das Vermittlernetzwerk perfekt knüpfen. In: Die Bank, H. 3, S. 44–47.

Tolkmitt, Volker (2007): Neue Bankbetriebslehre. Basiswissen zu Finanzprodukten und Finanzdienstleistungen. 2., überarbeitete Auflage. Wiesbaden: Gabler.

Ückermann, Dieter (2004): Effektive Meetings im Vertrieb. In: salesBusiness, H. 11, S. 46–50.

Uebel, Matthias (2008): Wirtschaftlichkeitsberechnungen für CRM-Lösungen. In: Helmke, Stefan (Hg.): Effektives Customer Relationship Management. Instrumente, Einführungskonzepte, Organisation. 4., vollst. überarb. Aufl. Wiesbaden: Gabler, S. 337–352.

Ulrich, Peter; Fluri, Edgar (1992): Management. Eine konzentrierte Einführung. 6., neubearb. und erg. Aufl. Bern: Haupt.

Vahs, Dietmar (2001): Organisation. Einführung in die Organisationstheorie und -praxis. 3., überarb. und erw. Aufl. Stuttgart: Schäffer-Poeschel.

Veil, Michael (1998): Direktbanken im Retail Banking. Informationstechnologie und Strategie. Freiburg i.Br.: Haufe.

Verband der Auslandsbanken (2008): Anzahl der Tochtergesellschaften und Filialen. Online verfügbar unter http://213.83.8.9/owcms/frontend/downloads/Presse/2009/Statistiken/Anzahl%20Toechter%20und%20Filialen.pdf, zuletzt aktualisiert am 24.05.2009, zuletzt geprüft am 25.10.2009.

Verkoren, Hans (2005): Erfolg der ING Direct hängt nicht von der Zinsentwicklung ab. In: Börsen-Zeitung, Ausgabe 195, 11.10.2005, S. B5.

Viswanathan, Madhubalan; Olson, Eric M. (1992): The Implementation of Business Strategies: Implications for the Sales Function. In: Journal of Personal Selling & Sales Management, Jg. 12, H. 1, S. 45–57.

Vogel, Jochen (2005): Zu wenig Zeit für den Verkauf. Vertriebseffizienz. In: salesBusiness, H. 6, S. 47–49.

Voigt, Hans-Jürgen (2006): Realistische Ziele setzen. In: salesBusiness, H. 06-07, S. 46–50.

Volck, Stefan (1997): Die Wertkette im prozessorientierten Controlling. Wiesbaden: Dt. Univ.-Verl..

Volk, Hartmut (2007): Effizient und kräftesparend führen. In: Die Bank, H. 12, S. 74–76.

Volksbank Hannover (2008): Hannoversche Volksbank Privatkunden. Online verfügbar unter http://www.hanvb.de/, zuletzt aktualisiert am 23.10.2008, zuletzt geprüft am 23.10.2008.

Volkswagen Bank GmbH (2008): Volkswagen Bank: Home. Online verfügbar unter http://www.volkswagenbank.de/, zuletzt geprüft am 23.10.2008.

Volkswagen Financial Services AG (2009a): Geschäftsbericht 2008. Der Schlüssel zur Mobilität. Herausgegeben von Volkswagen Financial Services AG. Online verfügbar unter http://www.vwfsag.de/etc/medialib/vwfs/ucus/vwfsag/annualreports.

Par.0212.File.pdf, zuletzt aktualisiert am 27.02.2009, zuletzt geprüft am 16.07.2009.

Volkswagen Financial Services AG (2009b): Volkswagen Financial Services - Überblick. Volkswagen Financial Services im Überblick. Herausgegeben von Volkswagen Financial Services AG. Online verfügbar unter http://vwfsag-gb-08.sw-gb.de/index.php?id=2, zuletzt geprüft am 16.07.2009.

Volkswagen Financial Services AG (2009c): Volkswagen Financial Services - Gewinn- und Verlustrechnung. Herausgegeben von Volkswagen Financial Services AG. Online verfügbar unter http://vwfsag-gb-08.sw-gb.de/index.php?id=52, zuletzt geprüft am 16.07.2009.

Volkswagen Financial Services AG (2009d): Volkswagen Financial Services - Ertragslage. Herausgegeben von Volkswagen Financial Services AG. Online verfügbar unter http://vwfsag-gb-08.sw-gb.de/index.php?id=40, zuletzt geprüft am 16.07.2009.

Völter, Andreas (2000): Die Sparkassen und das Retail Banking. Stuttgart: Dt. Sparkassen-Verl.

Vroom, Victor H.; Jago, Arthur G. (2007): The Role of the Situation in Leadership. In: American Psychologist, Jg. 62, H. 1, S. 17–24.

Waldman, David A.; Rami-rez, Gabriel G.; House, Robert J.; Puranam, Phanish (2001): Does Leadership Matter? CEO Leadership Attributes and Profitability under Conditions of Perceived Environmental Uncertainty. In: The Academy of Management Journal, Jg. 44, H. 1, S. 134–143.

Waldman, Peter M. (2008): Indirekte Führung: Begriff, Besonderheiten und Perspektiven aus Sicht des Personalmanagements. In: Brauweiler, Hans-Christian (Hg.): Unternehmensführung heute. München: Oldenbourg, S. 181–198.

Walter, Georg (2003): Kundenmanagement im Privatkundengeschäft von Banken. Regensburg: Universitätsverl. Regensburg.

Weber, Manfred (2005): Drei-Säulen-Modell: Gibt es Reformbedarf im deutschen Bankensektor? In: IFO-Schnelldienst, Jg. 58, H. 14, S. 3–23.

Welp, Cornelius (2006): Kleine Nummer. In: WirtschaftsWoche, Jg. 2009, S. 48–49.

Welp, Cornelius (2008a): Hoffungsloses Grün. In: WirtschaftsWoche, H. 36, S. 70–73.

Welp, Cornelius (2008b): Kleine Schritte. In: WirtschaftsWoche, H. 35, S. 68–69.

Wessling, Harry (2002): Network Relationship Management. Mit Kunden, Partnern und Mitarbeitern zum Erfolg. 1. Aufl. Wiesbaden: Gabler.

Wiedemann, Arnd; Achtert, Peik; Betz, Heino (2006): Emission und Vertrieb strukturierter Finanzprodukte. Ein Beitrag zum Privatkundengeschäft der Sparkassen-Finanzgruppe. Stuttgart: Dt. Sparkassenverl..

Wiedmann, Klaus-Peter (Hg.) (2003): Ertragsorientiertes Zielkundenmanagement für Finanzdienstleister. Innovative Strategien, Konzepte, Tools. 1. Aufl. Wiesbaden: Gabler.

Wiedmann, Klaus-Peter; Bachmann, Frank; Milicevic, Ljubo (2007): Vertriebsmanagement im Finanzdienstleistungssektor. Erfolgsfaktoren und Gestaltungsaspekte unter Berücksichtigung der Zielgruppe Senioren. Hannover: Univ. Inst. für Marketing & Management.

Wielpütz, Axel (1994): Theoretische Grundlagen und praktische Ausgestaltung des Vertriebscontrollings. In: krp, Jg. 38, H. 3, S. 189–194.

Wiendieck, Gerd; Wiswede, Günter (1990): Führung im Wandel. Neue Perspektiven für Führungsforschung und Führungspraxis. Stuttgart: Enke.

Wieneke, Herbert (2008): Die Markttrends sind vorgezeichnet Chance zum geschäftspolitischen Wandel im Retailbanking der Zukunft. In: Betriebswirtschaftliche Blätter, H. 1, S. 25–28.

Wild, Oliver (2005): Erfolgscontrolling im Privatkundengeschäft von Banken. Regensburg: Univ.-Verl..

Wilde, Klaus D.; Hippner, Hajo (Hg.) (2000): CRM 2000, absatzwirtschaft. Düsseldorf.

Wimmer, Andreas (2003): Wertschöpfungsnetzwerke und deren Umsetzung in der Finanzwirtschaft. Regensburg: Univ.-Verl..

Winkelmann, Peter (2005): Vertriebskonzeption und Vertriebssteuerung. Die Instrumente des integrierten Kundenmanagements (CRM). 3., vollst. überarb. und erw. Aufl. München: Vahlen.

Winkelmann, Peter (2008): Marketing und Vertrieb. Fundamente für die marktorientierte Unternehmensführung; 6., überarb. und erw. Aufl. München: Oldenbourg.

Wisskirchen, Cornel; Vater, Dirk; Schieble, Michael (2005): Retail Banking 2005. Herausgegeben von Bain & Company.

Wißmann, Ralf (2001): Erfolgspotentiale in der bankbetrieblichen Planung. Univ., Diss--Göttingen, Büren: Fachbibliothek-Verl..

Witt, Cirsten (2006): Bewertung von öffentlich-rechtlichen Sparkassen im Rahmen einer Privatisierungsentscheidung. 1. Aufl. Wiesbaden: Dt. Univ.-Verl.

Witt, Jürgen (1996): Prozeßorientiertes Verkaufsmanagement. Grundlagen, Konzepte, Organisation. Wiesbaden: Gabler.

Witte, Thomas (1979): Heuristisches Planen. Vorgehensweise zur Strukturierung betrieblicher Planungsprobleme. Wiesbaden: Gabler.

Witte, Thomas; Deppe, Jörg Frieder; Born, Axel; Adam, D. (1975): Lineare Programmierung. Eine Einführung für Wirtschaftswissenschaftler in 12 Lehreinheiten. Wiesbaden: Gabler.

Wittmann, Antje (2004): Der Sparkassenverbund. Stuttgart: Kohlhammer.

Wittmann, Waldemar (Hg.) (1993): Handwörterbuch der Betriebswirtschaft Teilband 3: R-Z. 5. Aufl. Stuttgart.

Wolf, Jutta (2008): Praxisbeispiel Commerzbank: Cross Mentoring. In: Krell, Gertraude (Hg.): Chancengleichheit durch Personalpolitik. Gleichstellung von Frauen und Männern in Unternehmen und Verwaltungen ; Rechtliche Regelungen - Problemanalysen - Lösungen. 5., vollst. überarb. und erw. Aufl. Wiesbaden: Gabler, S. 233–238.

Wollnik, Michael (1977): Die explorative Verwendung systematischen Erfahrungswissens. In: Kohler, Richard (Hg.): Empirische und handlungstheoretische Forschungskonzeptionen in der Betriebswirtschaftslehre. Stuttgart, S. 37–64.

Wolpers, Matthias; Appuhn, Wolpers (2006): Aktive ganzheitliche Beratung in der Sparkasse - die Großbaustelle. In: Effert, Detlef; Hanreich, Wilfried (Hg.): Ganzheitliche Beratung bei Banken. Modeerscheinung oder Erfolgskonzept? 1. Aufl. Wiesbaden: Gabler, S. 139–153.

Wübker, Georg; Niemeyer, Frank; Voigt, Sebastian (2008): Differenziertes Pricing in den einzelnen Vertriebskanälen Zentrale Erfolgsfaktoren für das Multi-Channel-Banking. In: Betriebswirtschaftliche Blätter, H. 2, S. 92.

Wunder, Markus (2006): Verkaufen Systematisch Praktizieren (V.S.P.). In: Effert, Detlef; Hanreich, Wilfried (Hg.): Ganzheitliche Beratung bei Banken. Modeerscheinung oder Erfolgskonzept? 1. Aufl. Wiesbaden: Gabler, S. 231–240.

Wunderer, Rolf; Grunwald, Wolfgang (1980): Führungslehre. Grundlagen der Führung. Berlin: de Gruyter.

Wunderer, Rolf; Grunwald, Wolfgang (1980): Führungslehre. Kooperative Führung. Berlin: Gruyter.

Yammarino, Francis J. (1997): Models of Leadership for Sales Management. In: Journal of Personal Selling & Sales Management, Jg. 17, H. 2, S. 43–56.

Young, James R.; Mondy, Robert W. (1978): Personal Selling. Function, Theory, Practice. Hinsdale, Ill.: Dryden Pr.

Zadra, Giuseppe (2005): Dynamik dank Privatisierung. In: Die Bank, H. 2, S. 33–37.

Zander, Ernst (1986): Personalführung im Wandel. 4., überarb. und erw. Aufl. - Bochum : Univ..

Zeise, Lucas (2005): Es lebe das Drei-Säulen-Modell. In: Financial Times Deutschland, 26.07.2005. Online verfügbar unter http://www.ftd.de/premium/ audio/kolumne/15818.mp3, zuletzt geprüft am 15.07.2009.

Zerres, Christopher; Zerres, Michael P. (Hg.) (2006): Handbuch Marketing-Controlling. 3., überarb. Aufl. Berlin: Springer.

Zerres, Michael Peter (Hg.) (2000): Handbuch Marketing-Controlling. 2., erw. Aufl. Berlin: Springer.

Zimmer, Klaus; Brakensiek, Thomas (2006): Vertriebscontrolling bei Banken. In: Zerres, Christopher; Zerres, Michael P. (Hg.): Handbuch Marketing-Controlling. 3., überarb. Aufl. Berlin: Springer, S. 297–316.

Zoltners, Andris A.; Sinha, Prabhakant (1990): Integer Programming Models for Sales Resource Allocation. In: Management Science, Jg. 26, H. 3, S. 242–260.

Zunke, Karsten (2007): Verkauf mit Herz. Ertrag pro Kunde. In: acquisa, H. 11, S. 24–27.

Zur Brügge, Ralph (2003): Multidimensionale Kundensegmentierung in Finanzdienstleistungsunternehmen. Eine theoretische und empirische Untersuchung am Beispiel von Freiberuflern. Frankfurt am Main: Knapp.

Anhang A

Interviewleitfaden zur empirischen Studie „Effiziente Vertrieb-und Führungsprozesse in der Finanzdienstleistungsbranche“. Alle Fragen beziehen sich auf den Vertrieb und Verkauf von Finanzdienstleistungen an Privatkunden.

A. Wettbewerb

1. Wie charakterisieren sie den heutigen Wettbewerb in der Finanzdienstleistungsbranche?

2. Welche Trends und Entwicklungen sehen Sie?

3. Ist auch zukünftig mit weiteren neuen Marktteilnehmer oder auch Fusionen zu rechnen?

4. Welches „Machtpotenzial“ hat der Kunde ihrer Meinung nach gegenüber dem Finanzdienstleister?

5. Wie einfach lassen sich neue Berater für das Unternehmen akquirieren?

6. Welche Wettbewerbsvorteile hat ihr Unternehmen, um im Finanzdienstleistungsmarkt erfolgreich agieren zu können?

7. Welche Herausforderungen sind zukünftig unternehmensintern zu meistern, um auch weiter im Wettbewerb zu bestehen und zu wachsen?

B. Vertrieb

1. Gibt es einen standardisierten Verkaufsprozess für Finanzdienstleistungen, dem die Mitarbeiter im Rahmen der Vertriebsarbeit folgen? Wenn ja, wie sieht dieser Prozess aus.

2. Wie werden die Erfolge/Verkäufe der Berater nachgehalten? Verfügt das Unternehmen über ein übergreifendes Vertriebsinformationssystem? Wenn ja, wird der Vertriebsprozess gezielt durch den Einsatz dieser computergestützten IT Systeme geplant und gesteuert?

3. Wie halten Sie die Aktivitätenniveaus / die Terminquoten der Mitarbeiter fest? Können Sie dieses kurzfristig nachprüfen? Wenn ja, erleichtert das die Vorhersage zukünftiger Verkaufserfolge?

4. Wie werden die Vertriebsleistung und -erfolge zwischen den Mitarbeiter und Teams kommuniziert? Wie häufig findet dieser Austausch statt?

5. Welche computergestützten Systeme kommen in der Kundenberatung zum Einsatz?

C. Führung

1. Wie gestaltet sich die Vertriebsplanung in ihrem Unternehmen? Gibt es z.B. Jahreszielwerte, die an Manager und Mitarbeiter durch die Führungskraft kommuniziert werden?

2. Wie sind die Führungsprozesse im Vertrieb in ihrem Unternehmen definiert? Wie stringent werden diese von den Führungskräften umgesetzt und gelebt?

3. Welche besonderen Kompetenzen sind als Führungskraft im Vertrieb gefragt? Gibt es einen empfehlenswerten Führungsstil für den Vertrieb?

4. Welche qualitativen und quantitativen Dimensionen haben die Mitarbeiterziele? Welche Beispiele für Zielvorgaben können Sie nennen?

5. Wie und wie oft wird die Zielerreichung des Mitarbeiters durch die Führungskraft nachgehalten?

6. Welchen Pool an Maßnahmen stehen der Führungskraft zur Verfügung, um die Vertriebsleistung des Beraters zu fördern?

7. Welche Art der Führungsinstrumente begleitet den Mitarbeiter entlang des Vertriebsprozesses unabhängig vom Umsetzungsstand der Ziele?

D. Führung und Vertrieb

- Sind die Elemente Vertrieb und Führung in ihrem Unternehmen sinnvoll miteinander verknüpft. Gibt es Verbesserungsmöglichkeiten.

Anhang B

Kurzzusammenfassung Experteninterviews

Merkmal	Kennzeichen
Bedrohung durch neue Konkurrenten	• Vor dem Zusammenschluss von Postbank und Deutsche Bank sowie Commerzbank und Dresdner Bank in 2008 bzw. 2009 wurde die Gefahr neuer Marktteilnehmer höher eingeschätzt. Ausländische Institute waren an Übernahmen der Commerzbank, Dresdner Bank und Postbank interessiert. • Durch die Fusionen und Übernahmen ist aktuell im Bereich der Großbanken nicht mit weiten Fusionen und Übernahmen zu rechnen • Trotzdem verbleiben viele kleine eigenständige Institute und Finanzberater im deutschen Finanzmarkt • Die Fusionen und Übernahmen im Bereich der Volksbanken und Sparkassen gehen weiter. Volksbanken und Sparkassen mit geringer Betriebsgröße vereinigen sich oder werden übernommen, um sich im Wettbewerb behaupten zu können • Landesbanken kämpfen verschärft um Privatkunden und treten in dem Markt der Sparkassen über Filialstrategien oder Direktbank-Strategien in den Markt ein. • Ausländische Banken sind weiter am Eintritt in den deutschen Markt für Privatkunden interessiert. Übernahmen von Großunternehmen sind aktuell nicht möglich. Gründungen eigener Institute sind wahrscheinlich. Form des Markteintritts ungewiss.
Verhandlungsmacht	• Mangel an entsprechenden Vertriebsmitarbeitern ist klar erkennbar

der Lieferanten/ Angebot an Mitarbeitern	• Gegen den Trend werden im Vertriebsbereich von Finanzdienstleistungen für Privatkunden verkaufende Berater zur Einstellung gesucht, während im Investmentbanking eine starke Konsolidierung eingesetzt hat. • Beratende Vertriebsmitarbeiter werden weiter von allen Beratungsinstituten gesucht und eingestellt • Kleinere Institute bieten meist nicht die Karrieremöglichkeiten wie große Kreditinstitute. Hier sind eine größere Jobvielfalt und Entwicklungsmöglichkeiten gegeben. • Talentierte Verkaufsberater sind schwer in kleinen Instituten zu halten • Die Finanzdienstleister bieten den verkaufenden Beratern über Provisionsmodelle höhere Einkommensmöglichkeiten • Alle Banken und Finanzinstitute kämpfen hat und die Top-Berater bzw. Top-Verkäufer. • Anforderungen an die persönliche Beratung steigen durch zunehmende gesetzliche Regelungen und Protokollierungsaufgaben. Dadurch steigen auch die Anforderungen an die Ausbildung und an den Berater • Mitarbeiter müssen Verkaufs- und Beratungstalent zur erfolgreichen Arbeit im Vertrieb mitbringen • Starke Anforderungen an Empathie durch Kundenkontakt und durch Besprechung sensibler Kundendaten

Verhandlungsmacht der Abnehmer/Kunden	• Macht des Kunden ist hoch • Vielfältige Angebote über viele Institute stehen für den Kunden zur Verfügung und sind miteinander vergleichbar • Transparentes Angebot bei standardisierten Produkten • Vielzahl der Produkte sind einfach über das Internet miteinander vergleichbar und entwickeln sich zu Commodities • Vielfältige Produkte können über das Internet abgewickelt werden • Bei komplexen Beratungsthemen wird der Berater in der Filiale aufgesucht • Trend zur persönlichen Beratung möglich, jedoch nicht eindeutig verifiziert • Durch Abschluss in der Filiale Verantwortungsübergabe des Abschlusses durch den Kunden an den Berater, der im Idealfall für qualitativ hochwertige Abwicklung sorgt

Bedrohung durch Ersatzprodukte	• Innovationszyklen werden auch im der Bankbranche immer kürzer • Die im Markt lancierten Produkte können von der Konkurrenz schnell kopiert werden. • Differenzierung über Service, Qualität und Mitarbeiter möglich, jedoch schwierig.
Rivalität innerhalb der Branche	• Hoher Wettbewerb • Starker Preiskampf für standardisierte Produkte über Kontoführungsgebühren und Zinsen • Geringer Differenzierungskampf über Qualität • Vielzahl von Unternehmen • Starke Zersplitterung des Marktes im europäischen Vergleich trotz Konsolidierungstrends in der Branche • „Overbanking-Standort Deutschland“ • Trotz erster Konsolidierungsschritte nimmt der Wettbewerb innerhalb der Branche weiter zu • Kundenabwanderungen gipfeln in einem „Girokonto-Hobbing“ aufgrund von Boni an Neukunden in Form von Shopping-Gutscheinen und Barauszahlungen
Einschätzungen des Wettbewerbs	• Hoher Wettbewerb zwischen den Teilnehmer • Wettbewerb wird weiter zunehmen

Vertrieb	• Vertriebsprozesse sind stark verbreitet und sinnvoll implementiert • Strategische Einbindung der Vertriebsmodelle weniger stark ausgeprägt. • Einbindung von IT-technischen Beratungsprogrammen ist stark verbreitet. • Einbindung der technischen IT-Beratungsprogramme und die Beratung im Allgemeinen im Rahmen einer ganzheitlichen CRM-Philosophie ist eher schwach ausgeprägt. • Einzellösungen haben weiter Hochkonjunktur • Die früher geschaffenen Insellösungen im IT-Bereich erschweren es den Banken immer noch eine Gesamtlösung zu entwickeln • Kleineren Instituten ist es aufgrund der hohen Kosten nicht möglich in technische Gesamtsysteme zu investieren. • Aktivitäten- und Termincontrolling ist kaum vorhanden. Keine Überkontrolle der Mitarbeiter. • Durch Nichterfassung und Verbindung der Daten im Bereich Termine, Aktivitäten, Beratungsthemen und Vertriebsziele ist eine effektive Vertriebssteuerung schwierig • Den Themen Vertriebssteuerung und Vertriebscontrolling kommen in der Filiale und im Allgemeinen in der Branche eine starke Rolle zu • Zielvereinbarungen sind ein übliches Mittel im Bereich der Vertriebssteuerung • Die Ziele werden meist im Top-Down-Verfahren vorgegeben. Ein Diskussion der Ziele oder eine Flexibilisierung nicht vorgesehen.

Führung	• Gesamtführungsmodelle sind in der Regel nicht existent • Führungsprozesse sind vorhanden allerdings nicht definiert • Führungsinstrumente werden genutzt, eine logisches Gesamtmodell zur Strukturierung fehlt • Sinnhaftigkeit von Führungsprozessen wird in Frage gestellt. • Integriertes Führungssystem ist nicht implementiert • Coaching- und Mentoringaufgaben der Führungskräfte steigen • Soft Skills, Empathie und soziale Kompetenz werden für die Führungskräfte immer wichtiger • Führungsstil ist im Vertrieb stark situations- und menschenabhängig • Autoritäre Führung im Vertrieb ist kontraproduktiv • Ein optimaler Führungsstil für den Vertrieb scheint nicht existent
Zielvereinbarung	• Zielvereinbarungen werden in allen Unternehmen vereinbart • Quantitative Ziele sind vorherrschend • Qualitative Ziele sind kaum verbreitet • Unternehmen und Führungskräften ist die Wichtigkeit von qualitativen Zielen bewusst; eine Einbindung in Zielvereinbarungen erfolgt nur zögerlich • Messung qualitativer Zielgrößten wird schwierig gesehen • Unterschiedliche Gestaltungen und Auswirkungen, ob Zielvereinbarungen mit Führungskräften oder Vertriebsmitarbeitern getroffen werden • Führungskräfte in den Bankfilialen haben simultan zu Mitarbeiter Vertriebsziele zu erreichen.

	• Der Großteil der Unternehmen erfasst die Ziele mit Hilfe von IT-technischen Systemen; eine nicht-digitale Erfassung ist selten
Strategie	• In Folge der aufgedeckten Mängel sind erhebliche Mängel im Bereich „strategische Umsetzung" vorprogrammiert • Ein integriertes Gesamtsystem ist in der Regel vorzufinden • starke strategische Mängel erschweren die Unternehmensführung und somit die Umsetzung der Unternehmensziele • keine klare Trennung von Differenzierungs- und Preisstrategie • Gefahr von „stuck in the middle" bei vielen Branchenteilnehmern